Great Lives
⑫
위대한 생애

엘리자베스 여왕

김심온／옮김

Ⓘ 일신서적출판사

차　례

제1부 어린 시절

제1장 영국의 할아버지

제왕절개 수술 끝에 공주 탄생

1926년 초의 일이다. 영국의 〈그래프〉 잡지는 알버트 왕자, 즉 당시의 요크 공(公) 사진을 엘리자베스 부인의 사진과 나란히 싣기 시작했다. 그러나 젊은 요크 공 부처가 주인공이 된 이유는 설명되어 있지 않았다. 특히 요크 공 부인은 이 무렵에 공적인 자리에는 전혀 모습을 나타내고 있지 않았었다. 그러므로 갑자기 게재(揭載)된 사진이 도대체 무엇을 의미하는지를 도무지 이해할 수 없었다.

요크 공 부인은 영국왕실의 일족 중에서도 제일 미소가 끊이지 않는 부드러운 여성으로 알려져 있었다. 그 부군인 요크 공은 30세를 갓넘었을 뿐이었다. 그는 1910년 이래, 국왕으로서 그레이트 브리튼(북아일랜드) 연합왕국 및 해외영토를 통치하는 조지 5세, 즉 '조지 RI'로 표기되는 국왕의 제2왕자로서 내성적이고 꽤 착실한 성격의 인물이었다.

그 해의 부활제가 끝나고 2주일쯤 지나자 모든 것이 밝혀졌다. 왕실에서 다음과 같은 발표가 있었던 것이다.

'요크 공 부인께서는 어제(1926년 4월 21일, 수요일) 오전 2시 40분에, 여아(女兒)를 분만하셨다. …… 요크 공 부인은 공주아기와 함께 매우 건강하시다.'

이 공주의 출산에 즈음해서 '어떤 종류의 수술이 성공리에 행해졌다.'는 간단한 의학적인 설명도 곁들여 발표되었다. 이 공주, 즉 훗날의 엘리자베스 2세 여왕은 제왕절개 수술에 의해서 이 세상에 태어난 것이었다.

다음 날 신문은 모두 축하하는 기사를 실었다. 그러나 그 당시는 요크 공 부처에게 공주의 탄생을 특별히 중시할 이유는 전혀 없었다. 왜냐하면 공주는 왕위(王位) 계승순위의 직계도 아니었고 또 그것을 고려하지 않더라도 공주의 아버지인 알버트 왕자에게는 형님이신 에드워드 왕자, 요컨대 당시의 황태자가 있었으므로 알버트 왕자의 왕위계승 순위는 에드워드 왕자 다음이었기 때문이다.

게다가 요크 공 부처가 장차 아기를 더 낳을 수 있고, 사내아이를 낳을 기회가 있다고 전망되었기 때문에 1926년의 그 시점에서 갓태어난 공주를 영국 왕위와 결부시켜서 생각한다는 것은 무리한 일이었다. 그래서 이 공주가 장차 '여왕'이 될 수 있다면 그것은 영국이 아닌 다른 나라 국왕의 왕비가 되는 그런 경우뿐이었다. 그렇다고는 하지만 제2차대전 이후에는 그러한 사태의 대상이 될 인물도 거의 없었다.

그것은 그렇다치고, 왕실 일족으로는 새 왕족이 생긴 것은 환영할 일이었다. 당시 국왕 조지 5세와 메어리 왕비는 출산시에 요크 공 부인의 몸에 이상이 있으면 어떤 사소한 일이라도 즉각 알리라는 엄명을 내리고 있었다. 그 때문에 출산 직후인 새벽 3시에서 4시에 당직 시종인 레디랄드 세이모어가 명령대로 국왕과 왕비를 깨워 무사히 출산했다는 소식을 전했다.

"정말 안심하고, 커다란 기쁨을 느꼈습니다."

라고 메어리 왕비는 자신의 일기에 써놓고 있다.

그날 오후에 국왕 내외는 첫손주의 모습을 보기 위해 차로 윈저 성(城)을 나섰다. 요크 공 부인이 출산한 곳은 친정인 스트라스모어 백작의 런던에 있는 저택, 즉 브루돈 스트리트 17번지의 저택이었다. 이 저택은 정면 현관에 둥근 돌기둥이 죽 늘어서고, 기둥을 따라 좌우의 양면이 확 트인 당당한 호화주택이었는데 요크 공 부인의 출산을 맞아 국왕의 차가 도착했을 때에는 그 저택의 바깥에는 다수의 군중들이 이제나저제나 하고 안타깝게 기다리고 있었다.

1920년이나 30년대에는 이러한 국왕의 행차가 있는 행사, 즉 로열 가든 파티, 리셉션이나 서훈식(叙勳式), 인증식(認證式) 따위가 있으면 시민들이 한꺼번에 우르르 거리로 쏟아져 나왔었기 때문에 브루돈 스트리트는 국왕 부처의 첫손주 탄생의 소식을 기다리는 사람들로 전날 밤부터 꽉 메워져 있었다. 국왕 부처가 차에서 내려 저택으로 들어갈 때에, 모두가 환호성을 질렀다. 국왕 부처가 첫대면을 한 그 첫손주는 태어난 직후에 본 사람의 표현에 의하면 '금발의 짙은 속눈썹에 푸르고 커다란 눈'을 갖고 있었고, '정돈된 모양의 머리와 달랑 달린 작은 귀'를 가진 아기였다. 메어리 왕비는 귀여운 아기라고 생각했다. 그러나,

"좀더 엄마를 닮았더라면 좋았을 텐데."

라고 말했다고 한다.

'엘리자베스'로 이름짓다

2, 3일 후에 알버트 왕자는 어머니인 메어리 왕비 앞으로 편지를 썼다.

"아내인 엘리자베스와 내가 귀여운 딸을 얻은 것이 얼마나 더없는 기쁨인가를 어머님께서는 모르실 것입니다. 우리는 아이를 갖고 싶다, 아이만 생기면 우리의 행복은 완벽한 것이 된다고 늘 생각해왔습니다. 그런데 마침내 그 소원이 이루어진 지금 왠지 굉장히 근사한 기분과 동시에 기묘한 느낌을 받고 있습니다. 이제 나는 해산 직후의 며칠 동안을 잘 참아낸 아내 엘리자베스를 자랑스럽게 생각합니다.……어머님이나 아버님께서도 첫손주를 얻으신 것을 저희들과 마찬가지로 기뻐해주실 것으로 생각합니다.

아무쪼록 딸이 조금 자라더라도 응석을 부리게 하지는 말아주십시오."

태어난 아기는 처음 한 달 동안은 모유(母乳)로 길러졌다. 그리고 1926년 5월 29일에 버킹엄 궁전 안에 있는 예배당에서 세례를 받았다. 이때는 생후 5주일이 지나고 있었다. 1840년에 만들어진 황금의 백합꽃이 새겨진 세례반 (洗禮盤)이 윈저 성에서 일부러 런던으로 운송되었다.

세례를 위한 물은 그리스도가 세례를 받았던 요르단 강에서 길러와서 완전히 청정(淸淨)된 후 세례반에 채워졌다. 그 아기는 빅토리아 여왕 때부터 왕실 일족의 아기들이 세례 때에 사용해온 크림색의 브뤼셀 레이스천에 감싸졌다. 세례의 의식은 모든 점에서 전통에 입각해서 행해졌다. 메어리 왕비는 당시를 이렇게 써놓고 있다.

"물론, 티없이 귀여운 아기는 울었습니다."

그 공주는 당시의 요크 대주교인 코스모 랭 박사의 세례를 받고 엘리 자베스 알렉산드라 메어리로 이름 지어졌다. 요크 공은 아버지인 조지 5세

앞으로 다음과 같은 글을 써보냈다.

"이런 명명(命名)을 허락해주십시오. 집안에 엘리자베스가 둘 있어도 결코 혼란은 생기지 않을 것으로 확신합니다. 엘리자베스라는 이름은 대단히 훌륭한 것이므로 저희들은 어떻게든 아이에게 그 이름을 붙여주고 싶었습니다. 게다가 죽 오랫동안 왕실에는 엘리자베스라는 이름의 공주가 없었습니다. '요크 가(家)의 엘리자베스'라는 이름은, 또 멋진 이름이라고 생각하고 있습니다."

국왕은 이에 동의했다. 그리고,

"나도 좋아하는 이름이며 귀여운 이름이라고 생각한다."

라는 답장을 보냈다. 엘리자베스 알렉산드라 메어리라는 이름에 들어 있는 각 단어들은 제각기 영국의 위대한 여왕의 이름을 모아놓은 것이었다.

국왕은 아들이 그러한 여왕들에 대해서 아무런 환상도 품고 있지 않음을 간파했다.

"아들놈은, 빅토리아라는 이름에는 손톱 만큼도 저촉되지 않았으니 말이다."

빅토리아 여왕은 왕위계승을 해야 할 직계자손들의 이름을 붙일 때에는 자기 자신과 남편인 알버트 왕자의 추억을 소중히 간직하도록 명명(命名)하게 했다. 그러므로 이제 갓태어난 공주의 이름도 고조 할머님이신 빅토리아 여왕에 연유하는 것으로 해야 좋지 않았을까?

그러나 빅토리아 여왕의 말을 상기하면서도 빅토리아라는 이름을 붙일 필요는 없다고 국왕은 결단을 내렸던 것이다. 어쨌든 간에 그 아이는 왕자는 아니었으며 왕위계승의 순위에 있어서도 직계는 아니었다.

할아버지 조지 5세의 영향

엘리자베스 2세의 어린 나날에 대해서는, 가족, 친구, 그리고 적어도 한 사람의 여성 교육담당자에 의해서 꽤 자세히 기록되어 있다. 그러나 유아기의 성장 상태보다도 중요한 것은 예절교육의 면에서, 이 공주가 다른 아이들보다 이르지도 늦지도 않는 속도로 교육되어갔다는 일이다. 이런 일이 그녀의 인격형성에 결정적인 영향을 주었다.

유년기에 부모나 조부모로부터 얻은 매우 특징적인 우아함과 부모나 조부모가 나타내는 이상과 그 특별한 생활환경 자체가 현재의 엘리자베스 2세 여왕 자신의 인격을 형성하는 요소이며, 엘리자베스 2세 자신의 여왕으로서의 통치 스타일의 형성에도 더욱 강한 영향을 끼쳤던 것이다.

그녀의 일가(一家)에는 조부인 국왕 조지 5세의 영향이 구석구석까지 미치고 있었다. 국왕에 대해 대부분의 사람들은 깍듯하게 예의를 갖추지만 그래도 왕실 일족이 국왕에 대해서 받치는 충성의 정도에는 미치지 못한다. 엘리자베스 공주도 이런 충성심 속에서 자랐다.

조지 5세는 왕실 일족의 생활을 보장하는 가장(家長)이었다. 그뿐 아니라 그는 일족 모두들에게 살아가는 의미를 가르쳤고 일족들도 국왕이 의도하는 바를 인식하고 있었다.

요컨대 왕족의 존재의의는 국왕을 정점으로, 국왕을 받들어 모시는 고승(高僧)과도 같은 점에 있었다. 그리고 그만큼 충성심의 대상이 되어 있는 국왕 자신이 매우 평범한 보통의 인물이었다는 사실이야말로 조지 5세 시대의 왕실의 수수께끼를 풀어내는 열쇠였던 것이다.

케어 하디는 1910년에 조지 5세의 즉위 때에 이렇게 말했다. '만약 노동자 계급에서 태어났더라면, 이 새 국왕은 아마도 길거리에서 뒹굴며 잠자는 부랑자가 되었을 것이다.'

조지 5세의 가슴속에는 근면성과 의무감이 활화산 같이 불타오르고 있었으므로, 이런 한 마디의 표현은 국왕에 대해서는 부당한 것이었다. 그러나 국왕의 공적인 전기(傳記) 필자조차도 조지 5세의 두드러진 특징으로서 다음과 같은 기술(記述)을 할 정도였다.

'국왕에게 특히 눈에 띄는 것은 사교의 재능이 세련되지 못했다는 것과 개인적으로 사람을 끌어당기는 힘이 없다는 것, 또 지적인 면에서의 능력이 결여되었다는 것이다. 국왕은 기지가 풍부한 인물도 아니며 두뇌가 명석한 좌담(座談)의 명수도 아니며 독서가도, 학실을 쌓은 인물도 아니었다.

세상의 흐름을 바꾸기 위한 계몽의 면에서도 대수로운 공헌을 하지 못했다. 국왕은 지적인 호기심이 결여되어 있었으며 다만 만년에 이르러 조금 예술에 호기심을 가졌을 뿐이었다.'

바꾸어 말하면 조지 5세는 태반의 신하들, 요컨대 일반 영국 국민과 정말 동류(同類)의 인물이었던 것이다.

조지 5세는 우리 주위에서 흔히 볼 수 있는 평범한 인물이 왕위에 올랐을 때에 왕제(王制)는 어떻게 되는가를 제시해 보인 첫 영국 국왕이었다. 그의 조모가 되는 빅토리아 여왕은 엘리자베스 1세의 전통을 지키며 아들인 조지 5세의 아버지인 에드워드 7세에 대해서 제국민의 운명을 좌우할 만한 정치적인 영향력을 행사하도록 교육시키고 있었던 것이다.

조지 5세는 거기에 비하면 훨씬 소극적이었다. 조지 5세는 만인을 인간으로서 다루었고 국민도 또한 가장 마음 편하게 느끼는 국왕이었다. 조지 5세가 내세운 이런 새로운 영국 군주제의 스타일은 그 후에도 계속 답습되었고, 손녀가 되는 현재의 엘리자베스 2세에 의해서 더욱 현저하게 추진되고 있다.

차츰 쇠퇴해가면서도 겨우 조금 남아 있던 국왕의 실권이 사라져감에 따라 20세기의 군주제는 차츰 군주제 그 자체의 원점으로 되돌아가고 있었다. 그 원점이란 정치적인 기능 또는 헌법상의 기능보다도 오히려 사회적인 기능에 중점을 두는 상징적인 존재로서 국왕을 받아들이는 일이었다.

조지 5세는 군주제의 이런 새 역할을 완벽하게 수행했다. 조지 5세는 근대적인 군주가 해야 할 새로운 일을 찾아낸 것이다. 그것은 국민을 대표하는 일이었다.

깡마른 형으로 날씬하며 아주 조금 허리가 굽은, 그리고 다정한 눈에, 붉은 뺨……. 흰수염이 섞인 턱과 콧수염은 국왕이 무척 귀여워한 강아지를 문득 연상시킨다. 조지 5세는 엘리자베스 공주에게는 정말로 할아버지의 원형 바로 그것이었다.

게다가 영국 국민으로서의 조지 5세는 모범적인 국민의 우두머리였다. 그 옷차림은 언제나 완벽할 만큼 단정했다. 프록 코트의 깃에는 하얀 치자나무의 꽃이 꽂혔고 바지는 깔끔히 주름이 잡혀서 구겨지는 일은 전혀 없었으며 이런 완벽한 옷차림이 그대로 전통과 계속성을 나타내고 있었다. 공적인 자리에 국왕이 모습을 나타내는 것만으로 의무·위엄·용기·정직성·양식(良識), 그리고 근면성 등의 덕성(德性)이 스며나오고 있었고 이들은 모두 영국인에게 풍부하다는 덕성이었기 때문에 조지 5세는 국민들에게는 무엇보다도 귀중한 존재였다. 특히 그 당시에는 영국 국민들이 일찍이 가지고 있었던 그들의 덕성을 잃은 것이 아닐까 하고 의아해하기 시작하던 때였기 때문이다.

또 헌법상의 국왕의 기능이라는 것은 현실적인 생활을 그대로 반영하는 것이 아니라 오히려 국민의 대다수가 그러기를 바라는 이상적인 생활을 반영하는 것이기 때문이다.

조부의 일상생활에서 배우다

국민 전체를 한몸으로 구현하는 존재인 국왕으로서 애국심은 개인적인 사항이었다. 조지 5세의 6명의 자식 중 최연장자인 에드워드 왕자, 당시의 황태자 그리고 뒷날의 에드워드 8세는, 부군인 조지 5세의 신조를 '신에의 신앙과 영국 해군은 무적(無敵)이라는 신념과, 그리고 영국적인 것은 모두 기본적으로 옳다는 신념'이라고 요약한 일이 있다.

H. G 웰즈는 군주제 폐지와 공화제의 채택을 부르짖고 '말하자면 외래적인 사상이나 감정을 고무하는 일이 없는 왕실'이라고 공격했다. 그때에 조지 5세는 "나는 사람들을 고무시킬 만한 인물이 아닐지는 모른다. 그러나 만약 내가 외래자(外來者)였더라면 나는 일찌감치 신의 저주를 받았을 것이다."고 반론했다. 조지 5세의 머리 속에는 도저히 사람들에게 사상이나 감정을 고무시킬 그러한 역할은 없었다. 헌법에 주어진 국왕의 권한으로 보아 사람들을 고무시킬 만한 재능이 뛰어난 인물이 왕위에 올랐더라면 정말로 위험한 일이었을 것이다.

조지 5세는 왕실 일족에 대해서 군주제라는 것을 조심성있게 소극적으로 보도록 가르쳤던 것이다. 조지 5세가 가르친 것은 양심에 입각해서 살아라, 인간이어야 한다는 것이었다.

엘리자베스 공주가 가까이에서 안 국왕의 일상생활은 아침 일찍부터 시작되었다. 이런 습관은 나중에 그녀 자신이 여왕이 된 뒤에도 대폭적으로 반영되고 있다. 조지 5세는 아침 일찍 일어나면 국사(國事)에 관한 서류에 몇 시간이나 눈을 거친 뒤에 9시가 되면 조반을 드는 것이 상례였다. 국왕이 버킹엄 궁전의 '조반의 방'에 들어서면 국회의사당의 대형 시계인 빅 벤의 종이 어김없이 울렸다고 한다.

국왕은 우선 정해놓고 애완용 개를 곁에 데리고 있었다. 대개는 테리어였다. 게다가 샤롯데라는 이름의 회색과 핑크의 날개를 가진 앵무새가 국왕이

가는 곳이라면 우선 어디에든 동행했다. 샌드링검 궁전에서는, 이 앵무새가 국왕과 함께 조반상에 나타나서, 국왕의 손가락에 앉았다가는 식탁 위를 깡충깡충 뛰어다니며 잼·버터·삶은 달걀 따위를 기분 내키는 대로 쪼아대었다.

조반이 끝나면 샤롯데는 국왕을 따라 밖으로 나갔다. 국왕은 젊은 시절에 영국 해군에서 근무한 것을 평소부터 자랑으로 여기고 있어, 왕위에 오른 뒤에도 해군에서 단련한 '구름의 움직임으로 날씨를 판단하는' 정확한 눈으로 온도계를 보거나 하늘의 구름 모양을 살피거나 했다. 비가 오든 갠 날이든, 또 겨울이든 여름이든, 이것은 전혀 변하지 않은 정해진 일이었다.

조반 뒤에 조지 5세는 자주 여동생인 빅토리아 공주에게 전화를 걸었다. 앵무새 샤롯데를 국왕에게 선물한 것도 실은 이 빅토리아 공주였다. 이 전화는 매일 아침 9시경에 걸렸다. "헬로 늙은이 계세요." 하고, 빅토리아 공주가 조지 5세를 놀려댄다. 처음부터의 이런 인사에 버킹엄 궁전의 전화교환수가 당황해서 말한 적이 있다. "죄송합니다, 공주님. 국왕 폐하는 아직 전화를 받지 않으셨습니다."

조지 5세는 가족들의 일에 각별히 마음을 쓰고 있었다. 국왕은 그의 전생애를 통해서 어린 시절에 길러진 여동생과의 애정을 잃지 않았다. 1935년에 빅토리아 공주가 사망했을 때에 국왕은 슬픔에 잠긴 나머지, 국회의 개회식이라는 중대한 행사에도 나갈 수 없다고 생각했을 정도였다. 빅토리아 공주가 죽은 그날부터 국왕은 아마도 자신의 죽음도 임박했다고 느꼈던지 필적(筆跡)이 떨리고 흐트러지게 되었다.

하기는 원래 조지 5세는 정말로 지필(遲筆)이어서 글자를 쓰는 데에는 무척 고생했다. 쓴 글자는 정말 어린이가 쓴 글자와도 같았다. 케이슨 클라크는 조지 5세만큼 느릿느릿하게 글씨를 쓰는 사람을 본 적이 없다고 말하고 있다. 게다가 조지 5세가 쓴 문장의 철자에는 틀린 데가 많았다.

그것도 그럴 것이 그가 태어난 환경이 그때까지의 왕실의 전통에 입각해서 아카데믹한 성격과는 전혀 인연이 없는 것이었기 때문이다. 이런 환경이 달라진 것은 엘리자베스 2세의 자식들의 교육부터이다. 조지 5세는 왕실에서의 교육을 받은 뒤에 해군사관학교에 들어가 거기서 정규 군인교육을 받았다.

14세에 해군소위가 되었다. 조지 5세의 공식적인 전기(伝記)에는,

"국왕의 교육은 그것이 진지하게 시작되어야 할 장소, 시기에 끝나고 말았던 것이다. 국왕은 만년에 괴로워하면서 자기 자신의 교육을 다시 시작하지 않으면 안 되었지만 그것도 공립학교의 교육을 받은 아주 보통의 소위 향사(鄕士, 지주계급)의 교육수준보다도 열등했으며 지적인 수준에 있어서도 향사들의 수준에는 이르지 못하고 있었다."

고 씌어져 있다.

향사야말로 정말 조지 5세가 가장 행복을 느끼게 하는 신분이었을 것이다. 그것은 오늘날 엘리자베스 2세가 자신의 마구간에서 말들의 상태를 돌아보거나 샌드링검 궁전의 농장에서 동물들을 거두고 있을 때가 가장 행복해 보이는 것과 꼭 마찬가지다.

조지 5세는 아버지인 에드워드 7세가 왕이었던 그 기간의 태반을 샌드링검 궁전에서 지냈다. 궁전이 있는 노포크 영지(領地)의 저편에 있는 숲을, 고사리가 무성하게 나 있는 곳을 그리고 바닷물이 밀려들어온 후미진 해안을 거닐었을 때에 느낀 행복감은 조지 5세의 생애에서 최고의 것이었다. 늪을 곧장 가로질러서 나아가는 탐색의 산책도 근사했다.

하늘에는 도요새나 갈매기의 울음소리가 가득차고 북해의 파도 소리가 울리고 있었다. 국왕이 되고 나서 조지 5세는 가장 마음이 안온해지는 때는 저런 전형적인 샌드링검 궁전 일대의 시골 정경에 파묻힐 때라고 쓸쓸히 생각했다. 그 시골에는, 넓다랗게 퍼지는 히드(에리카 : 영국의 황무지에서 나는 관목)가 우거지는 들판에 전나무의 식물원이 만들어져 있어, 수렵에는 다시없는 절호의 장소였다.

사냥과 우표의 취미

1888년 12월 31일에, 아직 국왕이 되기 전의 일이지만 조지 5세는 한 번의 사냥으로 백 마리의 꿩을 쏘아서 잡은 일이 있었다. 처음 있는 경험이었다. 조지 5세는 그 후에도 훨씬 더 실력을 발휘했다. 그리고 침대 곁에는 언제나 2중 총신(銃身)의 총을 두고 있었는데 이것은 언제라도 그것을 손에 들고 팔의 힘을 단련시킬 수가 있도록 하기 위한 배려에서였다.

조지 5세는 또 스코틀랜드에 갔을 때에는 요크 대주교 뒤에 캔터베리

대주교까지 된 코스모 랭과 함께 사슴사냥에 나가는 것을 즐기기도 했다. 두 사람은 함께 들판을 뛰어 돌아다니면서 커다란 바위 위에 앉아 점심을 들 때에 한 개의 도시락을 같이 먹으면서 열심히 여러 가지 일들을 토론하기도 했다.

그리고 국왕은 가져간 병에 넣은 위스키 소다를 마시고 또다시 사슴사냥을 시작하는 것이었다. 이 사슴사냥은 오늘날에도 엘리자베스 2세가 스스로 실천하고 있는 야외 스포츠이다.

1714년에 영국 왕위에 오른 하노버 왕조는 두세 명의 예외적인 인물은 있으나 현대사에 있어서 대국의 통치기구의 정점에 있는 왕조로서는 가장 교양이 없는 왕조라고 해도 과언이 아니다. 그리고 조지 5세는 그 전통을 정력적으로 지켜왔다 할 수 있다. 어쨌든 조지 5세가 음악·연극의 양 분야에서 마음에 든 공연물이 있다면 그것은 '로스마리'였는데 국왕은 메어리 왕비와 함께 그것을 몇 번이나 보러 갔다.

조지 5세는 어떠한 의미에서든 영국 국민 속의 인텔리 계급을 대표하는 존재는 아니었다. 그러나 그는 국왕으로서 인텔리 계급을 대표하지 않는다는 것은 장미 재배가라든가 자동차 레이스의 팬들을 대표하지 않는다는 고민과 같은 정도로밖에 개의치 않았던 것이다.

영국의 역사상에서 예술·문예 따위의 분야에서 가장 위대한 보호자라면 찰스 1세를 들겠지만 그 찰스 1세 자체가 영국의 역사상에서 가장 뛰어난 국왕이었다고는 도저히 할 수 없는 것이다.

저녁 식사 후에 조지 5세는 트럼프놀이를 하는 일이 가끔 있었다. 젊은 시절에는 휘스트(트럼프 놀이의 하나)를 했는데, 오크션 브리지가 유행하기 시작하자 벌써 그 복잡하기 짝이 없는 방법에 따라갈 수가 없었다. 조지 5세는 정말 '브리지를 해낼 타입의 인물'은 아니었던 것이다.

조지 5세는 브리지 따위를 하는 것을 '하이브라우(교양이나 지식 따위를 내세우는 족속)'들이라고 해서 멸시하고 사소한 내깃돈을 걸고 포커를 즐기는 것이 자신의 기질에 맞는다고 깨달았던 것이다.

조지 5세는 해군시절에 알게 된 친구들과 자주 놀았다. 이것은 왕실 이외의 세계에서는 아무런 존재의의도 없는 작지만 굳게 뭉쳐진 친구끼리의 그룹이었다. 그 이유로는 첫째는 영국 국왕과의 개인적인 우정의 밑바닥에 있는 분별심에서 둘째는 자신들도 국왕과 마찬가지로 극히 평범한 인물이라는 사실에서, 외부에는 특별히 내세울 만한 의미도 없는 사람들의 모임이었던 것이다. 이러한 것은 오늘날 엘리자베스 2세의 주위에 모여 있는 매우 개인적인 서클에 대해서도 말할 수 있다. 그 5, 6명의 이름은 말이나 야외 스포츠나 시골생활이라는 좁은 세계 이외에서는 우선 통용되지 않았다.

왜냐하면 그들은 특별한 친구인 여왕의 인정을 받는 일이 전부인 것처럼 생각하고 있으며, 이외의 사람들에게는 인정을 받으려고도 하지 않는 동시에 그들은 여왕에게 인정받고 있다는 일조차도 필사적으로 남에게 숨기려고 애쓰고 있기 때문이다.

"어째서 주말에 우리한테 와줄 수 없지요?"라고, 친구들이 그들에게 묻는다고 하자. 그러면, 그들은 "아아, 참, 그래. 우리는 정말로 바빠서 꼼짝할 수도 없거든요."라고 투덜대며 대답한다. 그러면서도 실제로는 몰래 차를 타고 여왕이 있는 윈저 성으로 떠나는 것이다.

저녁을 마친 뒤에 조지 5세가 무엇보다 즐긴 일이라면 거실에 틀어박혀서 우표앨범을 펼치는 일이었다. 이것이야말로 조지 5세가 아버지인 에드워드 7세의 사치스런 취미에 반항해서 의식적으로 계속해온 중산계급적인 취미였다. 조지 5세는 영국의 군주제를 부호들의 재력(財力)에 의해서 좌우당하지 않으려고 했다고 자랑스럽게 말했다. 그러나 뒷날 그것이 전기(傳記)작가들에게 많은 문제를 초래하게 되었다.

"쾌활한 젊은 해군소위 시대의 조지 5세의 모습은 만사를 멋지게 글로 쓸 수가 있다."고 1949년에 해롤드 니콜슨은 써놓고 있다. 이것은 그가 사람을 감동시킬 만한 조지 5세의 인간상을 그려내려고 하다가 부딪친 곤란의 정도를 아내에게 설명했을 때의 말이다. 니콜슨은 다시 계속하고 있다.

"현명하고, 연로(年老)한 국왕으로서의 조지 5세도 아마 잘 써낼 수 있을 것이다. 그러나 그 중간의 요크 공 시대(1892~1910)의 조지 5세라면 샌드링검 궁전에서 총만 쏘고 있었기 때문에 그의 행동을 어떻게 적당히 덮어주기도, 큰 도량으로 받아들이기도 어렵다. 왜냐하면 17년간 조지 5세는 동물을 죽이는 일과 우표를 앨범에 붙이는 일 이외에는 정말 아무 일도 하지 않았기 때문이다."

표현이 서툰 성격

조지 5세의 신을 숭배하는 마음도 단순한 것이었다. 샌드링검 궁전이 있는 곳의 학교 아이들은 매년 여러 가지 행사 상품을 손에 넣기 위해서 그곳 지주계급이나 왕족이 사는 대저택에 파견되는 것이 관례로 되어 있었다. 아이들은 국왕의 작은 서재로 안내되었다. 앉아 있는 국왕의 주위에는 빨간 서류상자가 놓여져 있었고 융단 위에는 작은 개가 있었으며 앵무새인 샤롯데가 특별히 만든 홰에 앉아 있었다. 국왕은 아이들 하나하나에게 한 권씩 성서책을 건네주면서 국왕의 조모(즉 빅토리아 여왕님 말씀이다. "잘 알고 있겠지?" 하고, 아이들에게 다짐을 받았다.)가 국왕에게 한 권의 성서를 주시며 매일 그 속의 한 구절을 반드시 읽으라고 가르치신 일을 이야기했다.

"그런데, 너희들은 좋을 대로 하면 되는 거야."고 국왕은 판에 박은 듯이 아이들에게 말했던 것이다. "그렇지만 만일 매일 성서를 한 구절 읽는 것을 생활의 규칙으로 정해서 그것을 어김없이 지킨다면 너희들이 지금의 나의 나이가 되었을 때에 틀림없이 후회하는 일은 없을 것으로 생각한다."

조지 5세는 엘리자베스 공주가 그것과 똑같은 전통적인 분위기 속에서 예의범절이 가르쳐지고 있는 것을 보고 기뻐했다.

그러나 이와 같은 정상적인 이야기도 실은 그 이면에서는 상당한 희생을 치르고 생겨난 것이다. 조지 5세는 격노(激怒)의 감정이 북받치면 흉중의 동요를 폭발시키는, 감정의 기복이 대단한 사람이었다. 1901년에 조지 5세는 부인과 함께 오스트레일리아를 여행했다. 그때에 35세였다. 그러나 그는 부왕인 에드워드 7세나 자식들에게 잠시 동안의 이별의 인사를 하고는 긴장한 나머지 이성을 잃고 그만 울음을 터뜨리고 말았던 것이다.

또 조지 5세는 사람들 앞에서의 연설 속에서 아내인 메어리 왕비의 일을 언급할 때에는 감정이 격앙되어 목이 메이곤 했는데, 특히

"오늘의 내가 있는 것은 모두 그녀의 덕분이다."

하는 따위의 대문을 읽어내릴 때에는, 벌써 다음의 말이 나오지 않게 되어 연설을 중단했을 정도였다.

어떤 의미에서 조지 5세로서는 국왕인 것이 영원한 고민이라 할 수

있었다. 외면적으로 강한 체하는 이면에 조지 5세는 내심으로 몹시 흥분하고 있었던 것이다. 괴로운 감정을 아무리 해도 억제할 수 없을 때가 왕왕 있었지만 가장 가까운 사람들에게도 가슴속을 털어놓고 이야기할 수가 없었다.

"생각하고 있는 것을 입 밖으로 표현하는 것이 나는 정말 서툴다."라고, 조지 5세는 언제나 말했다. 이런 감정의 억압이 6명의 자식들과의 관계에서도 나타나 그들 사이에 일종의 팽팽히 긴장된 긴박감을 초래하곤 했다.

에어리 백작부인 메이벨은, 아직 왕비가 되기 전의 메어리 요크 공 부인의 시녀가 되었을 때에 요크 공, 즉 조지 5세와 자식들의 이런 일종의 색다른 관계를 알아채고 다음과 같이 말하고 있다.

"방을 비울 적당한 이유가 없는 한 아이들은 언제나 자기의 방에 단정하게 틀어박혀 있는 것이 당연하다고 생각되고 있었습니다. 나는 아이들이 복도를 뛰어다니고 있는 것을 한 번도 본 적이 없습니다. 아이들은 걸을 때에도 발소리를 죽이고 살금살금 걸었으며 늘 유모라든가 가정교사에게 감시당하고 있었습니다. 조지 5세가 자식들을 귀엽게 여기고 있었던 것은 틀림없습니다. 그러나 자식들을 대하는 태도가, 감수성 있는 아이에게는 약간 쑥스럽게 여겨질 정도로 우스꽝스러운 접촉방법과 그 정반대의 몹시 거칠을 정도의 엄한 접촉방법이 번갈아가며 나왔던 것입니다."

자식들이 결혼하자 조지 5세는 자식들과의 관계를 정말로 근사한 관계로 가져가서 모범적인 할아버지가 되었다. 이런 멋진 할아버지의 면목이 두드러지게 제시된 것이 엘리자베스 공주에 대해서였다. 조지 5세는 엘리자베스 공주에게는 특별한 애정을 느끼고 있었다.

그러나 아이들이 아직 어렸을 무렵에 조지 5세가 자손들을 사랑하는 방법은 조지 5세가 스스로 자기의 의무가 중대함을 인식함에 따라 사라져갔다. 그가 깨달은 의무란, 자신은 영국 왕위의 대를 이를 장래의 담당자를 키우지 않으면 안 된다는 일이었다.

엘리자베스에의 정신적인 유산

그런데 문제는, 왕실이란 단순히 국민일 수만은 없으며 체제의 단순한 수호자일 수만도 없을 뿐만 아니라 여러 가지 면에서 체제 그 자체로서 행동하지 않으면 안 된다는 점에 있었다. 조지 5세는 케임브리지 대학의

20

헌법사학자 J. R. 타너로부터 국왕으로서의 역할에 대해서 배웠다.

조지 5세는 그때 배운 입헌군주제에 대한 여러 가지의 교훈을 대학노트에 요약해서 적어놓고 있다. 거기에는 빅토리아 시대의 헌법학자 월터 바죠트의 견해를 인용한 "국왕의 존재는 변화를 위장하는 데에 도움된다. 그리고 혁명이 초래한 악에서 변혁을 꺼내는 데에도 도움된다."고 하는 말도 보인다.

조지 5세의 치세(治世) 기간 중에 5명의 황제, 8명의 국왕이 사라지고 18개의 작은 왕조가 붕괴되었다. 조지 5세가 사망했을 때서 아서 브라이안트는 반드시 이 국왕의 정신은 되살아난다고 말하고, 1936년에 다음과 같이 써놓고 있다.

"조지 5세는 영국인만이 취할 수 있는 고매하고도 한결같은 자세를 직접 몸소 계속 나타내셨다. 국왕과 왕비는 국내의 인텔리 지도자들이 붕괴의 논리를 주장하고 사회운동 지도자들이 무절제하고 방종한 처신을 시류(時流)에 합당한 것이라며 실천하고 있을 때에 영국의 품위있는 사람들이 내심으로 품고 있던 생각을 훌륭히 대변했던 것이다."

조지 5세는 솔선해서 변혁에 나선 것은 아니다. 그러나 변화에 대해 품위를 가지고 대처하는 방법은 알고 있었다. 그런 자세야말로 손녀인 엘리자베스 2세가 지난날 대영제국이었던 지금의 아시아·아프리카의 여기저기에서 더욱 광택을 내면서 몸에 지니고 행동하고 있는 자세이다. 조지 5세는 1924년에 영국에서 사회주의자 수상이 탄생하고 스스로 영국에서 처음으로 '붉은 수상에 받들어지는 국왕'이 되었을 때에 용감하게도 빨간 넥타이를 매었던 것이다. 그리고 국왕은 그 정부의 정책을 정치적인 문제보다도 인도적인 문제에 중점을 두도록 전환시키려고 열심히 노력했다. 아일랜드의 '블랙 앤드 턴즈'에 의해 채택된 테러전술에 대해서 조지 5세가 맹렬히 반대한 것도 이런 결의에서 나온 것이었다.

조지 5세는 아일랜드의 주민들도 자신의 백성이며 영국 본토의 주민과 마찬가지로 자신의 보호를 받을 자격이 있다는 신념에서 당시의 수상 로이드 조지에게 열심히 자신의 주장을 내세웠던 것이다.

대공황(大恐慌)의 한창에, 실업자의 대우에 대해서 국왕이 보인 반응도 또한 마찬가지였다. 하기는 조지 5세는 이 실업자 구제의 인도적인 조치와 그 후 1931년에 보인 국왕의 단 한 번의 커다란 정치적인 간섭, 요컨대 거국일치(擧國一致) 내각의 수립이라는 조치와의 사이에서 아무런 모순도 느끼지는 않았다.

그때에 정말 자금부족으로 애먹은 램제이 맥도날드 내각은 외국의 은행가들로부터 재정원조는 하겠지만, 그 조건으로서 가감한 국내 경제정책의 개혁을 추진할 것, 그 개혁의 속에는 실업자 구제를 위한 지출을 10% 삭감하는 조치를 취할 것 등의 통고를 받았다. 노동당 내각의 89명 각료가 이런 조건은 절대로 받아들일 수 없다고 주장했다.

그 때문에 맥도날드는 수상직의 사임을 결심했다. 그때에 조지 5세는 국왕이 수상을 임명할 수 있다고 하는 역사적인 국왕의 대권(大權)을 행사했던 것이다. 여담(餘談)이지만 이 수상임명의 대권은 현재의 엘리자베스 2세도 놀랄 만큼 번번히 행사를 강요당하고 있는 대권이다.

그런데 조지 5세는 맥도날드에게 모든 정당을 망라한 연립내각을 구성해야 한다고 말했던 것이다. 그리고 맥도라드는 그런 국왕의 권고에 따라 거국일치 내각의 수상이 되었지만 그 결과 노동당 진영으로부터 몹시 경멸당했다. 그러나 조지 5세는 맥도날드가 멸시당하는 이유를 전혀 이해할 수가 없었다.

그것은 어쨌든 간에, 조지 5세가 보인 단순함 속에는 실로 조지 5세의 국민의 마음을 감동시키는 본질이 있었던 것이다. 그 온화한, 목구멍의 밑바닥에서 우러나오는 목소리가 라디오의 전파에 실려져 직접 국민에게 전달되었을 때에 모친으로부터 물려받은 네덜란드 사투리로 'O(오)'의 발음이 확대되어 메아리처럼 울려퍼지기도 했는데, 그것을 듣자 몇백만의 국민은 조지 5세의 존재가 실감나게 확인되었던 것이다. 조지 5세는 국민의 종복(從僕)인 동시에 국민에게는 신이기도 했다.

엘리자베스 공주는 조지 5세의 일을 언제나 '그랜드파파 잉글랜드(영국의 할아버지)'로 부르고 있었는데 이런 기분은 다른 수백만이나 되는 국민들로서도 정말 마찬가지였다. 1920년대, 그리고 30년대의 초반에 걸쳐 영국의 국민적인 행사를 수없이 주재해온 조지 5세는, 일부의 국민들에게는 위선자로서 비쳤겠지만 대다수의 국민들에게는 살아있는 규범을 가르쳐주었다. 동시에 그는 왕실에서 정력적으로 스스로가 정한 주의를 관철해왔다. 그 주의에 입각해서 엘리자베스 2세는 교육받았던 것이다.

어떤 때에는 자기 혼자서, 어떤 때에는 요크 공 부처를 통해서, 조지 5세는 손녀인 엘리자베스 공주에게 영향을 주었으며 10세가 될 때까지 손녀의 인격형성에 결정적인 역할을 해주었던 것이다. 만약 조지 5세가 살아 있어 그 후의 엘리자베스 공주가 얼마나 많은 것을 얻었는가를 실제로 알 수가 있었더라면 그가 진심으로 기뻐하며 엘리자베스 2세의 모든 것을 용인했을 것은 틀림이 없다.

변덕을 배제하고 의무를 다할 것, 얼른 보기에는 화려해 보이지만 실제로는 눈에 띄지 않는 근면에의 끝없는 노력을 계속할 것 이단(異端)을 버리고 전통성을 지키는 입장으로 되돌아가는 본능을 갖추고 있을 것 —— 이것들은 본능적인 것이며, 또 그 후의 연마로 몸에 붙인 것이나 어쨌든 엘리자베스 2세가 갖추고 있는 이러한 능력은 모두 조지 5세에게서 배운 것들이다. 또 이러한 능력이야말로, 조지 5세가 진심으로 자랑으로 여기는 왕위계승자로서 엘리자베스 2세 여왕이 대성하는 데에 도움이 된 것들이었다.

제2장 할머니의 발자취

피서지 글라미스 성의 생활

엘리자베스 공주는 생후의 수개월간을 런던의 웨스트엔드 브루돈 스트리트에서 지냈다. 이 일대는 오늘날 은행이나 사무실, 호텔, 쇼룸(진열실)들이 처마를 잇대는 쇼핑가(街)로 되어 있다. 그러나 1926년 당시에는 매우 고요한 곳이었다. 늘어선 집들은 엘리자베스 공주의 외가(外家)가 되는 스트라스모어 백작가(伯爵家)와 같은 고귀한 집안들의 런던 별저(別邸)들뿐이었다. 그 거리에서 조금만 걸어가면 버클레이 광장이 있었으며 밤이면 밤꾀꼬리가 울고 올빼미가 날으고 있었다. 갓태어난 엘리자베스 공주가 하루의 일과로서 바깥 공기를 쐬기 시작한 것도 이 버클레이 광장의 작은 길가였다.

공주의 유모는 미세스 나이트였다. 키가 크고 눈매가 시원스런 여자로 20세기 초에 공주의 어머님인 현재의 엘리자베스 황태후가 아직 어려서 엘

리자베스 백작부인 보즈 라이언으로 불리우고 있을 무렵에도 그 유모로
있었던 사람이었다. 미세스 나이트의 아버지는 하트포드셔의 히친 근처에
있는 센트폴 월던에 스트라스모어 가(家)가 가지고 있던 영지(領地)의 소
작인이었다.

 그녀는 뒤에 레이디 엘펀스턴이 된 메아리(엘리자베스 황태후의 큰언니)의
아이들을 돌보기 위해 스트라스모어 백작가에 기거하다가 1943년 사망할
때까지 이 집안과 함께 살아왔다.

 미세스 나이트는 옛날 식의 유모로서, 전통적인 가신(家臣)이었다. 생활의
전부를 일에다 바쳤으며 주어진 유모의 역할을 기꺼이 하는 한편, 어떤
일이라도 게으름 부리지 않고 해내어 휴가는 고사하고 하루도 쉬지를 않았다.
미세스 나이트는 엘리자베스 공주를 돌보며 운동에 데리고 나가기도 했다.
그리고 하루에 두 번씩 산뜻한 옷으로 갈아입은 공주를 부모님 곁으로
데려가서 배알(拜謁)시켰다.

 밤중에 공주가 눈을 뜨고 울부짖으면 달래어서 잠재우는 것은 유모들의
역할이었다. 미세스 나이트의 이름은 클라라라고 했으나 무척 바빠서 그녀는
고작 '알라'로만 불리우는 일이 많았으므로 공주는 미세스 나이트의 이름을
'알라'인 줄로만 알고 있었다.

 1926년 8월에 요크 공 부처는 스코틀랜드로 떠났다. 결혼 이래 매년
여름이 되면 정해진 여행이었다. 요크 공 부처는 긴 여행이기도 하고 야간
열차로 떠나는 것을 즐겨 했기 때문에 어린 엘리자베스 공주는 부모와는
따로 한 발 먼저 글러미스 성(城)에 도착했다. 이 글라미스 성은 스트라스모어
협곡(峽谷)지방인 댄디의 조금 북쪽에 있는 성이다.

 이 스트라스모어 협곡의 이름에서 보즈 라이언 가(家)의 귀족으로서의
가명(家名), 즉 스트라스모어 백작이라는 칭호가 생겨난 것이다. 엘리자베스
공주는 어린 시절에 매년 여기서 여름을 지냈다. 그리고 그 글라미스성에서의
생활이 엘리자베스 2세의 인격형성에 앞서 말한 조부인 조지 5세로부터의
영향과 마찬가지로 커다란 영향을 끼쳤던 것이다.

 요컨대 엘리자베스 2세로서는 아버지 쪽의 집안이 격식에 입각한 공식
적인 면에서의 자기형성에 영향을 주었다고 한다면 어머니 쪽 집안으로
부터는 온화함과 쾌활함을 물려받았던 것이다. 그 온화함이야말로 나중에

엘리자베스 2세가 자신의 아이들을 교육시킬 때의 마음이며 그 쾌활함은 지금도 역시 엘리자베스 2세가 집안의 생활터전에서 소중히 하고 있는 것이다.

글라미스 성에서 만사를 혼자 도맡아서 관리한 것은 엘리자베스 공주의 외조모인 스트라스모어 백작부인이었다. 19세기의 글라미스 성하면 기분 나쁜 성이라는 소문이 나 있었다. 그러나 스트라스모어 백작부인은 그런 악평을 말끔히 씻어내었던 것이다.

그녀는 몸집이 크고 튼튼한 체격으로 뾰족한 턱을 하고 있었으나 눈매만은 시원스러웠다. 그녀는 말하자면 그 집안의 생활의 전반을 균형있게 유지하면서도 탄력있게 굴러가게 하는 커다란 활차(滑車)와도 같았다. 무슨 일이 일어나도 그녀는 흔들리지 않았다. 글라미스 성에 초대받은 사람이라면 언제나 비실비실하면서 손님의 등에 술을 뚝뚝 떨어뜨리는 어처구니 없는 실수를 하던 하인이 있었던 것을 알고 있으나, 그 하인의 실수를 보고서도 스트라스모어 백작부인은 정말 냉정을 잃지 않았다.

보즈 라이언가의 사람들은 오늘날에도 그 하인의 일을 잊고 있지는 않으며 선대(先代)의 윗대가 되는 스트라스모어 백작부인이 집시(執侍)로 그를 고용한 것만 빼놓으면 그를 정말 잘 부린 사실을 지금도 놀라워하고 있다.

글라미스 성에서 저녁이 끝나면 스트라스모어 백작부인은 피아노 앞에 앉고 모두가 그 주위에 모여서 노래를 불렀다. 숨은 장기를 발표하는 모임도 있었다. 시원한 여름에 글라미스 성의 손님으로서 초대받은 사람들의 일종의 격식이라든가 그럴듯한 외모보다도 참된 의미에서의 즐거움을 추구하던 사람들이었는데 이것은 스트라스모어 백작부인이 사람들을 초대함에 있어 그와 같은 점을 소중히 여긴 본심이었기 때문이다.

엘리자베스 공주의 외조부인 스트라스모어 백작은, 그러한 사람들과의 접촉을 대부분 부인의 재량에 맡기고 있었다. 자신은 말하자면 영지의 관리인이라는 입장에 긍지를 느끼고 있었으며 상당한 시간을 삼림벌채(森林伐採)의 일에 충당하고 있었다.

스트라스모어 백작이 1년을 통해서 소위 사교무대의 전면에 등장하는 것은 다만 8월뿐이었다. 왜냐하면 이 달은 이튼 램브란스 등 잉글랜드팀이 스코틀랜드까지 원정으로 크리켓 시합이 있었기 때문인데 스트라스모어 백작은 그 크리켓 시합의 조직위원장이었다. 당시에 백작은 공을 교묘하게 조종하는 크리켓의 투수이며 스타였다.

스트라스모어 백작의 일족은 경건한 사람들이었다. 글라미스 성에 있는 작은 예배당에는 매일 기도하는 소리가 끊이지 않았다. 여성들은 머리에 두꺼운 레이스로 만든 하얀 모자를 언제나 쓰고 있었다. 이 하얀 모자는 글라미스 성에서는 매일 써주기를 바란다는 뜻에서 여성 손님의 침대 곁에는 반드시 놓여져 있었다.

일요일에는 그러한 하얀 모자를 쓰고 백작부인이 직접 오르간을 연주해서 친지들과 함께 찬미가를 불렀다. 곧고 숨김이 없으며 비뚤어진 것을 싫어하는 보즈 라이언가의 사람들은 즐거움을 사랑하고 남들에 대한 동정심이 많았으며 그릇된 일에는 동하지 않는다는, 즉 완전한 자신감을 가지고 행동한다는 상류계급의 단순한 규범(規範)에 따라 생활하고 있었던 것이다.

알버트 왕자의 구혼

1920년 가을에 조지 5세 국왕과 메어리 왕비의 제2왕자인 요크 공 알버트 왕자가 발모럴 성(城)에서 차로 보즈 라이언 가(家)를 방문하고 그 집 주인 스트라스모어 백작부처의 막내딸(9번째의 자녀)에게 청혼의 뜻을 비쳤을 때에도 백작부처는 황송한 일이라 하여 당황하거나 하지는 않았다. 물론 요크 공의 청혼을 보즈 라이언 가로서는 왕실과의 명예로운 인척 관계의 길을 트는 것이었다.

그러나 보즈 라이언 가는 그 밖에도 상류계급과의 여러 가지 관계를 맺고 있었던데다가 무엇보다도 이제까지 아무런 고생을 모르고 구김살없이 자라온 딸 엘리자베스에게 왕실의 일원이 되어 의무를 다한다는 것은 가혹한 판결을 받는 것과 같은 일이라고 생각되었다. 그때 엘리자베스는 갓 20세가 되어 있었다.

엘리자베스의 모친인 스트라스모어 백작부인은 다른 어머니 같으면 틀림없이 달라붙고 싶어할 만한 왕실과의 혼담이라는 이 영광스런 사실에 자기의 딸애가 간단히 동하는 일은 없을 것이라고 확신하고 있었다. 그래서 1921년 봄에 자기의 딸 엘리자베스가 알버트 왕자의 첫 번째 구혼을 거절했을 때에도 전혀 놀라지는 않았다. 스트라스모어 백작부인은 한 친지에게 이렇게 편지에서 쓰고 있다.

"알버트 왕자가 행복해질 수 있을 만한 부인을 찾으시기를 진심으로 빌고 있습니다. 나는 알버트 왕자님은 정말로 좋은 분이라고 생각합니다. 그분은 부인에 의해서 좋게도, 나쁘게도 될 수 있는 분입니다."

백작부인의 판단은 옳았다. 요크 공 알버트 왕자의 결혼은 전적으로 그 자신을 좌우하는 것이었다. 그러나 알버트 왕자는 스트라스모어 백작부처의 막내딸 엘리자베스 이외의 다른 여성과 결혼할 의사는 조금도 없었다.

버의 왕자(알버트 왕자는 왕족 사이에서나 친구들 사이에서 이렇게 불리웠다.)는 풍채가 당당하지 못해서, 연설을 할 때에는 반드시 몇 번씩 더듬거렸고 신경이 날카로워지면 아무 말도 하지 못하는 경우가 있었다. 그러나 그 반면에 알버트 왕자는 유달리 끈질긴 성격의 소유자였기 때문에 이런 성격이 결국은 레이디 엘리자베스 보즈 라이언을 아내로 차지한 것이다.

1921년의 봄에는 거절당했지만 아무도 놀라지는 않았다. 그러나 알버트 왕자는 거절당한 뒤에도 구혼을 계속했다.

그러고 보면 엘리자베스 백작부인는 굉장한 구혼을 받은 셈이었다. 알버트 왕자는 언제나 저녁 식사 직전에 글라미스 성으로 찾아왔다. 그래서 엘리자베스는 옷을 갈아입거나 화장을 하기 위해서 방으로 뛰어가 "죄송하지만, 아직 몸치장을 갖추지 못했습니다."고 말하는 경우가 자주 있었다. 따라서 어머니인 백작부인이 알버트 왕자의 상대를 해야만 했었다.

이야기를 바꾸어 템스 강 기슭에 있는 비섬 아베이에 사는 니나 발포어 부인이 템스 강의 보트놀이를 위해 알버트 왕자와 엘리자베스 백작부인를 초대한 일이 있었다. 그때 알버트 왕자는 팔을 뻗어 엘리자베스 백작부인를 안으려고 했다. 그러자 엘리자베스 백작부인는 알버트 왕자의 팔을 뿌리쳤다고 한다. 물론 가볍게 멀리했을 뿐이기는 했지만.

그러한 알버트 왕자가 많은 구혼자 가운데서 뽑히게 된 것은 강한 인내심 때문이었다. 매우 우수한 젊은이 몇 사람이 엘리자베스 백작부인에게 구혼했었다. 그러나 그 모두가 거절당했다. 그 중에는 매우 매력적인 인물도 있었다. 이웃집 아들로 끈질기게 구혼을 계속해왔다. 그러나 그는 교제하는 도중에서 여러 가지 추근추근한 태도를 보였다.

엘리자베스 백작부인는 그런 태도를 싫어했다. 어머니의 가르침을 지켜 그녀는 매우 성실했고 감정적으로는 강했으며 좀처럼 흔들리지 않는 성격의 소유자라고 할 수 있었다.

엘리자베스 백작부인는 자기가 정말로 구하고 싶어하는 것이 무엇인가, 하는 것을 같은 또래의 친구들보다도 훨씬 더 잘 알고 있었다. 그것은 순결의 절대성이었다. 그녀는 추근대는 경박한 남성에는 전혀 마음이 끌리지 않았다. 또 그녀는 무엇이든지 모두 어머니에게 이야기를 했다.

그녀가 한 번은 어머니가 실제로는 교제를 허락하지 않던 구혼자와 런던에 간 일이 있는데 그것을 어머니에게 이야기하지 않은 일 때문에 괴로워해서 하룻밤 내내 잠을 이루지 못한 일이 있었다. 그 구혼자에게 어떤 결점이 있었던 것은 결코 아니었다. 그 구혼자는 어머니 스트라스모어 백작부인의 사윗감 판정기준에 합격하지 못했을 뿐이다. 그리고 백작부인의 딸인 엘리자베스가 어머니한테 품고 있는 감정은 매우 친밀한 것이며 어머니가 정한 기준이 무엇인가를 알고 있었을 뿐만 아니라 그녀도 그 기준을 존중하고 있었던 것이다.

'결혼 승낙'의 전보

글라미스 성에서는 밤의 화목한 모임이 끝나면 손님들은 모두 행렬을 지어 촛불을 받아들고 침실로 가는 것이 관례로 되어 있었다. 그러나 에드워드 왕조(王朝) 때에 행해졌던 천박한 촛불 파티라든가 알버트 왕자의 친형, 즉 당시의 황태자가 제1차 대전 후에 빠졌던 방탕생활에 즐겨했던 그런 음란한 놀이나 장난과는 전혀 성질이 다른 것이었다.

황태자가 1920년대에는 사려분별이 갖추어져 있어야 하는데도 기혼 부인과의 일련의 사건에 벌써부터 관련되어 있었다. 그리고 더욱더 방탕의 길에 빠져들어 마침내 1936년에 왕위에 오르자마자 그것마저 버리는 파국적인 추문을 빚기에 이르렀던 것이다. 그러나 그 동생인 알버트 왕자는 달랐다. 조지 5세와 메어리 왕비의 엄격한 도덕관을 지켰으며 엘리자베스 백작부인도 알버트 왕자의 신념과 사고방식에 전적으로 동조했다.

1920년대의 초에 엘리자베스 백작부인의 친구였던 인물이 다음과 같은 추억을 말하고 있다.

"'종교적'인 견지에서 본다면 엘리자베스 백작부인을 둘러싸는 세계는 우리들의 세계보다 훨씬 비도덕적이었습니다. 우리들한테는 미혼자가 남성과 잠자리를 같이 한다는 일 따위는 절대로 있을 수 없는 일이었습니다. 무척 좋은 친구들이 모여 있는 우리의 그룹 중에서도 그러한 것은 생각할 수 없는 일이었습니다.

그런데도 황태자가, 언제나 기혼 여성과 교제하고 있다는 것은 주지의 사실입니다. 그러나 버디 왕자(알버트 왕자를 일컬음)의 주위에 모이는 사람들은 모두 소녀들, 훌륭한 미혼여성들입니다. 거기에 두 왕자의 차이가 있었습니다. 두 분의 생활방식 밑바닥에는 완전한 차이가 있었습니다. 버디 왕자는 비록 누구와 침대를 같이 하고 싶은 마음이 있다 해도 그런 눈치를 보이는 일조차도 절대로 없을 것입니다. 보트 위에서 손을 내미는 일, 그것이 구혼의 의사표시였던 것입니다."

국왕인 조지 5세는 아들과 엘리자베스 백작부인 보즈 라이언이 결혼을 하리라고는 믿지 않았다. 조지 5세는 알버트 왕자에게 "만약 그녀가 너의 구혼을 승낙해준다면 너는 운좋은 놈이다."라고 말했다.

그런데 1923년 1월에 샌드링검 궁전에 있던 국왕부터 앞으로 짤막한 전보가 날아들었다. 거기에는 조용한 알버트 왕자가 끈기있게 엘리자베스 백작부인의 대답을 기다려오던 노력이 마침내 보람을 맞게 된 사실이 적혀 있었다.

"결혼을 승낙합니다. 버디 왕자님." 자신의 소원이 달성된 기쁨이 내성적이었던 알버트 왕자의 인품을 완전히 바꾸어 놓았다. 1923년 1월 20일 밤, 즉 알버트 왕자로부터의 구혼을 받은 엘리자베스 백작부인이 부모와 함께 국왕과 왕비가 있는 샌드링검 궁전에 머물던 날 밤에 메어리 왕비는 일기에다 "버디는 이제 정말로 행복합니다."고 썼다.

그리고 언제나 시간을 지키는 일에 잔소리가 심했던 조지 5세조차도, 장차 자기 아들의 신부가 될 엘리자베스 백작부인에게만은 평소의 고집을 나타내지 않았다. 엘리자베스 백작부인는 평소부터 시간을 잘 지키지 않는 사람이었다. 그러나 국왕이 베푼 중대한 만찬의 자리에 그녀가 늦게 도착했을 때에 그녀는 꾸중을 듣지 않았던 것이다. 조지 5세는 엉뚱하게도 다음과 같이 말했던 것이다.

"그대가 늦은 것이 아니다. 우리가 약속보다 이분 빨리 먼저 자리에 앉은 것이 틀림없을 거야."

말더듬으로 괴로워한 요크 공

이제, 이야기를 어린 시절의 엘리자베스 2세, 즉 엘리자베스 공주에게로 되돌린다. 1926년의 글라미스 성은 엘리자베스 공주의 부모에게 수많은 추억거리를 남겨주었다. 그리고 엘리자베스 공주 자신에 관해서는 글라미스 성에서 정말 잠을 잘 잤다는 기록이 남아 있다. 공주가 있었던 방은 19세기에 증축된 신관의 일부였는데 거기서는 스트라스모어 백작부인이 사랑했던 네덜란드 식 정원을 내려다볼 수가 있었다.

오후가 되면 엘리자베스 공주는 유모차에 실려 곱게 가지치기가 된 주목(朱木)나무그늘로 가서 정원에 만들어진 파란 타일을 붙인 풀 안에 세워진 작은 큐피드 석상(石像) 둘레에 떨어지는 분수의 물소리를 들으면서 낮잠이 들곤 했다.

그 무렵에 엘리자베스 공주를 실제로 가장 잘 돌본 이는 외조모인 스트라스모어 백작부인과 유모였다. 친부모인 요크 공 부처는 다음 해에 6개월간의 오스트레일리아, 뉴질랜드 방문을 하기로 이미 정해져 있어 출발인사 때문에 눈코 뜰 새 없이 바빴다.

이 요크 공 부처의 긴 해외여행은 엘리자베스 공주에게는 부모와 오래 떨어져 있어야만 하는 왕족 특유의 수많은 시련의 시작이기도 했다.

요크 공 부처의 여행은 국왕 조지 5세의 결단에서 내려진 것이었다. 국왕은 내성적인 제2왕자를 좀더 공적인 시련에 내세울 시기가 왔다고 생각했던 것이다. 그러나 첫아이를 낳아 기쁨에 들떠 있었던 젊은 요크공 부처로서는, 장기간에 걸쳐 그 아이와 떨어져 있어야 하다는 것은 정말로 가혹한 일이었다.

인생의 아주 초기에 이처럼 오랫동안 부모와 떨어져 있게 된 일이 어린 공주에게 미친 영향을 지나치게 중시하는 것은 아마도 위험한 일이 아닐 수 없다. 어쨌든 그 부모와의 이별은 공주의 어린 시절의 시작의 일부에 불과하다는 것이 확실해졌다. 공주의 어린 시절을 통한 커다란 과제는 조부인 조지 5세가 소중히 해야 한다고 가르친 덕성을 몸에 익히는 일이었다.

다만 이 덕성은 저 에드워드 8세의 국왕 퇴위라는 악몽과도 같은 드라마가

진행되던 동안에는 존중되지 않았다. 그러나 의무감, 자기희생의 정신, 근면 등과 같은 덕성은 왕실의 일원이기 위한 중요한 마음가짐으로서 공주의 마음속에 자라고 있었던 것이다.

이러한 덕성을 몸에 익히기 위해서는 왕실 이외의 사람들이 인간으로서의 본질이라고 생각하고 있는 인간적인 충동을 억제해야 한다는 큰 대가를 치르지 않으면 안 되었는지도 모른다. 그러나 반면에 공주가 출생한 때부터 얻은 큰 가치나 특권의 일부로서 그녀는 그 희생을 받아들이지 않으면 안 되었다.

1926년에 공주의 아버지 요크 공은 그 특권의 대가로서 상당한 것을 지불해야만 했다. 왜냐하면 오랫동안 괴로움을 당해온 만성적인 언어장애인 '말더듬이' 아버지인 조지 5세가 요크 공을 위해 예정한 계획을 진행함에 있어서 특별한 장애가 되었기 때문이다. 요크 공 알버트 왕자의 형인 황태자는 이미 1920년에 열광적인 환영 속에 오스트레일리아 여행을 마치고 있었다.

그리고 오스트레일리아가 연방의 수도를 새로운 도시 캔버라로 정식으로 옮기는 1927년에는, 다시 한 번 황태자가 오스트레일리아를 방문해주기를 대다수가 바라고 있었다. 수도의 이전은 오스트레일리아의 역사상으로 전기(轉機)가 되는 것이었다.

그런 만큼 조지 5세가 황태자 대신에 그 동생인 알버트 왕자 요크 공을 보내기로 결정했을 때에 이것을 들은 오스트레일리아의 수상 스탠리 부루스는 낙담의 빛을 숨기지 않았다. 솔직히 말해서 브루스 수상은 알버트 왕자가 이런 큰 임무를 수행해낼 수 있으리라고는 생각지도 않았고 알버트 왕자가 수상의 의도를 올바로 이해하고 있으리라고는 생각하지도 않았다. 무엇보다도 오스트레일리아 방문 중에는 많은 회수의 연설을 해야만 하는데 알버트 왕자가 그때에 더듬거리지 않고 술술 공식석상에서 연설을 해낼 수 있으리라는 보증이 전혀 없었던 것이다.

몹시 난처한 문제는 알버트 왕자가 개인적인 대화 때에는 술술 이야기할 수 있다는 사실이었다. 알버트 왕자가 말을 입 밖에 낼 때에 괴로움을 겪는 것은 공식석상에 나섰을 때였는데, 이것은 엄습하는 긴장감이 유일한 이유였다. 1926년까지에 알버트 왕자는 많은 전문가들을 만나고 그들이 말하는 치료를 받았으나 아무런 효과도 없었다.

실은 이러한 실패가 알버트 왕자의 말더듬을 더욱 악화시킨 것이다. 알버트 왕자의 공식적인 전기를 쓴 존 호일러 베넷 경 자기 자신도 일찍이 끈질긴 말더듬에 괴로움을 당한 사람이었으므로 다음과 같이 써놓았다.

"여러 모로 상대해본 전문가들의 치료법이 아무런 효과도 주지 못한 채 끝난 사실에 의한 환멸감에서 알버트 왕자는 만성적인 말더듬이란 불치의 병이며, 말더듬의 괴로움의 이면에는 육체보다도 오히려 자기 정신 속에 그 근본적인 원인이 숨어 있는 것이 아닐까 하는 겁을 먹게 되었다."

어떤 의미에서는 알버트 왕자의 마음에 문제가 있었다. 알버트 왕자는 6, 7세가 되기까지 보통 아이들처럼 술술 이야기를 할 수가 없었던 것이다. 어린 왕자로 교육을 받고 있었던 금세기 초에 벌써 가슴 조이는 경험이 있었던 것을 알 수 있다. 1900년 12월에 생일축하편지 속에서 아버지 조지 5세는 다음과 같이 써놓고 있다.

"너도 다섯 살이나 되었으니 언제나 남들이 말하는 것을 당장 충실히 실행하도록 힘써야 한다. 일찍 시작하면 그만큼 너한테도 수월할 테니까."

그 직후에 알버트 왕자는 원래 왼손잡이던 것을 바른손으로 글씨를 쓰도록 교사들에 의해서 강제적으로 고쳐졌다. 이 때부터 알버트 왕자의 말더듬이 시작된 것이다. 형이나 누이들에게 알버트 왕자의 더듬거림을 조롱하는 것이 허용되었고 해군시절에 아버지가 몸에 익힌 방식대로 사정없이 알버트 왕자는 조롱당했다.

이 때문에 알버트 왕자는 더욱 굳게 자기의 안으로 움츠러들었다. 국왕과 왕비는 자기 아들이 입을 다물고 있는 것을 장난으로 생각했으며 수줍어 하는 것을 기분 탓이라고 여겼다. 그러나 알버트 왕자의 신뢰를 받고 있던 사람들은 알버트 왕자가 더듬지 않고 완전히 정상적으로 말할 수 있다는 것을 알고 있었다.

어린 공주의 용모와 품격

알버트 왕자가 또 한 가지 괴로워한 것은 하루에 몇 시간 동안, 지체(肢體) 교정장치 속에 들어가 있지 않으면 안 되는 일이었다. 형인 황태자만 빼놓고 아버지인 조지 5세나 동생들과 마찬가지로 알버트 왕자도 양다리가 안쪽으로 굽어 있었다. 장차 높은 지위에 오르게 되는 터에 ×자형의 다리로 불리우는 이런 몸매는 바람직하지 못한 것으로 생각되었기 때문에 교정을 위한 복잡한 장치가 만들어졌다.

1904년에 9세인 알버트 왕자는 어머니에게 용기있는 편지를 썼다. "나는 팔걸이 의자에 앉아서 두 발을 새 붙임판자에 고정시켜서 다른 의자 위에다 올려놓고 있습니다. 나는 환자용 테이블을 가지고 있습니다. 이것은 책을 읽기에는 매우 좋지만 글씨를 쓰기에는 아무래도 곤란합니다. 어떻게 해서라도 테이블에 익숙해지려고 애쓰고 있습니다."

그러나 알버트 왕자는 의젓한 표정을 항상 잃지 않았다. 그러나 때로는 교정을 위한 붙임판자의 아픔이 너무 심해서 소리내어 울부짖기도 했다. 이 때문에 매일 밤 그 붙임판자를 고정시켜주던 핀티라는 시종이 그를 가엾게 생각해서 붙임판자를 풀어주고 알버트 왕자를 잠재운 일도 있었다.

그러나 조지 5세가 이 핀티의 소행을 듣고 핀티에게 주의를 시킨 뒤로는 다시금 알버트 왕자에게는 붙임판자가 채워졌다. 조지 5세는 핀티를 서재로 불러들인 뒤에 일어나서 바지를 벗고 굽은 자기의 다리 모양을 똑똑히 보여주고는 호통쳤다. "잘 들어라. 만약 그 애가 장성한 뒤에도 이처럼 다리가 그대로 굽어 있다면 그것은 모두 너의 책임이야."

알버트 왕자는 젊었을 때부터 수줍어하고 생각에 잠기는 성격이어서 가엾은 일이지만 부친인 국왕 조지 5세의 눈에는 어쩐지 미흡하게 보인다는 것, 형에 비해서 무언가 빈약하게 보인다는 것을 알고 있었다.

이러한 정신적인 긴장이 연설할 때의 장애가 되었다는 것도 결코 이상한 일은 아니다. 알버트 왕자가 사랑한 그의 젊은 부인은 이런 긴장을 없애는 데에 정말로 커다란 힘이 되었지만 1926년에는 두 사람 사이에 첫딸애가 태어난 직후의 일이기도 하여 알버트 왕자는 아직도 과거의 악몽에 시달리고 있었다.

언어장애의 전문의인 라이온넬 로그가 알버트 왕자를 처음 만난 것은 1926년 10월 19일의 일이었다. 이 새로운 환자에 대해서도 로그는 다른 환자들과 마찬가지로 우선 어린 시절의 체험에 대해서 철저한 조사를 했다. 그런 한편으로 로그는, 치료에는 심리적인 측면이 중요하다는 관점에서 환자로 하여금 말더듬의 괴로움은 충분히 극복할 수 있다는 자신감을 갖게 하려고 노력했다.

로그는 알버트 왕자에 대해서도 이런 치료법을 썼는데 그 성과는 현저하고도 신속하게 나타났다.

엘리자베스 공주가 태어난 뒤의 몇 달 동안 아버지인 알버트 왕자는 거의 매일 런던의 허러 가(街)에 있는 로그의 진찰실에 다녔다. 대개의 경우 부인이 동행했는데 부처가 런던을 떠날 때에는 남편을 위해서 할 수 있는 치료법을 자세히 묻기도 했다.

요크 공 알버트 왕자 내외는 1926년의 후반을 로그의 진찰실에 다니면서 지냈다. 그러나 이 시기는 오스트레일리아 여행을 앞두고 여행준비에 바쁘기도 했으나 딸애인 엘리자베스 공주를 긴 여행으로 서로 떨어져 있어야 하는 터이기도 해서 될 수 있는 대로 시간을 내어 돌봐주었다.

그 해 겨울에 요크 공 내외를 방문한 친지들은 어린 공주가 벌써 왕족다운 품위를 몸에 지니고 있다고 느끼고 있었다. 그 친지는 “엘리자베스 공주는 큰 소파의 복판에 혼자 앉아 있었다. 마치 저 엉겅퀴의 새하얗고 부드러운 솜털 같았다……. 그녀의 머리털은 정말로 고운 금빛으로 빛나는 귀여운 곱슬머리였다.”라고 표현하고 있다.

부모의 장기 외유

1926년도 저물어갈 무렵에, 조지 5세의 일가는 여느때와 같이 크리스마스 휴가를 지내기 위해서 샌드링검 궁전을 찾아갔다. 부활절에는 윈저 성을, 8월에는 스코틀랜드의 발모럴 성을, 크리스마스에는 샌드링검 궁전을 찾는 식으로, 왕실의 행차 일정을 정한 것은 빅토리아 여왕이었다. 그리고 조지 5세는 충실히 이 규칙을 지켰다. 이런 매년 정해진 왕실의 이동은 ‘규칙적이며 변경되는 일이 없이 영원히 계속된다.’는 신념의 증표와도 같은 것이었으나 윈저 공의 말을 빌린다면 “천체(天體)에 있는 혹성의 공전(公轉)과도 같은 것.”이었다.

크리스마스에는 샌드링검의 왕실 영지(領地)를 관리하는 사람들이 늘어서서 머뭇머뭇하면서 앞으로 나와 국왕 부처가 내리는 선물, 즉 칠면조나 햄, 고기토막 같은 것을 받기도 하고, 직접 다정한 말을 듣기도 하는 것이었다. 그리고 궁전 안에는 고풍스런 리본으로 구획 지어진 커다란 테이블

위에 그 선물들을 늘어놓아 반영구적인 전시품이 되는 것이었다.

오스버트 시트웰은 자기가 받은 물건들을 그대로 자기의 침실로 가져가려다가 노여움을 산 경험을 다음과 같이 써놓고 있었다.

"국왕 일가께서는 전원이 그 테이블가 있는 곳으로 내려와서 선물을 만족스럽게 바라보시는 것을 매우 좋아하셨다. 자신이 가져온 것이나 타인이 헌상(獻上)한 것도 기쁘게 바라보고 계셨다."

왕실의 1927년 정월달 행사는 예년보다 짧게 마무리 지어졌다. 요크 공 부처가 오스트레일리아 여행에 나설 날짜가 임박하고 있었기 때문이다. 요크 공 부처는 1927년 1월 6일에 순양함(巡洋艦) '레넌'호에 승선해서 포츠머드를 떠났다.

조지 5세와 메어리 왕비는 런던의 빅토리아 역에서 요크 공 부처에게 잠시 동안의 작별 인사를 했다. 요크 공 부인이 딸애 엘리자베스 공주에게 6개월 동안의 '굿바이'를 말한 것도 이 빅토리아 역에서였다. 요크 공 부인은 뒤에 메어리 왕비에게 다음과 같은 편지를 내고 있다.

"그날 여행을 떠날 때에는 정말로 가슴이 메어졌습니다. 엘리자베스는 정말로 천진스럽게 아무것도 모르고 남편의 군복에 달린 단추를 만지며 놀고 있었고 저는 그 모습을 보자 벌써 마음의 흥분을 억누를 수가 없었습니다."

남겨진 엘리자베스 공주는 친가 쪽과 외가 쪽의 할머니들이 교대로 돌봐주기로 되어 있었다. 그래서 엘리자베스 공주는 먼저 하트포드셔의 보즈 라이언 가(家)의 외갓집 저택으로 갔다. 이 저택은 앤 여왕시대의 흐름을 느끼게 하는 따뜻하고 기분 좋은 고풍의 빨간 벽돌집인데 목련이며 인동꽃이 피고 뜰에는 닭·망아지·고양이·거북이·개 등이 뛰놀고 있었다. 주인인 스트라스모어 백작은 두 마리의 큰 털이 복슬복슬한 중국종의 개를 기르고 있었다. 한 마리는 초콜릿빛이고 또 한 마리는 검정빛이었다. 엘리자베스 공주는 이 개의 복슬복슬한 털에다 손을 묻고는 무척 기뻐했다.

2월이 되자 엘리자베스 공주는 런던으로 돌아왔다. 그때의 모양을 조지 5세는 일기에서 "나의 사랑하는 어린 손주 엘리자베스가 어제 이곳으로 찾아왔다."고 써놓고 있다. 이때부터 엘리자베스 공주는 할머니인 메어리 왕비와 친히 접하게 된 것이다.

메어리 왕비가 엘리자베스 공주의 생활 방식이나 인격형성에 미친 영향의 정도는, 조부인 국왕 조지 5세의 영향력 못지 않은 것이었다. 메어리 왕비는 내성적인 여성으로 라디오 방송을 통해서 영국 및 대영 제국의 국민들에게 직접 말을 있다면 고작 경험이 있다면 고작 큐나드 사(社)의 대형 여객선이 왕비의 이름을 받들고자 한다는 신청을 받고 그것을 승인한 명명식(命名式)에서 28단어의 짤막한 연설을 한 것이 유일한 것이었다. 그러나 메어리 왕비는 세상에 모범을 보인다는 점에서는 부군 조지 5세보다 훨씬 더 의젓한 것이어서 손주들을 포함한 왕실 일가를 매우 훌륭하게 꾸려가고 있었다.

메어리 왕비는 여느 조모와는 상당히 달랐다. 왕비는 손녀인 엘리자베스 공주의 예절교육에 가장 적극적인 역할을 했는데, 그것도 철저하게 행했다. 메어리 왕비 자신으로 말하면 빅토리아 여왕의 제1왕자, 즉 장래의 영국 국왕 에드워드 7세의 큰아들이었던 에디 클라렌스 공의 배필이 되도록 왕실에 등용된 인물이었다.

에디도 당연히 2대 뒤에는 국왕이 될 인물이었으나 병약한 젊은이인데다 무절제한 섹스놀이에 빠져 평판이 나빴다. 그 무렵의 메어리 왕비는 아직 황태자비로 불리우고 있었으나 조용하고 결단력이 있었으며 들뜬 소문은 털끝만큼도 없는 성격이었으므로 에디를 안정시키는 데에는 가장 적합한 여성이라 생각되고 있었다.

그러나 에디는 그녀가 왕실에 등용된 2, 3주일 후에 폐렴으로 죽었다. 두 사람 사이에는 아직 정식의 약혼은 이루어져 있지도 않았다. 그래서 왕위계승의 순위로 에디에 이어 두 번째에 있었던 그의 아우 조지와 그녀가 결혼하는 것이 좋으리라고 이야기가 된 것이었다.

메어리 왕비의 인품

젊었을 무렵에, 이미 메어리 왕비의 마음은 다부지게 단련되어 있었다. 만년에 그녀는 다음과 같이 말했다. "정말이지, 나는 부모는 언제나 가난했기 때문에 절약을 위해서 해외로 나가지 않으면 안 되었어요."

그녀는 16세 때에 국외로 쫓겨났다. 고을의 소상인이 빚을 받아내는 사람을 켄딩턴 궁전에 보내어 여왕에게 직소(直訴)한다고 위협했던 것이다. 그때에 그녀 모친의 빚은 7만 파운드 가까이에 이르고 있었다. 이야기를 들은 빅토리아 여왕은 그들에게 이탈리아의 플로렌스(피렌체)로 가서 좀더 조용히 살도록 하라고 말했던 것이다. 이런 경험이 메어리 왕비의 타고난 내성적인 성격을 한층 더 내성적으로 만들었으며 그 뒤에는 어지간한 일에는 동하지 않는 견고함을 그녀에게 부여하게 된 것이다.

그녀의 첫 약혼자인 에디 클라렌스 공은 죽기 직전에 "엘레느, 엘레느." 하고 외쳤다. 에디가 결혼하고 싶어한 여성의 이름이었다. 그러나 그 이름을 듣고도 그녀는 아무런 동요의 빛을 나타내지도 않았다. 그리고 진상을 모르는 일반 사람들이 왕실의 두 형제 왕자에게 사랑을 바친 그녀에 관해서 신화적인 로맨스라고 떠들어대도 그대로 방치해두고 있었다.

그녀가 사랑한 것은 형인 에디 왕자였으며 아우인 조지 왕자와의 결혼은 단순한 의무감에서 연유된 것인지, 아니면 진작부터 조지 왕자에게 남몰래 애정을 품고 있었던 것인지 하는 것이 그 때에 생겨난 사회적인 로맨스의 수수께끼였으나 비록 비극적인 것이었다고는 해도, 일반적인 상황은 조지 왕자가 그녀를 아내로 맞은 일은 매우 잘한 일이었다고 할 수 있다.

진상을 말한다면, 메어리 왕비로서는 왕족이 되는 것이 최고로 멋진 직분이라는 이외에는 아무것도 아니어서 로맨스에 얽힌 신화가 생겨날 계제는 아니었던 것이다.

그런데 메어리 왕비의 우선 순위에서 즐거움을 위한 즐거움이란 아주 하찮은 것이었다. 쾌활한 에드워드 7세로서는 이 며느리는 귀찮은 존재였다. 에드워드 7세가 샌드링검 궁전에서 여는 파티는 애플파이를 흘린 침대나, 물을 가득 채운 발로 밟을 펌프가 등장하거나, 손님들의 호주머니에 끈끈한 배의 즙이 부어지거나 하는 식의 야단법석을 떠는 것이 특징이었다. 메어리 왕비가 아버님에게 불쾌한 감정을 품으면 에드워드 7세도 그녀에게 응답을 했다. 단정함을 자랑으로 여긴 에드워드 7세는 며느리가 이마 위에 달고 있었던 두꺼운 해면(海綿) 같은 앞 머리털의 장식을 보고 킥킥 웃었으며 그녀를 몹시 싫어했던 것이다.

그러나 1910년에 조지 5세가 국왕이 된 때를 마지막으로 메어리 왕비는 웃음을 버리고 왕실을 존엄의 장막으로 둘러쌌다. 왕실뿐만 아니라 버킹엄 궁전을 본받은 상류계급의 생활도, 국왕에 대한 존엄의 기풍에 싸였다. 엘리자베스 공주가 태어난 1926년에는 더욱 이런 공기에 꽉 차 있었다.

그렇다고 메어리 왕비가 완전히 편협한 인물이었다는 것은 아니다. 왕비로서 그녀는 영향력을 행사하여 노동자계급 사이에 산아제한에 대한 의식을 보급시키는 데에 힘을 썼다. "그 사람들한테, 섹스를 하지 말라, 자제력을 발휘하라,하는 말만 해봤자 아무런 효과도 없어요."고 말했던 것이다.

그러나 그녀가 진보적이었다는 것은 아니다. 오히려 현실적이었다. 그녀의 인생관은 자신이 이제 두 번 다시 맛볼 수 없으리라는 것을 알면서도 적어도 잊을 수 없는 여러 가지 일에 대한 향수에 가득 차 있었다. 1914년에 그녀는 이렇게 말하고 있다.

"나에게는 이 세계에서 '정말로 질이 좋은 것'이 사라져버린 것같이 생각됩니다. 내가 '정말 질이 좋은 것'이라고 말하는 것은, 분명하게 표현할 수는 없으나 어느 사람 속에서 생겨나서 몇 세대에 걸쳐 이어져가는 것입니다."

메어리 왕비는 왕실 내에서 그 '정말로 질이 좋은 것'을 지키는 것이 자신이라고 깨닫고 그 생각을 손주들, 특히 엘리자베스 공주의 마음속에 심어주려고 열심이었다. 메어리 왕비는 손주들을 박물관이나 미술관으로 데리고 갔다.

또 왕실이 소유하고 있는 재보(財寶)의 유래나 가치를 손주들에게 설명해서 들려주었다. 왕비의 취미는 예술적이라기보다는 오히려 감정가(鑑定家)로서의 취미에 가까웠는데 특히 가구·장식품·작은 골동품 등을 좋아했으며 관심의 방향도 창조하는 것보다는 수집하는 쪽으로 기울어져 있었다.

메어리 왕비의 환상은 동양(東洋)을 향해서 펼쳐져갔다. 보석이 많이 박힌 바구니를 등에 단 마노(瑪瑙, 석영(石英)의 하나)의 코끼리 모형이라든가, 작은 불상(佛像)의 갖가지. 버킹엄 궁전에서는 아침에 왕비가 그 옆을 걸어갈 때마다 그 불상의 머리가 흔들렸다. 버킹엄 궁전의 직원들이 아주 작은 산호 장식품을 깨끗이 닦기 위해서 옮겨도 왕비는 금방 알아내고 장식품이 어디로 갔는가고 슬퍼할 정도였다.

오늘날에도 왕실소유의 가구들 가운데에는 메어리 왕비의 친필로 역사나 유서를 적은 쪽지를 붙인 것이 상당히 많다. 왕비가 초상화를 좋아한 것도 같은 이유에서였다. 말하자면 그녀는 성상(聖像) 연구가와 같은 취미를 갖고 있었던 것이다. 그녀가 좋아한 그림이란 첫째로는 그녀의 친족들을 그린 것이었다.

아이들은 가끔 어머니인 메어리 왕비는 자신들을 무슨 군더더기 같은 존재, 어떤 따분한 존재, 말하자면 왕비의 수집품 정도로밖에 여기고 있는 게 아닌가고 생각하는 것이었다. 본능적으로 자기가 생각하고 있는 것을 밖으로 나타내는 것을 꺼려하는 메어리 왕비는 어머니로서는 어쩐지 아이들과는 거리가 먼 존재였다. 불친절하다는 것은 아니지만 무뚝뚝했다.

메어리 왕비 정도의 지위를 가진 여성이, 아이들을 위해 유모를 고용한다는 것은 극히 당연한 일이지만 왕비의 경우 자기가 고용한 유모가 어떤 인물인가를 안 것은 그녀가 3년 동안이나 두 아들을 멋대로 응석부리게 놔두어서 결국은 아주 망나니가 되어버린 연후, 더구나 그 유모가 정신착란에 빠진 뒤에야 겨우 알게 되었을 정도였다. 왕비는 일찍이 다음과 같이 말한 적이 있다.

"아이들의 아빠는, 아이들의 국왕이라는 것을 나는 늘 염두에 두고 있지 않으면 안 됩니다."

메어리 왕비는 가장 친한 친구인 에어리 부인은 이렇게 말하고 있었다.

"비극이라 해야 하겠지만, 메어리 왕비는 자기 아이들과 단절된 상태였습니다. 그녀는 아이들을 사랑했고 아이들을 자랑으로 여기고 있었습니다. 그러나 아이들에게 어머니란 감정적으로는 타인과 같은 존재였습니다."

수줍음과 엄격함

메어리 부인은 이렇게 모자 사이의 의사소통이 결여된 원인은, 근본적으로는 국왕 조지 5세와 메어리 왕비 사이에 존재하고 있었던 수줍음 때문이었음을 알게 되었다고 말하고 있다. 심원한 문제는 말할 것도 없고 하잖은 문제에 대해서도 국왕과 왕비 사이에는 서로 이야기를 주고받는 일이 용이하지는 않았던 것이다. 메어리 부인은 다음과 같은 신화 비슷한 이야기를 공개하고 있다.

"신으로부터 수여받은 완벽한 다리를 가지고 있다는 이유로 해서 그녀(메어리 왕비)는 일찍이 나(에어리 부인)에게 문득, '이봐요, 둘이 같이 스커트 길이를 오륙 센티 정도만 짧게 해요.'라고 제안한 일이 있습니다. 1920

년대의 일입니다.

 하지만 우리 두 사람은 즉석에서 실행할 용기는 없었기 때문에 결국 내가 먼저 희생역할을 맡기로 했습니다. 윈저 성에서 어느 날 나는 여느때보다 조금 길이가 짧은 스커트를 입고 국왕 앞에 나갔습니다. 국왕이 불쾌한 비평을 하지 않는다면 왕비도 나와 같은 스커트를 입기로 한다는 계획이었습니다.

 그 다음 날 아침에 왕비는 '실패로 끝났습니다.'고 전해주었습니다. '메어리 부인의 새 드레스는 어떻습니까?'라는 질문을 받은 국왕은 딱 잘라서 '싫소. 길이가 너무 짧던데.'라고 대답한 것입니다. 그래서 나는 부랴부랴 스커트의 접어올린 자락을 내렸습니다. 메어리 왕비는 그 뒤부터는 긴 스커트로 죽 일관했던 것입니다."

 조지 5세가 아직 왕자로 있을 때에 결혼한 지 얼마 안 되는 신부에게 "나에게 행복을 가져다준 당신께 감사하오."라고 자주 편지를 쓰기도 했다. 그 편지에 대해서 부인은 "당신이 쓰시는 것을 직접 저에게 말로 하지 못하신다는 것은, 얼마나 슬픈 일인가요. 저는 당신의 말씀을 듣게 된다면, 정말로 기뻐 어쩔 줄을 모를 것입니다."고 대답했다.

 그러나 부인도 속마음을 직접 부군(夫君)에게 말하는 일은 하지 않았다. 대답도 편지에 써서 했다. 두 사람의 침실은 각각이었다. 그리고 두 사람만의 은밀한 식사를 하는 일은 거의 없었다고 해도 좋았다. 공식적인 손님이 없을 때에는 반드시 시종이나 시녀가 두 사람의 식사탁에 동석하고 있었다.

 오늘날 엘리자베스 2세는 조모가 취한 이런 관습의 전부를 답습하고 있지는 않다. 그러나 엘리자베스 2세 자신도 그러한 엄격함과 수줍음 속에서 괴로움을 당했다. 그리고 엘리자베스 2세는 메어리 왕비와 마찬가지로 자기에게 흡족하지 않은 의견은 지금도 심한 반발의 감정을 드러낸다.

 즉 그러한 의견을 말하는 사람을 정면으로 바라보며 발언내용을 완전히 무시한다는 식이다. 엘리자베스 2세의 가슴속 깊숙이 간직된 본능의 많은 부분은 이렇듯 혈연을 반영한 것이며 특히 그 청춘시대를 통해서 줄곧 영향받은 조모와의 인연의 깊이를 보여주고 있다. 어쩔 수 없는 일이기도 하다. 메어리 왕비는 1953년 3월에 85세로 죽었는데 그때까지 엘리자베스 여왕은 왕위에 오른 지 이미 1년 이상이나 되어 있었기 때문이다.

이야기는 되돌아간다. 1927년 6월 27일에 어린 엘리자베스 공주는 부모와 다시 만났다. 공주는 처음으로 환호하는 인파를 보았다. 그것은 그녀의 일생 동안 축하행사 때마다 보게될 광경이었는데 커다란 회색의 인파가 아래쪽에 있는 버킹엄 궁전의 철책으로 밀려오는 것을 그녀는 발코니에서 그윽하게 바라보았다.

그날 그녀의 부모가 오스트레일리아에서 돌아왔다. 공주는 버킹엄 궁전의 중앙 발코니에 데려나와져서 커다란 양산 밑 메어리 왕비의 곁에 서서 군중이 열광해서 환호성을 지르는 모양을 목격했던 것이다.

요크 공 부처의 여행은 성공이었다. 귀국한 부처내외에게 새 저택이 기다리고 있었다. 런던의 피커딜리 145번지. 버킹엄 궁전에서 나와, 바로 이웃인 그린파크를 가로지른 곳에 있는 요크 공 부처의 새 집은, 부부가 오스트레일리아 여행을 떠나기 직전에 왕실이 구입한 것이다.

1923년에 결혼해서 1927년까지 엘리자베스 공주의 보모인 요크 공 부처는 여기저기의 런던의 저택을 단기간 빌려서는 옮겨살고 있었으나 이제 자기들의 집을 갖게 된 것이다. 요크 공 부처는 여러 가지의 인사를 끝낸 뒤에 피카딜리 145번지로 돌아오자 이내 발코니에 모습을 나타내어 바깥 거리를 메우고 큰소리로 환호성을 지르는 군중들에게 답례를 했다.

발코니의 손잡이께에 페르시아 융단이 깔아졌다. 그래서 어린 엘리자베스 공주도 버킹엄 궁전의 발코니에서 보았던 것과 같은 사람들의 열광하는 모습을 다시 한 번 둘러보았다. 애정과 호기심이 뒤섞인 국민들의 이러한 열광적인 감정의 솟구침을 처음으로 접했을 때에 엘리자베스 공주는 생후 겨우 1년 2개월이 되어 있었다. 즉 그 때까지의 그녀의 생활의 절반 가량은 부모와 떨어져서 살았던 것이다.

제 3 장 릴리베스

국왕의 요양에 수행하다

1928년 11월 21일, 국왕 조지 5세가 중병에 걸렸다. 시의(侍醫)들은 오른쪽 폐의 기간부(基幹部)에 병소(病巢)가 있는 기관지폐렴이라고 진단을 내렸다. 왕실의 발표는 '심장이 조금 약해졌기 때문'이라고 했다.

두 살 반이 된 어린 엘리자베스 공주가 승마연습을 시작한 직후의 일이었다. 그녀의 아버지는 유명한 바이티리에서 겨울 사냥을 즐기려고 노샘프턴셔의 에이즈비 홀을 빌려놓고 있었다. 그러나 조지 5세의 용태가 악화되었기 때문에 일가는 런던으로 돌아오지 않으면 안 되었다. 또 샌드링검 궁전에서의 크리스마스도 취소하지 않으면 안 되었다. 어린 엘리자베스 공주는 생후 처음으로 기대하고 있었던 크리스마스의 샌드링검 나들이를 단념하지 않으면 안 되었다.

그러나 엘리자베스 공주는 크리스마스 이브에 밤 늦게까지 자지 않고 성가대가 부르는 찬송가를 듣는 일이 허락되었다. '나는 신과 인류에게 큰 기쁨을 주는 것을 다행으로 여기네(Glad Tidings of Joy Bring to You and All Mankind)'라는 가사를 들었을 때에 어린 공주는 잘못 알고,

"친절한 노인(Old Man Kind)이 누군지 알고 있어요."라고 외쳤다. 그녀에게는 그처럼 많은 사람들이 열심히 노래 부르고 있는 것은 할아버지인 국왕에 관한 것임에 틀림없다고 생각했던 것인데 그것도 극히 당연한 일이었다. 어쨌든 조지 5세는 영국 국가(國歌)를 '나의 노래'라고 부르고 있었던 것이다.

조지 5세는 빈사상태에 있었다. 시의들은 '전형적인 기관지폐렴뿐만 아니라, 상당히 위중한 혈액오염과 독혈증(毒穴症)'의 치료를 해야만 했던 것이다. 시의들은, 이제 이 이상 국왕의 목숨을 연장시킬 수 있는 것은 오직 하나, 그때까지 국왕이 수술과 병의 재발이라는 일진일퇴의 상황을 버티어 온 것도 요컨대 국왕 자신의 의지의 힘 뿐이었다는 점에서 의견이 일치하고 있었다. 위독한 상태는 사라졌으므로 시의들은 국왕을 바닷바람을 쐬게 해서 회복시키기 위해서 잉글랜드 남부의 해변으로 옮기는 것이 절실히 필요하다고 판단했다.

휴양지로서 보그너가 선택되었다. 보그너 마을에서 좀 떨어진 저택을 빌리게 되었는데 그 저택의 뜰 한쪽 구석에 놀이터가 만들어졌다. 왜냐하면 국왕이 원기를 회복하려면 국왕이 귀여워하는 손녀 엘리자베스 공주가 곁에 있는 것이 중요했기 때문이다.

엘리자베스 공주는 1929년 3월에 유모와 함께 그 저택에 도착했다. 공주는 그 때에 3세가 막 되려는 무렵이었다.

메어리 왕비는 일기에서 그때의 일을 다음과 같이 묘사하고 있다. "G(조지 5세)는 그녀(엘리자베스 공주)의 모습을 보고 기뻐하셨습니다. 나도 뜰에서 모래로 과자를 만들면서 놀았습니다. 캔터베리 대주교가 우리가 있는 곳으로 왔는데 매우 친절하고 동정적이었습니다."

병세가 차츰 회복되어감에 따라 조지 5세는 몇 달만에 담배를 피울 수가 있게 되고, 손녀 엘리자베스 공주가 함께 해변에 나갈 수가 있게 되었다. 거기서는 사람들이 뛰어나와 열심히 기쁨의 소리를 질렀다.

조지 5세는 아이들의 기쁨에 응대하는 어버이와도 같이 주민들을 향해서 고개를 끄덕이고, 어린 공주도 밝은 얼굴로 손을 흔들었다. 그 동안에 메어리 왕비는 런던에서 부군인 국왕 조지 5세를 대신해서 정사를 돌보느라고 전력을 다하고 있었다. 왕비는 조지 5세에게 보내는 편지에서 다음과 같이 전했다.

"잘 알고 계시겠지만 당신의 힘 없이는 둘로 나뉜 왕실을 다스린다는 것은 저로서는 대단히 두려운 일입니다. 하지만 '직업'을 위해서 두 왕실을 어떻게 하든 지키는 일이 옳은 일이라고 생각하고 있습니다."

조지 5세는 런던으로 돌아왔다. 조지 5세는 자기 건강을 지키기 위해서는 앞으로도 정기적으로 손녀인 엘리자베스 공주와 연락을 취하는 것이 중요하다고 생각했다. 어린 공주는 자기와 부모가 살고 있는 피카딜리 145번지의 집 정면의 창의 커튼을 여는 것을 좋아했다. 그녀는 매일 아침 식사가 끝나면 곧 그 창가로 나가 집 정면에 있는 그린파크 너머로 손을 흔들었다. 그와 동시에 할아버지인 조지 5세도 버킹엄 궁전에서 그녀 쪽을 보면서 손을 흔들어 응답하는 것이었다. 조지 5세는 어린 공주를 '릴리베스'라고 불렀다. 그 이유는 그녀가 말을 배우기 시작했을 때에 자기 이름을 말하는 데에 혀가 돌아가지 않아 '릴리베스'라고 밖에는 말하지 않았기 때문에 그 이름이 붙은 것이다. 그 뒤로는 늘 그녀의 가족들 사이에서는 줄곧 '릴리베스'라 불리었다.

어린이옷의 유행을 리드하다

피카딜리 145번지에서의 엘리자베스 공주의 방은 집의 맨 위층에 있었다. 이 방에는 잘 닦여진 어른용 가구 일체가 시계나 장난감 유리 선반과 함께 놓여져 있었다. 공주의 침실에는 수도설비가 없었으므로 손을 씻기 위해 손잡이가 달린 커다란 항아리와 양철자배기에 물이 담겨져 있었다. 공주는 집 밖에서 장난감 말을 타고 노는 것을 좋아했다.

이 말에는 활차(滑車)가 달려 있어, 그녀는 그 위에 올라타고 집 주위를 돌아다닐 수가 있었다. 그녀는 매일 밤 자기 전에 그 장난감 말과 안장 따위를 바꾸었다. 공주의 장난감은 하나의 문제거리였다. 간단히 말하면 너무 가짓수가 많았던 것이다. 우편배달이 될 때마다 보내져오기 때문에 가짓수가 늘지 않도록 하기는 불가능했다.

그녀의 부모가 예상 밖으로 성공리에 오스트레일리아, 뉴질랜드 여행을 한 후에 공주를 위한 장난감을 3톤 이상이나 기증했던 것이다. 공주를 다른 소녀들과 마찬가지로 기르고 싶다는 어머니의 소원도 이런 일로 해서 비현실적인 것이 되었다. 공주의 어린이옷은 노란색이라는 소문이 잠시 새어나간 일이 있었다. 그러자 하룻밤 새에 핑크빛이나 파랑색 따위는 사람들의 기호에서 사라졌다. 셀프리지 백화점에서는 노랑 옷이 너무 잘팔리는 바람에 재고가 바닥이 나서 아이들에게 노랑 옷을 입히고자 하는 부모들은 주문한 후 2년이나 기다려야만 하는 소동이 빚어졌다.

"이제는 대부분의 엄마들이 엘리자베스 공주와 같은 노랑 어린이옷이나 연한 노랑색 모자를 구하고자 한다."고 미국의 〈타임〉지는 썼으며, 겨우 3살인데도 패션계의 유행을 결정한 꼬마숙녀라는 주석을 달아 공주를 표지에 크게 실었다.

그러한 명예는 엘리자베스 공주가 바란 것은 아니었다. 그녀는 기회만 노리고 날뛰는 출판사의 좋은 소재가 되었다. 그러나 여기저기의 출판물에 그려진 공주의 천진난만한 모습, 가령 다음과 같은 표현을 부정할 근거는 아무것도 없었던 것이다.

"그리고 유모가 아래층으로 내려와 거실이나 응접실에 있는 어린 공주에게 조용히 '이제 주무실 시간입니다, 공주님.' 하고 말을 걸면 공주는 토라진 얼굴이나 반항하는 기색은 전혀 보이지 않고 쾌활하게 깡충깡충 뛰면서 즉

홍적으로 댄스 스탭을 해보인 뒤에 자기 전에 들려주는 재미있는 유모의 이야기를 듣고 웃었다. 그 뒤에 공주는 유모와 손을 잡고 홀 바닥에 깔린 짙은 고동색 융단 위를 걸어서 엘리베이터가 있는 곳으로 가, 불과 2초만에 유모와 공주가 같이 기거하는 편안한 자기 방으로 돌아와 잠자리에 들었다."

1929년 크리스마스에, 조지 5세의 허락을 받고 엘리자베스 공주는 자기의 작은 말을 구해서 곧 그것을 능숙하게 타게 되었다. 조지 5세는 제1왕자인 황태자에게,

"영국 사람은 승마를 좋아한다. 그러므로 네가 승마를 하지 못하면, 좋은 평판을 얻을 수 없다. 승마를 하지 못하면 사람들은 아마 '바보'라고 너를 부를 것이야."라고 충고했던 것이다.

조지 5세는 4명의 아들—황태자 요크 공, 글로스터 공, 켄트 공—과 함께 모두 말 탄 모습의 사진을 윈저 그레이트 공원에서 찍었는데 이 사진은 승마야말로 신하들의 존경을 받는 핵심이라고 확신한 국왕의 생각을 뒷받침해주는 것이었다. 그 사진은 실제로 조지 5세의 치세기간 중에 인기를 얻은 사진이며 국왕의 확신이 옳았다는 것을 실증했다.

불행했던 존 왕자

그러나 사실은 왕위계승의 순위에 따라 순서대로 말을 타고 늘어선 이 4명의 아들이 조지 5세의 아들 전부는 아니었다. 조지 5세와 메어리 왕비 사이에는 모두 6명의 자녀가 있었다.

성인이 된 4명의 아들 외에 딸이 한 명, 즉 제1공주인 메어리 공주가 있었고 이 밖에 제5왕자인 존 왕자가 있었다. 이 존 왕자는 왕실 바깥에서 본다면 다소 수수께끼 같은 존재였다. 존 왕자가 국왕의 여섯 번째 왕자인 막내아들로 태어난 것은 1905년 7월 12일의 일이다.

그는 태어난 지 얼마 동안은 다른 형제들과 완전히 같은 생활을 했으나 이내 의학적으로 이상이 있음이 밝혀졌다. 충동적인 발작이 있어 시의(侍醫)들은 일가와 격리시키도록 건의했다. 이 때문에 12세가 된 뒤부터 존 왕자는 줄곧 '리라'라는 유모가 돌봐주었는데 샌드링검의 왕실 영지(領地)에 있는 농장의 작은 집에서 머슴 같은 생활을 보냈다.

국왕 일족이 스코틀랜드에 오면 존 왕자도 일족을 따라왔으나 항상

일족들과는 격리되어 있었다. 발모럴 성에 초대된 어느 손님은 제1차 대전이 한창이던 무렵에 존 왕자를 목격한 일을 회상해서 그는 키가 크고 체격이 다부졌으나 언제 보아도 시선을 먼 데다 두고 있는 모습이었으며 그것도 멀리 숲속을 수행하는 사람을 따라 걷고 있는 모습을 흘끗 보았을 뿐이라고 말하고 있다.

존 왕자는 붙임성이 있는 외향적인 소년으로 형이나 누이의 지극한 사랑을 받았다. 말하자면 국왕 일족의 마스코트이며 뒷날 국왕 일족은 존 왕자가 말한 소박한 이야기를 소중히 했던 것이다. 그러나 존 왕자는 1919년 1월에 죽었다. 그때의 일을 메어리 왕비는 일기에 다음과 같이 써놓고 있다.

"죽었다는 소식은 나에게는 큰 충격이었다. 한때도 쉬는 일이 없었던 불쌍한 그 아이의 영혼에는, 죽음은 커다란 편안이었는지도 모르지만……. 나는 그 소식을 조지(국왕)에게 알리고 우리 두 사람은 그 아이의 농장 집으로 차를 몰았다. 가엾은 유모 리라는 이미 체념한 표정이었으나 마음은 몹시 흩뜨러진 듯했습니다. 귀여운 조니(존 왕자)는 거기에 매우 편안한 표정으로 누워 있었습니다."

존 왕자의 존재는 엘리자베스 공주의 족보를 이해함에 있어 전혀 무의미한 것이랄 수는 없다. 현재의 왕실인 윈저 왕조는 다른 왕가에서 흔히 나타나는 바와 같은 육체적, 정신적인 이상자 때문에 괴로움을 당하는 일이 없었던 매우 정상적인 사람들뿐인 것같이 말하고들 있다.

그러나 엄밀하게 말하면 틀린 생각이다. 조지 5세의 형인 에디 왕자는 범죄적인 왕자로서 만약 더 살아 있었더라면 그의 섹스에 얽힌 난행 탓으로 어찌할 수도 없는 지경에 이르렀을 것이라고 충분히 짐작할 수 있는 이상자였다. 엘리자베스 공주의 숙부인 글로스터 공은 1970년대에 정신착란으로 죽었고 또 한 명의 숙부인 켄트 공은 제2차 대전 중에 공중 충돌로 죽었는데 젊어서는 마약중독 환자였다.

여동생 마가렛의 탄생

1930년 4월 엘리자베스 공주의 만 4세의 생일은 때마침 이스터 먼데이(부활절의 월요일)와 겹쳤다. 메어리 왕비는 축하 선물로 손녀인 공주에게 대영제국 영토의 이곳저곳에서 모은 각기 다른 50가지의 목재로 만든 집짓기 놀이에 쓰는 장난감 세트를 주었다.

이 장난감 세트는 단순한 놀이도구로서가 아니라, 대영제국의 위대함을 가르치고 제국주의를 지키는 데에 안성마춤의 것으로 메어리 왕비가 무척 좋아하던 것이었다. 무엇이든 좋으니 생일날 먹고 싶은 것을 말해보라고 하자 어린 공주는 아침 식사에 생선을 골랐다. 그녀는 윈저 성에서 응석받이로 자랐기 때문에 버릇이 없었다.

아무튼 조지 5세는 손녀 엘리자베스를 지나치게 귀여워한 나머지 그녀가 식사하는 도중에 테이블 위의 음식을 애완견에게 마구 먹이는 것을 내버려두었으며 소파 밑에 그녀의 머리 묶는 핀이 굴러 떨어지자 기어들어가 그것을 찾아주기도 했다.

그러나 그녀는 언제까지나 외동딸로 있을 수는 없었다. 1930년 8월 21일에 어머니는 여아를 출산했다. 4년 전에 제왕절개에 의한 출산을 한 뒤에 병발증(倂發症)이 있었던 몸으로서 놀랄 정도로 순조로운 해산이었다. 하나의 문제가 있었던 것은 부모는 어떻게든 남자애가 있었으면 하고 바라던 터였으므로 딸애의 이름을 하나도 생각해두지 않았다는 점이다. 그래서 좀처럼 이름을 정하지 못하다가 겨우 타협이 이루어진 것은 9월에 들어서였다.

우선 어머니인 요크 공 부인은 시어머니인 메어리 왕비에게 다음과 같은 편지를 썼다.

"저는 '앤 마가렛'이라고 이름 짓고 싶습니다. '요크가의 앤'이란 아름답게 들리며 '엘리자베스'와 '앤'이라는 두 사람의 이름을 나열해봐도 매우 좋다고 생각합니다. 어떻게 생각하시는지요? 많은 사람들이 다만 '마가렛'이라는 이름으로만 하라고 권했습니다. 그러나 '마가렛'이라고만 하게 되면 친가 쪽이나 외가 쪽에도 모두 아무런 관련도 없는 것으로 되어버립니다."

그러나 국왕 조지 5세는 일족에게 '앤'이라는 이름을 붙이는 것을 좋아하지 않았다. 그래서 이 '앤'이라는 이름은 다음 세대까지 보류하게 된 것이다. 그 결과 요크 공 부인은 메어리 왕비에게 "버디(요크 공)와 저는 저희들의 새로 태어난 아기에게 '마가렛 로즈'라는 이름을 붙이기로 정했습니다. 파파(조지 5세)께서 '앤'이라는 이름을 싫어하시기 때문입니다."고 썼던 것이다. 그리고 "이 이름을 좋아해주시기를 바랍니다. 마가렛 로즈라고 합친 이름은 매우 귀엽다고 생각합니다."라고도 덧붙였다.

여동생의 등장, 그리고 꽃이름을 딴 마가렛 로즈라는 두 단어로 된 동생의 이름에 어린 엘리자베스 공주가 어떤 반응을 보였는가 하는 것은, 그녀가 한 말 속에 분명히 기록되어 있다. 공주는 신시아 애스키스 부인에게 이렇게 말했다.

"나에게 동생이 생겼어요. 갓난 아기예요. 마가렛 로즈라고 해요. 그래서 나는 동생을 '봉오리야.'라고 부르기로 했어요." "어째서 '봉오리야.'라고 부르죠?"하고 애스키스 부인이 묻자 당시 4세 반의 어린애였던 공주는 "하지만, 동생은 아직 진짜 로즈(장미)는 아니잖아요? 동생은 아직 겨우 꽃봉오리니까요."고 대답했다.

여동생의 탄생으로 인해서 엘리자베스 공주의 생활에 당장 생겨난 가장 두드러진 영향이라고 하면 여관(女官)인 마가렛 맥도날드와의 관계가 그 전보다 훨씬 긴밀해졌다는 점이다. 마가렛트 맥도날드는 공주가 생후 수 개월인 무렵부터 그녀와 유모인 나이트 부인에 달린 여관이었다. 알라(나이트 부인)는 이제는 새로 태어난 마가렛트 로즈를 돌보는 데에 전념하지 않을 수 없게 되었다.

그 때문에 엘리자베스 공주는 여관인 맥도날드 양과 훨씬 더 친밀하게 되었는데 그 관계는 긴 세월을 거치는 동안에 공주로서는 가장 두터운 우정 관계로 발전했던 것이다. 반 세기 가까이에 이르는 공주에 대한 봉사 덕분으로 오늘의 맥도날드 양은 엘리자베스 2세의 밑에서 몸단장 시중을 드는 책임자로 버킹엄 궁전 내에 전용의 특별실을 얻어 쓰고 있다.

맥도날드 양의 역할은 여왕이 의상을 고를 때에 도와주는 일인데 여왕이 여행을 할 때에는 어디라도 동행한다. 엘리자베스 2세는 그녀를 가장 신뢰할 수 있는 인물로 여기고 있다. 여왕은 그녀를 '보보'라고 부르고 있다.

보보는 1904년에 정원사의 딸로 태어났다. 부친은 그 뒤에 스코틀랜드 인버네스의 바로 북쪽에 있는 블랙 섬의 마차부와 철도원으로 지냈는데 그 피를 이어받은 보보도 정말로 조금도 가리지 않고 말을 하는 성격이었다. 여왕의 여관들이 아무도 그런 말을 할 생각조차 하지 않았을 때에도 보보는 여왕에게 여왕의 텔레비전에 비친 모습이 나빴었다거나 말솜씨가 서툴렀다 하는 말을 예사로 했다.

감정의 기복이 적고 다부진 성격을 가진 보보는 고급차의 창을 통해서나 텔레비전의 화면을 통해서만 왕실 바깥 세계를 엿볼 수 있었던 여왕에게는 바깥 세계의 특이한 광명판(光鳴板)이라고 할 수도 있는 존재였다. 여왕의 소녀 시절 보보는 여왕과 침실을 같이 사용하고 있었던 것이다.

왕실의 역할을 배우다

1930년 8월에 만약 어머니가 왕자를 낳았었더라면 엘리자베스 공주는 국민들 사이에 그다지 눈에 뜨지 않는 존재가 되었을지도 모른다. 그러나 동생 마가렛 공주의 탄생은 엘리자베스 공주에게 정반대의 효과를 가져다주었다. 마부를 거느리고 작은 말을 탄 엘리자베스 공주의 인형이 런던의 유명한 매덤 타소의 인형가게에 등장했다.

엘리자베스의 이름을 딴 초콜릿, 도자기, 병원까지 생겨났다. 뉴펀들랜드에서는 공주의 초상을 인쇄한 6센트짜리 우표까지 발행되었다. 공주를 칭송하는 유행가도 작곡되었다. 그리고 지구 저 멀리 남극대륙에서 조금 떨어진 한 지방은 '엘리자베스 랜드'라고 명명되어 영국 국기가 게양되고 펄럭이게 되었다.

메어리 왕비는 이런 소동은 어린 공주를 위해서 위험한 일이라는 것을 알았다. 그래서 왕비는 손녀인 엘리자베스를 데리고 다니면서 전람회나 역사적인 유적을 보여주었다. 공주는 사람들의 관심을 끌었다. 어느 날 런던의 퀸즈 홀에서 연극을 구경하는 도중에 공주가 지루하고 따분함을 참지 못하고 서성거리기 시작했다.

그때에 메어리 왕비가 벌써 돌아가고 싶으냐고 묻자, 공주는 "아니, 안 그래요. 할머니! 우리는 마지막까지 자리를 뜨면 안 돼요. 밖에 나가면 우리가 돌아가는 것을 보기 위해 기다리고 있을 사람들의 일을 생각해 보세요."라고 대답했던 것이다. 그 말을 듣고 메어리 왕비는 깜짝 놀라 곧 시녀를 딸려서 공주를 뒷문으로 나가게 하여 택시로 집에 돌려보냈다.

공주는 국민들을 기쁘게 하는 일 자체가 왕실의 목적은 아님을 깨닫지 않으면 안 되었다. 인기에 매달려서 손을 흔드는 것이라면 국민은 영화 배우들로부터도 얼마든지 만족을 얻을 수 있을 것이다. 그러나 왕실의 일원이라고 하면 몸소 그 역할을 실지로 끝까지 다하는 일이 필요한 것이며 그 역할을 연기로 해보이는 것은 아니었던 것이다. 배우처럼 국민의 인기나 얻으려고 애쓰는 것은 위험한 미끄러운 길에 발을 들여놓는 것이며 손녀 엘리자베스가 그러한 길을 걷도록 해서는 안 된다고 왕비는 마음속으로 결심했던 것이다.

1930년대 초까지는 요크 공 부처와 두 어린 딸들에게는 생활은 즐겁고 안정된 것이었다. 시종이나 여관들도 잘 돌봐주었고 재정적으로도 부족한 데가 없었다. 국내의 여기저기에다 집을 가질 수도 있게 되었다. 안심하고 아무런 두려움도 없이 젊음에 넘치는 가정적인 행복을 만끽할 수가 있었다. 즉 휘몰아치는 대공황의 물결과는 상관없이 평화스럽게 느긋한 생활을 하고 있었던 것이다.

왕실의 경제 사정에는 다소의 변화가 있었다. 조지 5세는 윈저 성에서의 사격을 중지했고 황태자는 5만 파운드를 재무성에 기증했다. 알버트 왕자 요크 공도 지은 지 얼마 안 되는 사냥개 집을 매각하는 자세를 보였다.

그러나 이러한 전반적인 경제사정의 어려움 속에서도 요크 공 일가는 자기네의 교외의 집을 개축하려는 큰 계획에 착수했다. 1931년 9월에 국왕 조지 5세는 윈저 그레이트 파크 안에 있는 왕의 사저(私邸)를 요크 공 일가에 기증했으므로 요크 공은 기꺼이 조지아 풍에 리젠트 풍이 혼합된 사저를 훌륭한 궁전 스타일의 저택으로 개축하기에 열중하고 있었다.

지난날에는 섭정(攝政, 뒷날의 조지 4세)이 살았던 이 집도 지금은 폐가가 다 되어 있었는데 그것을 고치면 충분히 쓸 수 있으리라 생각해서 착수한 것이다. 큰 홀을 원래의 장중한 모습으로 복원시킨 뒤에 집의 양쪽에 새 스타일의 건물을 증축해서 핑크색이 벗겨져버린 외관의 색조를 따뜻한 연붉은색으로 바꾸었다.

그리고 1층에는 자기네 부부용의 근사한 침실을 두 개나 설계했다. 요크 공 부인의 침실에는 그녀가 몹시 좋아하는 푸른빛이 되는 회색 융단을 깔고 레몬빛의 주름이 달린 푸른 비단의 침대커버를 씌운 큰 더블 베스가 갖추어졌다. 하얀 애플우드의 가구도 놓여져 도어를 열면 자동적으로 스위치가 들어오는 조명으로 휘황찬란하게 빛났다.

요크 공의 침실은 이에 비하면 간소했다. 해군 장병들의 선실 같았는데 딱딱해 보이는 침대와 간단한 화장 테이블에 책장이 단 하나 있을 뿐이었다. 그 밖에는 요크 공이 좋아하는 두, 세 가지의 가구가 있을 뿐이었으며 그것도 마치 수사관이 찾아오기를 기다리고 있기라도 한듯이 아무렇게나 놓여져 있었다.

가정교사 클로피

왕실의 침실 모습을 여기에서 썼지만 이러한 것은 일반적으로 함부로 공개해서 쓸 수는 없는 일이다. 그것이 가능하게 된 것은 마침 그 무렵에 즉 엘리자베스 공주의 여섯 번째의 생일 직전에 '클로피'가 공주의 생활 속에 등장했기 때문이다.

'클로피'란, 마리온 클로포드 양을 말한다. 그녀는 1932년 봄에 한 달 동안 채용한다는 기한부 조건의 개인교사로서 윈저 성에 온 것이다. 이미 어린 공주가 애정을 기울여서 '알라', '보보'로 부르고 있던 선임자인 유모나 여관(女官)들과 마찬가지로 클로포드 양은 '클로피'라 불리었다. '클로피'는 그 후 17년 동안이나 공주 곁에 있게 되었다. 그녀에 관한 것은 오늘날 왕실 관계자들 사이에서는 터부로 되어 있다. 왜냐하면 그녀가 그 뒤에 어린 시절의 공주와의 생활을 자상하게 발표한 '배신 행위'가 절대로 용서받지 못하고 있었기 때문이다.

사리에 대한 분별심이야말로 왕실의 친지 및 시중이나 여관들에게 한결같이 요구되는 자질이며 그것은 또 인간생활의 프라이버시를 지켜주는 자질인 것이다. 그런데 클로피는 그 신의를 배반한 것이다.

그녀가 왕실 근무를 떠난 것은 1940년대 후반의 일이며 그때부터 그녀는 책을 쓰기로 하고 여기저기에 기사를 발표하기도 했는데 그때까지의 그녀는 활발하고 동정심이나 상상력도 갖춘 여성, 그리고 매우 뛰어난 교사로서 왕실의 많은 총애를 받고 있었다.

클로피아 요크 공 부처의 눈에 띈 것은 스코틀랜드 동부의 단파암린에 산재하는 귀족 자녀들을 가르치기 위해서 그녀가 이 집에서 저 집으로 언덕을 넘어다니면서 1주일에 수십 킬로를 걸어다니고 있다는 이야기를 들었기 때문이다.

그러한 귀족의 집 가운데에 요크 공 부인의 언니인 로즈 루손 고어 부인 (전의 성은 보즈 라이언)의 집이 포함되어 있었던 것이다. 특히 요크 공 은 크로피의 교사로서의 정력적인 태도에 감명을 받았다. 요크 공 부처는 당시로서는 매우 진보적인 육아교육법이라고 감동해서 자기네의 두 딸애에게 필요한 것은 클로피의 용감한 교육법이라고 생각했다.

가문 좋은 집안에서 태어난 것이 아니라 단지 왕실의 일원으로 태어난 소녀들에게 구식교육을 시키는 것은 요크 공 부처로서는 바람직한 일이 아니었다. 그러한 결과, 1932년 9월에 클로피는 엘리자베스 공주의 낮 동안의 행동에 대한 모든 책임을 지는 정식 개인교사가 된 것이다.

클로피는 놀랍도록 자유로운 재량권을 부여받은 것이다. 뒷날 클로피는 다음과 같이 써놓고 있다.

"이만큼 피고용인에게 간섭이 없는 고용주는 아마 없을 것이다. 자신들의 행복한 결혼생활에 빠져 있었던 요크 공 부처는 딸애들의 고등교육에 대해서는 마음을 쓰지 않았다. 부부는 딸애들에게 될 수 있는 대로 행복한 어린시절을 보내게 해주었으면, 하고 바랐던 것이다. 어린 시절에 축적된 즐거운 추억이 많으면 그것은 반드시 그 뒤의 나날의 혼란에도 이겨낼 수 있는 힘이 되며 또 행복한 결혼에로 나아갈 수 있다고 믿고 있었다."

조지 5세는 요크 공 부처보다도 좀더 많은 것을 바라고 있었다. 클로피를 만났을 때에 국왕은 그녀에게 큰소리로 말했던 것이다. '잘 들어라, 마가렛과 엘리자베스에게 품위있는 글씨를 쓸 수 있도록 가르쳐라. 내가 그대에게 당부하는 것은 그것뿐이다. 내 자식들 중에서 제대로 글을 쓸 수 있는 자는 한 사람도 없다. 모두 똑같은 식으로만 쓴다. 나는 써놓은 글자에서 그 성격을 엿볼 수 있는 필법을 좋아한다.'

클로포드 양(클로피)은 엘리자베스 공주가 이미 글자를 읽을 줄 안다는 것을 알았다. 어머니인 요크 공 부인한테서 배웠던 것이다. 요크 공 부인이 에스키스 부인에게 말한 바에 의하면, 요크 공 부인은 매주 일요일 아침에 성서를 소리 내어 읽어주고 겨울 밤에도 독서하기 알맞은 책을 골라 주었다는 것이다. 또 요크 공 부인에 의하면 홍차를 마신 뒤에는 피아노를 둘러싸고 모두 노래 불렀고 동화라면 《엘리스》, 《검은 미녀》, 《북풍의 뒤에서》, 《피터팬》, 그 밖에 말이나 개가 나오는 것이라면 무엇이든지 뒤져 읽었다는 것이다.

클로포드 양은 엘리자베스 공주를 위해서 〈어린이 신문〉의 정기구독 수속을 밟는 일부터 시작했다. 이 신문은 어른들의 읽을거리를 어린이용의

52

문장으로 고쳐 실은 것으로 이를테면 알콜 음료를 소프트 드링크로, 술을
오렌지 스카시로, 맥주를 탄산수로 해서 모두 고쳐 써놓은 신문이었다.

가정에서의 일상생활

엘리자베스 공주는 이제 6세였다. 따라서 잘 짜여진 시간표에 따라 수업을
해도 좋을 것으로 생각되었으므로 클로포드 양은 1주일에 6일제의 시간표를
작성하여 오전 중은 매일 30분간을 공부시키고 오후에는 좀더 딱딱하지
않은 수업, 즉 노래나 미술, 음악감상, 무용 등을 가르치기로 결정했다.

클로포드 양은 이 시간표를 메어리 왕비에게 보였다. 그랬더니 왕비는
역사, 지리, 성서강독에 좀더 시간을 배정하는 것이 좋겠다는 의견을 말했다.
클로포드 양은 이때의 일을 "메어리 왕비는 영국왕실의 족보를 비롯해서
역사나 왕조사는 아이들에게 매우 흥미 깊은 것이며 동시에 아이들에게
몹시 중요한 일이라고 생각하고 계셨다."라고 써놓고 있다.

또 이 밖에 메어리 왕비는 대영제국의 해외 자치령이나 인도의 현지사정이
실제로 파악될 수 있도록 자상하게 지리를 가르치는 일이 손녀인 엘리자
베스에게는 매우 귀중한 일이라고 생각했던 것이다.

어쨌든 간에 1930년대 초기 무렵 요크 공 부처와 그 딸애들은 조용하고
여유있는 생활 속에 편안하고 풍파없는 나날을 보낼 수 있도록 그러한 생활에
익숙해졌다. 일가로서는 가정이 모든 일의 중심이었다. 특별한 파티나 접대가
가정 이외의 장소에서 베풀어지는 것은 극히 드문 일이었다. 일가는 저녁마다
일찍 잠자리에 들었다.

두 딸애로서는 1년에 한 번 나가서 보는 팬터마임(무언극)의 감상은 매우
일찍부터 기대감을 풀게 하는 일로서 다 보고난 뒤에도 한동안 잊지 못할
정도로 1년 중의 하이라이트였다. 그 밖에 일가의 조용한 생활에서 약간의
행사라고 하면 런던의 올림피아 홀에서 개최되는 마술(馬術)대회와 역시
런던의 앨스 코트에서 열리는 영국군의 군대 마술 경기 정도의 것이었다.

왕실 일가가 윈저 성이나 샌드링검 궁전에 모였을 때에는 가족적인 시
사회도 있었으나 그것은 자주 있었던 것은 아니었다.

요크 공은 왕실에서 짠 공식일정에 따라 자기에게 부과된 직무를 수행
했는데 특히 산업계와 관련된 일에 역점을 두고 있었다. 요크 공 부인도

꽉 짜여진 행사일정을 수행했지만 부부들의 업무의 본거지는 가정이었으며 부부는 집에서 편지를 쓰고 손님을 맞이하기도 했다. 그 때문에 개인교사, 유모, 여관이나 시중꾼들과의 접촉도 매우 잦았지만 어린 두 공주는 부모와는 정말로 자주 만났던 것이다. 그 횟수는 런던의 사교계에 모습을 나타내는 일반 상류계급 인사들이 자기 자녀들과 만나는 회수보다는 분명히 많았다.

런던 피카딜리 145번지의 집에서의 두 공주의 아침은 먼저 아래층으로 내려와 부모의 방으로 가는 일에서부터 시작된다. 그리고 오전 수업이 끝나면 오전 11시경에는 가벼운 식사를 들기 위한 휴식이 있고 그 가벼운 식사를 한 뒤 집 뒤에 있는 작은 뜰에서 노는 것이다. 정식의 점심 전에 조용한 독서시간이 있었다.

점심은 요크 공 부처가 집에 있을 때에는 반드시 그들과 함께 들었다. 그리고 오후는 클로포드 양이 가르치는 공부를 끝내면 티 타임(차마시는 시간)이 되는 것이다. 이 시간에는 공주들과 같은 또래인 헤어우드 가의 사내아이들이 자주 찾아와서 동석했지만 그 이상으로 언제나 별안간에 나타나는 큰아버지 데이비드, 즉 에드워드 황태자가 동석하는 일이 많았다.

황태자는 어린 공주들이 차를 마신 뒤에 하는 게임——스냅(카드놀이의 일종), 해피 패밀리즈, 레싱 데먼, 라미 따위의 놀이——이 있는 동안 눌러 있었다. 그 게임이 끝나면 하루 중에 가장 즐거운 시간, 목욕시간이 되는 것이다.

두 공주가 옷을 벗고 물장구를 치기 시작하면 부모인 요크 공 부처도 위층으로 올라가 아이들의 즐거움에 끼어들었다. 목욕이 끝나면 침실로 가서 벼개를 서로 던지기도 하고 깔깔거리며 소란을 피우고 웃기도 했다. 유모인 알라는 필사적으로 아이들을 너무 흥분시키지 말라고 요크 공 부부에게 당부할 정도였다.

"그것이 끝나면 젊은 부부는 팔짱을 끼고 아래로 내려가는 것이었다. 열기를 띠어 머리는 흐트러지고, 가끔은 젖은 채로……. 아이들은 부모가 자기네 방으로 돌아가 방문을 닫을 때까지 '안녕히 주무세요 엄마, 아빠!' 하고 말하는 것이었다."

금요일의 오후에 요크 공 일가는 모두 차를 타고 윈저 성에 있는 로열 롯지로 갔다. 거기서 어린 엘리자베스 공주에겐 할 일이 있었다. 오전은 가정 교사인 클로포드 양에게 1주일 동안에 배운 것을 복습하는 데 보냈다. 그러나 점심 전에는 즐거운 승마시간이 있고 오후에는 부모와 함께 또 승마를 하거나 게임을 하며 넓은 뜰과 공원에서 즐거운 때를 보내곤 했다.

이러한 생활은 엘리자베스 공주와 동시대의 영국 국민으로서는 거의 알지 못하는 안전하게 위험으로부터 보호 받고 있는 불안이 없는 생활이었다. 그러나 그 생활도 오늘날의 관점에서 보면 지극히 당연한 것으로 여겨질 만한 그러한 안락함에 싸여 있었던 것은 아니다.

런던을 한 걸음만 나서면, 왕실의 주거라 해도, 아직 시민들 대부분은 아직 램프를 사용하고 있었고 수도도 없어서 방마다 대야나 자배기가 놓여지고 위생이나 난방의 면에서 현대와는 도저히 비교될 수 없는 심한 냄새를 풍기는 석유난로가 사용되고 있었던 것이다. 표면적으로는 어딘가 부러운 듯이 보이는 왕실생활의 안정됨이라는 것도 그 밑바닥은 결코 외부에서 보는 것처럼 견고한 것은 아니었던 것이다.

제2부 국왕 퇴위

제4장 황태자

젊은 날의 에드워드 8세

에드워드, 즉 황태자가 윌리스 심프슨 부인을 처음 만난 것은 1930년의 가을 마가렛 공주가 탄생한 지 겨우 한 달쯤 지난 무렵의 일이었다. 그때 엘리자베스 공주는 4살 반으로 데이비드 큰아버지의 이 새로운 여자친구에 대해 확실히 기억하지 못하는 것도 당연했다.

엘리자베스 공주가 어린 시절에 심프슨 부인을 만난 것은 한 번인가 두 번이고, 성장한 뒤에도 두 번 정도였다. 그러나 그 심프슨 부인이야말로 엘리자베스 공주의 생애에 가장 결정적인 영향을 끼치는 인물로 되는 것이었다. 그것은 다만 황태자, 즉 뒤의 국왕 에드워드 8세와 심프슨 부인의 관계가 엘리자베스 공주를 영국 왕위의 직계 계승자로 밀어올리게 한 국왕 퇴위의 위기를 초래한 것만은 아니다.

더욱 중요한 것은 두 사람의 관계가 하나의 사례(事例), 그것도 엘리자베스 공주의 청춘시대에 그림자를 남기고 또 오늘에 이르기까지 왕실 전체에 어두운 그림자를 남기고 있는 사례를 초래했기 때문이다. 그 사례란, 신성한 군주제(君主制)의 신뢰를 신으로부터 위임받은 자는 어떤 행동을 해서는 안 되는가 하는 것을 분명히 가르쳐준 점에서 중요한 것이다.

그러나 엘리자베스 공주의 어린 시절에는 황태자의 배덕행위를 의심할 만한 공기는 거의 없었다. 반대로 황태자는 20세기의 왕실이 나아가야 할 새로운 길을 개척하는 자로서 빛나는 존재처럼 보였던 것이다. 황태자의 일련의 외국방문 여행은 열광적인 성공을 거두었고 황태자는 국제적으로도 빛나는 멋진 스타로 축복을 받았으며 스타의 자리에 앉아 있다고 생각하는 거물 영화배우보다 훨씬 오랫동안 인기를 모으고 있었다.

황태자는 제 1차 대전 때에 적의 참호 가까이에까지 쳐들어가서 전투에서도 승리했던 것이다. 또 왕실일족 중에서 처음으로 라디오 전파에 육성을 실은 인물이며 담배를 피우면서 사진을 찍은 최초의 왕족이기도 했다.

고지식한 이미지가 짙은 부모를 더욱 부각시키는 역할을 했으며 장래의 군주제를 좀더 개방적이고 민주적인 것으로 변화시키고자 개혁의 선두를 가는 인물처럼 보였다. 어쨌든 격식이 까다로운 칼튼 그릴에서 오스트레일리아 병사들이 식사를 거절당하고 있는 것을 보자 그는 병사들한테로 가서 악수를 하고 병사들을 자리에 앉혔을 정도였다. 황태자는 어떤 자와 롱 아일랜드의 사투리라는 일종의 알기 힘드는 코먹은 소리로 대화를 가졌다.

옥스포드 대학에서는, 스스로 밴조를 퉁기며 적기가(赤旗歌)를 부르기도 했다. 황태자의 행위는 유행가의 작사자나 소설가들에게 좋은 소재가 되었다. 유행가의 작사자는 '나는 한 사내와 춤을 추었네. 그 사내는 한 여자와 춤을 추었네. 그 여자는 황태자와 춤을 추었네'라는 가사를 지었다.

로렐라이 리는 런던에 왔을 때에 '정말로 멋진 인물. 왕자가 아니었더라도 조금만 더 연습하면 우쿨렐레(기타 비슷한 하와이의 현악기)를 타는 것만으로도 충분히 살아갈 수 있는 인물'이라고 황태자를 평했던 것이다.

에드워드 황태자—— 왕실 일족들 사이에서는 데이비드라고 불리었다.——는 어린 엘리자베스 공주의 마음에 드는 백부님이었다. 공주의 어린 시절에 삼촌들은 모두 관대했지만 황태자인 큰아버지도 다정하셨다. 메어리 왕비의 조카가 되는 메어리 케임브리지가 1931년에 결혼했을 때에 결혼식장에서 황태자는 엘리자베스 공주에게 가만히 윙크를 하자 공주가 장난스럽게 이빨을 드러내고 대꾸하는 장면이 발각되었다.

엘리자베스 공주의 부모인 요크 공 부처는 딸애의 이런 행위를 용서하지 않았다. 공주의 만 3세의 생일날에 황태자는 자기가 몹시 귀여워하던 케언 테티어의 강아지를 공주에게 선물했다. 황태자는 그녀의 부모가 '애완견과 같은 성가신 것을 갖기에는 아직 딸애가 너무 어리다.'고 생각하고 있는 것을 알고 있으면서도 보냈던 것이다. 그러나 황태자는 왕족이 아닌 다른 사람의 아이들과 장난질 하는 것을 오히려 좋아했다.

황태자의 최초의 애인 데들리 워드 부인의 딸 앤지는 여러 나라의 말이나 무용을 배우기 위해서 특별수업을 받고 있었는데 황태자는 자기 차에 전용 운전수까지 달려서 앤지를 학교까지 보내주고 밖에서 기다리게 했다. 앤지는 황태자의 차를 발견하자 수업을 빼먹고 그 왕족차에 타고 센트 제임스 궁전에 와서 차를 마시기도 하고 같이 골프장에 가기도 하며 어머니의 위대한 친구 —— 앤지와 그 여동생은 '작은 왕자님'이라고 부르고 있었다—— 인 황태자와 놀았던 것이다.

혈기가 왕성한 왕자

황태자와 자유당 하원의원의 아내였던 프리다 데들리 워드와의 교제는 두 사람이 적기의 공습이 한창이던 1918년의 봄으로 거슬러 올라간다. 두 사람의 교제는 그 뒤 16년간이나 계속되었다. 프리다 데드리 워드는 1931년에 이혼했다.

그때에 젊은 혈기에 찬 황태자가 데들리 워드 부부의 관계에 끼어들고 나서 꽤 긴 세월이 흐르고 있었는데도 공식적인 이혼 이유로 황태자의 존재에 대해서는 언급이 없었을 뿐만 아니라 그것을 암시하는 일조차도 없었다.

황태자와 데들리 워드 부인과의 정사는 런던의 사교계에서는 주지의 사실로 되어 있었지만—— 두 사람의 관계가 너무도 잘 어울릴 경우에는 그 관계가 깨어졌을 때에 비로소 관심거리로 삼는 것이 사교계의 상식이었다—— 당시의 두 사람의 관계에 대해서 그다지 기삿거리로 삼지도 않았고 두사람이 애인으로서 공공연하게 즐기고 있는 것을 전혀 암시하지도 않았던 것은 두 세계대전 사이의 그 여러 해 동안 왕실 일족을 둘러싼 사려분별이 깊어진 덕분이었다.

황태자는 데들리 워드 부인에게 매일 아침 전화를 걸었다. 그녀의 하녀들 사이에서는 이 매일 아침의 전화를 '빵집 전화'라 부르고 있었고 하녀들끼리 "오늘은 아직 빵집에서 전화가 안 걸려오나?"하는 식으로 서로 말하고 있었다. 그 밖에 황태자와 데들리 워드 부인은 낮에도 만나 한때를 보내곤 했다. 황태자는 궁극적으로는 자기에게는 아무런 책임이 없는 타인의 가정의 일원으로 살기를 좋아하고 있었던 것이다. 그래서 데들리 워드의 딸들과도 아버지 대신이 되어 놀아주었던 것이다.

황태자는 또 다른 여성과 잠깐 동안의 정사로 데들리 워드 부인을 배반하는 것을 좋아했다. 이 때문에 두 사람의 관계는 매우 심각한 스캔들을 빚기에 이르렀다. 사교계에서도 남자가 애인을 배반했을 때에는 룰을 어긴 것으로 생각되고 있었다. 두 사람의 관계는 런던의 메이페어(런던의 사교계)의 반공개적인 나이트클럽의 분위기 속에서 계속되었다.

당시 메이페어의 나이트클럽은 사교계의 중심지였으며 특히 본드 거리 근처에 있는 엠버시클럽이 두 사람의 무대였다. 황태자의 지정석으로 되어 있었던 테이블 소파에 둘이 같이 앉았다. 만일 거기서 다른 쌍과 어울리게 되면 둘은 자리를 떠 담배연기가 자욱한 홀의 여기저기에서 상대를 찾아내어 사람으로 가득한 작은 플로어에서 댄스를 했는데 황태자가 좋아한 상대로는 캐나이드 부인과, 에드워너 마운트매튼 부인과, 타라라 뱅크헤드 양 등이 있었다.

'당신에게 드릴 것은 사랑뿐'이라는 노래를 발표해서 스타의 자리에 오른 '블랙버즈'의 흑인가수 플로렌스 밀즈는 황태자의 불장난의 대상이 된 인물이었다. 밀즈보다 오래 접촉한 상대로는 텔마, 즉 파네스 부인이 있다. 그녀는 여동생 글로리아 밴더빌트와의 공저(共著)로 회상록을 내놓고 있는데 그 속에서 1928년에 황태자와 사파리에 갔을 때의 체험을 다음과 같이 써놓고 있었다.

"그(황태자)의 팔이 내 몸에 감겨 있었다. 그것은 분명한 현실이었다. 그의 정열의 물결이 높아가는 속에서 나는 견뎌내면서도 차츰 평소의 경계심이라는 닻에서 풀려나고 있는 자신을 어찌할 수 없었다. 매일 밤 그와의 완전한 사랑의 포로가 되어 감정이 흘러가는 대로 눈 깜짝할 사이에 해도 (海圖)도 없는 항해길에 나섰던 것이다.

나는 황태자가 마음대로 갈 곳을 정하도록 맡겨둔 채 우리의 사랑의 항해가 마침내 어디에 다다르게 될까라고 하는 따위는 정말 염두에도 두지 않았던 것이다."

이것이 뒷날 엘리자베스 2로 되는 어린 엘리자베스 공주가 교육받았던 품행방정한 상류계급이 내포하고 있던 이면(裏面)이었다. 그리고 그것은 역사를 통해서 왕실이 이제까지도 전통적으로 끌려들기 쉬운 길이었다. 황태자는 조지 5세와 메어리 왕비가 고심해서 만들어낸 국민을 대표하는 군주제 속에서의 악역의 대표자인 셈이었다.

황태자가 대표한 이런 부정적인 측면은 실은 왕실 전원이 정신적으로 원래부터 간직하고 있는 측면이었다. 그렇기 때문에 표면적으로는 안락한 생활 속에 안정되어 있는 듯이 보이던 왕실에 그들의 정통성이 과연 확고부동한 것일까 하는 의문이 생겨 왕실 전원이 괴로워했으며 그 이후 줄곧 긴장하지 않을 수 없게 된 것이다.

심프슨 부인과의 만남

조지 5세와 메어리 왕비가 보인 반응은 언제나 마찬가지지만 황태자의 행위에서 빚어지는 못마땅한 것, 불합리한 것을 모두 무시하려고 노력했다. 그러나 이것은 언제나 할 수 있는 일은 아니었다.

파네스 부인이 매우 생생하게 묘사한 1928년의 사파리 여행 후에 황태자를 받들던 차석시중인 앨런 러셀즈가 사임을 했다. 황태자가 파네스 부인이나 그 밖의 다른 부인들을 상대로 한 난행(亂行)으로 사파리 여행의 일정이 여러 번 혼란을 일으켰었기 때문에 마침내 러셀즈도 참을 수가 없게 되었던 것이다.

황태자 이외의 왕족들은 모두 러셀즈의 심정을 이해했다. 도덕적인 면은 별도로 하고라도 데이비드(황태자)는 '국민의 황태자'라는 웃음 띤 이미지와는 전혀 딴판인 아무도 어찌할 수가 없는 성격의 소유자였기 때문이다. 그것이 왕실의 고민거리였다.

황태자는 타인의 감정에는 전혀 아랑곳하지 않았고 정말로 추악하다고 할 수 있을 정도로 변덕쟁이였으며 자기 멋대로였고, 또 거만하게 굴었다. 그래서 조지 5세는 러셀즈를 동정했다 (러셀즈는 오랜 왕실근무 끝에 엘리자베스 2세 시대에는 여왕의 초대 수석시종이 되었다.).

조지 5세는 러셀즈를 자신의 차석시종으로 발탁했다. 러셀즈로서는 승진이었으며 황태자로서는 굴욕적인 조치였다. 국왕과 왕비가 볼 때에 황태자의 문제는 개인적인 문제 정도가 아니었다. 국왕 부처로서는 왕실의 일원이라는 존재는 공적인 자리에서 좋은 인상을 보여주는 것 이외에도 많은 일들이 요구되는 존재였던 것이다.

국왕 부처는 좋은 인상을 퍼뜨리는 데에 숙달할 왕조가 수없이 붕괴된 꼴을 그 눈으로 보아왔던 것이다. 일반국민이 느끼는 인상과 내면적인 현실 사이의 거리에 주의를 기울이지 않은 채 왕실이 살아간다는 것은 위험한 일이었다.

러시아 황제 니콜라이는 살해당했다. 그는 조지 5세와는 고종사촌간이었으며 두 사람은 기분 나쁠 정도로 닮아 있었다. 황제 니콜라이는 조지 5세의 친척 중에서 사회전체의 기정한 정점에 있기 위해서 갖추어야 할 자기 희생의 정신을 갖추지 않았기 때문에 살해라는 커다란 대가를 치러야 했던 유일한 인물이었다.

그렇다고는 해도 파네스 부인이나 데들리 워드 부인과 교제하고 있었던 무렵의 황태자가 니콜라이 황제와 비슷한 파국을 향해 나아가고 있다는 그 기맥(氣脈)을 알아차린 사람은 아무도 없었다.

1930년에 황태자는 심프슨 부인과 만났다. 심프슨 부인을 황태자에게 소개한 사람은 파네스 부인이었다. 그 무렵에 파네스 부인 자신도 아직 황태자와는 깊은 관계에 있었고 한편으로 황태자는 데들리 워드 부인이나, 그 아이들과도 관계를 계속하고 있었다.

심프슨 부인, 즉 월리스 심프슨은 뒤에 윈저공 부인이 되었을 때에 대필자(代筆者)를 시켜서 쓴 회상기 《사랑에는 이유가 있다》를 출판했는데 그 속에는 자기 조상은 미국 볼티모어의 부유한 일족 워필드 가(家)의 그다지 축복받지 못한 일원이라고 쓰고 있다. 또 그녀의 첫 결혼은 1916년에 쥬니어와 했다가 그 뒤 1927년에 이혼했으며 다음 해인 1928년 뉴욕 태생의 어네스트 심프슨과 재혼했다고 써놓고 있다.

어네스트 심프슨의 부친은 잉글랜드 출생이며 어네스트 심프슨 자신은 어떻게 해서든지 영국 국적을 얻고자 했다. 심프슨은 대서양을 건너 국왕 친위대의 하나인 영국 근위보병 제1연대의 소위로 들어갔다. 그 뒤 부친 회사의 런던 지점에서 일하고 있었는데 여러 가지 점에서 심프슨은 어느 영국인보다 훨씬 더 영국적이었다.

그는 아내를 런던의 사교계 인사들에게 소개해서 아내를 데리고 몹시 빈번하게 파티나 행사에 나갔다. 그 교제 중에서 심프슨 부처는 에드워드 황태자를 만난 것이다.

1932년 1월에 황태자는 윈저 그레이트 파크의 변두리에 있는 별장으로 심프슨 부처를 초대했다. 이 별장은 '포트 벨비딜레'로 불리웠는데 버지니아 워터라는 수로(水路) 가에 세워진 성채로 포대(砲臺)가 붙어 있는 좀 색다른 보루라고도 할 수 있는 큰 저택이었다.

그 근처에 있는 동생 요크 공의 주말용 별장과 마찬가지로 이 포트 벨비딜레도 원래는 윈저 성의 영지(領地)에 산재하는 제1선의 전방거점이었다. 포트벨비딜레의 미국풍의 건축양식은 요크 공의 별장과 마찬가지로 제프리 와이어트빌의 예술적인 자질에 의한 것이다. 와이어트빌은 19세기 초에 리젠트 풍의 건축을 낳은 섭정(攝政), 즉 리젠트 왕자의 기호를 돌과 모르타르로 바꾸어놓아 명성을 날리게 된 인물이다.

사교계에 던진 파문

그러나 아우 요크 공 부처가 로열 롯지를 일변시켜 자기네의 가정적인 보금자리로 개장(改葬)한데 반해서, 황태자는 포트 벨비딜레를 기묘한 상태 그대로 사용하고 있었다. 1930년대의 초에, 그 포트 벨비딜레를 패션의 메카라는 존재로 바꾼 수많은 미녀 중의 한 사람인 다이애나 쿠퍼 부인은 이렇게 말했을 정도였다.

"꼭 어린애들이 꿈꾸는 성채와도 같았다……. 포대가 있나 하면 포환(砲丸)도 있었으며 전투용의 소도구도 있었다. 언덕 위에 솟아 있었으므로 이에 구색을 맞추려면 병정들도 납으로 만든 군대이어야만 하겠다고 생각했습니다."

1932년의 초에 심프슨 부인이 처음으로 이 포트 벨비딜레를 보았을 때의 인상은 더욱 낭만적이었다. 심프슨 부처는 먼저 황태자가 부처를 위층으로 데리고 가서 "그것이 당신들의 방입니다." 하고 보여준 파격적인 행위에 깜짝 놀랐다. 심프슨 부인은 회상록에서 이렇게 말했다.

"또 한 가지 약간 놀란 것은, 나와 남편이 응접실로 돌아왔을 때였다. 황태자가 소파에 앉아 있었다. 그는 머리가 넓은 천에 거의 닿을 듯이 앞으로 구부리고 있었다. 그의 바른손은 부지런히 바늘을 놀리고 있었으며 그 바늘 끝에는 고운 색깔의 뜨개실이 주욱 뻗어 있었다. 나는 나의 눈을 의심했다. 황태자께서 뜨개질을 하고 계시다니……."

심프슨 부인은 알 리도 없었고 그리고 있을 법하지도 않는 일이었으나 만일 그녀가 윈저 그레이트 파크의 반대편 모서리에 있는 요크 공의 별장에 초대를 받았더라면, 거기서도 요크 공이 마찬가지로 바느질을 하고 있는 모습을 볼 수 있었을는지도 모른다.

왜냐하면 메어리 왕비가 아이들 모두에게 대형자수를 가르치고 있었기 때문이다. 왕비는 아이들과 같이 있을 때에는 언제나 레이스 뜨개질이나 자수를 하고 있었다. 그리고 위의 두 아들, 즉 황태자와 요크 공은 기분 전환으로 뜨개질을 했던 것이다.

처음으로 포트 벨비딜레를 방문한 뒤부터 심프슨 부처는 황태자를 더욱 자주 만나게 되었다. 그런 때에 황태자는 대개 텔마 즉 파네스 부인과 함께 있었다. 그러나 1934년 1월에 파네스 부인은 미국으로 갔다. 그리고 미국에 도착한 몇 달 후에 파네스 부인은 알리칸 왕자의 구혼을 받았다. 너무도 화려한 이야기였기 때문에 그 소문은 두 사람이 호화 여객선을 타고 사우햄프턴 항구에 도착하기도 전에 벌써 영국에 전해졌을 정도였다. 그 무렵에 황태자와 심프슨 부인은 종전보다 더욱 친밀한 사이가 되어 있었다.

브라이언트스톤 광장에 있는 심프슨 부처의 아담한 프레트(독립주택이 아닌 맨션형의 주거)로 황태자가 찾아오면 남편인 어네스트 심프슨은 용무로 자주 자리를 떴는데 아내에게 황태자의 접대를 맡기고 집을 나갔다. 그러나 부부의 사이가 갈라지게 된 것은 심프슨 부처만이 아니었던 것이다.

데들리 워드 부인과 직접 대화한 내용을 근거로 해서, 작가 프란시스 도널드슨은 다음과 같이 쓰고 있다.

"1934년 5월에, 데들리 워드 부인의 큰 딸이 충수염(蟲垂炎)의 수술을 받고 뒤이어 예기치 않던 병발증이 있었다. 그녀는 수주일 동안 중병을 앓았다. 그 동안에 데들리 워드 부인은 완전히 침착성을 잃고 딸 곁에 붙어 있었다.

그리고 겨우 딸이 위기에서 풀려나 회복되기 시작했을 때에 데들리 워드 부인은 그 17년간의 교제 동안에, 처음으로 황태자가 영국에 있으면서도 그녀의 집에도 찾아오지 않고 또 수주일 동안 전화도 걸어주지 않는 일을 진지하게 생각하기 시작한 것이다. 그녀는 황태자가 사는 세임트 제임스 궁전으로 전화를 걸었다.

여러 해에 걸쳐 매일 전화로 이야기를 주고 받았으므로 데들리 워드 부인은 세인트 제임스 궁전의 전화교환 양에 대해 보통의 예절에서 벗어난 자유스러운 말로 이야기하는 것이 예사였다. 그러나 이제 데들리 워드 부인의 목소리를 들은 교환 양은 이내 몹시 난처해진 목소리로 '당신께 꼭 전하고 싶은 말이 있습니다.'라고 말하고 '하지만 어떻게 전해야 할지 몰라서⋯⋯.' 라고 계속했다. 데드리 워드 부인이 꼭 듣고 싶다고 조르자, 그 전화교환원은 '당신의 전화를 대지 말라는 명령을 받았습니다.'라고 슬픈 목소리로 말하는 것이었다."

데들리 워드 부인은 그 후 두 번 다시 황태자와 만나지 않았다. 1934년 가을까지에는 황태자와 데들리 워드 부인의 관계가 파국을 맞이한 사실이 널리 알려지게 되었다. 그러나 그것도 곧 과거의 일로 되어버렸다. 왜냐하면 그로부터 2,3개월 사이에 황태자는 마치 런던의 사교계의 감도(感度)를 시험해보기라도 하려는 듯이, 즉 어느 정도라야 런던의 사교계 인사들이 놀라게 되는가 하는 그 한계를 시험이라도 하려는 듯이 전면공세를 폈기 때문이다.

두 사람의 관계를 에워싼 격렬한 논의

이 황태자의 새로운 공세는 전혀 엉뚱한 방향으로 뻗쳤다. 그 이유는 그때까지 왕실 일족이 가슴에 품고 있었던 분명하지 않는 심정을 표면화시키는 계기가 되었기 때문이다. 그 무렵의 사람들의 일기를 보면 갑자기 황태자와 심프슨 부인에 관한 언급이 부쩍 많아져 있고 두 사람이 나이트클럽이나 파티나 교외에서의 주말 놀이 등으로 사람들의 관심의 표적이 되었었음을 알 수 있다.

황태자는 마치 새로운 유모를 만난 사내아이처럼 새 여자친구인 심프슨 부인을 화려하게 치장시켜서 사람들에게 자랑했다. '빛을 발하고 있었다 (다이애나 쿠퍼 부인), '보석이 파묻혀 있었다'(해롤드 니콜슨), '에메랄드는 흘러떨어질 듯, 그리고 루비는 숨이 막힐 듯' 하다는 것이 당시의 심프슨 부인의 모습이었다. 또 마리 베록크 라운즈는 다음과 같이 묘사하고 있다. "그녀(심스픈 부인)는 정말로 많은 보석으로 단장하고 있었습니다. 나는 이른바 가짜 보석임에 틀림없다고 생각했습니다. 왜냐하면 팔찌에 달려 있는 에메랄드가 너무 컸기 때문입니다⋯⋯.

같이 있었던 여러 사람들이 나에게 그녀를 어찌 생각하느냐고 물어왔습니다. 그리고 그녀의 복장은 지극히 간단한데도 그처럼 많은 '가짜 보석'을 달았다는 데에 정말 놀랐다고 설명했습니다. 그러나 전원이 큰소리로 나를 비웃었습니다. 모두들 설명해주었습니다. 그 보석은 모두 진짜라는 것, 황태자가 준 것으로, 총액이 약 5만파운드나 된다는 것, 그리고 1주일 뒤에 6만 파운드 상당의 다른 보석을 받게 되리라는 것 등등. 모두가 황태자의 가장 최근의 선물은 파리의 보석상에서 구입한 굉장한 목걸이라는 것도 설명해주었습니다."

그 파리의 보석상이란 카르췌로서 점포에 전시된 것을 몽땅 사버린다는 식의 저속한 취미는 그만두고라도, 만약 황태자가 심프슨 부인의 보석을 모두 카르췌에서 사들인 것이라면 왕실에서는 그다지 개의치도 않았을 것이다.

왕실, 특히 국왕 조지 5세나 메어리 왕비의 마음에 걸리는 것은 심프슨 부인이 좋아서 달고 있었던 보석의 대부분이 사실은 왕실 대대의 보석이며 '가짜 보석'이라고 한 에메랄드야말로 조지 5세의 어머니 알렉산드라 황태후의, 돈으로는 살 수도 없는 수집품이 일부였기 때문이다. 알렉산드라 황태후는 그 에메랄드를 직접 황태자에게 선물하면서 장차 아내가 될 여성의 몸에 달게 하라고 말했던 것이다.

황태자의 아내라면 영국 왕비가 되는 것이며 그런 보석이 필요하리라고 생각하는 것은 지극히 당연한 일이었다.

이때부터 영국왕실 일족의 결속을 깨뜨리고 현재의 엘리자베스 2세의 치세 기간까지 꼬리를 물고 있는 심프슨 부인을 에워싼 심한 논란이 시작된 것이다. 왕족들의 감정은 황태자가 1934년 가을부터 그녀와의 관계를 보란 듯이 공개하고 다녔기 때문에 더욱 악화되었다.

그때까지의 왕실은 데이비드(황태자)의 엽색행각(獵色行脚)을 용인하고 있었던 것이다. 황태자도 남몰래 정사를 해오고 있었다. 그리고 비록 국왕 부처가 난처해 하기는 했을망정, 아우나 누이들은 언제나 황태자의 방탕에 일종의 동정심을 품고 있었던 것이다. 아우나 누이들은 언제나 황태자인 형의 영향하에 있었다.

그리고 아이 적부터 이 형이야말로 부모가 베풀어주지 않던 따뜻함을

자기네들에게 베풀어주고 있다고 생각했기 때문에 이 황태자로부터 본능
적으로 관용의 느낌을 품고 있었던 것이다.

그러나 심프슨 부인은 이러한 왕실의 분위기를 완전히 바꾸어놓았다.
그녀는 사람의 기분을 거슬리게 하는 배타적인 성격의 소유자였다. 그리고
그러한 그녀의 성격과 황태자의 수수께끼 같은 성격이 합쳐져 왕실 일족들의
마음속에 쐐기가 박히게 되었다. 왕족들은 황태자의 옛날 애인들 —— 이를
테면 파네스 부인, 그녀도 미국인으로, 역시 '행실이 좋지 않았지만 —— 이
환영받고 있는 자리에서 심프슨 부인을 욕했다. 그 위에 왕족들의 경계심을
더욱 굳히게 할 만한 불만은 그 밖에도 여러 가지가 있었던 것이다.

황태자의 변모

우선 황태자는 자기의 업무에 대해 기묘한 염증을 보이게 되었다. 그것은
심프슨 부인의 적극적인 작용의 결과는 아니다. 왜냐하면 그녀는 그의 황
태자로서의 지위를 자랑스럽게 생각했고 그 가계(家系)의 훌륭함이 그대로
자기 일신에도 영향을 미치게 되는 사실을 기뻐하고 있었기 때문이다.

그래서 황태자의 이런 변모는 그의 인격에 변화가 생겼음을 의미하는
것이었다. 황태자가 뒷날 암시하고 있는 바이지만 윌리스(심프슨 부인)와의
사랑 속에서 어떤 새로운 가치관을 찾아낸 것인지도 모른다. 그렇지 않다면
그는 아마도 지극히 오랜 기간에 걸쳐 같은 일을 같은 방식으로 반복하는
데 싫증이 나버렸던 것이리라. 어쨌든 1934년과 35년이 되자 공적인 행사에
참석해 역할을 수행할 때의 황태자의 얼굴에는 지루함과 따분함, 때로는
초조한 빛이 떠올랐으며 국민들은 그것을 분명히 느낄 수 있었다.

황태자는 이제까지 모든 행사를 대성공리에 처리해왔던 만큼 1920년대의
원기왕성한 웃음 띤 얼굴과 1930년대의 침울한 표정 사이의 너무도 대조적인
표정 변화는 온 국민들의 눈을 속일 수는 없었다.

이것은 일반 국민들의 눈에 비친 영국 왕실의 새로운 움직임이었다. 1920
년대 및 30년대에는 신문의 사진이나, 뉴스 영화의 필름도, 왕실에 대해서
동정적인 편집을 했다. 왕실의 인사들에 대한 일반 국민의 의견은 그것보다
즉흥적인 것이어서 왕족들의 국내여행 때에 잠깐 스쳐보는 왕족의 웃음
이라든가, 찡그린 얼굴 따위에 따라 좋아지기도 하고 나빠지기도 했다.

그러나 그렇다고는 해도 황태자나 심프슨 부인과의 관계를 모두 알고 있는 사람은 극히 일부의 인사들이었으며 그것도 대개는 왕실에 충성을 맹세하는 인사들뿐이었다. 그러나 그런 인사들은 모두 한결같이 황태자의 변화에 대해서 여러모로 생각하고 있었다. 즉 황태자와 심프슨 부인을 알고 두 사람을 좋아하게 된 친지들조차도 이 두 사람의 관계에 대해서는 왕실에서 품고 있었던 것과 똑같은 기분으로 보고 있었던 것이다.

그것은 두 사람의 관계를 조종하고 있는 사람은 심프슨 부인이고 노예처럼 시중을 들고 있는 사람이 곧 황태자라는 사실 때문이었다. 왕실 일족이 볼 때에는 엘리자베스 보즈 라이언이 버디(요크 공 알버트 왕자)에게 좋은 영향을 끼친 것과는 정반대로 심프슨 부인이 황태자에게 커다란 악 영향을 끼치고 있는 것처럼 보였다. 데이비드(황태자)의 발랄한 매력이나 쾌활함에는 어두운 그림자가 짙어가고 있었다.

황태자는 기분파여서 언제나 금방 화를 냈다가 자기 변명을 하는 경향이 있었지만 지금에는 그런 기질이 더욱 현저해졌다. 부모나 아우, 누이들과 얼굴을 대하는 기회도 차츰 적어졌다. 그리고 비록 얼굴을 대하는 경우에도 이야기를 주고받을 기미를 보이지는 않았다.

왕실 일가에 나타난 균열은 나날이 커져만 가서 형제 중에서도 제일 아래인 조지 왕자, 즉 켄트 공이 가장 괴로움을 받았다. 조지 왕자는 맏형인 황태자를 이상형으로 삼아왔던 것이다. 조지 왕자는 활발하고 인상이 좋은 소년으로 아직 성숙하지는 않았으나, 여러 가지 면에서 형들보다 세련되고 교육도 받고 있었다.

전체적으로 봐서 조지 왕자의 기호는 형들보다 확고했고 게다가 그에게는 사물을 즐기는 센스가 있었을 뿐아니라 형제 중에서도 부왕의 노여움을 사는 일이 거의 없었다는 데에도 그 이유가 있으리라. 조지 왕자는 부왕 조지 5세에게 대답을 할 때에도 언제나 분명히 호감을 느끼게 하는 어조로 대답을 했다.

형들이 허둥지둥 당황하여 말다툼을 하는 장소에서도 조지 왕자는 웃고 있었다. 타인을 화나지 않게 하고서도 이러한 행위를 할 수 있는 특별한 재능을 그는 갖추고 있었다.

조지 왕자의 결혼

성장함에 따라 조지 왕자는 더욱더 황태자에게로 기울어져갔다. 조지 왕자는 자기보다 8세나 연장인 맏형에게 영웅숭배라고 할 수도 있을 만한 느낌을 가졌다. 그리고 형과 같은 취미를 좋아했다. 엘리자베스 공주의 아버지 알버트 왕자(버디)는 내성적이었고 제3왕자인 헨리 왕자, 즉 글로스터 공은 둔중(鈍重)했다.

그러나 조지 왕자는 돈 많고 젊은 한량의 전형이었다. 용모도 머리를 곱게 빗어넘기고 가슴이 넓고 다부진 당당한 풍채였다. 그는 '팁프스' 채논과 같은 쾌락주의자와 같이 있으면 마음이 안정되는 것이었다. '팁프스' 채논의 일기를 읽으면 1920년 및 30년대의 생활이 마치 푸른 에나멜 방에서 벌어지고 있는 긴 칵테일 파티의 연속같이 느껴졌다.

젊은 조지 왕자는 감수성이 예민했으며 결국 암흑의 타락으로 유혹하는 괴상한 무리들에게 끌려들어갔다. 그리고 불행한 정사(情事)의 뒤에, 마약에로 끌려들어갔다. 조지 왕자는 마약중독에서 어떻게든 빠져나오려 했으나 결국 심신이 쓰러졌다.

그때 맏형인 황태자는 그다지 자기 희생적인 행동을 해본 적이 없는 그의 생애에서 봤을 때 아주 고귀한 행동을 했다. 그는 아우 조지 왕자를 포트 벨비딜레로 데리고 가서 어떻게 해서라도 아우를 갱생시키려고 마약중독에서 회복시키려고 간호했던 것이다. 어쨌든 황태자는 조지 왕자를 인간으로서의 위기의 순간에 여러 주일에 걸쳐 헌신적으로 돌봐주었다.

황태자의 헌신적인 행위는 열매를 거두었다. 조지 왕자는 회복되어 종전보다 더욱 형을 사모하게 되었다. 생의 기쁨을 서서히 강하게 느끼면서 그는 긴 주말을 포트 벨비딜레에서 보냈다. 그런 까닭으로 왕실 안에서 오직 한 사람 조지 왕자만이 황태자와 심프슨 부인 사이에 진행되는 관계를 직접 목격할 수 있었다. 조지 왕자는 자기가 목격한 사실을 좋아하지는 않았다.

사교계의 험담가들은 심프슨 부인이 황태자를 꽉 붙잡을 수 있었던 것은 섹스의 탓이라느니, 황태자는 그때까지 완전히 섹스의 기쁨을 누려본 일이 한 번도 없었다느니 하고 추측했다. 그러나 조지 왕자 즉 켄트 공은 그것은 마술에 가까운 무엇을 빚어내는 심프슨 부인의 황홀한 매력 탓이라고 자기의 견해를 다른 왕족들에게도 이야기했던 것이다.

그러나 조지 왕자 자신에게 갑자기 찾아온 새로운 사태의 발전이 당시의 모든 사람이 기다리고 있었던 일종의 기분전환을 가져오기에 이르렀다. 1934년 11월에 조지 왕자와 그리스 왕실의 마리너 공주와의 결혼 이야기가 퍼졌던 것이다. 마리너 공주는 용모가 단아하고 귀족적인 품위가 넘쳐흐르는, 유럽에서도 제일가는 공주라는 명성을 떨치고 있었다.

뒷날 그리스의 왕비가 된 프레데리카와 함께 마리너 공주는 실은 황태자의 결혼상대 후보자로 비밀리에 타진되고 있었으나 황태자가 거절했다는 내력이 있었다.

그러나 이제 조지 왕자와 마리너 공주의 결혼 성립의 뉴스는 국민의 열광적인 흥분을 불러 일으켰다. 영국은 당시 아직도 대공황의 타격에서 벗어나지 못하여 국민들에게는 요 수년간 즐거운 일이라곤 거의 없었다. 따라서 활달한 32세의 왕자가 이 외국 공주와 결혼한다는 소식은 잔잔한 행복에 젖게 하는 좋은 기회라 하여 국민들의 환영을 받았다.

조지 왕자와 마리너 공주의 결혼식은 이제는 8세반이 된 엘리자베스 공주가 신부를 수행하는 들러리 역의 선두를 맡았다는 일 때문에 더욱 근사한 것이 되었다. 특히 엘리자베스 공주는 결혼식의 화려한 행렬이 통과하는 도로변을 꽉 메운 군중들로부터 많은 박수 갈채를 받았다.

공주는 어른 왕족들과 함께 결혼식의 입회인으로서 왕족이 결혼할 때에 등록하는 왕적부(王籍簿)에 서명했다. 마가렛 공주는 4세로 어머니의 의자 앞에 놓인 작은 의자에 앉아 있었다. 그리고 몸을 움직이거나 발버둥을 치거나 해서 발이 드레스의 밖으로 나오면 언니인 엘리자베스 공주가 그것을 품위있게 고쳐주었다.

결혼식이 거행된 웨스트민스터 사원에서 왕실 일족은 버킹엄 궁전으로 돌아왔다. 이 행렬의 도중에 엘리자베스 공주는 한결같이,

"위엄과 침착성을 잃지 않고, 자기의 역할을 다했다."

고 신시아 콜빌 부인이 그때의 추억을 기록해놓고 있다.

국왕과의 언쟁으로 발전

이 결혼식의 며칠 전날의 밤에 조지 5세와 메어리 왕비는 버킹엄 궁전에서 무도회를 개최했다. 황태자는 무도회의 초대자 명단에 어네스트 심프슨 부처

의 이름을 써넣었다. 이것은 왕실 일족이 그때까지 건드리지 않으려 한 금기가 마침내 공공연히 드러나게 될지도 모를 사태로까지 되었다. 조지 5세가 심프슨 부처의 이름을 주저하지 않고 지워버렸기 때문이다.

심프슨 부인과 황태자 사이의 사건에 대해서 아버지와 아들 사이에 빚어진, 오늘날 세상 사람들에게 알려진 단 한 번의 말다툼이었다. 그간의 사정에 대해서 황태자의 친지들은 황태자는 심프슨 부처가 출석하지 않으면 자기는 무도회에 나가지 않겠다, 자기가 책임을 지고 추천한 초대자는 반드시 버킹엄 궁전에 들어갈 수 있다는 일반 원칙이 인정되어야 마땅하다고 주장해서 심프슨 내외의 출석을 실현시켰다고 말하고 있다.

그러나 다른 소식통의 이야기로는 그때에 조지 5세가 황태자에게 심프슨 부인은 네 애인이냐고 묻자 황태자가 부정했기 때문에 국왕이 심프슨 부처에의 초대장을 어네스트 심스픈 앞으로 발송할 것을 승인했다고 한다. 황태자와 심프슨 부인이 그 당시에 어떤 관계였었는지는 모른다. 따라서 그때 황태자가 거짓말을 했는지 어쨌는지도 확실히는 모른다.

그 무도회에서 심프슨 부인은 국왕 조지 5세와 메어리 왕비를 알현할 수가 있었다. 처음 일이고 동시에 이것이 마지막 일이었다. 심프슨 부인은 회상기 속에서 다음과 같이 써놓고 있다.

"데이비드(황태자)는 나를 국왕 내외분이 서 있는 곳으로 데리고 가서 나를 소개했다. 그것은 상면이라고는 해도 매우 짧은 것이었다. 관례적인 인사나 의미도 없는 가벼운 이야기를 두세 마디 한 뒤에 우리는 국왕 내외분의 앞에서 물러났다."

그런데 그 해의 겨울에 엘리자베스 공주는 만 9세의 생일을 맞이했다. 1935년은 왕실의 해였다. 왜냐하면 켄트 공(조지 왕자)의 결혼에 이어서 국왕 조지 5세의 즉위 23주년을 기념하는 해였기 때문이다. 따라서 이런 경사스런 기회를 '은혼 24주년'으로 축하하기로 결정되었다.

세론(世論)의 일부에서는 영국 국민이 경제적으로 괴로움을 겪고 있는 시기에 축제소동을 피운다는 것은 적절치 못하다는 소리도 높았다. 그러나 메어리 왕비는 의연하게 괴로움을 잊기 위해서 국민들이 기다리고 있는 것은 그런 소란이라고 말했다.

그리고 실제로 국민들은 '은혼 25주년'에 열렬한 감정을 나타냈으며 메어리 왕비의 신념이 정말 옳았다는 것을 증명했다. 그때에 조지 5세는 캔터베리 대주교에게 말했다. '이해할 수 없는 일이다. 역시 결국, 나는 타고난 범부(凡夫)에 불과하다.'

조지 5세의 고민

5월 6일에 신께 감사기도를 올리기 위해서, 조지 5세와 메어리 왕비가 길가를 꽉 메운 군중들의 앞을, 차를 타고 지나 세인트 폴 사원으로 향했다. 그때 두 손녀도 함께였는데, 두 손녀는 장미 봉오리 같은 핑크빛의 옷을 입고 있었다. 두 공주는 여느때와 마찬가지로 길가에 늘어선 군중들로부터 큰 환호를 받았다.

세인트 폴 사원에서는 두 공주를 위해서 세 다리 의자 두 개를 놓아두었다. 미사에 모인 사람들의 정면에 놓인 왕좌에 국왕과 왕비가 착석했는데 두 공주의 세 다리 의자는 바로 뒤에 있었다. 그리고 그날 저녁때에 국왕일가는 버킹검 궁전 발코니에 나가 처음으로 '은혼 25주년'을 경축하는 국민대중의 환호성에 답했다.

인파는 자연발생적으로 버킹엄 궁전으로 밀어닥쳐 1주일간이나 줄곧 계속되었다. 조지 5세는 말했다. "국민들이 나에 대해 어떻게 생각하고 있는가를 나는 전혀 모른다. 그러나 이제 겨우 나는 국민들이 정말로 나를 좋아하고 있다는 사실을 알게 되었다."

그 해가 저물 무렵에 국왕의 제3왕자 헨리 왕자가 결혼해서 왕실의 축하행사는 더 늘어났다. 이 헨리 왕자, 즉 글로스터 공은 조용하고 건실한 성격이었다. 애리스 몬타큐 더글라스 스콧 부인과의 결혼으로 어린 엘리자베스와 마가렛 두 공주는, 같이 신부를 수행하는 들러리를 맡았다. 인간의 기분이란 시간표대로 꼬박꼬박 움직이는 것이 아님은 물론이요, 게다가 조지 5세나 메어리 왕비도 그 결혼식을 거행하는 것이 불가능하다고는 전혀 생각지 않았으나 될 수 있으면 헨리 왕자는 결혼식은 그 아우 조지 왕자의 결혼식과 국왕의 '은혼 25주년' 등 왕실의 잇단 행사의 직후가 아니라 좀더 시간을 두고 거행하는 것이 좋으리라고 생각했던 것 같았다.

불과 12개월 사이에 세 가지의 큰 왕실행사가 계속되는 것은 그 전해에 국민들이 무언가 기분전환을 바라고 있었던 그 기분에 부응하는 일이라고 해도 너무 행사의 회수가 많았다고 할 수 있었다. 따라서 헨리 왕자의 결혼식이 있기 조금 전, 신부의 아버지 바크류 공이 죽었다는 소식이 들어왔을 때에도 거창한 추도행사는 없었고 장례는 비교적 조용히 치러졌다. 장례 장소도 웨스트민스터 사원에서 버킹엄 궁전 안의 로열 채펠로 변경되었다.

나이 많은 국왕 조지 5세의 아들들은 단 한 사람만 빼놓고 모두 결혼했다. 그러나 아들들 중에서도 가장 중요한 황태자의 결혼만은 그 앞길이 어두웠다. 그리고 1935년 6월에는 머지않아 다가올 새 국왕시대를 향해서 까다로운 문제가 또 고개를 들고 일어났던 것이다. 황태자는 일찍이 파시스트 독재자들을 찬미하고 있었다. 그리고 때마침 런던의 알버트 홀에서 열린 어느 영국 군단(軍團)의 집회 기회를 타서,

"독일인에게 우호의 손을 뻗치자!"라는 제안을 했던 것이다. 독일과 미국의 신문들은 이것을 히틀러에 대한 우호를 공공연하게 표명한 정치적인 자세로 간주했다.

그리고 당시에는 가끔 일어난 일이지만 독일이나 미국의 신문들은 왕실의 일원의 발언은 실제로는 그 이면에서 영국정부가 조종하고 있는 것이라고 생각했다. 이것은 틀린 것이다. 그러나 황태자가 히틀러를 지원하는 정치적인 자세를 보였다는 해석만은 옳았던 것이다.

조지 5세는 황태자를 질책하지 않으면 안 된다고 생각했다. 어쨌든 황태자는 영국국민이 왕실에 기대하고 있는 바 국민을 대표하는 지도력이 어떤 것인가를 완전히 오해하고 있었다. 그리고 황태자의 기분은 소수파의 정치적인 의견을 대표하는 데 불과했다. 또 비록 다수파의 의견이라 해도 황태자의 발언은 개인적인 기분 이외의 아무것도 아니었던 것이다.

국왕이나 장래의 국왕, 혹은 국왕의 친척된 자는 필연적으로 개인적인 기분을 억제하지 않으면 안 되었다. 이런 관점에서 황태자가 적어도 왕족의 일원으로서 남기를 바란다면 자기가 완전히 자유롭지 못하다는 것을, 또 완전하게 개인적일 수는 없다는 것을 인식하지 않으면 안 되었던 것이다.

뒤의 국왕 에드워드 8세, 즉 황태자가 이 사건에서 맛본 일종의 욕구불만 속에는 국왕퇴위라는 씨가 뿌려져 있었다. 그러나 1935년 7월에 국민들은 더 다급한 당면사태를 걱정하고 있었다. 그것은 심프슨 부인이 독일대사관의 만찬회에 초대되었다는 유례없는 사실이었다.

황태자는 자기에게 부과된 행사에 참석해야 한다는 의무를 이행하지 않고 있었으며 종래의 의식 같은 데에서도 가만히 있지 못하고 중도에서 자리를 뜨는 등, 이러한 일들이 잇따라 왕실의 장래는 더욱 암담한 꼴이 되었다.

국왕 조지 5세는 정말로 괴로워했다. 자기 자신이 직접 나서서 심프슨 부인과 아들과의 관계를 개인적으로 상의할 수는 없었다. 1935년 9월 —— 이해의 9월은 국왕으로서 최후의 9월이었다. —— 발모럴 성의 사슴 사냥터에서 장시간에 걸쳐 캔터베리 대주교와 황태자의 행위가 빚어낸 여러 가지 문제에 관해서 상의를 했다. 두 사람 다 전도가 암담하다는 판단을 내렸다. 그때 조지 5세는 말했다.

"내가 죽은 뒤 12개월 이내에 저 애(에드워드 황태자)는 파멸한다."

제 5 장 군주제의 위기

조지 5세의 서거

1935년 크리스마스 날에 조지 5세는 방송을 통해 영국 및 대영제국의 국민들에게 선언했다.

"나는 국민 사이의 이런 인간적인 유대야말로, 입으로 말하는 것 이상의 더욱 고귀한 것이라고 생각하고 있다. 이 유대는 우리들을 하나로 뭉치게 하며 모든 기쁨이나 슬픔을 우리 모두의 공통의 것으로 하는 것이다."

그 해 크리스마스에 왕족 일가 전원은 예년과 같이 샌드링검 궁전에 모였으나 예년에 없이 조용했으며 어딘가 슬픈 분위기였다. 국왕 조지 5세에게는 노쇠에서 오는 황홀한 빛이 나타나고 있었다. 손주들과 놀기는 했지만 그 목소리에는 힘이 없었다. 가슴속의 괴로움으로 인해 국왕은 종래의 해군시설에 익히 허리를 곧게 펴고 걷는 일을 할 수가 없게 되었다.

그리고 식사가 끝날 무렵이 되자 머리를 가슴에 묻듯이 꾸벅 숙이는 것이었다. 국왕은 이제 70세이며 그리고 수개월 동안 옛날에 앓았던 기관지폐렴의 재발로 지금까지 고통을 겪고 있었다.

이듬해 정월 초에 어린 공주들이 샌드링검 궁전의 정원 잔디를 하얗게

덮은 눈 위에서 놀고 있었다. 그때 메어리 왕비가 공주들이 있는 곳으로 왔다. 왕비는 공주들의 조부, 즉 국왕 조지 5세의 용태가 몹시 **나쁘다는** 말을 했다.

그날 점심 후에, 메어리 왕비는 엘리자베스 공주를 병상의 조지 5세가 있는 곳으로 데리고 가서 하직 인사를 시켰다. 그때 어린 공주는 9세 반으로 무슨 일이 일어나고 있는가를 이제 충분히 알 만한 나이처럼 보였다. 그러나 마가렛은 아직 너무 어렸다. 조지 5세는 국왕이 된 직후에 인도를 방문했을 때 선물 받은 오래된 티벳 가운으로 몸을 싸고 병실에 앉아 있었다.

국왕은 급속히 쇠약해지고 있었으며 글을 쓰는 것은 거의 불가능했다. 1936년 1월 17일에, 국왕이 적은 최후의 일기는 거의 읽을 수가 없었다. "약간의 눈·바람, 도슨(국왕의 시의)이 오늘 저녁에 도착, 그를 만나다. 전신이 지리멸렬하는 느낌……." 이라고 쓰기 시작한 뒤 그 다음 글자는 반쯤 쓰여 있을 뿐 판독할 수가 없었다.

이제 습관이 된 능숙한 솜씨로, 메어리 왕비는 조지 5세가 어른이 된 뒤 실제로 하루도 거르지 않고 써온 일기 최후의 페이지에 다음과 같이 적어넣었다.

"나의 가장 사랑하는 남편, 국왕 조지 5세는 글자가 이미 잘 쓰여지지 않는다는 심한 괴로움 끝에 그 다음 날 자기를 대신해서 내가 국왕의 일기를 쓰도록 간청했다. 국왕은 1월 20일의 자정 오분 전에 서거하셨다. 메어리 R. 1936년 2월 4일."

엘리자베스와 마가렛 두 공주는 국왕 서거의 수일 전에 윈저 성으로 돌아와 있었다. 그리고 개인교사인 마리온 클로포드에게 크리스마스 휴가를 중단하고 급히 윈저 성으로 돌아오도록 전보가 띄워졌다. 공주들의 어머니인 요크 공 부인은 메모에 다음과 같이 적어서 클로포드 양에게 전했다. "클로피, 부탁입니다. 절대 필요하다고 생각되지 않는 이상, 이번 사태로 아이들을 괴롭히지 않도록 해주세요. 아이들은 아직 어립니다."

9세의 엘리자베스 공주는 말했다. "클로피, 우리는 오늘도 놀아서는 안 되나요?" 그 말을 들은 동생 마가렛의 얼굴에는 무언가 쓸쓸한 표정이 떠올랐으나 마가렛도 유모인 알라가 슬퍼하고 있는 것을 목격하고는 무엇인가 일어나고 있다는 것을 알았다. 알라, 즉 나이트 부인은 때때로 큰 소리로 왈칵 울음을 터뜨렸다.

나이트 부인의 비통은 영국 및 대영제국 영토의 모든 국민이 다같이 안고 있는 슬픔이었다. '국왕의 생명은 평화스럽게 그 임종을 향해서 나아가고 계신다.' —— 이 유명한 조지 5세의 병상(病床)에 관한 최후의 발표문을 시의인 도슨 경이 작성했을 때 BBC 방송은 정규프로를 일체 중단했으며 런던 웨스텐드의 음식점들은 모든 댄스 음악을 중지했다.

조지 5세의 유해는 샌드링검 궁전에 있는 작은 교회 안에 안치되었으며 샌드링검의 수렵지나 왕실 영지에서 국왕을 섬겨 온 사람들이 찾아와 본 뒤에 열차로 런던으로 옮겨졌다. 유해는 포차(砲車) 위에 놓여졌으며 런던 시가를 그 포차에 실려서 국회의사당에 정장한 모습대로 안치되었다.

진퇴문제로 고민하는 황태자

어린 엘리자베스 공주는 국왕의 관(棺)과 대면하기 위해 국회의사당으로 갔다. 그녀는 검은 코트를 입고 검은 비로드의 큰 모자를 쓰고 있었다. 관 앞을 수천 명의 사람들이 조용히 기도하며 지나가는 가운데 그녀는 조부인 국왕의 유해 정면에 서 있었다. 공주의 아버지와 삼촌인 네 명의 왕자들은 그녀가 있는 동안에도 관대(棺台)의 둘레에 서서 철야를 계속하고 있었다. 공주의 개인교사 마리온 클리포트는 공주가 돌아왔을 때 한 말을 다음과 같이 써놓고 있다.

"데이비드 큰아버지(새 국왕 에드워드 8세, 조지 5세의 제1왕자)가 거기에 있었습니다. 그는 몸을 까닥도 하지 않았습니다. 정말로 눈도 깜박하지 않았습니다."

국왕의 관을 왕자들이 불침번으로 지킨다는 것은 사람들을 감동시키기 위해서 새 국왕 에드워드 8세가 생각해내었다. 일종의 상상에 바탕을 두는 성례(聖禮)였다. 그러나 사적(私的)인 일로서는 에드워드 8세의 뜻대로 사태가 잘 돌아간 것은 아니었다. 하딩 부인 —— 그녀의 남편은 알렉산더 하딩 소령이다 —— 은, 이윽고 에드워드 8세의 수석시종이 되었는데 아버지 국왕의 죽음에 대한 새 국왕의 반응을 보고 놀란 일을 지금도 잊지 않고 있다.

새 국왕의 반응은 하딩 부인에 의하면 '미친, 불합리한 것'이었다. 요컨대 죽은 국왕과는 일족 중에서 가장 알력을 많이 일으킨 자신이 이제 국왕의 죽음에 접해 '모친이나 세 아우들보다 훨씬 큰 고민의 모습'을 보여주었다는 것이 아무래도 부자연스럽게 보였던 것이다.

새 국왕 에드워드 8세가 보인 슬픔의 정도는 역시 진정한 사별(死別)의 슬픔에서 나온 것이라는 해석이 옳을지도 모르겠다. 그러나 다른 해석도 있다. 조지 5세의 서거는 누구나를 다 놀라게 했으나 가장 놀란 것은 에드워드 8세 즉 황태자였다. 조지 5세의 만년에 황태자와 친한 친구들 사이에서는 황태자가 왕위계승 제1순위의 권리를 포기하고 왕위를 제2왕자인 버디(알버트 왕자, 요크 공)에게 양보할지도 모른다는 가능성이 화제에 오르고 있었다. 에드워드 8세가 왕위에 오른지 첫 수주일 동안에 당황함을 보인 것은 그 자신이 이미 왕위계승 순위를 양보하고 도피할 수 있는 길이 막힌 것을 알았기 때문이라고도 할 수 있다. 확실히 황태자가 국왕서거 전에 왕위계승권을 포기한다는 것은 어려운 일이었을 것이다. 또 황태자가 심프슨 부인과 떳떳하게 살기 위해서 왕위계승의 서열에서 이탈하는 것을 국왕 부처가 인정한다는 것도 도저히 무리한 일이었을 것이다.

그러한 충격이 조지 5세를 죽게 했다고 할 수조차 있을지 모른다. 당시에 이미 왕실 중에서는 심프슨 부인의 일로 괴로워한 나머지 국왕의 수명을 단축시켰다는 소리가 은밀히 번지고 있었던 것이다. 그러나 황태자의 견해에서 본다면 이제 현실로 된 국왕즉위라고 하는 사태보다는 왕위를 버리는 쪽이 훨씬 마음 편한 일이었다.

강한 여성인 심프슨 부인과, 그 심프슨 부인에게 새 국왕의 일생을 좌우하도록 내버려두어서는 안 된다는, 일족들로부터의 강한 반발 사이에 끼었을 뿐만 아니라 동시에 국왕으로서의 새로운 책무인 대소의 가지가지 결단을 잇따라 내려가지 않으면 안 되는 에드워드 8세의 기분은 착잡한 심정이 되어 있었다.

조지 5세가 서거할 무렵에 샌드링검 궁전에서는 진짜 시간과 '샌드링검 시간'이 있었던 탓으로, 약간의 실수가 생겼다. '샌드링검 시간'이란 에드워드 7세가 사냥을 위한 체력조절을 위해서 궁전에 유숙한 손님들을 아침 일찍 깨우려고 궁전의 시계바늘을 30분 앞으로 당겨놓은 것을 시작으로 해서 그 뒤 줄곧 그대로 해온 시간을 말한다. 이 '샌드링검 시간'은 매사에 옛 풍습을 좋아했던 조지 5세로서는 바로 그 자기 신념을 피력하는 상징과도 같은 것이었다.

그러나 황태자는 "이런 쓸데 없는 시간은 모두 내가 고쳐놓겠다!"라고 외치고 조지 5세가 숨을 거둔 직후에 한밤중인데도 샌드링검 궁전의 시계담당 직원을 불러들여 궁전 안의 많은 시계들을 모조리 그리니치 표준 시간에 맞추는 작업을 명했던 것이다. 이 작업은 아침 햇살이 비쳐들 시각까지도 끝내지 못할 정도의 큰 일이었다.

당시의 수상인 보수당의 스탠리 볼드윈은 야당인 노동당 당수 클레멘트 애틀리에게 새 국왕이 잘 해나갈지 어떨지 의심스럽다는 의견을 말했다. 볼드윈은 새 국왕 에드워드 8세가 조지 5세의 젊은 시종 두 사람을 측근자로 임명한 사실을 기뻐했다. 그러나 볼드윈은 동료에게 다음과 같이 술회했다.

"나는 황태자가 국왕이 되었을 때에 책임을 맡는 것을 회피하고 싶었었다. 그러나 이제 내가 이 시기에, 책임을 다해야 할 수상으로 있다는 것은 신의 섭리(攝理)이리라. 그러나 나는 새 국왕에 대해서는 루시(볼드윈 부인)가 갖고 있는 정도의 자신도 없다. 새 국왕이 결혼하지 않고 있다는 것은 비극이다…….

어쨌든 에드워드 8세는 수상인 나를 만나기도 전에 먼저 S부인(심프슨 부인)을 만나러 갔던 것이다. 그녀는 지금 플래트에 살고 있다. 이 문제는 나와 국왕 사이에서는 한 번도 서로 상의한 일이 없다. 좌우간에 새 국왕을 움직일 수 있는 사내는 하나도 없다."

왕위계승 순위의 변동

1936년말경에 일어난 저 국왕 퇴위(退位) 사건 때문에 에드워드 8세 시대의 2,3개월 동안의 기억은 쉽사리 지워져버린다. 그러나 에드워드 8세 시대가 전반적으로 불온한 공기에 싸여 있었다는 것은 극히 분명한 것 같다. 1936년의 여론은 지금 중년의 국왕으로서 국민 앞에 모습을 보인 에드워드(에드워드 8세는 41세로 왕위에 올랐다.)와 발랄한 젊은 왕자로 국민 앞에 나타났던 지난날의 에드워드와의 뚜렷한 차이를 매우 신속하게 간파했다. 에드워드 8세는 어딘가 정상적으로 성장하지 못한 인물이다. 의지는 강했으나, 국민을 대표하는 국왕으로서의 의지는 불충분했다. 너무도 자신에 탐닉한 그대로의 상태였다. 게다가 성질이 급했다. 해롤드 니콜슨은 노동당의 정치가인 J.H.토머스가 그에게 한 말이라 하며, "정말 이 작은 고집쟁이는 골칫거리다. 게다가 심프슨 부인이라는 혹까지 붙어 있다. 두들겨 패도 말을 듣지 않을 것들이거든. 해롤드, 솔직히 말해서 그렇지 않은가?"라고 써놓고 있다.

매우 뜻있는 일이었거니와, 세상의 큰 관심이 어린 엘리자베스 공주에게 쏠리게 되었다. 그리고 그녀가 왕위계승의 순위로는 아버지인 요크 공에 이어 두 번째라는 사실이 차츰 사람들의 논평의 대상으로 삼아졌다. 잡지 〈스페어〉지가 그녀를 조지 5세의 장례식 때 "왕족 중에서 가장 어린 참석자"라고 쓰고 그때의 엘리자베스 공주의 모습을 "검은 모자와 코트라는 청초한 차림, 연상의 왕족들과 같이 장중한 베일을 쓰지 않은 공주……."라고 썼을 때에 독자들은 엘리자베스 공주가 아버지에 이어 왕위계승 두 번째의 위치에 있다는 사실을 새삼스럽게 떠올렸던 것이다.

에어리 백작부인에 의하면, 조지 5세는 죽기 2,3개월 전에 "장남이 결혼하지 않고 아이도 없이 끝난 뒤에 그 결과 버디(제2왕자, 요크 공)와 손녀 엘리자베스가 왕위에 오를 수 있기를 나는 신에게 빌고 있다."고 말했다. 엘리자베스 공주가 장차 영국 여왕이 되는 것은 당연하다고 널리 인정하기에 이른 것은 1936년 말에 에드워드 8세의 국왕 퇴위 때부터라기 보다는 오히려 그 해 초에 에드워드 8세가 국왕에게 즉위한 시점부터였다고 보는 것이 옳다.

어린 소녀 엘리자베스가 왕위에 매우 가까운 위치에 있다는 사실에다가 세상의 관심까지 집중된 사실에 부응해서 신문 기자들이 런던의 피카딜리 145번지의 그녀의 집 내부에까지 들어갈 수 있도록 되었다.

그 결과 공주의 '애완동물원'에는 여러 마리의 코리 개〔犬〕와 쉐드랜드 코리 개, 두 마리의 새끼사슴, 15마리의 잉꼬새와 여러 마리의 망아지가 있다는 것까지 기사화되기에 이르렀다.

또 어느 날 그 집 전화가 고장나서 수리하러 간 전화국원 알버트 팃펠은, 엘리자베스 공주가 수리도구가 든 가방을 뒤지기 시작했으므로 그녀의 볼기짝을 찰싹 때린 일이 있다. "그녀는 달아났습니다. 어머니는 오히려 기뻐하고 있는 듯 했습니다."고 그는 말했다.

오늘날에는 이런 이야기가 쓸데없는 잡담처럼 들릴지 모르나 그런 이야기들은 그 밖에도 많이 있었다. 그러나 국왕 에드워드 8세까지를 포함해서 왕족 일가는 그런 이야기가 유럽이나 미국의 많은 가십(잡담) 기자들이 쓴 이야기를 젖히고 영국 신문에 나오는 것을 보고 기뻐하고 있었다.

1936년의 후반에 심프슨 부인과 국왕이 결혼해야 할 것인가, 아닌가 하는 문제가 처음으로 현실적인 가능성으로 논의되었다. 신문은 영국헌법의 이모저모로 해설을 했다. 그래서 비버블룩 경의 제안으로 주요 신문의 경영자들이 모여 국왕을 둘러싼 대사건에 관한 논평을 삼갈 것을 정식으로 상의하기에 이르렀다.

그러나 1936년의 전반 단계에서는 그런 제지(制止)는 전혀 없었다. 다만 옛날부터의 비공식적인 관습에 따라 왕실 일족의 사적인 생활로 보도의 대상으로 삼지 않기로 했을 따름이다. 그러나 그것은 상당히 유해(有害)한 것이었다. 왜냐하면 대다수의 영국 국민들은 런던의 사교계에서 공공연한 비밀로 되어 있는 이 사실을 알 수가 없었기 때문이다.

심프슨 부인의 '공작'

그러나 국왕 자신은 가만히 있지 않았다. 1936년 여름에 국왕 자신이 신문계(新聞界)의 자율규제를 깨뜨린 것이다. 국왕은 자신이 개최한 만찬회의 초대자 명단을 발표했을 때 신문의 '왕실 동정' 난에 심프슨 부인의 이름을 분명히 인쇄하도록 집요하게 주장했다.

그 해 7월에 이런 일련의 만찬회가 있던 어느 날 밤 엘리자베스 공주의 부모인 요크 공 부처도 참석하고 있었는데 그 파티에 초대된 저명인사들을 마치 심프슨 부인을 받들기 위한 '들러리'같이 이용한 국왕의 부당한 처사에 요크 공 부인은 화를 내었다.

윈스턴 처칠이 즐겨 쓰는 수법으로 장난을 한 것은, 이 파티의 만찬회 석상에서였다. 전혀 다른 뜻이 없는 듯한 표정으로 처칠은 무슨 이야기 끝에 조지 4세와 피서버트 부인 사이의 왕실을 둘러싼 큰 결혼 스캔들 사건을 끄집어낸 것이다. 엘리자베스 공주의 어머니 요크 공 부인은 "그건 아주 옛날 얘기예요."라고 분명히 말했다.

그러나 처칠은 더욱 열을 내어 기분좋은 듯이 이번에는 화제를 장미전쟁으로 돌려서 랭카스터 가(家)와 요크 가라는 두 왕가의 차이점에 대해 이야기했다. 요크 공 부인은 이번에야말로 하는 듯이 힘을 넣어 "그것은 더욱더욱 옛날 사건이에요."라고 말했다.

그 파티에서 심프슨 부인은 요크 공 부인에게 잘 보이려고 힘껏 애쓰고 있었다. 요크 공 부인 곁을 떠나지도 않고 자랑으로 여기는 화려한 대화를 계속하고 있었다. 그러나 심프슨 부인은 요크 공 부인의 마음을 돌려놓을 수는 없었다. 심프슨 부인의 행위는 모두 과도한 것이었다.

영국의 지배계급이 심프슨 부인을 좋아하지 않은 이유로서 그녀가 미국인이었다는 것이 자주 거론되고 있다. 이것은 전적으로 옳다고는 할 수 없었다. 낸시 매스터, 에메랄드 큐나드 당의 미국인 여성은 아무런 수모도 당하지 않고 당당히 당시의 런던 사교계에 받아들여지고 있었다. 심프슨 부인의 남성편력이 장해가 되었다 할 수도 없다. 사교계의 기준으로 본다면 그것은 다른 사람들에게도 해당되는 일이었던 것이다. 심프슨 부인의 가장 근본적인 문제는 그녀 자신이 적나라하게 동경한 세계 안에서 어떻게 처신하면 좋은가 하는 방법을 몰랐다는 데에 있었다.

심프슨 부인의 뻔뻔스런 능숙한 말주변은 고귀한 집안에서 자란 여성의 신경을 거슬리게 했다. 심프슨 부인은 맨틀피스(왕실의 볕에 붙여 만든 장식적인 난로) 위를 손가락으로 훔쳐본 뒤에 먼지가 끼어 있으면 당장에 하녀를 불러들였다. 에드워드 8세는 그때까지 심프스 부인이 하는 것과 같은 안주인이 집안일을 처리하는 방식을 알지 못하고 있었으므로 심프슨 부인의 처사에 완전히 감탄해버렸던 것이다. 그러나 왕실에서는 그런 부르주아적인 처사는 완전히 좌절을 의미하는 것이었다.

엘리자베스 공주의 어머니 요크 공 부인은 심프슨 부인을 유달리 눈에 거슬리는 존재로 생각하고 있었고, 또 그런 기분을 숨기지도 않았다. 심프슨 부인, 즉 뒤의 윈저 공 부인은 훗날의 회상기 속에서 다음과 같이 에피소드를 써놓고 있다.

"그 해 봄(1936년)에, 데이비드(뒷날의 윈저 공)가 미국제 새 차 스테이션 왜건을 샀다. 당시에 아직 영국에서는 알려지지 않은 차였다. 그는 그 새 차를 몹시 자랑하여 이내 친지들에게 자랑 삼아 보여주었다. 어느 날 오후에 데이비드는 말했다. '이제부터 이 차로 로열 롯지(요크 공의 별장)에 갑시다. …… 버디(데이비드의 아우, 요크 공)에게 차를 구경시키고 싶소…….

로열 롯지의 정문으로 들어가자, 데이비드는 자동차 길을 빙 돌아서 당초 무늬의 장식이 있는 현관의 문 앞에 차를 딱 세웠다. 요크 공 내외와는 현관이 있는 곳에서 만났다. 데이비드는 요크 공 부처에게 그 스테이션 왜건을 잘 보라고 자꾸 말했다. 두 형제의 대조적인 성격을 옆에서 보는 것은 재미있는 일이었다.

데이비드는 열을 내어 정황하게 차의 훌륭한 점을 설명했다. 요크 공은 조용하고 내성적이었으며 이 유행의 첨단을 걷는 미국차를 어딘지 의심하는 듯한 모습이었다. 데이비드가 압력 브레이크가 이 차의 뛰어난 점이라고 설명하자 요크 공은 겨우 진지한 관심을 보였던 것이다.

데이비드는 요크 공에게 같이 타자고 재촉했다. '함께 타고 돌아다니자. 운전하기가 얼마나 편한가를 너에게 보여주고 싶다…….' 몇 분 동안 달린 뒤에 두 사람은 돌아왔다. 그리고 우리는 모두 함께 뜰을 거닐었다. 나 그 전에도 포트 벨비딜레나 요크 공의 집에서 여러 차례 요크 공 부인과 만났었다. 요크 공 부인이 매력이 있다는 것은 특히 유명한 이야기이지만 정말 그랬다.

그녀의 아름다움, 그리고 그 놀라울 정도의 푸른 눈도 훌륭했다. 지금도 기억하고 있거니와 우리는 포트 벨비딜레와 로열 롯지의 정원의 장점이나 단점에 대해서 얘기를 했다. 우리는 차를 마시기 위해서 집으로 돌아왔다. 홍차가 나온 것은 응접실에서였다. 그리고 조금 뒤에 공주 두 분이 참석했다. 그때 엘리자베스 공주, 즉 현재의 여왕님은 10세, 그리고 마가렛 공주는 6세가 된 때였다. 둘 다 고운 금발이었고 예절 바르고 매우 세련되어 있었으며, 마치 그림책에서 빠져나온 듯했다. 큰 테이블 위에는 여러 가지 차그릇 외에 그 어린 공주들을 위한 오렌지 주스의 큰 병이 놓여 있었다. 데이비드와 요크 공 부인이 이야기를 했고 가끔 요크 공이 거들었다. 즐거운 한 때였다.

그러나 나는 그때에 본능적으로 요크 공은 미국제 자동차에 마음을 빼앗기고 있는데도 요크 공 부인은 미국과 관련되는 데이비드의 또 하나의 관심사, 즉 나에게는 전혀 마음을 허락하지 않고 있다는 인상을 받았던 것이다."

동요하는 에드워드 8세

이 윈저 공 부인의 회상기(回想記)를 쓴 사람은 부인 자신은 아니지만 대필자의 우아한 필치로 당시의 두 사람의 입장이 정확하게 표현되어 있다. 요크 공 부인은 심프슨 부인을 매우 싫어했다. 그리고 메어리 황태후나 켄트 공 부인에게도 그런 기분을 파급시켜 다른 왕족들은 같은 기분이 되게 했다.

모두 심프슨 부인이 국왕에게 미치는 영향이 점점 커져가고 있는 것으로 느끼고 있었다. 국왕은 차츰 소원(疏遠)하게 되어 궁지에 몰리게 되자 점점 자기의 마음을 밖으로 나타내지 않게 되어갔다.

"데이비드 큰아버지가 변한 사실을 눈치채지 않을 수 없었습니다."라고 크로핏 에드워드 8세와 심프슨 부인이 로열 롯지를 방문했을 때의 일을 적어놓고 있다. 이 방문은 앞서 소개한 윈저 공 부인(심프슨 부인) 자신이 자기의 저서 속에 생생하게 썼던 바와 같은 방문이었을 것이다. "데이비드 큰아버지는 그 전에는 매우 젊고 쾌활한 분이었다. 그런데 이제는 무엇인가 넋 나간 사람 모양으로, 자신에게 하는 말에도 귀를 기울이지 않는 듯했다. 아이들과 약속을 해도 이내 잊어버리고 있었다."

에드워드 8세가 안절부절 못 한 이유는 단순했다. 심프슨 부인과 결혼하지 않으면 안 되겠다는 기분이 마음을 억누르고 있었던 것이다. 그 밖의 일은 에드워드 8세에게는 아무래도 좋았다. 이 기분이 왕실 일족이나 정부와의 사이에 잇따라 문제를 일으켜 무서운 사태를 빚게 한 것은 틀림없었다.

실제로는 에드워드 8세의 국왕으로서 헌법상의 책무수행의 태도를 둘러싸고 심각한 문제가 일어나고 있었다. 그리고 이 에드워드 8세의 도저히 이해할 수 없는 나날의 처사가 그 뒤를 이은 조지 6세나 엘리자베스 2세로 하여금 왕제(王制)만이 아니라 윈저 왕조에 끼치게 되는 큰 오점이라는 생각을 갖게 한 이유로도 되는 것이었다. 그것은 직접적으로 심프슨 부인을 둘러싼 문제는 아니었다. 그 이상으로 까다로운 문제였다.

그리고 에드워드 8세가 기어이 심프슨 부인과 결혼하고 싶다는 의사를 관철시킨 탓으로 빚어진 저 국왕퇴위라는 결과는 왕제 그 자체를 위해서는 헤아릴 수 없을 만큼의 다행스런 일이었으며 안전판이기도 했다. 그것은 또 일찍 서둘렀더라면 비교적 쉽게 처리될 수도 있었던 문제인데 그 처리를 회피한 탓으로 해서 왕제의 입장만이 아니라 영국 국민 전체에 영향을 주는 안전보장의 문제까지 끌어들인 더욱 심각한 문제로까지 몰아넣게 되었던 것이다.

에드워드 8세는 국왕에 즉위했을 때에 지나치게 서두른다고 할 수 있을 정도로 활동을 개시했다. 정부에서 보내오는 공식서류를 정력적으로 살펴보고 모든 서류에다 열심히 서명을 하고 가끔 자신의 의견을 서류의 여백에 기입하기도 했다. 그러나 이 과도한 열성적인 태도도 국왕의 만족스러운 마음을 나타내는 태도는 아니었다.

2,3개월쯤이 지나자 국왕의 의견 기입(記入)도 차츰 빈도가 줄어갔던 것이다. 정부 방침에 대한 국왕의 불필요한 권고가 없어졌다고 해서 섭섭하게 생각할 사람은 별로 없었지만, 정부는 국왕이 아무렇게나 처리하기에 이른 사실에 위험을 느끼기 시작했다. 상당히 중요한 비밀서류가 분명히 읽지도 않은 채 되돌려져오기도 하고, 때로는 칵테일이 엎어진 흔적이나 술잔을 놓은 동그란 흔적이 남겨져 돌아오기도 했다.

그리고 가장 심한 예는 그런 서류들이 유달리 늦게 되돌아오는 사실이었다. 국왕의 수석시종인 알렉산더 하딩을 통해서 충분히 배려 후에 조사가 전행되었다.

그 결과 지극히 중요한 각의(閣議)의 토의 내용이 담긴 국왕의 빨간 서류상자가 버킹엄 궁전이 아닌, 포트 벨비딜레로 운반되어 여러 나라 국적의 손님들이 출입하고 있는데도 아무런 감시도 세워두지 않은 완전한 무방비 상태로 방치되어 있었음이 밝혀졌다.

왕자 형제의 비교

그러나 1936년에는 엘리자베스 공주는 전혀 이 문제를 자각하고 있지 않았다. 어린 나이로 봐서도 그럴 수밖에 없는 일이기도 하지만 실은 그것만이 아니라 부모님 요크 공 부처가 엘리자베스 공주에게 알리지 않으려고 작정하고 있었기 때문이다. 국왕 퇴위에 이르기까지의 몇 달 동안의 나날에 대해서 신시아 애스키스 부인은 다음과 같이 써넣고 있다.

"우리는 내 자신이 어렸을 때에 즐긴, 예로부터 전해오는 여러 가지 카드놀이를 하면서 매우 즐겁게 지냈습니다. 해피 패밀리, 올드 메이드, 애니멀 글러브, 게다가 더 현대적이고, 야단법석을 떠는 놀이인 데먼 바운스라는 이름이 붙어 있는 게임입니다. 나는 언제나 잊을 수가 없습니다.

엘리자베스 공주는 게임을 할 때 그 심한 게임의 열기에 전혀 끌려들어가지 않고 시종 예절을 지켰으므로 나는 정말 깜짝 놀랐던 것입니다. 그녀의 카드가 내 카드를 방해할 때에는, 공주는 나에게 '미안해요.'라고 사과하는 것이었습니다. 한번은 내가 궁지에 몰리자 공주는 자기 카드를 한 수 물려주었고 그 때문에, 나는 정말 놀랐습니다. …… 어머니를 본받아서 몸에 배인 참으로 훌륭한 예의범절이었습니다."

또 엘리자베스 공주와 마가렛 공주는 이미 제스처놀이를 하기에는 너무 성장했으므로 변장이라든가 몸짓 따위로 여러 가지 흉내를 냈는데 둘은 그런 재능을 뛰어나게 발휘했다.

그러나 엘리자베스 공주의 부모는 사태에서 초연히 떨어져 있을 수만은 없었다. 새 국왕 에드워드 8세는 요크 공 부처가 겨우 몸에 익힌 왕족으로서의 생활양식을 큰 혼란에 빠뜨리고 있었던 것이다. 새 국왕은 부왕 조지 5세가 사랑한 샌드링검 궁전을, 돈이 너무 많이 드는 사치스런 궁전이라 생각하고 아우인 요크 공에게 그 운영경비를 삭감할 수 있는 가장 효율적인 방법을 생각해보라고 부탁했다.

국왕 자신은 동시에 샌드링검 궁전 이외에서의 절약을 시작했다. 국왕은 버킹검 궁전에서 일하는 사람들의 맥주값을 대폭 깎았다. 그 직원의 대부분은 런던의 리젠트 파크에 있는 심프슨 부인의 크고 새로운 플래트(일종의 맨션 아파트)로 샴페인, 가구, 호화로운 은접시 등을 왕실 공용차로 실어 나르던 사람들이었기 때문에 국왕의 처사는 직원들의 기분을 전혀 헤아리지 못한 심한 것이었다.

또 국왕은 문득 발모럴 성으로 가서 이렇다할 협의도 없이 위에서 아래까지 대폭적인 인사이동을 단행했다. 그때에 아우인 요크 공이 때마침 가까운 파크홀에 체재 중이었는데도 아무런 상의도 없이 그 일을 해치웠던 것이다.

"요크 공은 이처럼 무시당하고 괴로움을 받았다."고 요크 공 즉 뒤의 조지 6세의 공식적인 전기작가(傳記作家)인 존 호일러 베네트 경은 쓰고 이어 다음과 같은 흥미 깊은 필치로 두 형제 왕자를 비교하고 있다.

"알버트 왕자(요크 공)는, 부모의 속박에서 안절부절 못 하고 있었다. 그러나 형인 황태자에 비하면 그 정도도 이유도 달랐다. 알버트 왕자는 근본적으로 조지 5세의 아들이었다. 황태자는 절대로 그렇지가 않았고, 또 절대로 그렇게 될 수도 없다고 할 수 있을 정도로 달랐다.

'…… 너는 언제나 사리에 밝아서 너와 함께라면 일을 할 수 있다. 너는 언제나 충고를 들을 자세를 보이며 국민에 대해서나 공무에 대해서나 나의 의견에 잘 동의해준다. 따라서 나는 너와는 언제나 잘 해왔다고 생각하고 있다. 데이비드(황태자)와는 크게 다르다.' 이것은 요크 공, 즉 알버트 왕자가 결혼할 때 조지 5세가 요크 공에게 보낸 편지의 일부분이었다."

그리고 새 국왕 에드워드 8세도 그것을 인정했다. 에드워드 8세는 자기 아우이며, 왕위계승자이고 자신의 뒤를 이어 현재 국왕으로 있는 요크 공에 대해서 다음과 같이 써놓고 있다. "용모도 성질도 아버지를 제일 많이 닮았다. 생활의 패턴도 완전히 같았으며 착실히 왕실의 관습을 지키고 매년 같은 시기에 같은 장소에서 가서 같은 사람들과 함께 생활했다."

와중(渦中)의 국왕은 요트에서

분명히 에드워드 8세는 그때까지 국왕이 사랑한 여기 궁전이나 성을 해마다 일정한 시기에 방문하는 '왕실 순례'의 관습을 깨뜨렸다. 1936년의 여름에, 에드워드 8세는 외국 여행에 나서기로 작정하고 율 부인으로부터 빌린 요트 '너린' 호를 타고 장기간의 항해에 나섰다.

그 항해에서 국왕은 8월 후반에서 9월 초까지, 온 세계의 모든 사람들이 국왕퇴위의 위기라고 떠들어대는 속에서 아드리아 해로 나가 유고슬라비아의 남서부 달마치의 바다 쪽으로 갔다. 두브로브니그 고을에 도착해서 민족의상을 입은 유고슬라비아의 2만 명이나 되는 농민들로부터 '지비라 류바프!'(유고슬라비아 어로 연인 만세의 뜻)라는 외침을 들은 순간부터 육로(陸路)로 귀국 도중에 들른 빈의 욕탕에서 알몸의 나체 모습을 드러내기까지 영국 국왕 에드워드 8세의 행동은 한결같이 보도의 대상이 되어 온 세계의 도처에서 신문이나 뉴스로 거창하게 전해졌다.

'세계의 도처'란 영국과 그 해외영토를 제외한 나머지를 말하는 것이다.

영국이나 해외영토에서는 아직도 심프슨 부인이라는 여성은 존재하지 않는다는 거짓보도 자세가 필사적으로 지켜지고 있었으며, 설사 심프슨 부인이라는 여성이 있어도 그것은 단순한 친지에 불과하다고 했으며, 그리고 심프슨 부인이 단순한 친지가 아니라 할지라도 그것은 에드워드 8세의 단순한 놀이 상대이며 순수히 사적인 일이라는 입장이 취해지고 있었던 것이다.

에드워드 8세의 항해에는 계속 영국 해군의 구축함 '그래프튼'과 '글로우웝'이 수행했는데 진정한 위협은 외국군함에서 온 것이 아니라 에드워드 8세가 가는 곳마다 의식적으로 애교를 떨었던 보도진의 카메라에서 왔던 것이다.

에드워드 8세는 어디에서나 심프슨 부인에게 몸과 마음을 다 바치며 기뻐하는 자신의 모습을 숨기는 일 없이 모든 사람들에게 몸소 보여주었다. 그 무렵에 심프슨 부인은 아직 딴 남자와 결혼 중에 있었다. 그것은 온 세계가 다 아는 사실이었다. 그뿐만이 아니라 에드워드 8세는 그 무렵에 윤리 관계라든가 복식(服飾) 관계 등의 모든 집회의 기회를 이용해 사람들의 복장은 최대한으로 짧게 해야 한다고 떠들어대고 다녔다.

상류계급의 영국인이 반바지만으로 쌍안경을 목에 걸고 그리스의 코린트 운하를 통과하는 것 정도라면 1936년에도 약간 기이한 풍모라 하는 정도에 그쳤을 것이다. 그러나 영국의 국왕이 아우성치는 군중들, 그것도 국왕과 맞닿을 정도의 가까운 제방 위에 서 있는 군중들의 면전에서 사진을 찍게 한다는 것은 당시로서는 인간이 화성(火星)에 도착했다는 뉴스와 마찬가지로 생각할 수 없는 일이었던 것이다.

'너린' 호에서의 에드워드 8세의 항해를 둘러싸고 실제로 일어났던 상상도 할 수 없는 이야기는 도저히 필설(筆舌)로는 다할 수 없을 정도였다. 처음 에드워드 8세는 그 항해 중에 빅토리아 시대에 왕족이 해외에서 사용한 변명(變名)인 랭카스터 공이라는 이름을 사용한다면 국왕임을 숨기고 행동할 수 있으리라 믿고 있었다.

그래서 당시의 외상(外相) 앤토니 이든이 그러한 정치적으로 문제가 많은 지역으로 나가는 것이 어떤 의미를 갖게 될 것인가를 좀더 신중히 고려해 달라고 지적하자 국왕은 이든의 생각을 비웃었다.

국왕은 그보다 15년 후에 회상록을 썼거니와 그 속에서도 이든의 반대는 우스운 것이라고 써넣고 있다. 에드워드 8세는 항상 말하자면 만성적이라 할 수 있을 정도로 자기중심적인 인물이었는데 아무튼 국왕으로서의 자신의 존재 의미를 전혀 이해하지 못했다.

어느 날 에드워드 8세는 이스탄불에 좋은 골프장에 있다는 말을 듣고 터키 주재 영국대사인 퍼시 로렌스 경에게 2,3일 이스탄불의 골프장에 놀러 가는데 자기가 방문하는 것을 터키 정부에 공식적으로 통고할 필요는 없다고 연락했다. 영국대사는 만약 국왕이 골프 때문이라고는 하지만 터키에 몰래 들어왔다가 나갔다고 하면 터키의 독재자 케말 아타투르크는 심히 화를 낼 것이라고 지적했다.

대사의 실제 표현은 이보다 훨씬 외교적인 말로 표현되었는데도 국왕은 화를 내며 외무성의 로렌스 경을 파면시키라고 요구했던 것이다. 이를 안 로렌스는 자기 쪽에서 사임하고 싶다고 말했다. 그래서 앤토니 이든도 로렌스의 편에 섰다. 심한 화를 낸 끝에 에드워드 8세가 양보해서 아타투르크에게 통고했다.

그러나 그 결과 국왕의 골프열은 큰 배당금을 낳았다. 왜냐하면 로렌스가 예견한 바대로 아타투르크는 독일황제 이후로 유럽 황제로서는 처음으로 영국 국왕이 터키를 방문하는 것을 큰 명예로 생각했던 것이다. 그리고 이 아타투르크의 만족은 영국에 크게 도움이 되었다.

상식 이하의 행동이 노출되어

이 본의 아닌 외교정책의 한 토막이 되었던 여행을 마치고 국왕은 1936년 9월에 영국으로 돌아왔다. 국왕은 심프슨 부인과 그 미국인 친구들 몇 사람을 위해서 발모럴 성에서 파티를 열기로 작정했다. 그리고 가까운 바크 홀에서 요크 공 부처가 두 공주와 함께 체류하고 있었으므로 국왕은 요크 공 부처에게 그 발모럴 성에서의 잔치에 참석해서 손님들을 접대해주기 바란다고 부탁했다.

그러나 요크 공 부인은 마음이 내키지를 않았다. 요크 공이 끈질기게 졸랐으므로 부인은 마지 못해 발모럴 성으로 갔으나 그녀는 그곳에서 받은 심프슨 부인의 응대 태도에 불쾌한 기분을 숨기려 하지는 않았다. 심프슨 부인은 실질적으로 안주인 행세를 했으며 거기에다 이제는 메어리 왕비가 그 전에 쓰던 침실에서 자고 있었던 것이다.

엘리자베스 공주의 어머니인 요크 공 부인에게는 모든 것이 뜻밖의 일 뿐이었다. 그 몇 달 전에 국왕 에드워드 8세는 9월에 새로운 병원의 개원식이 있다 하여 애버딘 시(市)로부터 초대장을 받고 있었다. 애버딘은 발모럴 성에서 가장 가까운 대도시였다. 그러나 국왕은 진작부터 복상(服喪) 등과 같은 구습을 지키는 것은 될 수 있으면 단기간으로 하자고 공언하고 있었음에도 불구하고 그 초대에 대해 자기는 아직도 조지 5세의 서거에 따른 복상 중의 몸이라는 이유로 거절의 뜻을 전했던 것이다. 그것은 조지 5세의 사후 8개월째의 일이었다.

그런데도 실제로 국왕은 그 해 6월에 복상 중의 몸이라는 사실은 개의치 않고 에스콧 경마장에는 참석했던 것이다. 국왕의 변명이 시종 일관하지 않았다는 것은 국왕이 아우인 요크 공에게 애버딘의 병원 개원식에 참석하도록 지시한 것으로도 알 수 있다. 조지 5세 한 아들이 복상 중이라면 그의 다른 아들에게도 복상 중이라는 이유가 적용되어야 함은 당연하리라.

그리고 놀랍게도 요크 공이 그 식전에 참석하던 당일, 한 대의 왕실 공용차가 역으로 런던에서 도착한 심프슨 부인과 그 친구들을 맞이하는 모습이 목격되었다. 그 차는 바로 국왕 자신이 운전하고 있었던 것이다.

발모럴 성에서의 2주일의 동안의 체제 중에 에드워드 8세와 심프슨 부인이 빚어낸 죄업에 대해서는 많은 이야기가 전해지고 있다. 가령 심프슨 부인은 사람들을 집요하게 주방으로 데리고 가서 그녀가 특히 자랑 삼았던 2중 샌드위치를 어떻게 요리사들을 동원해서 준비시키는가를 보이고 그리고 보통때 같으면 벌써 일이 끝나 요리사나 하인들이 쉴 시간이 훨씬 지난 한밤중 또는 새벽 무렵까지 이중 샌드위치를 만들었으며 게다가 그 만든 것을 손님 앞에 내놓도록 일렀던 것이다.

그러나 이제 그런 이야기보다 훨씬 심각한 문제가 생겼다. 요트 '너린' 호의 항해는 영원히, 아니 적어도 장기간에 걸쳐 씻을 수 없는 오점, 즉 에드워드 8세와 심프슨 부인에 관한 파문을 온 세계에다 일으키고 있었다. 미국의 신문들은 공공연하게 심프슨 부처의 이혼 이야기가 진행되고 있다느니 화를 낸 심프슨이 영국 국왕을 간통 혐의로 고소할 가능성이 있다느니 하고 여러 가지로 추측들을 했다. 실제로는 심프슨 부처의 이혼문제는 그때에는 이미 결말이 나 있었던 것이다.

1936년 10월에 심프슨 부인은 남편 어네스트 심프슨과 이혼하는 서류를 정식으로 제출했다. 이 이혼이 성립되면 심프슨 부인은 국왕 에드워드 8세와 자유로이 결혼할 수 있는 지위를 얻게 되는 것이었다. 그래서 국왕의 수석시종 알렉 하딩은 피카딜리 145번지, 즉 국왕의 바로 아래 동생인 요크 공의 집을 방문할 때가 왔다고 생각했다.

사태는 이제 너무나도 중대해졌으며 하딩은 요크 공에게 형 에드워드 8세가 국왕 퇴위로서 결말짓게 될 가능성이 충분히 있다는 것을 유념해주기 바란다는 말을 전했던 것이다.

심프슨 부인의 문제는 이제 숨겨두고 있어야 할 문제가 아니었다. 그리고 비록 그 문제가 어떤 식으로 해결을 보게 된다 해도—— 1936년 10월, 11월에는 아직 해결의 희망이 있었다 —— 더욱 심각한 문제를 미해결인 채로 남게 했다. 그것은 에드워드 8세가 기어코 결혼하고 싶어하는 여성이 왕비로서 적당한가 어떤가의 차원을 훨씬 넘어선 문제, 즉 국민의 대표로서의 왕제(王制)라는 영국의 체제를 에드워드 8세는 위기에 빠뜨리고 있었기 때문이다.

국민에 의해서 선발되고 국왕의 이름을 받든 정부의 뜻을 전혀 무시하고 국민 전체의 아니 국민 대다수의 반응을 전혀 무시하면서 자기가 하고 싶은 것에 열중하고 있는 에드워드 8세가 노린 것은 국민을 대표하는 군주로서 허용된 한계를 분명히 벗어난 것이었다. 에드워드 8세는 자기 자신 그 자체가 되기를 바랐다. 에드워드 8세가 주장하는 조건을 허용하기란 분명히 불가능한 일이었다.

제6장 '무엇인가 해야만 한다'

퇴위를 결심한 에드워드 8세
1936년은 미국 대통령 선거의 해로 프랭클린 루스벨트가 알프레드 랜드를 상대로 승리를 거둔 해였다. 그 해에 스페인에서 시민전쟁이 시작되었다. 무솔리니가 에티오피아를 석권했다. 히틀러가 군대를 라인란트에 진주(進駐)시켰다. 일본이 유럽의 독재자들과 손을 잡고 베를린·로마·도쿄의 독이일(獨伊日)의 3국동맹을 체결했다.

그러나 이런 모든 큰 뉴스도 영국에서는 거의 관심을 불러 일으키지는 못하고 날을 거듭할수록 에드워드 8세를 에워싼 소문만 더욱더 높아져 마침내 12월 11일에 에드워드 8세의 국왕 퇴위라는 비극적인 결말로서 급격하게 종지부를 찍었다.

영국으로서는 12개월 동안에 3명의 국왕이 차례로 교체되었다는 예는 1483년 이래의 처음 있는 일이었다. 그리고 엘리자베스 공주로서는 그러한 사태는 그녀 자신의 운명이 명확하게 결정되었다는 것을 의미할 뿐만 아니라 그녀의 일가로서 볼 때에 주어진 사명을 어떻게 해서 다할 수가 있을까, 그리고 어떻게 그 사명을 어겨서는 안 되는가 하는 점에서 절대 잊을 수 없는 교훈을 받았던 것이다.

그러나 엘리자베스 공주에게 백부인 에드워드 8세의 국왕 퇴위라는 사태에 관해 자상한 경위와 의미가 설명된 것은 뒷날에 와서의 일이다. 피카딜리 145번지, 즉 요크 공의 집에 심각한 얼굴을 한 높은 사람들이 출입하는 일이 많아졌으나 엘리자베스나 마가렛 공주는 일가에 밀어닥치고 있는 이 거센 바람에서 될 수 있는 대로 안전하게 있을 수 있도록 배려가 취해지고 있었다. 두 손녀들을 위해서만이 아니라 자기 자신의 기분전환을 위해서도 메어리 황태후는 두 공주를 데리고 런던 박물관 같은 교육적인 박물관들을 더욱 자주 둘러보았다.

한편 클로포드 양은 공주들이 수영클럽에서 시작한 수영훈련을 더욱 강화시켰다. 공주들은 인명구조 자격증을 따기 위한 준비와 훈련을 시작했다. 11월 27일에 하딩 부인 ── 그녀는 국왕의 수석시종인 남편의 마음속에 밀어닥친 큰 고통을 어떻게 하든 덜어주려고 애썼다 ── 의 일기에는 다음과 같이 씌어져 있다.

"외출. 요크 공 부인을 만나다. 여느때와 마찬가지로 천사와도 같은 모습. 수영 풀장에서 돌아온 귀여운 따님들이 좋은 성적을 거두게 된 것을 높이 평가하면서 매우 좋아하셨다."

　1936년 10월 27일이 심프슨 부인이 신청한 이혼소송의 심리일(審理日)로 결정되었다. 남편 어네스트 심프슨이 이의를 신청하지 않는 한, 심프슨 부인이 가처분(假處分)에서 이혼을 인정받으리라는 것은 거의 틀림이 없을 것으로 보였다. 당시의 법률에서 가처분이란 6개월간 쌍방의 이의나 심경 변화가 없으면 완전히 이혼이 성립된다는 조건부로 이혼을 선고하는 것을 말한다.

　그러나 6개월이라면 이제 얼마 남지 않았다. 10월 중순에 피셔링 경의 집에서의 파티 석상에서 볼드윈 부처와 하딩 부처는 심프슨 부인에게 10월 27일에 이혼의 가처분이 인정되면 6개월 후인 다음 해 4월 27일에는 완전한 이혼이 성립되므로, 그렇게 되면 그 해 5월로 예정된 에드워드 8세의 대관식 전에 당자인 국왕 에드워드 8세가 심프슨 부인과 결혼할 수 있는 시간적인 여유는 충분히 있다고 계산하고 있었다.

　어떻게든 해야만 했다. 볼드윈이 직접 심프슨 부인의 문제를 에드워드 8세와의 대화 중에 끄집어 내었을 때 에드워드 8세가 교묘히 피하는 것을 보고, 알렉산더 하딩은 전혀 오해가 없도록 하기 위해 문서화하지 않으면 안 된다고 마음속으로 결심했다. 1936년 11월 13일의 서면(書面)에서 하딩은 국왕에게 국왕과 심프슨 부인과의 친밀한 관계에 대해 신문이 더 이상 침묵을 지켜갈 수 없다는 것, 그리고 문제가 공적인 논의의 대상이 되면 총선거라는 사태가 빚어질 가능성이 있고 그 총선거에서 국왕 폐하 개인의 문제가 중요한 쟁점이 되리라고 예견된다. —— 그리고 개인적으로는 폐하께 동정하고 있는 사람들조차 왕위 그 자체에까지 필연적으로 해가 미칠 수 있는 사태가 초래되는 데 대해서는 심한 분노를 느낄 것임에 틀림없으리라 생각된다는 것을 전했다.

　1951년 나온 윈저 공(에드워드 8세)의 회상록은 하딩의 서면이 국왕 퇴위의 결정적인 하나의 계기가 되었다고 말하고 있다. 사실 당시에 에드워드 8세와 가까웠던 사람들은 뒤에 에드워드 8세가 기록한 일들로부터 받은 심한 충격과 분노의 마음을 아직도 씻어버리지 못하고 있다.

　그러나 하딩의 서면은 사태를 돌이킬 수 없는 국면으로 몰아붙였다. 이제 비로소 국왕 에드워드 8세는 자기 자신에게나 왕족 일족에게 정말로 자기가 진지하게 심프슨 부인을 아내, 즉 왕비로 할 의사가 있는가 어떤가에 대한 자기 마음을 털어놓지 않으면 안 되게 되었다.

공약(公約)을 저버리고

1936년 11월 16일 밤에 에드워드 8세는 어머니 메어리 황태후와 저녁을 같이 들면서 어머니에게 처음으로 심프슨 부인에 대한 애정의 정도를 털어놓고 이야기했다. 에드워드 8세는 자기가 괴로워하고 있는 일에 대해서 메어리 황태후가 동정을 해주고 있다는 사실에 깜짝 놀랐다. 그러나 에드워드 8세는 뒤에 다음과 같이 써놓고 있다. "어머니로서는 왕제(王制)란 신성한 것이며 국왕 개인은 별개의 것이라는 말씀이었다. 나는 어머니와, '의무'에 대해서 끝까지 이야기를 서로 주고받았다."

이것이 분기점(分岐點)이었다. 이것은 1936년에 영국의 왕실 일족들을 분열시킨 저 비극적인 의견대립을 정식으로 공표하는 것이었다. '의무'란 무엇을 의미하는 것일까? 에드워드 8세로서는 그 의미란 사랑하는 여성을 위해서 모든 것을 바치는 것을 뜻했다. 즉 에드워드 8세의 유일한 문제점은 심프슨 부인이 받아들여질 수 있는 인물인가 아닌가 하는 점이 아니라 에드워드 8세 자신이 심프슨 부인에게 가치있는 인물인가 아닌가 하는 점이었다.

그러나 메어리 황태후를 비롯한 왕실 일족은 국왕의 의무에 관해서 전혀 다른 해석 위에 서 있었다. 그리고 메어리 황태후는 그보다 2년쯤 뒤인 1938년 7월에 윈저 공에게 보낸 편지에서 이 해석을 정식으로 적어놓고 있다.

"6월 23일의 너(에드워드 8세, 즉 윈저 공)의 편지 속에서 너는 어미에게 너와 현재의 입장에 대한 나의 진의를 솔직히 적어주셨으면 좋겠다고 했다. 그래서 아래에다 어머니의 진정한 마음을 적는다.

네가 어미에게 결혼과 국왕 퇴위의 뜻을 말했을 때에 내가 얼마나 슬퍼했었는지, 그리고 내가 너에게 우리 왕실을 위해서, 그리고 영국을 위해서 그런 처사로 기울어지지 않기를 얼마나 간청했었는지는 너도 잘 기억하고 있겠지? 그때에 너는 자기 일밖에는 생각하고 있지 않는 듯했다……. 나는 네가 취한 태도가 우리 왕실 일족 및 영국 국민전체에 끼친 충격이 얼마나 큰 것인가를 네가 아직 이해하지 못하고 있는 것같이 생각된다.

전쟁으로 큰 희생을 치른 사람들에게는 자기네의 국왕인 네가 자기들이 치른 희생보다 훨씬 적은 희생을 치를 것을 거절하리라고는 생각지도 못했을 거야. —— 너의 어미로서 내가 너에 대해 간직하는 마음도 국민들의 마음과 똑같다.

그리고 우리의 마음이 갈라지고 그 결과로 빚어진 사태가 나를 엄습한 슬픔을 말로서는 다 표현할 수도 없다. 요컨대 지금까지 나는 나의 전인생을 무엇보다 먼저 조국에 바쳐왔다. 나는 지금도 절대 그 자세를 변경시킬 수가 없다."

한편 국왕이 메어리 황태후와 이야기한 다음 날 아침 에드워드 8세는 아우들에게도 만약 심프슨 부인과 결혼할 수 없다면, 국왕 퇴위도 불사하겠다는 결의를 전했다. 아우들의 반응도 어머니와 완전히 동일했다. 에드워드 8세가 생각하고 있었던 의무라거나 희생에 대한 생각은 동생들이 신조로 삼고 있었던 생각과는 완전히 이질적인 것이었다.

에드워드 8세의 결심이 자기 자신의 앞으로의 인생 및 딸 엘리자베스 인생에 끼칠 의미의 중대성이 너무도 큰 것이었기 때문에 요크 공은 한 마디도 할 수가 없었다. 국왕 퇴위에 관한 상세한 상의로까지 발전하는 그 분위기 속에서 빚어진 충격을 어떻게 하든 무마시키려 하면서 헨리 즉 글로스터 공은 국왕 퇴위가 되는 경우에는 자기는 매우 난처하다고 말했다. 글로스터 공은 왕위 계승에서는 요크 공 다음의 아우이며, 버디(요크 공)에게 만일의 경우가 있게 되면 또 어린 릴리베스(엘리자베스)를 대신하는 섭정의 역할을 맡아야만 하기 때문이다.

그리고 또 한 사람의 아우 켄트 공은 정말로 화를 내고 있었다. "'(에드워드 8세는) 머리가 돌았다.'고 켄트 공은 몇 번이나 외쳤다."고 볼드윈은 그때의 일을 돌이키며 말하고 있다. 볼드윈에 의하면 켄트 공은,

"형은 여자 때문에 머리가 돌아버렸다. —— 이제 형한테서는 정상적인 이야기는 하나도 들을 수가 없게 되었다."고 말했다 한다.

1936년 11월 18일에 에드워드 8세는 사우즈웰즈로 그 지방의 빈곤과 실업자의 참상을 시찰하러 갔다. 이것이 아직도 사람들에게 잊혀지지 않는 말, 즉 "무엇인가 해야만 한다!"고 국왕이 외친 유명한 여행이었다. 국왕은 그때 직업소개소 앞에 늘어선 실업자의 행렬, 분탄(粉炭)의 산더미, 아무도

돈이 없기 때문에 버려진 상점 등을 둘러보고 다녔다.

그리고 국왕은 그 심정을 말로 표현했는데 이 유명한 말은 국왕의 치세(治世) 중에도 퇴위 후에도 줄곧 사라지지 않고 최근의 영국 역사상 가장 뿌리 깊은 신화의 하나를 낳게 했던 것이다. 그것은 에드워드 8세는 국민을 정말로 생각하고 있었던 '국민의 임금님'이었으며 다만 국민을 대표한다는 영역을 넘어서서 국민을 위해 행동하는 왕제(王制)의 군주였다고 하는 신화였다.

이 전설은 에드워드 8세를 계승한 아우 조지 6세나 엘리자베스 2세의 훨씬 온순한 치세를 비난하게 위해서 꺼내진 것이며 저 국왕 퇴위를 에워싼 위기의 와중에서 스탠리 볼드윈과 그 정부가 취한 강경한 태도는 실은 이 두려움을 모르는 순교자라고도 할 수 있는 에드워드 8세를 여느 평범한 인물을 위해 파멸시키려는 뜻에서 나온 것이다라는 견해마저 낳게 했던 것이다.

그러나 "무엇인가 해야만 한다."는 것만으로는 만족하지 않고, "그대들을 위해서 할 수 있는 일은 무엇이든지 할 것을 약속한다."고까지, 사람들에게 단언한 에드워드 8세는 그렇게 부르짖으면서도 자신이 이미 수상, 어머님, 후계자, 그리고 다른 두 아우들에게 왕위에게 물러나리라고 말한 사실을 인식하고 있었다.

그 다음 해에 프랑스의 성에서 우아하게 지난날의 영국 국왕인 윈저 공이 심프슨 부인과 결혼식 잔치에 임하고 있는 뉴스 영화가 상영되었을 당시 그 사우스웰즈의 탄광 광부들이 국가 연주 때 기립할 것을 거부한 것도 결코 기이한 일은 아니었다. 그 무렵에 만화가들은 어느 노동자가 작업대(台)에서 도구를 내던지며, 에드워드 8세가 말하는 대사 "앞에 사랑하는 여성이 없이, 무슨 일을 할 수 있겠는가."라고 부르짖고 있는 만화를 그렸는데 이것이 사우즈웰즈 사람들의 기분이었던 것이다.

확대된 여론의 반응

에드워드 8세가 왕위도, 사랑하는 여성도 함께 지킬 수 있는 하나의 방법이 그 사우즈웰즈 여행에서 돌아온 직후에 에드워드 8세에게 권고되었다. 그것은 에드워드 8세가 심프슨 부인과 왕실의 재산이나 왕위 계승권을 전혀 수반하지 않는 '모가내틱 매리지(moganatic marrage, 귀천상혼 貴賤相婚)'라는 특수한 결혼을 하면 어떤가 하는 것이었다.

에드워드 8세는 심프슨 부인을 왕비로 하지 않고 아내로 한다는 이 제안을 열심히 검토했다.

그러나 이 제안은 에드워드 8세와 심프슨 부인이 바라는 것을 전부 달성하기에는 미흡한 것이라는 의심말고도 이런 식의 결혼으로는 에드워드 8세의 대의(大義)를 도저히 보전할 수 없다는 당연한 모습이 내포되어 있었다.

법무장관인 도널드 서머빌 경은 이러한 특수한 결혼은 어떻게 법제화(法制化)하면 좋을까 하는 상담을 받았을 때에 입법상으로는 완전히 특이한 표현이 된다고 다음과 같이 말했다.

"그 의미를 정직하게 표현하면 법안의 첫머리는 '국왕의 아내는 왕비인 까닭으로 그리고 현국왕은 왕비로서 부적당한 여성과 결혼할 것을 바라고 있는 까닭으로, 여기에 다음과 같이 제정한다 ── '는 식으로 된다."

수상인 볼드윈은 좀더 온당하게 문제의 핵심을 나타냈다. "나(볼드윈)는 그(에드워드 8세)에게, 국왕의 아내의 지위는 다른 영국시민의 아내와는 다르다는 것을 지적했다. 즉 그 지위는 국왕의 처러야 할 대가의 일부이다. 국왕의 아내는 왕비가 된다. 왕비는 영국의 왕비가 된다. 따라서 왕비의 선택에 있어서는 국민의 소리도 듣지 않으면 안 된다."

해외 공관(公館)에서 영국을 대표하는 외교관인 자는 아무리 하급관리라 할지라도 결혼에 있어서만은 그 아내가 되는 여성이 영국 정부 및 영국 국민이 납득할 수 있는 대표일 수 있는가를 확인하기 위해 결혼 상대자가 심사의 대상이 되는 것을 용인하고 있었다.

그것이 용인되고 있는 이상 영국의 최고대표인 국왕은 결혼 상대가 되는 여성에 대해서 다른 사람의 '의견'을 더욱더 고려해야만 한다는 것이었다.

그 '의견'이라는 것은 1936년 12월 3일에 신문이 드디어 그때까지의 침묵을 깨뜨렸을 때에 굉장한 기세로, 아니 사납다고 하는 표현이 어울릴 형세로 분명해졌다. 브래드 포드 교구의 주교가 아마도 에드워드 8세의 교회예배가 너무도 불규칙적인 점에 화를 내어 한 발언으로 여겨진다.

이것이 발단이 되어 신문들은 이제는 됐다는 식으로 국왕과 심프슨 부인의 관계를 쓰기 시작했다. 영국, 해외 자치령, 그리고 대영제국의 모든 것을 통치하는 왕비 윌리스로서의 심프슨 부인의 과거에 대한 논평은 그 대부분이 에드워드 8세를 매우 놀라게 하는 내용의 것들이었다.

이것이 국왕 퇴위의 또 하나의 결정적인 원인이 되었다. 국왕 에드워드 8세는 반대가 그처럼 광범한 것일 줄은 예상조차 하지 않았다. 때로는 저속하고 너무 과장되어 폭로적인 것도 있기는 했으나 외국의 신문들은 거의 모두가 에드워드 8세와 심프슨 부인에게 동정적이었다. '너린' 호의 항해를 축하해주던 발칸의 사람들도 동정적이었다. 동시에 당연한 일이지만 국왕 및 심프슨 부인과 긴밀하게 교제하고 있었던 친구들은 전원이 동정적이었다.

이런 사람들의 태도는 적극적이고 의기왕성한 것이었으며 니콜슨이나 체넌 같은 사람들의 일기로 판단해보면 엘리자베스 공주의 부모, 즉 요크 공 부처나 메어리 황태후가 분명히 품고 있었던 심프슨 부인에 대한 불쾌감을 거꾸로 조소하고 있었다.

그러나 이제 신문지상이나 의회에서의 여론은 왕실 일족이나 수상의 자세가 국왕 자신이 생각하고 있었던 정도로 고립적인 것이 아니라는 것을 분명히 보여주었다. "그들은 나를 바라지 않는다."고 에드워드 8세는 지방신문까지 갖다놓고 읽으면서 쓸쓸하게 말했다.

비버부룩과 로저미어는 자기네가 경영하는 신문의 논조를 국왕 지지의 방향으로 이끌어갔다. 그러나 국왕을 반대하는 소리, 특히 의회 내에서의 커다란 반대는 국왕이 더 이상 싸울 수도 없다는 것을 인정하지 않을 수 없게 하는 것이었다. 해외 자치령으로부터의 국왕 비난의 소리는 더욱 격렬했다. 에드워드 8세의 입헌 군주제에의 이해는 불완전한 것이었지만 아무리 친구들이 강력하다 하더라도 국민감정이 이처럼 격심하게 분열되고 있는 이상 국왕으로서의 에드워드 8세에게는 미래가 없다는 것을 국왕 스스로 깨닫지 않을 수 없었다.

에드워드 8세는 아마도 국민의 4분의 1은 굳게 자기를 지지해주고 있다고 계산할 수가 있었다. 그러나 국민감정이 그처럼 높아지고 있을 때에 국민의 대표로서 군주제를 지켜가기 위해서는 4분의 3의 지지가 있었다 해도 충분하지는 않았으리라. 그 며칠 뒤에 위기는 사라졌다. 국왕 에드워드 8세는 국민을 분열시키기보다는 차라리 자신이 국민으로부터 떠날 것을 결심한 것이다. 에드워드 8세는 수상 볼드윈에게 국왕 퇴위의 결단을 알렸다. 1936년 12월 5일, 토요일이었다.

사태를 우려하는 아우 요크 공

런던 피카딜리 145번지의 요크 공 저택에서는 이제 무엇인가 대단한 흥분을 불러일으키는 놀라운 사태가 일어나고 있다는 것을 두 어린 공주에게 숨기고만 있을 수는 없었다. 국왕 퇴위의 이야기가 새어나간 그날부터 에드워드 8세는 포트 벨비딜레에 칩거하며 국왕의 신분으로는 두 번 다시 버킹엄 궁전으로 돌아가지 않았다.

버킹엄 궁전에서 그린 파크를 사이에 두고 요크 공저(公邸)에는 필연적으로 고관들이 찾아오게 되었다. 두 공주는 아래층 홀을 심각한 얼굴을 한 높은 사람들이 가만히 지나가는 것을 지켜보고 있었다. 그리고 집 밖에 점점 사람들이 모여들고 있는 소리를 들었던 것이다. "알버트 국왕 만세!"라고 몇 번이고 사람들이 외쳤다. '알버트 국왕'이란 형의 뒤를 이어 요크 공의 왕위에 오를 때의 칭호로 생각하고 있었던 것이다.

그러나 이 국왕 퇴위라는 위기의 순간에 기묘한 공백(空白) 상태가 생겼다. 엘리자베스 공주는 1836년 12월의 첫 주에 일어난 여러 가지 큰 사건에 대한 윤곽을 알고 있었는데도 이 기묘한 공백 상태에 관한 것만은 별로 알지 못했다. 그러나 이것도 그녀 자신에게는 중대한 영향을 미치는 것이었다. 왜냐하면 1936년 12월에 갑자기 현실로 다가오고 있었던 그녀 자신의 왕위 계승의 가능성이 이번에는 같은 모양으로 갑자기 그녀로부터 사라져버릴지도 모를 사태로 되었기 때문이다.

저 국왕 퇴위의 전체 위기 속에서 이러한 사실은 오늘날까지 아직도 완전히 알려져 있지 않다. 그리고 앞으로도 결코 알려지지는 않으리라. 그 사실관계는 당시의 너무도 극심한 혼란 속에 파묻혀 있고 아직껏 분명히 밝혀지지 않은 문서 속에 숨겨져 있다.

그러나 그 단서를 엘리자베스 공주의 아버지 요크 공 자신의 1936년 12월 첫 주의 일기 가운데서 엿볼 수 있다. 에드워드 8세와 심프슨 부인이 요크 공을 상대로 일으킨 일련의 사건은 너무도 당돌한 것이며 너무도 가혹한 것이었기 때문에 요크 공은 그 사건 전체의 근원이 되고 있는 여성의 이름조차 실제로 적을 수가 없었다. ‘Mrs. Simpson(심프슨 부인)’이라고 되어 있어야 할 곳이 ‘Mrs. S(S부인)’이라 되어 있다.

“다음 날 아침(12월 4일, 금요일)에 포트 벨비딜레로 와서 그(국왕 에드워드 8세)를 만나도록 하라고 연락이 왔다고 나는 그에게 전화를 했으나 그는 나와는 만날 수 없다, 토요일까지 연기한다고 말했다. 나는 토요일 12시 반까지 로열 롯지(요크 공 별장)로 가게 된다고 그에게 말했다. 나는 토요일에 그에게 전화를 걸었다. ‘일요일에 만나러 와달라.’는 것이 그의 대답이었다. 그리고 그는 ‘나는 너를 만나고 싶다. 그리고 결심이 섰을 때에 너에게 그 결심을 전하고 싶다.’고 말했다.

일요일 저녁때에 나는 전화를 걸었다. ‘국왕은 회의 중이십니다. 나중에 공에게 전화한다고 하셨습니다.’라는 대답이었다. 그러나 그는 전화를 걸어주지 않았다. 월요일 아침이 되었다. 나는 오후 1시에 전화를 걸었다. 형은 나에게 그날 밤에 만날 수 있을 것이라고 말했다.

나는 그에게 ‘저는 런던에 가야만 하지만, 형님이 나를 만나고 싶을 때에는 포트 벨비딜레로 가겠습니다.’고 말했다. 나는 런던으로 가지 않고 기다렸다. 나는 포트 벨비딜레로 전화를 걸어 내가 필요하다면 나는 로열 롯지에 있으니까 연락해달라고 했다.

형은 오후 7시 10분 전에 나에게 전화로, ‘저녁 식사를 하고, 와달라.’고 말했다. ‘아니 지금 곧 가겠습니다.’고 나는 말했다. 나는 오후 7시에 그와 만났다. 저 무섭고도 거창한 기다림만이 계속되는 서스펜스의 시간은 끝났다. 그는 방 안을 왔다갔다 하고 있었다. 그리고 그는 국왕의 자리를 떠나겠다는 결심을 나에게 말했다.”

요크 공이 기술한 에드워드 8세의 회담 연기에 대해서 당시 요크 공은 그다지 이상스런 일이라고도 생각지 않았다. 만약 에드워드 8세가 저 1936년 12월의 국왕 퇴위를 앞에 두고 그 결단을 내리는 데 시간이 걸렸다고 한다면 그런 회담 연기도 오늘날에는 쉽사리 설명이 된다. 그러나 사실은 그렇지가 않았다. 위기가 닥치자 에드워드 8세의 결단은 매우 빨랐다는 사실이 밝혀지고 있다.

12월 5일 토요일 오후에 에드워드 8세는 월터 몽크튼을 통해서 수상인 스탠리 볼드윈에게 국왕 퇴위의 확고한 결단을 정식으로 통고하고 있었던 것이다.

그러나 에드워드 8세는 널리 후계자로 알려져 있는 당자인 아우 요크 공에게는 이틀 동안이나 이 결단을 알리지 않은 채로 있었다. 더구나 요크 공의 일기로 미루어볼 때에 에드워드 8세는 다만 요크 공을 속이고 있었을 뿐만 아니라 요크 공이 전화로 사태의 귀추를 알고자 물었을 때에도 에드워드 8세는 아직 결심이 서지 않았다고 말했던 것이다.

차기 국왕에게도 불안

왜 에드워드 8세는 이런 행위를 했을까 ? 하나는 포트 벨비딜레의 고독 속에서, 그는 정말 어찌할 수도 없는 극도의 노심(勞心)에 지쳐 있었다고 설명할 수도 있으리라. 심프슨 부인은 신문 기자들을 피해 그녀를 반대하는 데모대의 위험에서 몸을 지키기 위해서 프랑스에 가 있었다. 12월 4,5일의 양일간 즉 금요일과 토요일에 포트 벨비딜레에서 에드워드 8세와 저녁을 같이 한 윈스턴 처칠은 다음과 같이 써놓고 있다.

"국왕께서는 매우 노심하신 듯, 금방이라도 미칠 듯이 보였다. 나와의 대화에서도 국왕께서는 두 차례의 분명히 알 수 있는 긴 절구(絶句) 상태를 보였다. 이야기의 줄거리를 완전히 잃어버린 것이다."

에드워드 8세는 니스에 있는 심프슨 부인과의 긴 전화 때문에도 마음이 어지러웠다. 그 전화 내용은 가슴을 죄게하는 적나라하고도 사나운 이야기로 국왕의 수석 보좌관이며 위기의 순간에는 상담자이기도 했던 월터 몽크튼에 의하면 "우리 중의 누구라도 절대 잊을 수 없는 전화였다. 그 집(포트 벨비딜레)은 구조상으로 1층의 어느 방에서 말한 소리라도 다소의 차이는 있지만 그 집 어디서나 또렷이 들렸다."는 것이었다.

그러나 1936년 12월의 4,5,6일에 걸쳐 에드워드 8세가 아우 요크 공에게 불분명한 태도를 취한 이유가 어떤 것이든 간에 수상이든 왕실 관계자든 아무도 이 중대한 시기에 법적인 국왕후계자인 요크 공에게 연락을 취하지 않은 것은 기묘한 일이다. 그리고 요크 공이 겨우 국왕 퇴위에 수반되는 자세한 점에 관해 듣게 된 것은 12월 8일 화요일에 월터 몽크튼과의 대담을 통해서였는데 그때에 요크 공은 무언가 슬픈 듯이 "몽크튼은 그때까지 나와 만나는 것이 허락되지 않고 있었다."고 적어놓고 있다.

이 수수께끼 같은 움직임의 전모를 해명하는 첫째 열쇠는 알버트 왕자, 즉 요크 공에게는 에드워드 8세의 후계자로서 왕위에 오를 능력이 없다고 하는, 당시에 널리 퍼져 있던 위구(危懼) 속에 숨겨져 있었던 것 같다. 요크공의 공식 전기필자(傳記筆者) 존 호이러비네트 경은 '국왕으로서의 책무를 수행할 요크 공의 능력'을 의심하는 '무책임하고도 악의에 찬 가십의 물결'에 고심해서 반론을 펴고 있다.

그러나 그럼에도 불구하고 존 경은 요크 공, 즉 조지 6세는 "일신에 부과되는 어려운 책무의 전부를 다 해낼 수는 절대로 없을 것이다. 국민 앞에서 연설을 할 수는 없을 것이다. 말하자면, 버려진 인물이 되어, 고작해야 '고무도장'(판단도 못하면서 남의 뜻에 찬성하는 인물)이 되기 알맞을 것이다."고 말한 여러 가지 불안이 있었던 사실도 소개하지 않으면 안 된다고 결심했던 것이다.

국왕 퇴위를 에워싼 위기가 지난 뒤에 그러한 불안을 부정하는 노력이 각계의 저명인사들에 의해서 행해졌다. 그 중에서 가장 주목의 대상이 된 것은, 캔터베리 대주교인 코스모 랭에 의한 것이다. 1936년 12월 13일의 랭의 유명한 방송내용은, 에드워드 8세를 둘러싼 무리들을 경멸한 것이었는데, 그 속에서 랭은 새 국왕 조지 6세의 연설에서 보이는 '때때로 순간적으로 일어나는 더듬거림'에 대해서 언급했다. "듣고 있는 사람들에게는 아무런 걱정도 없다. 말하고 있는 본인으로는 아무것도 아닌 일이기 때문에."라고 랭은 단언했다. 그것은 친절에서 나온 표현이기는 했으나 그 결과 조지 6세의 언어장애가 국민의 관심을 집중시키게 되어 조지 6세는 매우 당혹했다.

그래서 조지 6세의 언어장애의 치료를 맡고 있었던 라이오넬 로그는 화를 냈다. 랭의 발언은 또 동시에 1936년 12월의 저 흥분된 나날 동안 상류계급 인사들 사이에서 생긴 새 국왕의 능력에 대한 의심을 뜻하지 않게도 밖으로 드러내는 결과를 빚어내게 했던 것이다.

그것은 왕위의 계승순위를 변경할 것, 요크 공을 뛰어넘고 또 그 딸 엘리자베드 공주도 뛰어넘어 다른 인물을 왕위에 앉혀야 한다는 의견이 있었다는 사실을 암시했다.

왕실의 승인과 원조를 받아, 제2차 대전 후에 씌어진 두 권의 책 속에서 다모트 모러는 이 왕위계승 순위를 변경시킨다는 것이 가능한가 어떤가 하는데 대한 검토가 1936년 12월에 있었다는 사실에 특히 언급하고 있다. 원래 국왕 퇴위라는 것 자체가 정상적인 순서를 무시한 특례일 뿐 아니라 정말로 강력한 인물을 받들어 왕제(王制)에 대한 국민들의 존경심을 부흥시킬 필요성을 느끼고 있었기 때문에 요크 공 뿐만 아니라 그 바로 아래 동생인 글로스터 공까지도 뛰어넘어 단숨에 조지 5세의 4명의 아들 중에서 가장 막내인 켄트 공을 새 국왕으로 하면 어떤가 하는 의견이 나왔던 것이다.

켄트 공의 체구나 풍모가 훌륭할 뿐 아니라 그 뒤를 이를 사내아이도 있었던 것이다. 1947년에 다모트 모러는 다음과 같이 써놓고 있었다.

"이때에 그런 의견은 정말로 심각하게 검토되었다. 즉 왕실 일족의 합의에 의해서 켄트 공에게 왕위를 넘겨줄 수 없을까 하는 것이었다. 그 이유는 켄트 공만이 유일하게 당시 영국 황태자가 될 수 있는 남자아이를 갖고 있었기 때문이다. 그리고 왕위라는 지극히 무거운 책임을 여성에게 지우는 것을 피하고 싶다는 것이었다."

검토된 왕위 계승의 특례

모터의 두 기록은 모든 사실을 전적으로 정확하게 해명한 것은 아니다. 그러나 그 기록은 모두 1936년 12월 5일 토요일에서 7일 일요일 사이에 생긴, 저 위기 속의 기묘한 공백의 수수께끼를 풀어주는 것은 사실이다. 그 해석이란 이렇다. 에드워드 8세로부터 국왕의 자리에서 물러나고 싶다는 결심을 듣고 수상 스탠리 볼드윈은 에드워드 8세에게 지금 곧 그 결심을 왕족들에게 전하지 않기를 바란다고 부탁했다.

그리고 알버트 왕자(요크 공)의 왕위계승 —— 즉 그것은 엘리자베스 공주의 여왕 즉위와도 연결된다 —— 이 과연 국왕의 퇴위라는 격동 뒤의 왕제(王制)에 빛을 돌이킬 수 있을 만한 힘에 넘친 것인가 아닌가를 결정하기 위해서, 정부에 2, 3일간의 시간적인 여유를 주면 좋겠다고 부탁한 것이다. 그 무렵에 요크 공 자신이 안절부절 못 하고 있었다는 모터의 기록은 정확했다. 요크 공 자신이 일기에다,

"어머니 메어리 황태후가 계시는 곳으로 갔다. 그리고 어머니에게 자초

지종을 말씀드리자 나는 도저히 마음을 누를 길이 없어, 어린애처럼 목놓아
울었다.”고 써놓고 있는 것이다.

　　요크 공의 마음의 괴로움은 부인이 마침 병을 앓고 있었기 때문에 더욱
심했다. 저 국왕 퇴위라는 위기의 순간에 요크 공 부인은 계속 독감으로
병석에 누워 있었다. 아직 공표는 되지 않은 때였으나 국왕 퇴위의 뉴스가
피카딜리 145번지의 집에 전했을 때 엘리자베스 공주의 개인교사 클로포드
양은 불려가 요크 공 부인을 만났다. 그때의 모습을 클로포드 양은 다음과
같이 써놓고 있다.

　　“요크 공 부인은 자리에 누워계셨다. 베개에다 머리를 묻고 있는 듯한
자세였는데, 나를 보시자 손을 내미셨다. ‘우리 일가의 생활에 큰 변화가
일어나고 있지요, 클로피.’하고, 요크 공 부인이 말씀하셨다. 그리고 ‘우리는
자신들에게 닥쳐오는 사태를 맞이해서 최선을 다하지 않으면 안 돼.’라고
분명히 말씀하셨다.”

　　그러나 국왕 퇴위의 소식을 가족들에게 알려도 요크 공의 괴로움은 그치지
않았다. 요크 공은 형 에드워드 8세가 왕위를 떠남에 있어서 여러 가지
조건을 수습하지 않으면 안 되었다. 에드워드 8세에게 지출되고 있었던
왕실비(王室費)는 퇴위와 함께 끊기게 되는 것이며 얄궂게도 국왕이었던
에드워드 8세가 왕실 일족 중에서도 가장 재산에 대한 그 분배가 여의치
않았던 것이다. 어머니나 누이, 그리고 아우들도 조지 5세의 유언에 따라
유산을 분배받고 있었다. 그러나 조지 5세가 왕실재산의 상당한 부분을
에드워드 8세에게 남겼다고는 하지만 그것은 분명히 국왕으로서 장자에게
남긴 것이지, 개인재산으로서 마음대로 처분할 수 있는 것은 아니었다.

　　그래서 그 해결책으로 전 국왕 에드워드 8세가 새 국왕 조지 6세에게
발모럴 성과 샌드링검 궁전을 ‘매도(賣渡)한다’는 형식이 취해졌다. 그리고
여러 소식통은 최종적으로 왕실의 재산이나 투자 등으로부터 에드워드 8
세가 이양받은 것은 1백만 파운드의 재산과 조지 6세가 해마다 지급하기로
보증한 6만 파운드라고 말하고 있다.

　　그러나 에드워드 8세는 이 밖에도 자기 자신의 구좌(口座)에 상당히 많은
재산을 갖고 있었던 것같이 보였다. 예의 알렉산드라 황태후의 보석을 심프슨
부인으로부터 과연 되돌려 받았는지 어떤지, 비록 되돌려져왔다고 해도 그

진상은 전혀 알려지지 않았기 때문이다.

왕위에 가까워진 엘리자베스

1936년 12월 11일 금요일은, 엘리자베스 공주가 정식으로 왕위의 직계 후계자가 된 날이다. 이날 영국 의회(議會)가 그 전날 에드워드 8세가 서명한 국왕 왕위 퇴위 문서를 비준(批准)함으로써 엘리자베스 공주의 아버지 요크 공이 영국 국왕이 되었기 때문이다. 전국왕은 그날 밤 전국민에게 고별연설을 방송할 예정이었다.

그러나 런던 최고급 호텔의 하나인 리츠 호텔에서 점심 식사를 하는 상류계급의 인사들은 오후까지 에드워드 8세가 그날 밤에 행할 연설원문을 입수하고 있었다. 아마도 윈스턴 처칠을 통해서 흘러나간 것이리라. 에드워드 8세는 자기 마음을 국민들이 항상 따뜻하게 생각해주기를 바라서 사람들의 심금을 울릴 만한 문장을 작성하기 위해서 처칠의 도움을 청했던 것이라 생각된다.

리츠 호텔의 식당 홀에서는 에드워드 8세의 연설원문 중에서 가장 인상적인 구절, 즉 '내가 사랑하는 여성의 도움도 지지도 없이'라는 구절이 화제가 되어 있었다. 거기에서는 에드워드 7세의 위대한 무용전(武勇傳)의 등장인물, 즉 에드워드 7세의 지난날의 애인이었던 케펠 부인이 빅터 큐너드와 식사를 하고 있었다. 그때 케펠 부인은 분명히 말했던 것이다. "내가 살던 시대보다는 일이 훨씬 잘 풀려 나갔군요."

그 12월 11일에, 신시아 애스키스 부인은 리츠 호텔과 같은 화려한 장소에는 있지 않았다. 그녀는 피카딜리 145번지, 즉 요크 공의 집으로 불리어 가 있었다. 그녀는 어린 두 공주가 그녀들 나름대로 사태의 귀추를 완전히 파악하였음을 알았다.

엘리자베스 공주는 홀의 테이블 위에 놓여진 '왕비폐하'라고 겉봉이 씌어진 편지를 보고, "이것은 이젠 우리 엄마가 왕비가 되셨다는 뜻이죠."고 신시아 부인에게 말했던 것이다. 마가렛 공주는 겨우 글자 쓰기를 배우기 시작한 무렵이었는데 약간 난처해 했다.

"요크 가(家)의 '요크'는 YORK라고 쓰는 것을 겨우 배웠는데 이제 앞으로는 이것을 쓰지 않게 됐지요. 나는 마가렛이 라고만 사인하겠어요."

다음 날 이 두 공주의 아버지인 새 국왕의 명칭에 공식적으로 선언되었다. 클로피는 그때의 일을 다음과 같이 회상하고 있다.

"릴리베스(엘리자베스)와 마가렛은 여느때와 마찬가지로 집을 나서는 아빠에게 '안녕히 다녀오세요.'의 포옹을 하기 위해 달려갔다. 국왕은 영국 해군의 정장을 한 매우 엄숙한 모습이었다…… 국왕께서 돌아오셨을 때에 두 공주는 무릎을 접고 예쁘게 인사를 드리고 맞이했다.

나는 일련의 사건 속에서 요크 공으로부터 이제 국왕이 되신 그의 일신상의 큰 변화를 이때처럼 뚜렷하게 본 일이 없다. 따님들이 국왕을 맞이하는 정중한 인사를 보시고 국왕은 한순간 감동해서 뒷걸음질을 치셨다. 그러고나서 국왕은 마음을 가다듬고 두 공주님에게 따뜻한 키스를 하셨다."

새 왕비는 독감에서 회복되어가고 있었다. 엘리자베스 왕비는 캔터베리 대주교에게 다음과 같은 편지를 썼다.

"우리가 이런 큰 일을 맡게 되리라고는, 지금도 믿어지지 않습니다. 그리고 (아주 솔직하게 말씀드리지만) 이상한 것은 우리가 아무런 불안도 느끼지 않고 있다는 사실입니다. 우리가 사태를 침착하게 대처해 나갈 수 있는 것도 진정으로 신의 힘에 의한 것이라고 생각하고 있습니다."

그 이틀 전에, 수상 스탠리 볼드윈은 하원에서 국왕 퇴위의 위기를 둘러싼 상세한 경위를 처음으로 공표했다. 수상은 그 속에서 새 국왕 부처가 직면한 책무를 다음과 같이 표현했다.

"이 나라의 국왕은 수세기에 걸친 시간의 경과 속에서 그 특권의 많은 부분을 박탈당해왔다. 그러나 오늘날에는 바로 지금도 그렇거니와 국왕은 역사상 일찍이 없었던 많은 책무를 지고 있다. 그 중에서도 국왕이 청렴결백해야 한다는 사실의 중요성은 더욱 증대하고 있다.…… 국왕이 청렴결백하면 이 나라는 많은 재액에 대해서도 안전할 수 있으며 국왕의 청렴결백이야말로 이 나라의 안전을 보장하는 것이다."

'청렴결백'이란 지극히 중요한 말이었다. 이 말이 뜻하는 바를 항상 확고히 지켜나가는 일이야말로 엘리자베스 2세가 1926년 이래 줄곧 배워온 것이었다. 에드워드 8세는 황태자 시절과 국왕 시대에 많은 역할을 수행했다. 더구나 총체적으로 봐서 그 역할을 매우 잘 수행했다고 할 수 있다.

그러나 공인(公人)으로서의 에드워드 8세가 인간으로서의 에드워드 8

세를 패배시킨 것이다. 즉 에드워드 8세는 자신의 공적인 얼굴과 자신의 사적인 생활과를 분리시킬 수 있다고 생각했던 것이다. 국왕 퇴위의 교훈은 우리에게 이 두 가지 상만 대립하는 역할을 언제까지나 맡아나가기에는 현실적으로 전혀 불가능하다는 것을 보여주었다.

왕실의 체제라는 것은 상당한 위장(僞裝)을 몸에 익혀서 때로는 완전히 그러한 위장된 행위를 하도록 장려할 경우도 있었다. 그러나 신뢰성을 잃어버리게 되는 한계는 반드시 있었다. 심프슨 부인에 대한 에드워드 8세의 사랑이 사람들의 눈을 에드워드 8세의 공적인 역할과는 너무도 상반된 사적인 탐닉태도 사이의 모순으로 향하게 했을 때 에드워드 8세는 왕실이라는 가면을 벗지 않을 수 없게 된 것이다. 그러나 심프슨 부인은 문제의 근원 그 자체는 아니었다.

국민을 대표하는 군주제에는, 왕실을 어떻게 하든지 존속시켜 나가지 않으면 안 된다는 끊임없는 긴장이 있고 때문에 일종의 정신분열증이 부수되기 마련이다. 에드워드 8세의 인생에는 그 자신을 옆길로 밀어내어 위기에 빠뜨리게 하는 많은 사건들이 있었다. 개인의 의사나 성격에 따라 자유분방하게 행동하는 일이야말로 전통적으로는 자기가 국정을 움직이는 국왕으로서의 하나의 존재이유로 되어져 있었다.

그러나 그것은 가장 위험한 가지가지의 원죄(原罪)가 되어 마침내 국민의 동의 없이 애욕에 빠지는 국왕을 거부할 것 — 그리고 조지 6세나 그 뒤의 엘리자베스 2세라는 지극히 평범한 인물이 왕위를 계승해도 국민은 거부권을 행사하지 않을 것, 따위의 전통적인 국민의 권리가 인정되는 시대가 온 것이다.

제3부 대(代)를 이음

제7장 대관식(戴冠式)

보통 여자와 다른 엘리자베스

에드워드 8세의 국왕 퇴위는 영국 왕제(王制)의 의지를 찬성한 결과인 것이다. 1936년 12월의 국왕 퇴위의 위기에 편승해서 독립노동당의 하원의원인 제임스 맥스턴이 제안한 왕제를 폐지하고 '공화국 형태의 정부'를 수립하자는 안건은 403표 대 5표라는 큰 차이로 하원에서 부결되었다.

그러나 국왕 퇴위는 동시에 어떤 특정의 왕제를 지지하는 국민의 소리이기도 했다. 그리고 에드워드 8세의 뒤를 이은 알버트 왕자, 즉 요크 공은 그것을 인식하고 국왕이 되면서 자기가 가지고 있는 네 개의 세례명(알버트, 프레더릭, 아더, 조지) 가운데서 '조지'를 택했던 것이다. 수상인 스탠리 볼드윈은 말했다.

"새 국왕이 국민들에게 친밀감을 주는 점은 형제들 중에서 성격이나, 기분 같은 것이 부친인 조지 5세와 가장 많이 닮았기 때문이다." 그리고 이 점은 나중에 조지 6세의 대 이을 딸, 즉 엘리자베스 2세에 관해서도 똑같은 말을 할 수 있는 것이었다.

엘리자베스 공주는 성실하고 몸집이 작은 인물이었다. 매일 밤 잠들기 전에 그녀는 침대에서 뛰어내려 자기의 옷을 깔끔하게 잘 개어놓았는지 구두를 똑바로 정돈해놓았는지를 몇 번이고 확인 했다. 병이라도 나서 몸이 아플 때에도 억지로 침대로 데리고 가서 눕게 하는 것을 싫어했다. "나는 좀더 참지 않으면 안 돼요."라고 우겨대는 것이었다. 그녀는 매주 받는 5실링의 용돈의 지출을 자세히 적어놓고 있었다. 그리고 나머지를 모아서 자기가 손수 만들 크리스마스 선물의 재료를 구입했다. 그리고 그녀는 간혹 다른 열 살 먹은 여자아이들보다 매우 다른 데가 있는 것 같아서 세상 사람들을 놀라게 하곤 했다.

어떤 전도사가 글라미스 성을 떠날 때에, 그녀에게 책을 한 권 보내겠다는 약속을 했다. 그러자 그녀는 고맙다는 인사를 한 다음 "될 수 있으면 하나님에 관한 것이 아닌 책을 부탁합니다. 나는 하나님에 관한 것은 무엇이든 다 알고 있으니까요."라고 말했던 것이다.

엘리자베스 2세가 스승으로 받드는 것은 '영국 국왕 중의 보이 스카우트'라고 했던 아버지 조지 6세였다. 저 국왕 퇴위를 둘러싼 위기의 직전에 조지 6세는 다음과 같이 써놓고 있다.

"최악의 사태가 일어나면, 나는 왕위를 잇지 않으면 안 된다. 나는 충격과 긴장으로 온몸의 신경이 엉망이 되어버리지 않는 한, 필연적인 혼란을 어떻게든 일소하기 위해서 전력을 다할 것을 약속한다."

그리고 조지 6세는 1930년 12월 11일에 왕위에 오른 그 순간부터 자기 스스로 중요한 책무라고 생각했던 일, 즉 '눈앞에 벌어진 사태(국왕 퇴위의 혼란)를 수습하는 일'에 자신의 전력을 기울였던 것이다.

그러나 새 국왕과 가족들로서는 과거와 절연한다는 것은 용이한 일이 아니었다. 전 국왕 에드워드 8세는 왕위를 떠나자 국외 생활의 첫발을 오스트리아로 내디뎠지만 스스로 버린 세계로부터 완전히 멀어지려고는 하지 않았다. 그는 거의 매일 조지 6세에게 전화를 걸었다. 에드워드 8세는 12월 11일까지의 두 형제의 관계를 이제는 좀 고쳐서 달리하지 않으면 안 되는 데도 불구하고 그는 거의 그런 기색도 없이 곧잘 필요 이상의 간섭과 쓸데 없는 충고 따위를 서슴지 않고 조지 6세에게 늘어놓는 것이었다.

그러나 조지 6세는 강경한 태도를 취할 수가 없었다. 그 해의 크리스마스 때 새 국왕이 된 지 얼마 안 되는 조지 6세는 전국민에게 보내는 방송을 하지 않으면 안 되었다. 즉위 직후의 국왕이 크리스마스의 방송을 하는 것은 처음 있는 일이었다. 필요한 일이기는 했으나 조지 6세는 아무래도 방송을 할 수가 없었다.

국왕은 아직도 국왕 퇴위라는 악몽으로부터 벗어나질 못하고 있는 것이었다. 게다가 국왕은 말을 더듬는 버릇을 극복할 수 있을는지 염려가 되었던 것이다. 후년에 BBC 방송은 국왕의 언어장애 때문에 듣기 거북한 장면은 우선 국왕의 녹음된 목소리를 짤막짤막하게 잘라 그것을 이어 하나의 완전한 연설로 편집하는 기술을 개발했다. 그러나 1936년의 크리스마스 당시에는 아직 그런 기술은 없었고 조지 6세의 아버지 조지 5세는 항상 생방송을 하는 습관이었기 때문에 조지 6세는 자기는 그렇게 할 수는 없다고 생각했던 것이다.

국왕 조지 6세는 즉위해서 최초의 괴로운 수 개월을 이겨내자 많이 성장한 것 같았다. 조지 6세는 또 샌드링검 궁전에서 신년 휴일을 즐김으로써 심신 양면에 새로운 힘이 충만하는 것 같았다. 샌드링검 궁전은 조지 6세가 태어나고 또 죽게 되는 장소이기도 했다. 그리고 조지 6세가 무엇보다도 사랑한 궁전이기도 했다.

런던을 떠나 북상하는 왕실 특별차가 잉글랜드 동부를 흐르는 우오쉬 운하를 지나 샌드링검 궁전에 가까운 울퍼든 역에 가까워지면 조지 6세는 집에 돌아왔다고 말하는 것이었다. 조지 6세는 일요일에 샌드링검의 마을 교회에 나가는 때가 가장 행복했으며 아내와 함께 영주(領主)인 국왕을 맞이하기 위해 줄지어 늘어선 샌드링검 왕실영지(領地)의 고관들을 하나하나 접견하며 음, 음, 하면서 고개를 끄덕이며 즐거워했다.

고풍스러운 버킹엄 궁전

1936년 12월 25일, 즉 국왕으로서 처음 맞이한 크리스마스 때 조지 6세가 가족들과 함께 그 교회에 나가자 약 6천명의 선남선녀들이 국왕을 환영하기 위해서 교회 밖에서 기다리고 있었다. 왕관을 버린 국왕과 그 국왕이 이 것저것 다 버리고 사랑한 여성에 대해 당시의 신문들이 거의 아무것도 쓰지 않은 것은 주목할 만한 일이었다. 엄한 검열이 있었기 때문이 아니다. 그 것보다도 국민들이 그와 같은 불미스러운 일을 잊어버리고 싶어 했기 때문이었다.

어떤 집안의 스캔들을 접했을 때 그것을 꼬치꼬치 캐묻고 싶어하고 가십을 퍼뜨리고 쓸데없는 참견을 하는 옆집 사람들처럼 오히려 외국인이 그러한 역할을 담당했을 뿐이었다.

1937년 2월 17일에 엘리자베스 공주는 가족들과 함께 '낡아빠진' 버킹엄 궁전으로 이사를 했다. 그리고 결혼 후의 짧은 한동안을 제외하고 그녀는 오늘에 이르기까지 줄곧 버킹엄 궁전에서 살고 있다. 버킹엄 궁전은 1962년에 조지 3세가 버킹엄 공으로부터 사들인 것이다.

버킹엄 공은 그 궁전을 18세기까지 자기의 런던의 주거로 사용하고 있었다. 확실히 런던과 그 주변의 왕실 궁전 가운데서 가장 근대적인 것이기는 했으나 1937년에는 이미 근대적인 것을 느끼게 하는 분위기는 거의 없어져버렸다. 궁전은 덜렁하게 넓기만 하고 썰렁한 한기마저 느끼게 하는 박물관과 같이 천장은 높고 계단은 컸으며 그리고 복도가 길다랗게 이리저리 뻗어 있어 궁전 내부의 연락 쪽지를 전달하는 데에 배달부가 부지런히 그 긴 복도를 걸어 돌아다니지 않으면 안 되었다.

궁전이라기보다는 오히려 빅토리아 시대로 거슬러 올라가는 가구나 물건들이 그대로 몽땅 보존되어 있는 쓸쓸한 마을이라고 하는 편이 옳을 것 같았다. 궁전 안의 조명이 전등으로 바뀌어진 것은 조지 5세의 일가가 이사를 오기 조금 전의 일이었고 그것도 고풍스런 스타일의 것이었다. 방 안의 조명은 달랑 한 개의 전구로 그 스위치도 조금 떨어진 바깥 통로에 설치되어 있었다. 게다가 방의 낡은 판자벽의 안쪽이나 마루 밑 같은 곳은 쥐의 소굴이 되어 있었다.

그 쥐들의 수를 줄이기 위해서 궁전에는 쥐를 잡는 일을 전문으로 하는 '쥐 퇴치자'까지 있었는데, 엘리자베스 공주는 그 사람이 어쩐지 싫었다. 엘리자베드 공주는 동물의 생명을 빼앗는 일이 싫었으나 한편 그 쥐 잡는 사람이 장치하는 교묘한 쥐 퇴치의 무기, 즉 꿀을 바른 4각형의 종이 한 가운데에 향신료 덩어리를 놓은 '끈적끈적한 올가미'에 대해 흥미를 가지게 되었다.

이와 같은 어수선한 가운데서 왕실 일가는 궁전 천체를 관리하는 우두머리 일족이라기보다는 궁전의 한 부분을 점유하는 최고위의 멤버와 같은 존재였다. 왕실 일가는 정원을 바라볼 수 있는 궁전 안쪽의 위층에 한 사람한 사람이 제각기 방 하나씩을 가지고 있었다.

엘리자베스 공주와 마가렛 공주의 의견으로는 버킹엄 궁전의 뜰은 그때까지의 주거였던 피카딜리 145번지의 그 안락한 분위기를 잃어버린데 대한 허전함을 가장 잘 보충해주는 것이었다. 거기에는 조그마한 언덕이 있고 보트를 띄우고 놀 수 있을 만한 연못도 있었다. 빅토리아 여왕의 부군인 알버트 공은 스케이트를 즐기다가 한 번은 얼음이 깨져서 그 연못에 빠진 일이 있었다. 세계에서도 제일 큰 수도(首都)의 한복판에 있는 이 자연 그대로의 터전에 낯선 종류의 거위와 야조(野鳥)들이 살고 있는 것을 바라보면서 엘리자베드 공주는 매우 기뻐했다.

그 정원은 잔디밭 한 구석에 정자가 서 있었다. 만년의 조지 5세가 여름철에 집무실로 사용하던 곳으로 책상, 연필, 잉크병 같은 것들이 아직도 그대로 놓여져 있었다.

지금 그 정자는 버킹엄의 소녀유녀단의 본부가 되어 있다. 이 소녀유녀단이란 왕실 관계자와 궁전에서 일하는 사람들의 친족과 친구의 아이들 가운데서 선발된 34명의 여자아이들로 이루어졌고 세상에서 격리된 두 공주의 시야를 넓히는 데에 그 목적이 있었다.

버킹엄 궁전 안에 있는 언덕에 올라 두 공주는 곧잘 바깥 세상을 엿보기도 하고 궁전 가까이 있는 공원으로 놀러 가는 아이들이 유모와 재잘재잘 주고받는 말을 귀담아 들어보기도 했다.

'보통 소녀로서 키우고 싶다'

왕실 사람들은 보통 사람의 일상생활과 접하는 일이 별로 없기 때문에 그런 기회는 아주 중요한 경험이 된다. 오늘날에는 여왕 엘리자베스 2세가 쇼핑을 하러 외출하는 모습을 간혹 보는 것도 불가능하지는 않다. 만일 아주 일찍 일어나서 방금 가게문을 연 하로즈라든가 셀프리지 같은 백화점에 가면 매우 드문 일이기는 하나 여왕 스스로 장보러 나온 것을 볼 수가 있을 것이다. 여왕의 쇼핑은 전부 후불(後拂)이며 현금을 사용하지는 않는다. 그러나 엘리자베스 2세가 어떤 물건을 골라놓으면 버킹엄 궁전으로 그 물건이 보내져오며 그렇지 않으면 시녀가 그 물건을 가지러 가게 된다. 그러나 여왕이 몸소 물건을 사러 나가는 것은, 물건 그 자체가 갖고 싶어서가 아니라 지금까지 멀리서밖에 볼 수 없었던 세상을 접해보고 싶은 욕망 때문인 것이다.

피카딜리 145번지에 살고 있던 어린 시절의 엘리자베스 2세에게는 이따금 얼핏 볼 수 있는 버스나 지하철 같은 것이 여간 신기한 것이 아니었다.

그리고 1937년에 버킹엄 궁전으로 이사를 온 뒤로는 부모가 언제나 두 공주에게 품고 있던 소원, 즉 두 아이를 모두 보통의 소녀로 키우고 싶다는 염원을 그대로 이루기는 더욱 어렵게 되었다.

부모님, 즉 새 국왕 조지 6세와 엘리자베스 왕비는 어떻게든지 그 염원을 이루어보려고 했다. 왕위에 오른 뒤에 국왕 부처는 글라미스 성의 보즈 라이언 가를 방문했는데 이 방문은 국왕 부처에게는 매우 뜻있는 일이었다. 지난날에 자기네가 즐겁게 보낸 휴가의 추억, 즉 일가가 모두 함께 차를 타고 시종이나 시녀, 혹은 경호원의 경호를 받는 일 없이 자유롭게 바닷가에 나갈 수 있었던 나날의 일들이 그립게 되살아나는 것이었다.

조지 6세는 그와 같이 격식에 얽매이지 않고 자유롭게 사는 것을 좋아했다. 조지 6세는 7명의 조카들을 태우고 자기가 차를 운전해서 스코틀랜드 동 해안의 한적한 해변으로 놀러가기도 했다. 엘핀스턴 가, 리브슨 고와 가, 스트라스모어 가의 아이들, 즉 엘리자베스 공주의 친사촌이나 외사촌 형 제들은 모두 글라미스 성의 복도나 정원을 함께 뛰어다니면서 자란 친구 들이었다. 이 사촌들은 오늘의 엘리자베스 2세의 얼마 안 되는 친구들의 중심 인물이 되어 있다.

두 공주의 어린 시절에 관해서 쓴 책 가운데 클로포드 양은 엘리자베스 공주는 친구가 있었으면 하는 그런 생각은 안 하는 것 같았고 자기가 시키는 공부와 산책이나 놀이 같은 것으로 충분히 즐거운 듯했다고 말하고 있다.

그러나 그것은 나중에 엘리자베스 2세 자신이 말한 피카딜리 145번지에 살 때 알게 된 친구 소니어, 그래햄, 하디슨── 왕실에 근무하는 방사선 기사의 딸이었다── 이 모두 기숙제(寄宿制) 학교에 가게 되어 작별을 하게 되었을 때 몹시 섭섭했다는 말과는 잘 부합되지가 않는다. 뿐만 아니라 나중에 어머니로서 엘리자베스 2세가 네 자녀를 모두 부모의 슬하에서 떼어서 기숙사가 있는 학교에 보냈다는 사실과도 상통하지가 않는다.

엘리자베스 2세는 자기가 버킹엄 궁전의 담 너머로 바라보았던 보통 사람들끼리 어울리는 현실을 아이들에게 경험시키려고 했던 것이다. 엘리 자베스 2세는 아이들을 학교에 보내는데 런던의 '집', 즉 버킹엄 궁전에서 매일 통학을 시킨다면 아이들이 일반 세상을 이해할 수는 없을 것이라고 생각했다.

왜냐하면 공주들의 부모님이나 개인교사 클로포드 양이 아무리 노력을 해도 두 공주가 도처에서 사람들과 카메라에 쫓기게 된다는 사실, 그리고 두 공주가 수상이나 장성들과 함께 왕실의 문장(紋章)이 찍혀 있는 버터를 빵에 발라서 홍차와 함께 즐기는 부모의 우아한 모습을 보게 된다는 사실을 부정할 수는 거의 없었기 때문이다.

파티의 초대장은 특히 곤란한 문제였다. 1930년대에 런던의 어린이들이 사교계에서 초대자로서 제일 눈에 띄는 존재는 이 두 공주들이었다. 그래서 엘리자베스 왕비는 두 공주에게 보내오는 초대장 가운데서 왕실 일족과 정말 친한 친구 이외로부터의 것은 거절하기로 했다. 버킹엄 궁전의 소녀 유녀단은 다른 아이들과도 어울릴 수 있도록 하기 위해서 만들어진 것이기는 했다. 그러나 그것은 가끔 있는, 그리고 가슴 설레이는 자리이기는 해도 역시 예외적인 기회여서 엘리자베스 공주의 매일매일의 일과라고 하면 개인교사나 유모 즉 알라, 보보, 클로피 등의 사람들이었고 또 여동생과 함께 지내는 일이었다.

환경이 길러준 자의식

이런 식으로 만들어진 환경이 필연적으로 엘리자베스 공주의 자의식을 강하게 했다. 공주는 놀랄 정도로 자기의 감정을 표면에 나타내지 않을 수가 있었다. 어느 일요일의 아침에 공주와 함께 교회에 나간 클로포드 양은 설교사의 머리 주위를 윙윙 날고 있던 벌이 그 벗겨진 대머리의 한가운데에 앉는 것을 보았다.

클로포드 양은 곧 일어날 대단한 사태에도 냉정한 태도를 취하려고 애를 썼지만 견딜 수가 없어 그만 손수건을 꺼내어 고함 소리가 튀어나오려는 입을 막았다. 그러나 엘리자베스 공주는 겨우 열 살이었는데도 단정히 얼굴을 들고 냉정하게 보고만 있었던 것이다.

클로프드 양은, 그 밖에도 비슷한 이야기를 많이 하고 있다. 다른 관찰자들은 엘리자베스 공주의 조숙(早熟)함에 대해 클로포드 양보다 좀더 비판적이었다. 순진하고 귀여운 소녀가 가든 파티가 열리기 전에, 동생을 보고 "마가렛, 만일 누가 이상한 모자를 쓰고 있더라도 그것을 손가락으로 가리키거나 웃거나 하면 안 돼." 하고 주의를 시키는 것을 보고 혀를 내

두르는 사람도 있었다. 그러나 실은, 엘리자베스 공주는 자기가 깨달은 최선의 방법으로, 나중에 여왕의 지위에 오를 준비를 하고 있었을 따름이었다.

세상 사람들은 자기네들이 왕실을 비웃을 자격이 있다고 생각하고 있다. 그러나 그 비웃음에 대해 왕실에서 신경을 쓰고 기분 나쁜 반응을 보일 것 같으면 사람들은 왕실에 대해 친밀감을 갖지 않게 되는 것이다.

엘리자베스 공주의 어린 시절은 1936년의 국왕 퇴위를 둘러싼 사건 때문에 여러 가지로 달라졌는데 동생인 마가렛 공주와의 관계도 그 하나였다. 그때까지는 왕위 계승과의 거리가 멀었기 때문에 두 공주는 네 살의 나이 차이에 상관없이 평등하게 취급되고 있었다. 부모도 두 딸의 차별을 최소한으로 억제하려고 노력해서 똑같은 옷을 입히고 취침 시간 같은 일상생활도 될 수 있는 대로 똑같이 하는 양육법을 취했다.

그러나 조지 6세와 엘리자베스 왕비의 사이에서, 왕자가 태어날 가능성이 점점 희박해지고 엘리자베스 공주의 왕위 계승이 확실해지자 나중에 엘리자베스 공주의 한 가지 고민거리가 된 문제, 즉 동생 마가렛 공주를 운명의 장난에서 생긴 공사(公私)의 역할에 잘 적응시키는 문제가 한층 까다로운 일이 되었다.

1936년에 여섯 살인 마가렛 공주는 총명하고 쾌활한 소녀였다. 그녀는 벌써 음악적인 재능을 뚜렷이 보이고 있었다. 또 흉내내는 놀이도 곧잘 했다. 아버지인 조지 6세는 그녀를 곧잘 칭찬했다. 조지 6세는 유머 센스보다도 오히려 놀이의 센스 쪽이 앞선 사람이었다. 그러나 그런 놀이는 대개는 다른 사람들이 꺼리는 그런 종류의 것이었다. 조지 6세는 자기의 비위에 맞는 마가렛 공주의 약간 뻔뻔스런 흉내내기 놀이를 좋아해서 더욱 그녀를 추켜올려 어리광을 부리게 했다.

부모의 방임(放任)에 의해서 마가렛 공주는 언니인 엘리자베스 공주보다도 원래부터 훨씬 외향적이던 성격이 더욱 강해졌다. 그 결과 마가렛 공주는 침착성, 성실성이 결여되어 전체적으로 행실이 나빠졌던 것이다. 시녀들은 "마가렛 공주가 동생이어서 천만 다행이다."라고 말하기도 했다.

두 공주의 사이는 매우 친밀했다. 만일 그렇지 않았더라면 나중에 커서 두 공주에게 다가온 저 긴박하던 나날을 잘 극복해내지는 못했을 것이다.

그러나 어린 시절에는 반공식적인 자리에서 두 공주가 라이벌 의식을 가지게 되는 일도 종종 있었다. 엘리자베스 공주가 아버지의 대관식(戴冠式)에 즈음해서 동생 마가렛 공주는 그렇게 화려한 로브를 입지 않아도 되며 적어도 언니보다는 깃이 짧은 로브로 충분하다고 생각한 것이 그 한 예이다. 언니인 엘리자베스 공주만이 정장(正裝)을 하면 된다는 것이 에드워드 8세의 대관식 준비 때의 구상이었다.

그러나 1936년 12월에 그 에드워드 8세가 대관식을 하기도 전에 퇴위해 버렸다는 정세의 변화가 생겨 새 국왕 조지 6세는 자기의 딸들이 둘 다 똑같은 로브를 입도록 결정했던 것이다. 그리고 조지 6세는 스스로 두 공주를 위해서 같은 모양의 가벼운 두관(頭舘)의 디자인도 정해버렸다.

언니와 동생에게 차별을 두는 따위의 일은 절대로 안 한다는 것이 조지 6세의 방침이었고 동시에 엘리자베스 왕비의 방침이기도 했다.

공주의 역할

1937년 5월 12일 애당초에는 에드워드 8세의 대관식 날로 정해졌던 이 날이 새 국왕 조지 6세가 왕위에 오른 의젓한 모습을 국민들에게 보여주는 날이 되었다. 그리고 1937년 봄의 영국은 새 국왕의 대관식 때문에 온통 들끓고 있었다.

메어리 황태후는 윈저 공 앞으로 다음과 같은 편지를 썼다(사실은 이 편지 가운데서 메어리 황태후는 조지 6세의 대관식 때 입기 위해 윈저 공이 가지고 간 다이아몬드가 가득 박힌 가더 훈장을 빌려달라고 부탁했다.).

"런던 시가의 여기저기에 대관식 관람용의 가설무대가 세워지고 있습니다. 그리고 집집의 베란다에 놓여 있는 화분 가운데서 너무 보기 흉하다는 이유로 빈약한 수선화 따위는 치워지고 있습니다."

런던에서 연중행사처럼 열리는 '이상적인 생활 전람회'에 출품된 물건 가운데서 가장 인기가 있는 것은 푸른색과 빨간색의 건반이 달린 하얀 베이비 그랜드 피아노였다. 그 피아노에는 이미 팔렸다는 딱지가 붙어 있었다. 그러나 에드워드 8세의 흉상(胸像)에는 '떨이, 1실링 6펜스로 대매출(大賣出)'이라고 씌어 있었으나 팔리지 않고 남아 있었다.

1937년 3,4월의 두 공주의 생활은 다가오는 대행사인 대관식을 중심으로 펼쳐지고 있었다. 클로프드 양의 수업도 대관식이 테마였고, 메어리 황태후는 조지 4세의 대관식 때의 광경이 담긴 책을 찾아내 가지고 와서 공주에게 보였다. 메어리 황태후는 그 대관식에 참석한 많은 사람들과, 여러 가지 행사의 하나하나에 대해서 손녀인 두 공주에게 자세히 설명해주는 것이었다.

대관식의 당일에 엘리자베스 공주는 그 행사 가운데의 몇 군데에서 부모 곁에 서 있지 않으면 안 되었기 때문에 그 준비를 위해 밖으로 불려 나갔다. 엘리자베스 공주는 사람들과 악수를 나누고 짧은 말을 주고 받았는데 자신에 넘쳐 있었다. 그 4월에 그녀의 생일이 지나간 주말에 공주는 아버지 조지 6세와 함께 윈저 성에 모인 보이 스카우트의 대열을 사열(査閱)했다. 그 이틀 뒤에, 그녀는 템스 강을 배로 내려가 그리니치에 있는 해양박물관의 개관식에 부모와 함께 참석했다.

그리니치는 엘리자베스 공주와 같은 이름인, 영국 여왕 가운데서 가장 위대한 인물 엘리자베스 1세가 휴식과 승마의 장소로서 즐겨 찾던 곳이었다 (엘리자베스 1세는 그리니치에서 태어났다.). 많은 나라 말에 정통한 것을 자 랑으로 삼았던 엘리자베스 1세가 만일 자기의 뒤를 이으려고 하는 엘리 자베스 공주의 대응 태도를 보았더라면 틀림없이 만족해 했을 것이다.

왜냐하면 그때의 프랑스 대통령인 르블랑이 대관식 직전에 런던에 왔을 때 엘리자베스 공주는 외워두었던 환영 인사를 텍스트도 없이 프랑스 어로 해치웠기 때문이다. 르블랑이 모국어인 프랑스 어로 휙 하니 인사에 답하자 공주는 또 프랑스어로 곧 답변을 했던 것이다.

발에는 어린이용의 흰 양말을 신고는 있었으나 대관식용의 로브를 입은 것이 두 공주에게는 난생 처음의 롱드레스 착용이었다. 마가렛 공주는 그날 메어리 황태후와 함께 웨스트민스터 사원으로 마차를 타고 가게 되었는데 그 마차에는 어린 공주를 위해서 특별한 좌석이 필요했다.

메어리 황태후는 일생 동안 꼭 한 번 전통을 어겼다. 국왕의 미망인은 새 국왕의 대관식에 참석해서 안 된다는 것이 몇 백년에 걸친 왕실의 규칙 이었다. 그러나 메어리 황태후는 1936년 12월의 국왕 퇴위라는 엄청난 사태의 뒤에 왕실 일족의 결속을 널리 알려야겠다고 생각 관례를 깨뜨리고 대관식에 참석하기로 했던 것이다.

메어리 황태후는 에드워드 8세의 국왕 퇴위 후 기회있을 때마다 아들인 조지 6세나 엘리자베스 왕비와 함께 여기저기 행사의 자리에 모습을 나타내고 있었다.

아빠의 대관식 때의 흥분

대관식의 당일은 새벽 일찍부터 행사가 시작되었다. 근대에 와서 영국 대관식의 일정은 오전 11시경의 점심 시간 전에 될 수 있는 대로 많은 행사를 치르도록 되어 있기 때문이다. 국왕 부처는 새벽 3시에 버킹엄 궁전 밖에서 라우드스피커를 테스트하는 소리에 잠이 깨었다. 그리고 곧, 거리에 병사들이 계속 모여드는 소리가 들리기 시작하면 궁전 내의 잠을 잘 수는 없었다.

엘리자베스 공주는 싸구려 노트에다 빨간 연필로 "오전 5시, 나는 방의 바로 창문 밖을 걸어가는 해병대 병사들의 구두 발자국 소리에 잠이 깨었다."고 썼다. 이 노트에는 '대관식, 1937년 5월 12일. 아빠와 엄마에게 두 분의 대관(戴冠)을 기념하여 릴리베스로부터'라는 헌사(獻辭)가 씌어져 있었다. 그 노트는 핑크빛 리본으로 장식되어 지금도 윈저 성의 왕실도서관에 보관되어 있다. 그 노트의 글은 다음과 같이 계속되고 있다.

"나는 침대에서 일어났습니다. 보보(왕실에 근무하는 여관)도 그렇게 했습니다. 우리는 가운을 입고 구두를 신었습니다. 보보는 담요를 내 몸에 씌워주었습니다. 매우 추웠던 것입니다. 우리는 창가에 웅크리고 앉아 바깥을 내다보고 있었습니다. 춥고 안개가 낀 아침이었습니다.

벌써 구경하려는 사람들의 모습이 거리에 보였습니다. 그리고 계속 구경꾼들은 모여들고 있었습니다. …… 잠시 후에 우리는 다시 침대 속으로 들어갔습니다. 그리고 조금 있다가 다시 침대에서 뛰어내려 창 밖으로 군악대나 병정들의 대열을 구경하곤 했습니다. 6시에 보보는 일어나서 잠자리를 말끔히 정리했습니다. 나도 여느때와는 달리 7시 반에 이번에는 정말로 침대에서 빠져 나왔습니다. 얼굴을 씻으러 가는 도중에 나는 여느때와 마찬가지로 엘리베이터 옆을 지났습니다. 그러자 데일리 양(공주의 수영교사)이 엘리베이터에서 나왔습니다. 나는 그녀를 만나게 되어 매우 기뻤습니다. 몸치장을 마친 뒤에 나는 아이들 방으로 갔습니다."

조지 6세 자신은 "나는 도무지 조반을 들 수가 없었다. 마음의 안정을 기할 수가 없는 것이었다."라고 써놓고 있다. 그 뒤에 조지 6세는 대관식에 참석하는 고승(高僧)이나 고관들에 대해 느낀 바를 일일이 적어놓은 많은 메모의 정리를 시작했다. 그런 일에는 조지 6세는 선왕 조지 5세로부터 물려받은 안목이 있었다. 킬트(스커트 같은 스코틀랜드의 민속 의상)의 자락이 조금이라도 땅에 끌리고 있거나 하면 조지 6세는 대번에 그것을 눈여겨 보곤 하는 것이었다.

또 언젠가 한 번은 퍼레이드를 사열(査閱)하고 있는 도중에 그 퍼레이드 가운데에 있던 빅토리아 여왕의 훈장을 받은 고리 경(卿)을 얼핏 보고서도 그가 달고 있는 다섯 개의 훈장 가운데 두 개가 같은 해에 수여된 것이라는 것을 즉 북경(北京) 주재 사절단의 구출 공로장(救出功勞章)과 보어 전쟁 공로장이라는 것을 알아차리고 곧 "도대체 고리 경은 어떻게 해서 중국에서 남아프리카로 가서 두 개의 훈장을 받을 수 있게 뛰어다녔는지?"하고, 시종들에게 물었던 것이다.

그러나 1937년 5월 12일의 대관식 당일에 조지 6세 부처는 대관식 도중에 몇 번이나 종교적인 분위기에 젖어 황홀한 상태가 되었었다. 한편 세인트 오번즈의 성직자까지도 그 대관식이 풍긴 어떤 종류의 황홀감에 감동되었다고 한다.

이 종교적인 황홀한 분위기야말로 새 국왕 부처로서는 바로 그날을 상징하는 것이었다. 대관식 전의 일요일 밤에 조지 6세 부처는 캔터베리 대주교와 함께 버킹엄 궁전에서 대관식을 위한 기도를 올렸는데 같은 시간에 전국의 모든 국민이 조지 6세의 대관식을 위해서 '밤의 기도'를 올리기도 했다. 캔터베리 대주교는 다음과 같이 기록하고 있다.

"나는 대단히 감동했다. 조지 6세 부처도 마찬가지였다. 우리가 기도를 마치고 일어섰을 때에 조지 6세와 엘리자베스 왕비의 눈에는 눈물이 어려 있었다."

대관식이 끝나고, 버킹엄 궁전으로 돌아오자 엘리자베스 공주는 동생 마가렛 공주의 태도가 나무랄 데가 없을 정도로 좋았다면서 "기도 드리는 소리가 너무 커서 내가 한두 번 쿡쿡 찔렀을 뿐이에요."라고 사람들에게 말했다. 국왕 일가는 열광적으로 축하의 환성을 지르는 군중들을 대하기 위해 몇 번이나 발코니로 나가지 않으면 안 되었는데 메어리 황태후와 두 어린 공주에게 군중들은 특히 더 환호성을 보냈다.

제8장 왕위 추정 계승자(推定繼承者)

'남동생이 태어나기를'

엘리자베스 공주는 왕위 추정 계승자였지, 왕위 계승자는 아니었다. 왕위 계승자란 글자 그대로 왕의 자리를 대(代) 잇는 사람으로 영국의 왕위에 있는 사람의 첫째 왕자에게 주어지는 것이다. 최연장의 남자라면 죽지 않는 한 반드시 왕위를 계승하게 되기 때문에 왕위 계승자라고 한다.

그러나 1952년 2월에 왕위에 실제로 오르기까지 엘리자베스 공주는 줄곧 왕위의 추정 계승자에 불과했다. 그녀는 왕위 계승자가 될 남동생이 태어나지 않을 경우에 한해서 왕위를 계승하게 되기 때문이다. 메어리 부인에 의하면 엘리자베스 공주는 남동생이 태어나기를 진심으로 빌었다 한다. 자기가 나중에 아버지의 뒤를 이어 왕위에 오르게 될지도 모른다는 것을 처음 알았을 때 엘리자베스 공주는 아무쪼록 남동생이 태어나도록 기도를 드리기 시작했던 것이다.

그러나 조지 6세와 엘리자베스 왕비는 그런 기미도 없이 그저 안락한 가정생활을 즐기고만 있었다. 조지 6세는 안정된 지금의 생활에 큰 변동이 오는 것을 싫어했고 착실한 장녀, 즉 엘리자베스 공주가 할아버지인 조지 5세가 세운 새로운 왕제(王制)를 유지하는데 필요한 자질을 모두 갖추고 있다는 것을 알았다. 게다가 조지 6세는 이번에 또 여자아이가 태어날지도 모를 출산 때문에 부인을 공적인 여러 가지 일에서 제외시킬 수는 없었다. 조지 5세의 죽음과 에드워드 8세의 퇴위는 영국 왕실로서는 뛰어난 재능을 가진 인물을 잃은 것을 의미할 뿐만 아니라 번잡한 공무를 한몸으로 맡아온 두 인물을 잃어버린 것을 뜻하기도 했다.

1937년과 38년에는 조지 5세의 자식들 중에서 남은 3명, 즉 새 국왕인 조지 6세와 글로스터 공 그리고 켄트 공은 왕실의 일원(一員)으로서의 임무를 그때까지보다 훨씬 많이 맡았다. 그리고 그 부인들도 자연히 활약하는 여성 —— 기념 식전(式典)에 나가서 테이프를 끊는다거나 선물 같은 것을 증정한다거나, 혹은 손님을 맞아 담소(談笑)한다거나 하는 여성 —— 이 되지 않으면 안 되었다.

그렇다고 해서 조지 6세가 왕실의 임무로 바쁜 틈에도 자기의 뒤를 이을 엘리자베스 공주의 교육을 소홀히 한 것은 아니다. 버킹엄 궁전의 교실은 바로 지붕 밑에 있는 다락방이었다. 그것은 조지 6세가 20세기 초에 조부모인 에드워드 7세와 알렉산드라 왕비와 함께 살면서 엄한 교육을 받은 바로 그 음침한 방이었다.

창 밖의 무겁게 보이는 돌 난간이 마치 감옥 같은 인상을 주었다. 그리고 방의 난로가 있는 양쪽 벽에는 우중충한 초상화가 걸려 있었다. 언젠가 한 번은 클로포드 양이 조지 6세와 함께 그 방을 보러 갔다.

"그때에 국왕은 방 입구 쪽에 멈춰 선 채 2,3분 동안 말없이 방 안을 둘러보고 있었죠. 그 방에서 보냈던 자기 자신의 어린 시절을 회상하고 있는 것이 틀림없었어요. …… 나는 확실히 기억하고 있는데, 국왕은 천천히 뒤를 돌아보며 쌍문을 닫은 다음 '안 되겠어, 이 방은 쓸모가 없다.'라고 말씀하셨어요."

그래서 햇볕이 잘 드는 다른 방을 교실로 쓰기로 했다. 조지 6세는 딸에게 손쉽게 정치가의 인물이나 정치 문제를 알게 하기 위해서는 풍자 잡지인 〈펀치〉가 좋겠다고 생각했다. 그리고 국왕은 엘리자베스 공주에게 신문 기사를 읽도록 권했고 어떤 기사를 읽게 할 것인가를 생각해보기도 했다. 대개 그 신문은 〈더 타임즈〉의 왕실판(王室版)이었다. 왕실판이란 당시에 특별히 인쇄되어 버킹엄 궁전, 대영박물관, 그리고 특수 도서관 같은 데로 배부되고 있었던 것이다.

클로포드 양은 엘리자베스 공주의 예술 애호심을 길러주는 것이 좋겠다고 생각해서 미술품 소장실(所藏室)에서 매주 왕실 소유의 걸작을 한 점씩 꺼내 가지고 왔다. 그것은 루벤스의 그림이기도 했고 카미렛의 것이기도 했고 때로는 게인즈보로의 작품이기도 했으나 교실에 가지고 와서는 이젤 위에 놓여졌다.

한편 메어리 황태후는 아이들을 미술관에 데리고 가서 버킹엄 궁전으로 가지고 올 수 없는 그림을 주로 감상시켰다. 메어리 황태후는 겨울날 오후에 아이들을 월레스 컬렉션으로 데리고 가서 몇 시간이나 그 바로크 건축의 건물 주위를 한가롭게 거닐도록 하는 것이었다.

하기는 이러한 외출에서 후일의 엘리자베스 2세가 체험했다고 확신을 가지고 말할 수 있는 것은 다리가 아플 때에도 얼굴에 나타내지 않고 항상 흥미를 느끼고 있는 것 같은 표정으로 걷기를 계속하는 능력과 그러한 외출의 뒤에는 반드시 즐거운 차 마시는 한때가 기다리고 있다는 기쁨이었다.

'제왕학(帝王學) 교육'의 소지

엘리자베스 공주의 어머니 엘리자베스 왕비는 사람들이 정규의 학교 교육을 너무 중시한다고 분명히 생각하고 있었다. 그래서 엘리자베스 공주가 산수의 기본적인 공식에서 좀처럼 앞으로 나아가지 못한다는 것을 알아도 거의 대수롭게 여기지는 않았다. 왕비는 학문적으로 뛰어나는 일도 중요하겠지만 그 밖의 여러 가지 일들을 익히는 일도 마찬가지로 중요하다고 여기고 있었기 때문이었다.

'광활한 자연 속에서 될 수 있는 대로 오랜 시간을 지낼 것, 시골 생활의 즐거움을 만끽할 것, 무용과 그림 그리기, 그리고 음악을 감상할 것, 좋은 버릇과 나무랄 데 없는 태도를 지닐 것, 그리고 여성으로서의 우아함을 기를 것' —— 이것이 엘리자베스 왕비가 딸 엘리자베스 공주에게 다른 무엇보다 최우선적으로 가르친 중요한 교육 내용이었다.

그리고 나중에 성인이 되면 어떤 사람이 되겠느냐는 질문을 받았을 때에는 자신을 가지고 '많은 말과 개들과 함께 시골에서 사는 귀부인'이 정말 되고 싶다고 대답할 그런 교육을 시켰던 것이다.

엘리자베스 공주의 동물에 대한 애정은 친구가 적은 데서 오는 어떤 외로움 같은 것을 메우기 위해서였던 것 같다. 그녀는 몇 마리의 잉꼬를 기르고 있었다. 그녀는 그 잉꼬와 이야기도 하고 자기 손으로 모이도 주며 스스로 새장의 청소도 했다. 매일 거르지 않고 뒷바라지를 하지 않으면 안 된다는 책임감이 엘리자베스 공주가 잉꼬의 매력에 이끌린 이유의 밑바닥에 깔려 있었던 것 같다.

그리고 그녀가 개들에게, 또 윈저 성에 있는 말들에게 기울이는 애정에 대해서도 똑같은 말을 할 수 있을 것 같다. 그녀는 어린 시절에, 이미 몇 마리의 개를 기르고 있었다. 동물들에게 어린 그녀의 정력을 쏟았던 것이다.

엘리자베스 공주의 소박함과 상냥함은 장차 왕위에 올랐을 때에 발휘해야 할 자질로서는 마땅한 것이 못 된다고도 할 수 있었다. 그것은 자기가 지배하는 권리를 빼앗긴 지금의 입헌군주제 하의 군주의 자질로서도 그다지 환영할 만한 것은 아니었다. 그러나 공주의 일족들은 그녀의 그러한 성질을 매우 기뻐했다.

부모는 똑같이 세련되기보다는 소박함을 좋아했다. 특히 아버지 조지 6세로서는 윈저 성의 로열 로지에 가서 부인과 딸들과 함께 간소한 주말을 즐긴다는 것은 일상의 공무에서 오는 긴장으로부터 해방되는 최대의 위안이었다. 로열 로지야말로 자택이었다. 근처의 윈저 성이나, 런던에 있는 버킹엄 궁전보다도 훨씬 마음에 드는 자택이었다.

그리고 국왕은 토요일 오후에는 그 로열 로지를 나서서 숲속을 거니는 것을 무척 좋아했다. 국왕과 왕비, 그리고 두 공주는 헌옷을 입고 낫이라든가 도끼, 혹은 풀을 베는 칼 같은 것을 들고 숲속으로 뛰어드는 것이었다. 그럴 때면 로열 로지의 손님이나 사용인들도 어물어물하고 있을 수는 없었다. 운전사, 집사, 경호원들도 모두 싫든좋든 나서지 않으면 안 되었다.

국왕은 마치 무엇에 홀리기라도 한 듯이 일을 했는데 고목을 도끼나 톱으로 잘라 끊어내어 그것을 쌓아놓고 불태우기도 했다. 그 연기 때문에 눈물을 흘리면서 여기저기서 곧잘 넘어지기도 하면서 숲을 나왔다. 집에 돌아와서 차를 마시면서 숲에서 생긴 손바닥의 물집에 약을 바르는 것이었다.

엘리자베스 공주는 아버지를 우상시(偶像視)하고 있었다. 그리고 성장할수록 그녀는 아버지에게 충실한 동시에 아버지의 뒤를 잇는 공주로서 그 자질을 배우기 시작했던 것 같다. 극히 그녀가 마음 아파한 것은 아버지가 연설 도중에 일으키는 언어장애와 끊임없이 그것을 극복하려고 무척 애를 쓰는 일이었다. 그러한 아버지에게 그녀는 감동하는 것이었다.

이것은 조지 6세의 국왕으로서의 자세를 상징하는 정신이기도 했다. 대신과 이야기를 한 뒤에는 반드시 수석시종에게 자기가 기억하고 있는 것을 이야기해주는 것이 조지 5세의 습관이었다. 그러나 그 아들인 조지 6세는 그것으로는 너무 안이하다고 생각했다.

그래서 조지 6세는 자기가 반드시 기록을 했다. 그리고 그는 편지를 모조리 수석시종의 사무실로 보내기 전에 자기한테 가져오도록 해서 전부를 일일이 읽는 것이었다. 변질자(變質者)로부터 온 편지까지도 읽었다. 아침에 조반을 들면서 편지를 뜯어보는 일도 종종 있었다.

가족에게 반영되는 국왕의 자세

제2차 세계대전의 후반 무렵 영국에 주재해 있던 미국 대사 조지 와이넌드는 조지 6세가 연합군의 그날그날의 전황(戰況)을 세부까지 일일이 파악하고 있는데 놀랐다. 조지 6세의 각료나 장군들에 대한 질문은 마치 국민학교 학생처럼 진지하고 열심이었다.

조지 6세는 아주 세부의 까다로운 점까지 늘 완전히 이해할 수 있었다고는 할 수 없었다. 왜냐하면 조지 6세의 지적 수준은 아버지 조지 5세와 아주 비슷한 것이었기 때문이다. 그러나 조지 6세는 복잡한 사실이나 숫자를 열심히 노트에 적어서 외우려고 노력했다. 미국의 트루먼 대통령은 말했다. "나는 조지 6세가 현재 일어나고 있는 모든 일에 대해서 잘 알고 있다는 것을 알았다. 그리고 조지 6세는 착한 사람이라는 인상을 받았다."

트루먼은 가장 핵심을 잡아 말했다고 하겠다. 조지 6세는 총명하지는 못했으나 배쇼트의 말을 빌린다면 고격한 국앙을 가지는 것을 당연한 일로 생각하는 영국인들을 납득시키기에 충분한, 훌륭한 자질을 갖추고 있었던 것이다. 조지 6세의 신앙심은 단순한 것이었다. 딸애 엘리자베스 공주가 아버지의 사후에 말한 것처럼 '굳고 단단한' 것이었다. 조지 6세는 매일 아침에 BBC 방송의 '마음을 고결하게 갖다'라는 프로를 듣고 있었다.

그리고 점심때의 화제는 그날 방송된 내용을 소개하는 것이었다. 또 조지 6세는 식사를 하다가도 별안간 손님에게 "당신은 십계(十戒)에 대해서 어떻게 생각하십니까?"라는 따위의 질문을 던지기도 했다.

그러나 그래도 대화가 추상적인 화제에서 개인적 또는 정신적인 화제로 옮겨가면 조지 6세는 벙어리처럼 입이 굳어지기도 했고 때로는 마치 약간 실성한 사람처럼 되기도 했다. 조지 6세는 인간으로서의 감정 표현이 억압된 환경 속에서 자랐던 것이다. 거기서는 생생한 애정, 노여움, 슬픔, 기쁨 등의 감정을 그대로 밖으로 나타내는 것은 좋지 않는 태도로 여겨졌던 것이다. 그리고 조지 6세는 성인이 된 뒤에도 그러한 억제의 속에서 만족하며 살지 않으면 안 되었다.

조지 6세의 그러한 자세가 왕비나 가족, 특히 국왕의 계승자인 엘리자베스 공주와의 관계에 영향을 주었다. 조지 6세 부처의 생활태도는 조지 5세 내외의 그것보다 훨씬 밝고 즐거운 것이었다. 즐기는 일이 조지 6세 일가의 생활의 대명사라고 할 수 있었고 가족 모두가 그것을 진정으로 바랐으며 또 실천에 옮기려고 노력했다.

가족들이 즐기는 모습에 대해서는 클로포드 양이 쓴, 그 즐거운 점심 시간이나 욕실에서 떠들어대는 장면 같은 것으로도 엿볼 수가 있으며 왕실 일가를 방문한 사람들이 쓴 다른 글에서도 얼마든지 엿볼 수가 있다. 몸짓 손짓 놀이나 여러 가지 게임, 합창 등 식후의 휴식 같은 때에는 언제나 웃음의 꽃이 피었다. 이것이 엘리자베스 공주와 마가렛 공주가 자라난 환경이었다.

그러나 두 공주의 어린 시절은 확실히 아버지나 그 형제들의 시절보다는 훨씬 쾌활하고 밝은 환경에서 자란 것은 사실이지만, 그러나 그것이 참다운 의미에서 인간으로서의 경험이나 감정과 연결된 그런 것이었던가를 생각해 볼 때에 간단히 그렇다고 수긍할 수만은 없을 것이다.

조지 6세는 자기가 마음 아파하고 있으면서도 그 아픔을 그대로 겉으로 나타내지 않는 것이 자기의 의무라고 생각하고 있었다. 요컨대 여성들만의 가족을 자기의 공무에서 오는 걱정이나 개인적인 고민에 함께 휩쓸리지 않도록 하는 것이 자기의 의무라고 생각했던 것이다. 그러니까 조지 6세 일가의 생활에 폭넓게 스며 있는 그 밝고 쾌활한 일면도 말하자면 표면적인 것으로 그 밑바닥에 깔려 있는 보다 심각한 문제를 의식하지 않기 위한 방편이라고 할 수 있었다.

이를테면 현인 데이비드(에드워드 8세)와 심프슨 부인에 대한 고민에 관해서 이야기하는 것을 조지 6세는 싫어했다. 조지 6세의 고민에 대해서는 때에 따라서 일어나는 비정상적인 일로 짐작될 수 있을 따름이었다.

이따금 조지 6세는 듣기에 딱할 정도의 그런 발언을 하기도 했고 연설을 하는 것이 무척 힘이 들어 보이기도 했으며, 말없이 오랫동안 침묵에 잠기기도 했다. 그런 때면 조지 6세의 마음 상태가 평온하지 않다는 것을 짐작할 수가 있었다. 조지 6세는 어머니인 메어리 황태후와 엘리자베스 왕비의 낙관주의적인 사고방식을 본받아 그 자신도 낙관적이었다. 즉 불쾌감이란 그저 무시해버리면 자연히 없어진다는 식의 사고방식이었다.

이와 같이 기분전환을 하는 것은, 일반 사람들 이상으로 왕실에서는 간단히 행해졌는데 가뜩이나 말썽이 잘 일기 마련인 왕실에다가 곧잘 그늘을 던진 것은 에드워드 8세의 문제였다. 조지 6세는 에드워드 8세의 일만 생각하면 반드시 어린 시절의 악몽이 되살아나 괴로워해야만 했다. 뒷날에 프랑케트 경은 에드워드 8세, 즉 윈저 공이 곧 런던에 오게 될 것이라는 것을 짐작할 수가 있었다고 한다.

왜냐하면 국왕 일가는 아무도 그런 말을 하지는 않았지만 왕실의 분위기가 갑자기 냉랭해진 듯했기 때문이며 또 엘리자베스 왕비가 마차를 타고 버킹엄 궁전을 떠나 어디론지 사라져갔기 때문이다.

그런 일이야말로 조지 6세가 부인과 딸들을 어떻게든 명랑하고 밝은 분위기 속에서 생활할 수 있도록 하려고 애쓴 이유였던 것이다. 말하자면 국왕 일가의 어두운 일면은 그런 데에 있었던 것이다.

윈저 공의 결혼이 던진 파문

1937년 윈저 공은 동생인 조지 6세가 정신이 이상해지더라도 예사로 여기는 것 같았다. 그 해 6월 3일에 심프슨 부인과 결혼식을 올리기로 결정한 것이다. 그날은 조지 6세의 생일이었다. 윈저 공의 결혼은 왕실 일족으로는 문제거리였다. 더구나 그 2,3개월 후에 윈저 공 부처는 나치 독일을 방문하고 히틀러, 헤스, 괴벨스, 괴링, 그리고 총통인 히틀러로부터도 환대를 받았다. 윈저 공은 주책없이 오른팔을 내뻗는 나치스식의 인사까지 했던 것이다.

윈저 공 부처의 독일 방문은 갖가지의 해석을 불러일으켰다. 히틀러가 말한 주석(釋釈), 즉 "그녀(심프슨 부인)는 아마도 훌륭한 영국 여왕이 되었을 것이다."라는 말을 들을 필요도 없이 영국 국민은 영국의 왕제(王制)가 얼마나 그 존립의 원칙을 어기고 위험한 단계에 와 있는가를 새삼스럽게 생각하게 된 것이다. 노동당의 기관지 〈포워드〉에서, 하버드 모리슨은 다음과 같이 분명히 말하고 있다.

"우리 노동당원은 서슴없이 다음과 같이 말할 수 있다. 에드워드 8세가 국민들이 고통받고 있는 지역을 여기저기 돌아다니면서 그 현상 —— 정부에 대해서까지도 —— 에 참을 수가 없다고 말했을 때에 국민은 당연히 기쁨을 느꼈다. 그러나 헌법에 비추어 생각해볼 때에 그것은 위험한 일이다.(부당한 판단이라고 생각할 수도 있겠지만.) 에드워드 8세가 용인하고 있다는 저 파시스트들의 수법에 완전히 반대하고 있다고 할 수 없는 것이기 때문이다."

어쨌든 윈저 공에 관해서 언급한다는 것은 조지 6세로서는 심히 못마땅한 일이었다. 그것은 후일에 마가렛 공주의 문제에 대해 단지 감정적으로만 나왔다고 각료들이 표현한 엘리자베스 2세의 태도와 매우 흡사한 것이었다. 1937년의 어느 날 저녁에 로이드 조지는 조지 6세와 식사를 같이 하면서 윈저 공 부인에 대해서 이야기를 나눈 일이 있었다. 그때에 조지 6세는 윈저 공 부이 영국에 돌아올 결심을 할지도 모른다면서 신경 과민이 되어 있었다.

"그녀(윈저 공 부인)가 기어이 이곳으로 돌아오려고는 하지 않겠지?" 하고 국왕이 말하자, 로이드 조지는 "아닙니다. 그렇게 생각하시는 것은 옳지 않습니다."라고 대답했다.(이 일기는 당시에 로이드 조지의 비서였다가 나중에 그의 부인이 된 프랜시스 스티븐슨이 썼다.)

"그렇다 하더라도 그녀에게는 친구가 한 사람도 없을 거야."라는 국왕의 말에 로이드 조지는 동의하지 않았다. 그러자 국왕은 "좌우간 너와 나는 그녀의 친구는 아니겠지." 하고 걱정스런 듯이 말했다.

조지 6세는 진정한 의미의 심사숙고라는 것을 전혀 몰랐다. 마음속에 있는 긴장이 아무런 결론도 얻지 못한 채 불쑥 걷잡을 수 없이 밖으로 튀어나오곤 했다. 1944년에 피터 타운젠트는 시종무관(侍從武官)이 되기 위한 심사를 받게 되었을 때 사람들로부터 충고를 받았다. 국왕이 큰소리를 내거나 고함을 지르는 일이 있더라도 놀라지 말라는 것이었다. 타운젠트가 거느리게 된 시종은 역시 "놀랄 것 없습니다. 그런 일은 종종 있는 일입니다."라고 말해주었다.

왕실 외부의 사람들은 조지 6세가 아주 내향적이고 좀 이상하게 여겨질 정도로 작별 인사를 잘 안 하는 데 놀랐다. 예의상 국왕으로부터 가도 좋다는 허락이 떨어질 때까지는 스스로 자리를 뜰 수 없는 일이기 때문에 국왕이 작별 인사를 잘 입 밖에 내지 않는다는 것은 정말 곤란한 일이었고 놀랄 일이었다.

조지 버너드 쇼는 일부러 주머니에서 금시계를 자랑하듯이 꺼내 들고 오랫동안 그것을 지켜보며 국왕과의 접견이 빨리 끝나도록 꾀를 부리기도 했다.

13회째의 생일

엘리자베스 공주도 아버지와 마찬가지로 여성적인 성격이었으나 왕실 일족의 세대마다 누군가에서 나타나는 극도의 신경 과민의 성벽은 없는 것 같고 그녀는 성장함에 따라 침착한 성격이 되어갔다. 1939년 봄에 13회째의 생일에 그녀는 10대의 여자아이에게 알맞은 많은 선물을 받았다. 어머니인 엘리자베스 왕비로부터는 상자에 든 멋진 스타킹을, 아버지인 조지 6세로부터는 다이아몬드가 많이 박힌 팔찌를, 큰아버지인 윈저 공으로부터는 영화 카메라와 영사기를, 그리고 할머니인 메어리 황태후로부터는 은제(銀製)의 화장 테이블을 각각 선물로 받았다. 그 선물들은 어느 것이나 엘리자베스는 공주의 이니셜이 새겨져 있었다.

그러나 육체적으로는 그녀는 같은 나이또래의 다른 여자아이들만큼 성장해 있지 않았다. 클로포드 양이 써놓고 있듯이 "그 나이가 되면 많은 아이들은 대개 몸집만 커다랗고 아직 덜 여문 것처럼 흐릿해 보이는데, 엘리자베스 공주는 머리카락도 피부도 정말 곱고 몸집도 제법 날씬한 귀여운 아이"였던 것이다.

이렇게 어려 보이는 모습은 옷차림에 의해 더욱 어려 보였다. 열 세살이 되었는데도 그녀는 아직 아홉 살인 여동생 마가렛 공주와 똑같은 옷을 입고 있었다. 그 당시의 두 공주의 복장은 올이 굵은 모직 트위드 코트에 간소한 깃이 달린 상의와 베레모에 흰 양말과 뒤꿈치가 낮은 샌들을 신고 있었다.

1939년 4월 21일에 13세가 된 엘리자베스 공주가 그녀의 생일을 윈저 성에서 축하받는 것은 10회째의 일이었다. 그녀의 생일을 축하해서 윈저의 거리는 온통 국기가 나부꼈다. 정장을 갖춘 스코틀랜드 근위연대(近衛聯隊)가 다 모였으므로, 공주는 군악대에게 로즈마리 중에서도 메드레 곡을 특별히 연주해달라고 부탁했다.

이 로즈마리는 조부모인 조지 5세 부처가 무척 좋아한 뮤지컬이었다. 엘리자베스 공주도 그것을 좋아했다. 공주는 이 해부터 이튼 학교 부교장인 헨리 마틴 경에게서 헌법사(憲法史)의 특별 수업을 받게 되었다. 마틴은 순하고 대머리의 학자 선생으로 무엇을 생각하고 있을 때에는 손수건의 한쪽 끝을 입으로 자근자근 씹기도 하고, 각설탕을 버석버석 깨무는 그런 버릇이 있었다.

이튼 학교에 있는 마틴의 연구실을 찾는 사람은 방 마루에 높이 쌓여 있는 사이를 지나서 자리에 가앉게 마련이었다. 공주는 1주일에 두 번, 그 연구실을 찾아가서 영국 헌법에 정해진 왕실의 역할에 대해서 배웠다.

그 수업의 내용은 엘리자베스 공주의 조부인 조지 5세가 배웠을 때와 마찬가지로, 월터 바제트의 저서에서 취한 것이 대단히 많았다.

그 해 여름 — 평화스런 마지막 여름, 즉 그 이듬해부터 6년간은 제2차 대전이었다 — 엘리자베스 공주는 왕실의 요트인 '빅토리아 앤드 알버트' 호(號)에 부모와 여동생과 함께 타고, 영국의 남해안을 따라서 항해를 하면서 여름 휴가를 지냈다. 7월 22일 오후에 요트는 다드 강을 거슬러 올라가 다드마스 해군사관학교가 있는 곳에 닻을 내렸다.

소년 시절에 조지 6세는 이 학교에서 공부를 했는데 1912년의 마지막 성적은 67명 중 61등이라는 명예롭지 못한 것이었다. 그러나 해사(海士) 시절은 조지 6세로서는 매우 즐거웠던 시절이었다. 조지 6세는 자기의 사촌이며 해사 동기생이기도 한 루이 마운트배튼 경 — 왕실 일족 사이 에서는 딕키로 불리웠다 — 과 함께 그립던 옛 교사(校舍)를 다시 찾는 일을 즐거움으로 삼아왔던 것이다.

마운트배튼가(家)는 빅토리아 여왕시대부터 윈저 왕가와 운명을 같이 해왔다. 딕키는 조지 6세와 마찬가지로, 빅토리아 여왕의 증손(曾孫)의 한 사람이었다. 그리고 딕키의 부친인 루이(딕키도 첫 이름은 루이이다.)는 제1차 대전이 일어났을 당시에 영국 해군분부장이었다. 루이는 영국 해군에 46 년간이나 복무한 끝에 해군 본부장의 지위에 올랐지만 그는 알고 보면 독일계의 혈통이었다.

그래서 1914년에 제1차 대전이 일어나자 불과 3개월도 못 되어 해군

본부장의 자리에서 쫓겨나지 않으면 안 되었다. 그의 혈통이 독일계라는 비난의 소리가 비등했기 때문이다.

그 무렵에 독일이라고 하면 하나부터 열까지 모조리 반대한다는 히스테릭한 감정이 영국 전역에 만연해 있었던 것이다. 독일종(種) 개를 데리고 있는 것을 보기만 해도 이맛살을 찌푸리며 투덜거리는 그런 판국이었다.

반(反) 독일적인 분위기

왕실 일족이 무엇보다도 더 공격의 대상이 되었다. 조지 5세가 족보상으로 보아 독일의 베팅 가 또는 삭스 그바그 고트 가의 한 사람이었는지 어떤지는 명백하지 않으나, 어쨌든 하노버 왕조의 조지 5세라는 명명(命名) 자체가 독일적이라는 것만은 의심할 여지가 없었다. 조지 5세의 부인(메어리 황태후)도 독일계의 테크가의 공주였다.

또 동시에 조지 5세를 정점으로 하는 왕실 일족에는 그레이헨, 쉴레스비히 홀스타인, 바텐버그 등의 독일식 이름을 가진 채, 영국에 귀화한 사촌들이 많이 있었다. 이 버텐버그가의 가장이 '독일인'이라 해서 쫓겨난 것이 해군 본부장인 루이였다. 그런 문제를 해결하기 위해서는 개명(改名)을 해서 잘 위장하는 도리밖에 없었다. 그래서 조지 5세와 그 일족과 자손들은 윈저라는 왕조의 이름을 채택했던 것이다.

윈저란 튜더, 스튜어트, 틀랜테지네트 등의 왕조명에 손색이 없는 영국적인 왕조명이었다.(나중에 안 일이지만 에드워드 3세는 실제로 자기를 윈저 가의 에드워드라고 부르기도 했다.).

한편, 버텐버그 가는 그 의미를 직역(直譯)해서 영어로 해도 충분히 통하는 마운트배튼 가로 바꾸었다. 테크 가는 케임브리지 가가 되고, 그라이헨 백작은 철자(綴字)를 바꾸지 않은 채, 그레헨 경이 되었다 — 명백한 이유도 없이 이 게르만 민족의 핏줄을 이은 성(姓)이 그대로 용납된 것은 좀 비논리적이다 — 그러나 쉴레스비히 혹스타인가는 자연히 소멸되는 형태로 문제가 해결되었다.

그런 일에 대해서 독일 황제가 꼭 한 번 말한 적이 있다. 자기의 친척 뻘이되는 영국의 왕가가 이렇게 성을 바꾼 것을 듣고 셰익스피어의 연극에다 비유해서, 다시 한 번 '삭스 코바그 고트의 쾌활한 여편네들'(셰익스피어의

128

‘윈저의 쾌활한 여편네들’에 비유)의 공연을 보았으면 좋겠다고 빈정거렸다.

이러한 시련이나 변화에 의해서 강화된 윈저 왕가와 마운트배튼 가의 유대는 이 쌍방의 새 가명(家名)에 의해서 멀어질 염려는 없었으나 그 유대를 더한층 긴밀하게 한 것이 이 마운트배튼, 즉 1939년 7월에 국왕 조지 6세와 그 일가에 동행에서 다드마스 해군사관학교를 방문한 딕키였다.

그의 딸애 페트리셔와 파멜라는 이미 어린 시절부터 조지 6세의 딸인 두 공주의 놀이 친구였고 예의 버킹엄 궁전의 소녀유녀단에서도 리더 격이었다. 그리고 마운트배튼 경(딕키) 자신도, 저 1936년 12월의 비극적인 저녁에 에드워드 8세와 줄곧 행동을 같이 하면서 국왕 퇴위를 결심한 에드워드 8세가 유럽 대륙을 향해서 출발하기 위해 가방에다 물건을 챙겨넣고 있는 모습을 새 국왕과 함께 서서 물끄러미 바라보았던 것이다.

마운트배튼 경은 지금까지도 새 국왕 조지 6세가 눈물을 글썽거리면서 한 다음과 같은 말을 기억하고 있다. “딕키, 이것은 정말 무서운 일이야. 나는 단지 한 사람의 해군장교일 뿐이다. 내가 알고 있는 것이라면 그것뿐이야.”

그러나 마운트배튼 경은 다음과 같이 대답했다. “매우 공교로운 일치라고 하겠는데, 우리 아버지가 언젠가 이야기해주었던 일이지. 클라렌스 공이 돌아가셨을 때 당신 아버지(조지 5세)가 우리 아버지한테 가서 지금 당신이 나에게 말한 것과 거의 같은 말을 했던 거야. 우리 아버지는 ‘조지, 당신은 잘못 알고 있어. 국왕인데도 해군에서 훈련을 받은 것 이상으로 적절한 준비란 따로 없는 거야.’라고 대답했다네.”

1934년 7월에 다드마스에서 6촌간인 두 사람은 해군의 훈련을 받던 곳을 다시 찾게 된 기쁨을 나누었다. 때마침 유행한 이하선염(耳下腺炎)과 수두(작은 마마) 때문에 많은 해사(海士) 생도들이 외출 금지상태에 놓여 있기는 했으나 기분을 어둡게 하지는 않았다. 해사의 교사(校舍)나 교정을 이곳저곳 안내받고 있는 동안에, 조지 6세의 기억 속 깊숙한 곳에 잠재해 있던 해사 시절의 일들이 계속 떠올랐다.

그리고 조지 6세는 맨 나중에 해사의 징벌 기록부를 가지고 오도록 해서 거기에 적혀 있는 자기의 소년시절의 비행을 큰소리로 읽었다. 조지 6세가 그것을 소리내어 읽는 장면은 생도들과 교관들로서는 참으로 ‘쾌활한 여홍'이었다.

필립 전하와의 만남

두 공주를 즐겁게 하기는 좀 어려웠다. 해군사관학교에 이하선염(耳下腺炎)과 수두(水痘)가 유행하고 있었기 때문이다. 그래서 두 공주를 학교 전체를 통괄하고 있는 본부의 교장실로 데려가게 되었다. 제독(提督)인 프레더릭 더링블 해밀튼 경이 교장이었다.

교장실에서 두 공주는 뜨개질을 하기도 했고, 태엽이 달린 장난감 기차를 마룻바닥에 굴리며 놀기도 했다. 그때에 반듯하게 균형 잡힌 얼굴에 날카롭고 푸른 눈을 가진 바이킹 같은 금발의 청년이 들어온 것이다. 마운트배튼 경의 조카인 필립 어브 그리미스 왕자였다. 그는 그 해에 사관후보생으로 해사(海士)에 입교한 것이었다.

"그는 휜한 얼굴을 하고 있었습니다. 그러나 예절은 별로 신통치 않은 편이 었습니다."라고 클로포드 양은 그때의 일을 회상하고 있다.

"그는 릴리베스(엘리자베스 공주)에게 '안녕하십니까.' 하고 인사를 하고는 잠시 공주와 함께 주저앉아서 기차놀이를 했습니다. 그는 곧 싫증이 나버렸지요. 우리는 진저 크래커와 레모레이드를 먹었는데, 그는 동석했죠. 그리고 그는 '테니스 코트에 가서 네트를 뛰어넘으면서 놀지 않겠어요? 재미있어요.'고 말했습니다."

그 자리에 있었던 사람 중, 엘리자베스 공주의 뒷날 남편이 된 이 남자와의 첫 상면에 대해 클로포드 양만큼 분명히 기억하고 있는 사람은 없다. 두 사람의 대면이 그때가 처음이었는지 어떤지는 분명치가 않다. 왜냐 하면 필립 왕자는 1934년에 사촌인 마리나 공주가 켄트 공에게 시집을 가는 그 결혼식에 참석했으니 말이다. 또 1937년에 6촌인 조지 6세의 대관식에도 왕실 일가의 초대자로 참석했었다.

그러나 관계자들은 이 해군사관학교에서의 만남이 엘리자베스 공주와 필립 왕자가 서로 상대방을 의식하게 된 첫 기회였다는 데에 의견을 같이 하고 있다. 그리고 클로포드 양이 당시에 쓰고 있듯이 필립 왕자는 지금도 그 첫 대면에 대해서 별로 큰 관심을 갖고 있지는 않으나 엘리자베스 공주는 그때 필립 왕자한테서 강한 인상을 받았던 것 같다.

클로포드 양은 사람을 관찰하는 타고 난 재능을 발휘해서 다음과 같이 써놓고 있다. "엘리자베스 공주는 끝까지 필립 왕자한테서 눈을 떼지 않았습니다. 테니스코트에서는 필립 왕자가 공주들을 의식하며 유난스러운 제스처를 보이기도 했습니다.

릴리베스(엘리자베스 공주)는 '클로피! 저것 좀 봐! 저 사람 굉장히 높이 뛰어오르잖아.' 하고 소리를 질렀습니다. 필립 왕자는 공주에 대해서 매우 정중했지만 그녀에 대해 특별히 관심을 가지고 있는 같지는 않았습니다. 그는 많은 시간을 살이 찐 마가렛 공주를 놀리면서 지냈습니다."

그 무렵에 필립 왕자는 아직 18세의 젊은이였다. 엘리자베스 공주는 13세로, 정말 아직 철없는 귀여운 소녀였다. 그날 밤에 필립 왕자는 자기 그룹의 사관생도들과 함께 국왕의 요트에 저녁 초대를 받고 찾아왔다. 엘리자베스 공주는 보육(保育) 일과라고 할 수 있는 스케줄에 따라 그때에는 벌써 침대에 들어가 있었다. 그래서 젊은 사관생도들과 함께 '람베스 워크'라든가 '발레 글리드' 등의 댄스를 춘 것은 클로포드 양이었다.

그리고 다음 날에도 필립 왕자가 왕실의 요트를 또 찾아와서 공주들을 즐겁게 했다. 특히 식사 시간이 즐거웠다.

"홍차를 마시는 차례가 되자, 릴리베스는 필립 왕자에게 '음식은 무엇이 제일 좋아요? 네? 무엇을 좋아하죠?' 하고 물었습니다. 엘리자베스 왕비는 '실컷 배불리 잡수어요. 오늘은 이제 식사 시간이 없잖아요?' 하고 말했습니다. 필립 왕자는 작은 새우요리를 몇 접시나 먹었습니다.

그리고 여러 가지 요리 중에서 특히 바나나 스플래시를 많이 먹었습니다. 어린 소녀로서는, 어떤 종류의 소년도 전혀 다른 세계의 생물 같은 존재로 느껴지는 법입니다. 얼굴에 홍조(紅潮)를 띠고서 엘리자베스 공주는 그런 기분으로 즐기고 있는 것이 분명했습니다. 그리고 마가렛 공주에게는 작은 새우요리를 그처럼 많이 먹어치우는 사람은 누가 됐든 영웅으로 보였습니다."

덴마크 인 왕자의 족보

필립 왕자의 사촌인 유고슬라비아 왕가의 알렉산드라 왕비는 13세와 9세의 소녀를 즐겁게 해주는 역할을 떠맡게 되어 언짢아 했었다고 말하고 그가 엘리자베스 공주에게 첫눈에 반했다는 따위의 말을 전혀 당치도 않는 것으로 부정하고 있다. 그러나 다른 사람들은 아무도 필립 왕자가 언짢아하는 인상을 받지 못했다. 그는 열심히 사람들을 즐겁게 해주려고 노력했고 때로는 지나칠 정도로 그러는 것같이 느껴지기도 했던 것이다.

국왕 일가가 떠날 때가 왔다. 해군사관학교로부터 떠나는 국왕 일가에게 바치는 축포(祝砲) 소리가 울려퍼지는 가운데 사관생도들은 보트를 모조리 동원해서 왕실의 요트 '빅토리아 앤드 알버트' 호의 주위를 감싸며 다느 강을 내려가 바다에 이를 때까지 호위해서 배웅을 했다. 그 보트들은 범선이기도 했고, 경주용 요트이기도 했으며 또 모터보트이기도 했다.

왕실의 요트 주위에 모여든 그 작은 배들은 위험하기도 했기 때문에 조지 6세는 모두 돌아가도록 신호를 하라고 했다. 그런데 오직 한 척만이 그 신호를 따르지 않았다. 그 배를 혼자서 젓고 있던 젊은이에게는 신호 소리가 들리지 않았던 모양이다. 마치 바다 멀리까지 따라가겠다는 듯이 전력을 다해서 그 젊은이는 배를 젓고 있었다. 왕실 요트의 갑판 위에서 엘리자베스 공주는 커다란 쌍안경으로 재미있다는 듯이 그 젊은이를 바라보고 있었다.

그때에 어떤 말을 그녀가 그 젊은이에게 던졌는지는 알 수가 없다. 그 젊은이도 마침내 이미 꽤 먼 거리가 된 해안 쪽으로 돌아가고 말았다. 젊은이가 그렇게 한 것은 "'딕키 아저씨'(마운트배튼 경)의 높으면서도 위엄 있는 목소리' 때문이었을까? 아니면 '어리석은 애송이'(클로포드 양의 말) '지쳐버려라, 젊은 바보녀석!'(유고슬라비아 왕가의 알렉산드리아 왕비의 말) 하고 조지 6세가 외쳤기 때문일까. 어쨌든 그 젊은이가 누구였던가 하는 점에서는 전원이 일치하고 있었다.

그리스 왕가의 왕자인 필립에게는 그리스 인의 피는 한 방울도 흐르고 있지는 않았다. 그러니까 엘리자베스 공주의 개인교사인 클로포드 양이 1939 년 7월에 그의 회색을 띤 금박과 모가난 얼굴 모양을 보고 바이킹의 후예에다가 비긴 것은 옳았다. 그는 본질적으로는 덴마크 인이었다.

덴마크의 왕가는 일반적인 계통학(系統學)상으로는 쉴레스비히 홀시타인 손더부르크 그록크스부르크 가(家)로 되어 있는데 근대에 와서 다른 나라 왕실에 인재를 보내는 일에 가장 성공한 왕실로 필립 왕자도 그리스 왕가에 보내진 일족의 멤버였다.

덴마크 왕가는 1863년에 침략에 의해서 그리스 왕위를 빼앗았다. 그 무렵의 그리스는 4세기에 걸친 터키의 지배에서 겨우 벗어나는 고된 전투 끝에 독립을 쟁취한 뒤였는데 신생 그리스는 왕정(王政)이었으나 잘 통치되지는 못했다. 그래서 18세의 덴마크 왕가의 윌리엄 왕자가 그리스 국왕이 되어 그리스의 수호성인(守護聖人)에게 경의를 바친다는 의미를 강조하면서 스스로를 게오르기우스 1세라고 일컬었다.

필립 왕자는 그 게오르기우스 1세의 손자이다. 그는 1921년 6월에 그리스의 고프 섬에서 태어났다. 족보상으로 말하면 필립 왕자의 그리스 왕위 계승순위는 하위에 올라 있다. 그러나 그것은 필립 왕자가 언제나 그리스 국왕이 된다는 가능성을 방해하는 것은 아니었다. 왜냐하면 그리스 국왕의 재위 기간은 그때까지 매우 짧았기 때문이다.

필립 왕자의 조부인 게오르기우스 1세는 1913년에 암살당했다. 백부인 콘스탄티누스 1세는 1917년에 추방당했다. 사촌인 알렉산드르 1세는 1920년에 사망했다.(원숭이에게 물려 독혈증으로 죽었다.) 그 뒤 백부인 콘스탄티누스 1세가 다시 왕위에 복귀했으나 1923년에 또다시 퇴위하게 되었다. 사촌인 게오르기우스 2세는 1933년에 퇴위했다가 1935년에 복귀에 성공했으나, 1941년에 재차 국왕의 자리에 올랐다.

영국 해군의 경순양함 카리프스 호의 함장은 1922년에 밀감 상자로 급조(急造)한 요람에다가 필립 왕자를 담아 가지고 그리스로부터 데리고 나왔는데 그때에 이 왕자 일족이 국외로의 망명인데도 별로 동요하는 기색을 볼 수 없었다. 그런 일이 너무나도 빈번했기 때문이다.

왕자 구출 작전

그 순양함의 함장은 해군대위 H.A.부캐넌 워러스튼이었다. 그는 국왕 조지 5세가 직접 생각해낸 극적인 구출 작전에 의해서 필립 왕자와 그 일가족을 데리고 나오라는 비밀 명령을 받고 있었다. 아직 어린 필립 왕자의 아버지 앤드루 왕자는 아테네에서 구금되어 처형될 위험에 처해 있었다. 앤드루 왕자는 무스타와 케말이 이끄는 군대가 그리스 군을 무찔렀기 때문에 체포된 몇 사람의 희생자 가운데 한 사람이었다.

앤드루 왕자 외 다른 6명의 포로 —— 5명의 그리스 정부 각료와 그리스 군사령관——는 1922년 11월에 사살당했다. 그래서 만약 지휘관 제럴드 탈보트가 이끄는 영국의 비밀 공작 팀이 아테네에 파견되지 않았더라면 앤드루 왕자도 그들과 마찬가지로 사살되는 운명을 면치 못했을 것이다. 널리 알려진 바와 같이 탈보트는 완전히 변장을 하고 필요한 가짜 서류를 가지고 조지 5세의 명령으로 그리스로 갔다.

그런데 국왕은 탈보트의 공작과는 별도로 또 한 가지 다른 조치를 취했다. 그 조치가 결정적으로 필요한 수단이었는지 어떤지에 대해서는 지금도 의견들이 일치하지 않고 있다. 그러나 조지 5세는 20세기에서 전혀 전례가 없는 그런 수단, 즉 국왕의 대천을 발동해서 해군본부에 전화를 걸어 탈보트의 구출 작전을 지원하기 위해 순양함 1척을 그리스로 급파하도록 명령을 내렸던 것이다.

탈보트는 그리스 혁명 전권의 지도자인 판가로스를 개인적으로 알고 있었다. 그러나 판가로스는 영국의 순양함이 아테네 만에 들어온 것을 알자, 어떤 특사도 내릴 수는 없다고 격노했다. 나중에 탈보트가 왕실 일가에게 말한 바에 의하면, 판가로스는 몹시 화를 내어 "앤드루 왕자는 죽지 않으면 안 돼."라고 말하고 있었는데, 그 자리에 부관이 황급히 뛰어들어와서, "아테네 앞바다에 영국의 군함이 들어와 있습니다."라고 보고했던 것이다. 그 장면은 마치 미국 영화의 한 장면 같은 느낌이었다.

판가로스의 기세는 백팔십 도로 달라졌다. 탈보트는 판가로스에게 명령을 하듯 앤드루 왕자를 감옥에서 석방해서 자기와 함께 차로 부두까지 갈 수 있도록 하라고 말했다. 이와 같은 영국의 포함(砲艦) 외교가 성공해서 앤드루 왕자는 그리스를 떠날 수가 있었다. 그래서 어린 필립 왕자도 아버지와 함께 유랑의 길에 올랐던 것이다. 나중에 결국 엘리자베스 2세, 즉 엘리자베스 공주와 결혼을 하게 됨으로 유랑 생활의 막을 내렸다.

여러 가지 의미에서 필립 왕자는 유랑자였다. 안정된 가정이 없었을 뿐만 아니라, 부모의 보살핌도 별로 없었던 것이다. 필립 왕자가 태어났을 때에 부모는 이미 결혼한 지 18년이나 되어 있었고, 왕자보다는 꽤 나이가 위인 4명의 딸을 가지고 있었다. 부모는 가정을 이끌어나가는 일에 이미 정력을 잃어버리고 있었다. 부모는 제각기 따로따로여서 필립의 어린 시절의 대부분은 별거 생활이었다. 무슨 사건 때문에 부모 사이에 틈이 벌어진 것이

134

아니라 서로 냉담하고 흥미의 대상이 달랐기 때문에 생긴 문제였다.

필립 왕자의 아버지 앤드루 왕자는 한 전사(戰士)로서 열심히 노력한 인물이었으나, 국외로 추방되었다는 굴욕감에서 냉소·나태의 기질이 생겨 그런 쪽으로 빠져들어갔다. 앤드루 왕자는 몬테카를로에 곧잘 다니게 되어 플레이보이의 생활에 젖어들었으며 가족들에게는 차츰 소원한 존재가 되어 갔다. 그는 레스토랑의 하얀 테이블에 진을 치고 앉아서 술잔을 기울이며 곧잘 사람들을 웃기곤 했다.

그런 버릇은 아들인 필립도 마찬가지였다. 앤드루 왕자는 아들 필립에게 근시(近視)도 물려주었다. 앤드류 왕자의 모노클(한쪽밖에 없는 안경)이나 코안경은 근시로 안경이 필요했기 때문에 생긴 멋있는 스타일이었다. 아들 필립은 좀더 사려 깊은 방법을 택했다.

필립 왕자는 콘택트렌즈를 사용했다(폴로 경기를 할 때에 그는 가끔 분실한다.). 그리고 차를 운전할 때에는 보통의 안경을 썼다.

그러나 낮에 사람들이 많을 때에 버킹엄 궁전을 출입할 때에는 안경을 쓰지 않았다. 그래서 그런 때는 필립이 운전하는 차에 동승(同乘)한 사람은 버킹엄 궁전의 둥근 기둥을 보고 운을 하늘에다 맡기는 수밖에 없다고 체념한다.

어린 시절의 필립 전하

필립의 어머니인 베텐버그 가의 앨리스 공주는 필립이 나중에 그 성(姓)을 따르게 된 마운트배튼 가의 루이 왕자 —— 앞서 말한 냉대받은 해군 본부 장으로 마운트배튼 가의 초대 가장(家長) —— 의 장녀로 영국 왕실의 한 사람으로 자랐다. 남편과는 달리 그녀는 자기가 받은 부당한 처사 때문에 자기의 의무를 소홀히 하려고 들지는 않았다.

제2차 대전으로, 독일이 그리스를 점령하고 있었을 때 그녀는 줄곧 아테네에 머물면서 나치의 친위대(親衛隊)를 피해 다니는 유태인을 포함한 난민들을 감싸주었다. 그리고 1949년에 '마르타·에어리 자매(姉妹) 크리스트 교단'을 창립해서 자기가 다한 헌신적인 노고를 하나의 기구로서 구성했던 것이다. 두 자매 중 동생인 앨리스는 메어리의 수녀복을 평생토록 입고 있었다. 그리고 최후의 2,3년은 며느리인 엘리자베스 2세의 손님으로 버킹엄 궁전에서 조용하게 살았던 것이다. 그녀는 이미 은둔한 여자였다. 그 고독함은 귀가 멀어서 더욱 심해졌다.

1920년대에 남편이 곁에 없는 환경에서 필립 왕자를 길러냈을 때 그녀가 믿고 의지한 것은 친구들이었고 그 중에서도 특히 그녀의 형제인 조지와 딕키의 마운트배튼 형제들과 가까이 지냈다.

젊었을 때에 필립이 스승으로 받든 것은 딕키 아저씨였다는 것이 일반적인 견해이다. 딕키 마운트배튼은 확실히 1937년 7월의 필립 왕자와 엘리자베스 공주의 역사적인 상봉을 주선했던 것이다. 그때에 이미 그는 1년 이상이나 필립 왕자의 양부(養父) 노릇을 하고 있었다. 형인 조지 마운트배튼이 1939년에 죽기까지 필립 왕자를 돌보며 자기가 왕년에 다녔던 예비학교에 필립을 입학시켰다.

그때까지의 필립 왕자는 파리에서 겉으로 보기에는 그럴듯 하나 알맹이가 없는 망명자들을 위한 조그마한 학교에 다니고 있었다. 조지 아저씨가 뒤를 돌봐주게 되기까지의 그 시기를 회상해서 필립 왕자는 자기네 집은 유복하지는 않았다고 말하고 있다. 그러나 그는 세계의 정세가 어떻게 돌아가고 있는 아랑곳없이 친척집에서 즐겁게 뛰어다니고 있었다.

알렉산드리아 여왕은 장난꾸러기인 그 무렵의 필립 왕자가 옷을 입은 채 발트 해에 달려들어가서 온통 젖어서 나오기도 하고 돼지우리 옆의 진흙 구덩이에 빠져서 유모를 괴롭히기도 한 일을 기억하고 있다. 필립 왕자의 자라난 모습은 엘리자베스 공주의 소녀 시절의 모습과는 아주 정반대라고 할 수 있을 정도로 달랐다.

조지 아저씨는 필립 왕자에게는 뭔가 남자로서의 습관이 몸에 배이도록 하지 않으면 안 되겠다고 생각해서 예비학교를 마치자 1933년에 그를 독일의 바바리아 국경의 콘스탄스 호수 근처에 있는 세일렘 학교로 보냈다. 조지 아저씨는 필립의 영국에의 동화(同化)를 중단시키는 것은 싫었지만 가정 사정이 부득이했던 것이다. 그 세일렘 학교는 1920년에 지금은 전설적인 인물이 된 쿨트 한이 설립한 것이다.

당시 왕자의 자매들은 모두 성(城)을 가지고 있는 독일 사람과 결혼을 했다. 그런 성 중에서도 가장 큰 것이 세일렘 성으로 그 크기는 버킹엄 궁전을 능가했다. 필립 왕자의 누나인 테오도라가 시집간 마르그라베 어브 바덴 가의 본거지였다.

쿨트 한은 바덴 왕가의 막스 왕자의 보좌역이었다. 한은 인격 형성과 학문 도야에서 영국과 독일의 장점을 따서 잘 재구성한 교육을 실시할 목적으로 세일렘 학교를 설립했던 것이다. 그는 처음에는 불과 4명의 학생으로 시작해 차차 확대해서 마침내는 세계에서 가장 유명하고 영향력이 있는 사립 학교라고 평가받는 학생수 5백 명의 당당한 학교를 만들어낸 것이다. 그러나 한은 나치 정권에 대해 반대 입장을 취했기 때문에 필립 왕자가 그 학교에 갔을 때에는 독일의 젊은이들을 타락시켰다는 이유로 그는 투옥되어 있었다.

램제이 맥도널드가 한의 석방을 위해서 나섰다. 감옥에서 풀려나자 한은 그 학교를 독일에서 스코틀랜드의 몰레셔로 옮겼다. 그가 사들인 새 교사는 고든스타운이라는 집으로 필립 왕자는 그 새 학교의 학생이 되었다.

다드마스 해군사관학교

"가끔 장난을 치지만, 결코 밉상은 아니다."라는 것이 쿨트 한의 필립 왕자에 대한 평이었다. 필립이 더 장성한 뒤에 한은 '필립의 지도자로서의 자질에는 볼 만한 것이 있다. 그러나 아쉬운 것은 때때로 인내와 관용이라는 면에서 결함이 보이는 점이다.'고, 써놓고 있다. 그리고 한은 마지막 필립의 평에서 그의 아버지와 마찬가지로 너무나도 매사가 자기의 의향대로 된다고 생각하고 있는 점이라고 지적했다.

이와 같은 필립의 성격이 시련을 받게 된 것은 해군에서 근무할 때였다. 그는 그리스 국적이었으나 그것은 영국 해군사관으로서 훈련을 받는 데에 아무런 장애가 되지 않았으며 또 영국 해군장교로서 실제로 근무하는 데에도 아무 지장이 없었다. 그러나 필립의 해군 복무는 일시적인 것이었다.

1939년 7월에 필립 왕자가 엘리자베스 공주와 상면했을 때에 필립은 다드마스 해군사관학교에 입학한 지 겨우 2,3개월밖에 안 되었다. 그런데 그는 이미 동기의 사관후보생 가운데서 만능의 최우수생에게 주어지는 국왕이 하사(下賜)하는 단검을 받았었다. 그래서 딕키 아저씨는 국왕 일가에게는 전혀 낯선 청년이 아닌데도 이 정력적인 젊은 조카를 자랑스럽게 여겨 조지 6세에게 소개했던 것이었다.

필립 왕자는 버킹엄 성의 아이버에 가까운 코펀스에 있는 켄트 공의 집으로 사촌인 마리아(켄트 공의 부인)를 곧잘 방문했다. 그리고 메어리 황태후는 필립 왕자를 버킹엄 궁전에 와서 함께 홍차를 마시며 즐거운 시간을 가진 푸른 눈동자의 멋있는 청년으로 기억하고 있었으며 좋은 인상도 가지고 있었다. 그리고 제2차 대전 중에는 필립 왕자의 명예를 높이 사서 자기의 편물(뜨개질)의 리스트 속에 그의 이름을 추가했던 것이다. 황태후는 그 리스트에 적은 사람들에게는 손수 털실의 스커트나 스웨터를 짜주기도 했다.

엘리자베스 공주와 필립 왕자가 상봉했을 때 이미 제2차 대전은 2개월 앞으로 다가와 있었던 것이다. 전쟁이 일어나자, 필립 왕자는 온갖 위험과 광기가 넘치는 실전(實戰) 임무에 몸을 맡기게 되어 엉망이 되었다. 그러나 그는 전쟁의 와중에서도 가능한 한의 즐거움과 친교의 기쁨을 맛보면서 자신의 인생을 살아나갔다.

필립 왕자가 기억하고 있는 엘리자베스 공주의 모습은 진저 크래커와 레모네이드를 좋아하는 내성적인 13세의 소녀였다. 설령 필립 왕자의 마음 속에 국왕 일가와 인연을 맺었으면 하는 생각이 있었다. 하더라도 —— 그런 생각은 왕자의 부모나 친척들이 내심 모두 가지고 있었다 —— 그때에는 시기적으로 불가능한 일이었다.

결혼을 한다거나 아버지가 된다거나 하는 문제는 전쟁이 끝난 뒤에라야 가능한 일이었던 것이다.

제9장 전 쟁

스코틀랜드로 피난

1939년 9월의 시점에서 엘리자베스 공주는 행복에 넘치기는 했으나 아주 이상할이 만큼 외계(外界)와 단전되어 있었던 어린 시절을 또다시 그렇게 돌이켜볼 수가 있었다. 그러나 몇 달 뒤에 일어난 제2차 대전은 청춘시대의 공주의 생활이 보람있고 즐거운 것이 될 가능성을 빼앗아버렸다.

그로부터 6년 뒤에 엘리자베스 공주는 버킹엄 궁전의 발코니에 서서 제2차 대전에서의 영국의 승리를 축하하는 군중들에게 손을 흔들어서 답례를 할 수가 있었다.

그러나 공주에게는 그 6년이 세월은 괴롭고도 지루한 세월이었다. 공주는 국민 총동원의 전투 태세에 몸소 참가하기에는 아직 어렸기 때문에 전쟁이 끝나갈 무렵의 몇 달 동안만 참가했을 뿐이다.

국가적인 견지에서 왕위를 계승할 사람은 일반국민과는 달리 국민 총동원의 전시 체제에도 참가하지 않도록 되어 있었다. 그러나 국민의 사기를 생각하면 엘리자베스 공주가 어떤 안전한 나라로 가서 거기서 자유를 누리며 생활하는 것은 좋은 일이라고는 할 수 없었다.

엘리자베스 공주에게는 그 시련의 6년간은 그 전의 말하자면 일반 세상으로부터 격리된 12년간의 세월과 본질적으로 같은 것이었으나 거기에다가 어떤 종류의 규제가 가해진 것이다. 그것은 안전한 곳으로 이동하는 것이 전혀 불가능한 궁전에 묶인 생활이었다.

부모인 조지 6세와 엘리자베스 왕비는 전쟁으로 인한 사정없이 바쁜 공무에 매달리고 있어, 공주는 부모와 접촉할 시간이 거의 없었다. 그래서 공주는 변함없는 세 명의 여자 ── 동생 마가렛과 시녀인 보보, 그리고 개인교사인 클로포드 양 ── 들과 함께 마치 수녀원 생활과도 같은 나날을 보내고 있었다.

1939년 9월 3일, 영국이 독일에 선전 포고를 하던 날, 크로포드 양은 휴가 중이었다. 그러나 그녀는 그 뉴스를 듣자 곧 스코틀랜드의 발모럴 성으로 연락 전보를 쳤다. 공주들은 그때에 아직 근처의 바크홀에 머물고 있었으나 조지 6세와 엘리자베스 왕비는 이미 여름 휴가를 끝내고 런던으로 떠나고 있었다. 조지 6세는 자기 집안 사람들이 절대로 동요하는 기색을 보여서는 안 된다고 신경을 썼다.

독일군의 폭격이 심해지자 버킹엄 궁전에서 밤을 세우는 일이 위험하게 되자, 조지 6세 부처는 윈저 성에 가서 밤을 세우고는 다음 날 아침 일찍 런던으로 돌아와서 버킹엄 궁전에서 평소와 다름없이 집무를 계속했다. 국왕은 딸애들이 당분간 휴가의 연장이라는 식으로 스코틀랜드에 머물러 있도록 하는 것이 좋겠다고 생각했다. 국왕에게는 정말 걱정되는 것은 말보로 하우스에 살고 있던 어머니 메어리 황태후의 일이었다.

메어리 황태후는 위험했다. 게다가 72세의 고령이어서 전쟁 중의 공무에 크게 공헌하는 것은 무리였다. 그래서 내셔널 갤러리(런던 최대의 미술관) 소장(所藏)의 미술품들과 함께 메어리 황태후는 1939년 9월에 런던에서 지방으로 소개(疎開)를 했다. 총원 63명이나 되는 시종들이 모두 메어리 황태후와 함께 소개해갔다.

스코틀랜드에서는 전쟁은 아직 아득히 먼 곳에서의 일처럼 여겨졌다. 클로포드 양은 일과표를 그대로 실시하고 있었다. 아침 7시 반에 공주들의 하루의 일과가 시작되었다. 오전 11시까지 공부를 한 다음, 오렌지 쥬스와 비스킷을 먹고 휴식을 취했다. 그리고 뮈크 강 기슭에 있는 숲속을 거닐며 산책을 하거나 말을 타고 돌아다니기도 했다. 오후 6시가 되면 조지 6세와 왕비가 매일 반드시 전화를 걸어왔다. 왕비는 먼저 클로포드 양에게 "될 수 있으면 지금 그대로의 일과를 계속하도록 해요."라고 부탁하는 것이었다.

엘리자베스 공주의 영국 헌정사(憲政史)의 공부는 통신교육의 형태를 취하게 되었다. 이튼 학교의 헨리 마틴은 공주로부터 우편으로 보내오는 답안지를 고친 다음, 다시 공주에게로 돌려보냈다.

마가렛 공주도 어느덧 9세가 되어 있었다. 클로포드 양은 자기가 부담하고 있는 교육의 일부를 누군가가 맡아주지 않고서는 해나갈 수 없다고 생각했다. 그래서 몬트든 스미드 부인(몬티라고 불렀다.)이라는 프랑스어 교사를 채용했다. 몬티는 두 공주에게 프랑스 어로 이중창을 가르쳐 나중에 국왕 내외가 듣고서 깜짝 놀라도록 했다.

윈저 성의 방공호

앞으로 어떻게 되어가는 것인지 아무도 알 수가 없었다. 제2차 대전이 시작되고 나서 첫 크리스마스가 다가오고 있는데도 가족들이 모두 한자리에 모일 수가 있을지 어떨지 확실치가 않았다. 그러나 1939년 12월 18일에 엘리자베스 왕비는 공주들에게 전화로 샌드링검 궁전은 안전하니까 그곳으로 모이도록 하자고 말했다.

샌드링검 궁전도 실은 독일군이 영국 상륙을 감행한다면 아마도 그곳일 것이라고 예상되고 있는 잉글랜드 동해안선에 가까운 곳에 있었다. 두 공주는 이미 스코틀랜드의 에비딘의 수퍼마켓 율워스에 주문해서 크리스마스 선물을 준비해놓았다. 국왕 일가에서 크리스마스의 기쁨은 넘쳤다. 걱정거리라면 단 한 가지, 금년만은 절대로 피할 수 없는 조지 6세의 크리스마스 라디오 방송이었다.

조지 6세는 일기에다가 "이 크리스마스 라디오 방송만은 늘 나에게 부담이었다. 나는 그것을 마칠 때까지 전혀 크리스마스를 즐길 기분이 나지 않는다."라고 썼다.

그러나 해마다 국왕의 크리스마스 라디오 방송은 좋은 결과를 가져왔다. 조지 6세는 1908년에 발표된 채 아직 사람들의 눈에는 별로 띄지 않은 '사막'이라는 시를 발견했다. 그 해의 크리스마스 라디오 방송은 그 시에서 몇 구절을 따서 읽어맞추었던 것이다.

"새해를 맞이해서 문 앞에 서 있는 남자에게 나는 말을 걸었다. '미지의 세계를 안전하게 걸어갈 수 있도록 나에게 광명을 주오.' 그러자 그 남자는 대답했다. '그냥 그대로 암흑 속으로 걸어가기 바란다. 광명을 얻는 것보다도, 너에게는 더 좋은 결과가 될 것이다. 지금까지 사람들에게 알려진 길보다 그 길이 훨씬 안전할 것이다.' 신이여! 당신의 전능하신 힘으로써 우리 모두를 인도하고 보호하소서!"

1940년에 독일군의 영국 침공 위협이 점점 심해지는 가운데서 국왕 조지 6세는 딸들을 어떻게 할 것인지의 결단을 내리지 않으면 안 되었다. 나치의 낙하산 부대가 대량으로 또는 뿔뿔이 영국 본토에 낙하해서 살인과 파괴를 자행할 일이 예상되었다. 어린 공주들이 그런 공격의 대상이 될지도 알 수가 없었다.

국왕 부처로서 한 가지 방법은 두 공주를 자치령인 캐나다로 안전하게 피난시키는 일이었다. 그렇게 할 수 있는 여력이 있는 많은 영국의 어버이들은 이미 정부의 승인을 얻어 아이들을 피난시키고 있었다. 그러니까 국왕 내외가 그 같은 안전 조치를 취한다 해도 당연히 이해받을 수 있는 일이었으며 불명예스런 처사는 아니었다.

그러나 조지 6세는 그런 생각만으로 공주들을 피난시킬 수는 없었다. 아이들을 피난시킴으로써 일반 어버이들은 걱정해서 해방될 수도 있었겠지만 영국의 어버이들을 대표하고 있는 국왕과 왕비로서는 그 해방감을 느낄 수가 없었던 것이다.

결국 공주들의 국내 잔류(殘留)가 결정되었다. "아이들은 나와 함께가 아니면 국외로 나가려 하지 않을 것입니다. 나는 또 국왕과 함께가 아니면 국외로 나가지 않겠습니다. 그리고 국왕은 절대로 국외로 나갈 수가 없는 것입니다." —— 이것이 공주들의 국내 잔류를 결정 발표했을 때의 엘리자베스 왕비의 공식적인 설명이었다. 이 성명은 많은 국민들에게 감동을 주었다.

국왕 일가가 가장 안전하게 생활할 수 있는 장소는 윈저 성인 듯 했다. 그래서 새해로 들어서자 곧 두 공주는 샌드링검 궁전에서 윈저 성의 부지 안에 있는 로열 로지로 옮겼다. 1940년 여름에 덩케르크의 전투와 파리 함락 후에 공주들은 다시 윈저 성으로 옮겨서, 소녀시절을 줄곧 그것에서 보내게 되었다. 그래서 지금도 엘리자베스 2세는 수많은 방식의 궁전이나 저택 중에서 윈저 성을 '본집'이라고 부르고 있는 것이다.

공식적으로는 엘리자베스와 마가렛 두 공주는 '어느 지방의 저택'에서 생활하고 있는 것으로 발표되었다. 그러나 실제로는 런던에서 아주 가까운 그곳도 브리스톨이나 잉글랜드 중서부의 도시를 폭격하러 가는 독일군의 비행기가 날아가는 코스의 바로 밑에 살고 있었던 것이다.

두 공주는 최신 과학의 결정(結晶)인 비행기들에 둘러싸여 있었다. 성의 둘레에는 대공포가 설치되어 주위의 경치와는 전혀 안 어울리게 포신(砲身)을 하늘로 내뻗고 있었다. 윈저 성의 가운데 정원에는 방공호가 있었다. 폭탄 세례를 피하기 위해서 여러 개의 지하 창고도 만들어져 있었다.

영국군 병사들은 공주들뿐만 아니라 왕실의 보석을 지키기 위해서 끊임 없이 눈을 번뜩거리며 경비를 하고 있었다. 보석은 헌 신문지에 싸여 윈저 성의 금고 속에 숨겨져 있었다.

처칠 정권을 잡다

그런데 그 무렵에 영국의 위기를 둘러싸고 조지 6세에게는 한 가지의 난제(難題)가 생겼다. 수상인 네빌 체임벌린의 전쟁 정책의 추진 방법에 대한 비판이 높아져서 불신임 투표의 결과, 체임벌린은 1940년 6월 10일에 수상의 자리에서 물러나고 말았다. 조지 6세는 체임벌린은 아주 잘하고 있는

것으로 알았다. 조지 6세는 일기에다가,

"그처럼 일을 잘하고서도, 이런 취급을 당하다니, 체임벌린에 대해 정말 모두 너무한 것 같다."

고 썼다.

조지 6세는 영국이 승리할 수 있도록 이끌 사람은 외상(外相)인 핼리팩스 경밖에 없다고 생각했다. 국왕은 다른 후보인 윈스턴 처칠을 신용하고 있지는 않았다. 국왕은 처칠을 곧잘 충성심이 변덕을 부리고 매우 모순된 정치자세를 예사로 취하는 나쁜 요술사라고 생각하고 있었다.

국왕은 핼리팩스야말로 훨씬 기분이 통하는 친구라고 생각하고 있었다. 국왕은 귀족은 핼리팩스가 하원의원 일색인 정부를 이끌기 위해서 "당분간 귀족의 지위를 정지할 수는 없을까 하고 생각했다. 그러나 그 우상은 잘 실현되지가 않았다. 핼리팩스는 박력이 부족했고 노동당은 핼리팩스를 수상으로 하는 연립내각에 입각(入閣)하는 것을 거부했다.

그래서 1940년 5월 10일에, 조지 6세는 윈스턴 처칠을 버킹엄 궁전으로 불렀다. 현실의 정치 속에서 하나의 조정 역할을 하는 것이 국왕의 의무였다. 그렇다고 조지 6세가 국왕 퇴위의 위기 때에 형 에드워드 8세의 편에 선 사나이, 즉 처칠과 지금부터 함께 일을 해나가지 않으면 안 된다고 해서 그에 대한 감정을 누그린 것은 아니었다. 그 다음 날의 일기에다가 "나는 아직까지도, 처칠을 수상이라고 생각할 수가 없다."라고 썼던 것이다.

당시에 핼리팩스 경은, 버킹엄 궁전의 뒤편인 이튼 스치어에서 살고 있었는데 외무성으로 출근할 때 가까운 길로서 버킹엄 궁전의 정원을 지나가는 특권을 부여받고 있었다. 다시 조지 6세의 일기에는 다음과 같이 적혀 있다. "나는 정원에서 핼리팩스와 만났다. 나는 그에게 수상 자리에 앉히지 못해 미안하다고 말했다."

1940년에 영국을 위협했던 위기감은 윈저 성에 있는 공주들의 일상생활에도 다가왔다. 영국의 유럽 파견군이 덩게르크의 해전에 투입되자 심한 포성과 폭발하는 소리가 템―강의 하구(河口)에서도 기분 나쁘게 들리는 것이었다. 그리고 윈저 성의 그레이트 파크 주변에 배치된 부대에서도 규칙적으로 포성이 들리게 되었다.

조지 6세는 측근자들을 정기적으로 권총 사격 훈련에 나가도록 했다.

윈스턴 처칠이 말했듯이 화이트 홀(런던의 중앙 관청가)의 건물이 파괴되는 폐허 속에서 백병전(白兵戰)이 전개되는 사태가 올지도 모른다는 것이 1940년 여름의 상황이었다. 처칠은 독일군의 영국 상륙이라는 사태가 발생한다면 왕실 일가를 지키는 영국군 특별 부대가 즉각 왕실 일가를 지방으로 데리고 갈 수 있도록 계획을 세웠다.

그러나 조지 6세는 그런 계획에는 좀처럼 동의하지 않았다. 그는 자기가 런던에서 퇴각하는 때는 무장 레지스탕스 운동의 선두에 서서 싸우는 경우 뿐이라고 생각하고 있었던 것이다. 한편 조지 6세의 형인 윈저 공은 그러한 정세 속에서 자기가 해야 할 역할이 없을까 하고 생각했다. 프랑스의 페탱 원수는 나치의 침략자와 손을 잡는 것이 조국에 대한 자기의 의무라고 생각했다.

1940년 여름에 독일군의 공작원이 윈저 공에게 접근해서 페탱 원수와 마찬가지로 애국심을 발휘하면 어떻냐고 말했다. 그때에 윈저 공은 그 제안에 대해서 흥미를 나타내었다. 1940년 7월에 윈저 공은 어느 미국 외교관에게 말했다. "지금 해야 할 가장 중요한 일은 두세 사람의 정치가의 체면을 세우기 위해서, 몇천 명 몇만 명의 병사가 더 죽고 부상하기 전에 전쟁을 끝내는 일입니다."

제2차 대전이 일어난 직후에 윈저 공은 자원에서 프랑스에 파견된 영국군 부대의 연락을 맡았다. 윈저 공은 파리에 본거를 두고 있었으나 프랑스가 패망하자 스페인으로 옮겼고 그 후 다시 포르투갈로 갔다. 제2차 대전도 말기에 접어들어 독일로부터 압수한 문서에서는 독일이 윈저 공을 영국을 교란시키기 위한 유효한 수단으로 생각하고 비밀 공작원을 시켜 자세히 감시를 하도록 했다는 사실이 명백히 적혀 있었다.

영국 정부는 그 점을 중요시했다. 그래서 윈스턴 처칠은 윈저 공에게 바하마 군도(群島)의 총독의 자리를 제공해서 될 수 있는대로 속히 유럽 대륙에서 떠나도록 요청했다. 그러나 윈저 공은 그 요청을 거절했다.

윈저 공 부처를 태워가기 위해서 파견된 쾌속정 두 척은 허탕을 치고 돌아왔다. 윈저 공은 리스본에 머물면서 약 2주일간에 걸쳐 독일의 비밀 공작원과 접촉을 가졌다. 그 공작원은 립벤트로프로부터 '윈저 공 부처의 영국 왕위 재취임'에 대해 윈저 공과 협의하라는 지령을 받고 있었다.

원저 공의 동향

1954년에 원저 공과 독일 공작원과의 회담에 관한 문서가 공표되었다. 그 문서는 1940년 당시에 원저 공이 스스로 조국을 배반할 의사가 있었다는 증거라기보다도 오히려 독일의 비밀 공작원이 필사적으로 자기네의 교활하기 짝이 없는 몽상(夢想)의 실현을 위해서 원저 공에게 집요하게 접근한 증거로 보는 견해가 일반적인 것 같다.

그러나 만일 그(원저 공)가 왕위에 있었다면 이 전쟁은 피할 수 있었을 것이라고, 그 자신이 확신하고 있다고 한 독일 공작원의 보고는 원저 공이 여러 사람들에게 공언한 말과 맞아들어간다. 또한 독일 공작원이 전하고 있는 독일의 비밀 전략에 대한 원저 공의 태도는 원저 공 자신이 그 후에 취한 행동에 의해서 틀림없는 것이라는게 실증되었다. 그 보고서에 가운데에는 1940년 7월의 일로 원저 공에 대해서 다음과 같이 씌어 있다.

"현시점에서 그는 그의 정부의 공식 명령(바하마 총독으로 부임하는 일)에 따르지 않으면 안 된다. 만일 따르지 않으면 그의 본연의 목적이 미연에 누설되고 만다.…… 그는 현시점에서는 아직 자기가 아직 표면에 나서는 것은 시기상조라고 생각하고 있다.…… 그러나 사태가 변하면 그는 즉시 영국에 돌아갈 용의가 되어 있다.…… 그리고 그는 그것을 받으면 곧 영국으로 돌아간다는 그 암호에 대해서도 우리와 합의해 도달했다.…… 그뿐 아니라 그는 이미 필요한 준비를 갖추고 일에 착수하고 있다."

그 한 달 뒤에 원저 공은 바하마 군도(群島)로 갔다. 리스본에서 원저 공과 접촉했던 독일 공작원은 원저 공으로부터 행동을 개시할 때가 오면 될 수 있는 대로 속히 연락을 해주기 바란다는 전보를 받았다고 보고하고 있다. 그 1년 뒤인 1941년 8월에 같은 계통의 보고는 원저 공이 아직도 독일 공작원과 접촉을 계속하고 있다는 것을 기록하고 있는 것이다.

확실히 독일 공작원이 우수한 직업 외교관으로서 원저 공과의 있지도 않은 접촉을 거짓으로 꾸며서 그것을 베를린으로 보내고 있었다고 생각할 수도 있을 것이다. 그러나 1940년부터 41년까지의 원저 공과 독일과의 관계를 조사한 프란시스 도날드슨은 양자의 접촉은 상당히 단수가 높은 것이었다고 다음과 같이 써놓고 있다.

"지금과 같이 평화스러운 환경에서는 사람들은 윈저 공에 대해 조국을 배반한 죄 많은 인물이라고 낙인을 찍는데 주저할 것이다. 그러나 절대적인 죄악이라고는 할 수 없더라도 상대적인 죄악을 윈저 공이 범했다는 것은 용이하게 추정할 수 있다.

윈저 공이 취한 행동은 가령 프랑스의 레지스탕스 운동과 같은 환경 속에서라면 심한 보복을 당했을 것은 의심할 여지조차 없다."

이러한 사건이 윈저 공과 영국 왕실 일족과의 소원한 관계를 이제는 돌이킬 수 없는 단계로까지 낙화시켰다. "데이비드 백부님(윈저 공)은 돌아가지는 않았어."하고 클로포드 양은 윈저 공이 두 질녀, 즉 엘리자베스 공주와 마가렛 공주의 생활에서 완전히 모습을 감춘 것을 애써 공주들에게 설명했다. 그리고 클로포드 양은 다음과 같이 썼다.

"공주들은 데이비드 큰아버님을 두번 다시 볼 수가 없었다. 왕실은 곤란한 일이 생기면 침묵을 지키는 것이 관례처럼 되어 있다. 그래서 윈저 공에 대해서도 그 침묵은 잘 지켜졌다. 버킹엄 궁전에서나 윈저 성에서도 윈저 공의 이름은 절대로 입에 오르내리는 일이 없었다."

전시하에 싸우는 국왕

영국 전선에서의 싸움이 절정기에 달한 1940년 9월 13일에 국왕 부처와 친밀한 관계에 있던 하딩의 남편 알렉은 조지 6세와 함께 집무하고 있었다. 그때에 조지 6세의 말에 의하면 "갑자기 우리의 머리 위를 비행기 한 대가 요란한 굉음과 함께 날아들었다. 보니까 두 개의 폭탄이 버킹엄 궁전의 바로 앞쪽으로 낙하해오고 있었다. 우리로부터 약 30미터 쯤되는 가운데 정원에 떨어져서 두 개의 큰 폭음이 진동했다."

그 비행기는 버킹엄 궁전 앞에 뻗어 있는 더 몰의 통로를 직격(直擊)한 것이었다. "이러한 말을 하면 정말 안 되지만 참으로 멋진 폭격 솜씨이더군요." 하고 버킹엄 궁전을 정비하고 있던 경찰관이 엘리자베스 왕비에게 말할 정도였다.

"폭격을 당하는 편이 좋아요." 하고, 왕비는 말하고, 다시 또 "그 덕분에 나는 이스트엔드(런던 동부에 있는 노동자 주거 구역)의 사람들을 바로 대할 수가 있을것 같아요."라고 말하는 것이었다.

엘리자베스 왕비는 걱정할 필요가 조금도 없었다. 에드워드 8세의 국왕 퇴위 사건의 뒤에 왕위를 계승한 조지 6세와 그 일가에 대해서 영국 국내에서 반대하는 사람이 있었다 하더라도, 1940년의 여름에 조지 6세와 왕비가 독일군의 폭격에 의해 파괴된 거리를 매일 돌아다니면서 지난 달에 자기네의 집이 있었던 자리가 지금은 잿더미로 변한 폐허 속에 우두커니 서 있는 사람들에게 따뜻한 위로의 말을 건네는 것을 보고 국왕에게 반대하던 여론은 사라져버렸던 것이다. 조지 6세 부처가 취한 이런 행동이야말로 전쟁 속에서 고생하는 국민의 선두에 전혀 새로운 형태로 서서 나아가는 국민을 대표하는 왕제(王制)의 참모습을 나타내는 것이었다.

윈스턴 처칠은 그 자신의 카리스마를 창조했다. 그러나 유럽 전체가 굴복한 그 막강한 독일군의 힘 앞에, 영국만이 홀로 저항하고 있을 때 처칠의 노력에 못지 않게 중요했던 것은 조지 6세와 엘리자베스 왕비가 몸소 나타낸 지칠 줄을 모르는 상상을 초월하는 행동이었다.

폐허가 된 거리를 걸어서 돌아다니는 국왕 부처의 모습을 보고 폭격에서 살아 남은 한 시민은 "선량한 국왕을 가진 것을 진심으로 신에게 감사한다!"고 외쳤다. 그러자 조지 6세는 "선량한 국민과 함께 살아가는 것을 신에게 감사한다."고 대답했다.

독일군의 폭격이 런던 이외의 도시에 집중되자 국왕 부처는 그들의 도시까지도 찾아갔다. 밤새도록 코벤트리, 사우햄프턴, 버킹엄, 브리스톨 같은 도시들이 융단폭격을 당했다는 소식이 들어오자 다음 날 아침에 국왕 부처가 탄 차나 열차가 피해 상황을 시찰하기 위해서 런던을 떠나는 것이었다. 코벤트리에서 돌아와서 조지 6세는 어머니인 메어리 황태후에게,

"코벤트리의 구시가지와 중심부는, 제1차 대전 때의 이플(벨기에 북서부의 도시)가 똑같은 참상이었습니다. 엘리자베스 왕비는 "너무나 큰 슬픔과 한탄과 동시에 시민들의 왕성한 투지와 사기를 보고 듣고서 저는 마음이 아프면서도 뭉클한 감동을 느꼈습니다."라고 편지에 썼다. "코벤트리 시가지의 파괴 상황은 너무나도 무서운 것이었습니다. 그러나 시민들은 정말로 훌륭했습니다. 시민들은 보다 나은 세상에 살아야 마땅할 사람들이라는 생각이 들었습니다."라고 덧붙이기도 했다.

비록 무기를 손에 쥐지는 않았지만 싸우는 국왕이라는 새로운 인상을

준 조지 6세가 국민 총력전의 속에서 생겨난 새로운 타입의 영웅에 대해서 자기 이름을 붙인 훈장을 만들어서 수여하기로 작정한 것은 매우 타당한 일이었다.

빅토리아 여왕의 통치 이래 적을 맞아 용감하게 싸운 인물에 대해서 주어지는 최고의 영예라고 하면 빅토리아 훈장이었다. 그런데 이번에는 조지 훈장을 만들어서 민간인이 보여준 용감한 행위 즉 보안, 소방(消防), 구급 (救急), 기타 여러 가지 활동에 대해서 수여하기로 한 것이다.

그리고 조지 6세는 이제는 처칠에 대해서 불신하는 마음을 완전히 씻어버렸었다. 조지 6세와 처칠은 버킹엄 궁전에서 매주 목요일에 점심을 같이 했다. 두 사람은 무슨 이야기든지 나눌 수 있도록 보좌관없이 단 둘이서 사이드 테이블에서 손수 음식을 갖다 먹으면서 이야기를 주고 받았다. 그 점심 자리에서 조지 6세는 처칠에게 자기가 생각한 훈장 이야기를 꺼내어 조지 훈장이라는 것이 탄생하게 되었다.

공주들도 방공호로

1940년의 영국의 독일에 대한 도전 속에서 생긴 또 하나의 새로운 시도는 엘리자베스 공주의 BBC를 통한 방송이었다. 이 아이디어는 BBC에서 피난 가는 어린이들에게 보내는 프로를 펑성하고 있던 '마크 아저씨'라고 불리던 델렉 마크한테서 나온 것이었다. 공식적으로는 '어느 지방의 집'으로 소개 (疎開)하고 있는 것으로 발표되었던 엘리자베스 공주의 경우가 다른 대다수 어린이들의 상태까지도 대표하고 있는 것 같아 공주로 하여금 방송을 하도록 했으며 좋겠다는 생각이 떠올랐던 것이다.

"조국에 있는 우리 어린이들은, 모두 쾌활하고 용기에 찬 생활을 하고 있다는 것을 여러분들에게 알려드립니다." 하고 14세의 엘리자베스 공주가 읽어내린 연설은 1940년 10월 13일에 전파를 타고 영국 본국뿐만 아니라 대영제국의 전역에 방송되었다.

"우리는 영국의 용감한 육해공군 아저씨들에게 도움이 될 만한 일이면 무엇이든지 서슴지 않고 하려고 노력하고 있습니다. 그리고 전쟁의 위험함과 비참함을 여러 아저씨들과 함께 우리들도 경험하고 있습니다. 우리들은 한 사람 한 사람 모두가 최후에는 승리한다는 것을 잘 알고 있습니다."

이 방송을 하기에 앞서 엘리자베스 공주는 어머니인 엘리자베스 왕비로부터 발음이나 억양에 대한 가르침을 받았기 때문에 태연한 태도로 준비한 텍스트를 읽을 수가 있었다. 방송이 끝나자 공주는 듣고 있는 청중들이 알 수 있도록 동생 마가렛에게 "자아, 이번에는 마가렛 차례야."하고 말하는 것이었다. 그러자 그때까지 언니 공주는 곁에 말 없이 앉아 있던 마가렛 공주가 그야말로 어린애다운 큰 목소리로,

"그럼, 여러분 안녕!"하고 말했던 것이다.

원저 성의 생활은 군대의 정예부대에 의해 수비되고 있었고 부모와는 매주에 몇 차례나 만날 수가 있었기 때문에 공주들의 생활은 피난을 간 다른 많은 어린이들의 생활과 똑같이 논한다는 것은 엄밀한 의미에서는 틀린 일이었는지도 모른다.

그러나 헨리 7세 시대까지 거슬러 올라가는 랭카스터 타워의 얼어붙은 듯한 추운 겨울에 불기도 없는 방에서 유모와 함께 잠들곤 했던 공주들도 큰 고생이 아닐 수가 없었던 것이다. 두 공주가 원저 성에 당도한 이틀 뒤의 밤에 공습 경보가 울려 모두가 방에서 뛰쳐나와 방공호 속으로 피난했다.

클로포드 양의 공주들에 대한 책임은 매일 유모인 알라가 공주들을 맡는 오후 6시에 끝났다. 그러나 그날은 클로포드 양이 방공호로 가보았지만 공주들의 모습은 보이지가 않았다.

"나는 정신없이 뛰어서 공주들의 방으로 갔습니다. 그런데 아 맙소사, 공습 경보가 났는데도 알라는 흰 제복을 입고 모자를 똑바로 쓰느라고 꾸물거리고 있었습니다. 엘리자베스 공주가 큰소리로 말했습니다.

'클로피(크포포드) 우리는 지금 옷을 갈아입고 있는 거예요. 우리는 언제나 복장을 단정히 해야 한단 말이에요.' 그래서 나는 '공습 경보가 내렸어요. 공습경보가. 곧 폭탄이 떨어진단 말입니다. 옷을 안 갈아입어도 괜찮아요. 잠옷 위에다가 코트만 걸치면 되는 거예요. 좌우간 빨리 방공호로 와요.'라고 말했습니다.

두 공주와 알라는 잠시 후에 방공호로 왔습니다. …… 힐 차일드 경(영국 왕실 궁내차관)은 알라에게 말했습니다.

'당신은 이런 때에는 우선 무엇보다도 공주님들을 빨리 방공호로 데리고

와야 된다는 것을 잊어서는 안 돼요. 공주가 무엇을 입고 있든 그에게 문제가 아니에요. 알겠어요?'

새벽 2시가 되어서야 경계 경보의 사이렌이 울렸습니다. 힐 차일드 경은 마치 무슨 의식 때와 같이 엘리자베스 공주에게 경례를 했습니다. 그리고 '매덤(알라)! 이제 침실로 돌아가도 좋아요.'라고 말했습니다."

이와 같은 사태도 개선되어 윈저 성의 방공호 속에는 국왕, 왕비, 두 공주를 위한 침실이 완비되었고 욕실과 화장실도 만들어졌다. 그런 설비가 완성될 때까지 공주들은 공습 경보의 사이렌이 울릴 때마다 인형이나 책 또는 소중한 보물들을 넣은 여행 가방을 들고 방공호 속으로 뛰어들었던 것이다.

샹들리에는 떼어버려지고 큰 유리가 끼어 있는 책장은 거꾸로 돌려서 벽 쪽을 향해 세워졌으며 촉수가 낮은 전등이 켜져서 윈저 성은 한창 화려한 나날을 보낼 나이인 엘리자베스 공주에게 어쩐지 음산하고 기분이 좋지가 않았던 것이다. 이런 상황은 공주가 나중에 자기의 주위에 있는 사람들 외의 다른 사람들과 살게 될 때에 잘 융합이 될까 하는 걱정을 자아내게 했다.

엘리자베스 공주는 이미 내성적인 성격임을 뚜렷이 나타내고 있었으며 자기와 가까운 몇몇 사람 외에는 잘 어울리려 하지도 않았고 또 매우 신경을 썼던 것이다. 그래서 그녀의 주변 세계 밖에서 오는 여러 가지 사태에 대해 어떻게 대처해나갈 것인지가 문제였다.

그러나 전쟁은 공주에 대한 그런 걱정을 말끔히 씻게 해주었다. 1940년의 상황은 누구에게나 정신을 바짝 차리도록 했던 것이다. 공주 역시 착실한 어린이의 단계에서 얌전한 소녀의 단계로 이행해간다. 공주의 인간으로서의 중요한 발전 단계에 밀어닥친 전쟁이라는 비정상적인 상황이 자기 고집만을 내세우거나 반항하고 싶은 그런 기분을 억눌렀던 것이다.

엘리자베스 공주는 1940년 크리스마스 때에 왕실 관계자의 아이들과 함께 크리스트 탄생에 대한 연극을 했는데 그것을 본 조지 6세는 공주의 연기에 일종의 날카로운 면이 있는 것을 알고 매우 감동했다. 조지 6세는 "나는 그 연극을 보고 있는 동안 거의 울고 있었다."고 일기에 썼다.

친척끼리의 교우(交友)

1941년 1월 21일에 헨리 채넌('칩스'라고 부르고 있었다.)은 "그리스의 칵테일 파티'에 나갔다. '필립 왕자가 그곳에 있었다. 그는 놀랄 정도로 핸섬했다. 그는 우리 영국 여왕의 부군(夫君)이 될 인물이다. 그래서 그는 지금 영국 해군에서 복무하고 있다."고 헨리 채넌은 썼다.

이것은 놀라운 예언이었다. 당시 엘리자베스 공주는 아직 15세도 안되었었고 필립 왕자도 20세 전이었으니 말이다. 헨리 채넌의 일기는 재미 있기는 하지만 신뢰할 수 없는 면이 많았다. 그러나 이 예언은 그의 상상에서 나온 것이 아니라 좀더 확실한 근거에 입각하고 있었다.

엘리자베스 공주와 필립 왕자의 결혼 문제가 1941년 1월에 검토된 일이 있다는 정보가 실은 그리스 왕가의 니콜라스 왕자 부인으로부터 나왔던 것이다. 니콜라스 왕자 부인은 영국의 켄트 공 부인인 마리아 공주의 친청 어머니로 영국 왕실 일족의 비밀을 알아내는 데는 더할 나위 없는 정보원 (情報源)이었다.

그로부터 30년이 지난 뒤에 필립 왕자는 그 문제에 대해서 다음과 같이 말했다. "그 무렵에는 '아마도' 그(필립 왕자)는 적격자다. 그는 그녀(엘리 자베스 공주)가 남편으로 맞아도 좋을 그런 상대다하는 정도의 이야기였을 것이다. 당시는 여러 사람이 결혼 상대라로 물망에 오르고 있었을 뿐 확실한 것은 아직 아무도 알 수가 없었다. 그 적격자리의 리스트 속에 나의 이름이 들어 있었던 것만은 틀림없이 뻔한 사실이다. 그러나 사람들은 단정적으로 말하기를 좋아한다.

즉 헨리 채넌 같은 인물이 실제보다 한 걸음 앞으로 나아가서 말을 한 셈이다. 이미 일은 결정되어 있다는 식으로 말이야. 내 말을 알아듣겠지요 ? "

영국 해군의 전함 바리언트 호에 타고 지중해에서 근무하고 있던 당시의 필립 왕자는 결혼문제 같은 것보다도 훨씬 절박한 문제에 직면하고 있었던 것이다. 1941년 3월 매타팬의 해전에서 그는 심한 포화(砲火) 속에서 서 치라이트의 조작에 임하고 있었다. 수척의 이탈리아 군함이 그리스 본토의 최남단의 앞바다에 나타났다. 바리언트 호는 포격을 받고 크게 파손되었다.

그때의 긴급 전보 속에 필립 왕자의 무공(武功)이 나타나 있다. 함장은 "그(필립 왕자)의 경계심과 정확한 정세 판단 덕택으로 우리는 5분 동안 이탈리아 순양함 두 척을 격침시킬 수가 있었다."라고 타전(打電)했다.

그 무렵에 일부 왕족들이 필립 왕자의 장래의 지위에 대해서 무슨 생각을 하고 있었던 간에 아직은 위험이 필립 왕자의 신변에 늘 도사리고 있었다. 전쟁으로 인한 위험이 말이다. 그러나 필립 왕자는 그런 위험 속에서도 틈을 내어 엘리자베스 공주와 '친척 끼리의 교신(交信)'을 계속했다. 그리고 몇 차례 되지는 않았지만 휴가로 영국에 돌아가면 그는 엘리자베스 공주를 방문했고, 국왕 부처로부터도 환영을 받았다.

국왕 부처는 필립 왕자가 마음에 들어 그를 초대하기도 했고, 그는 몇 차례 윈저 성에서 묵기도 했다. 조지 6세는 필립 왕자로부터 지중해에서의 전투 이야기를 듣고 해군의 실정을 종합적으로 생각해보는 것이 즐거웠다.

엘리자베스 공주는 필립 왕자에게 분명히 마음이 끌리고 있었다. 그러나 국왕 부처는 아무런 염려도 하지 않았다. 엘리자베스 공주는 아직 어린 편이었고 필립 왕자는 전쟁에 몰두하고 있는 몸이었으니 말이다. 국왕 부처는 필립 왕자를 딸의 결혼 상대로보다도 친척의 한 사람으로 대하고 있었다. 필립 왕자의 활달한 행동은 연정과는 거리가 먼 것이었다.

필립 왕자는 엘리자베스 공주뿐 아니라 마가렛 공주와도 승마를 즐겼고, 농담도 나누면서 놀았다. 그래서 매우 견실한 청년으로 필립 왕자는 윈저 성에서 환대를 받았던 것이다. 필립 왕자와 엘리자베스 공주와의 결혼 문제에 대해서는 정식으로 협의된 바는 한 번도 없었다. 전쟁이 끝나고 엘리자베스 공주가 좀더 나이가 들 때까지는 보류된 상태였다.

성인이 된 엘리자베스

1942년의 봄에 엘리자베스 공주는 성인으로서 신에의 신앙을 고백하는 의식(儀式)을 받았다. 공주는 16세가 되었다. 캔터베리 대주교인 랭은 엘리자베스 공주에게 앞으로 영국 교회의 성인들만의 의식에 정식으로 참가하는 일의 정신적인 의의에 대해서 이야기했다. 엘리자베스 공주는 원래 많이 지껄이는 성미가 아니었으나 랭은 그때에 참다운 지성과 이해력을 나타냈다고 생각했다.

훗날 랭은 다음과 같이 써놓고 있다. "그 의식 자체는 매우 간소한 것이었다. 윈저 성 안에 있는 예배당에서 몇 사람의 친구와 친척, 그리고 세인트 제임스 성가대 소년들만이 참석한 가운데 거행되었다. 나의 설교도 늘 시골 교회에서 하던 것과 같은 것이었다."

메어리 황태후와 함께 시골에 살고 있던 에어리 부인은 제2차 대전이 시작된 이후 한 번도 엘리자베스 공주와 만난 적이 없었다. 그래서 그 의식에 참석해서는 공주가 어린 소녀로부터 이제는 한 사람의 의젓한 성숙한 여성이 된 모습을 보고 매우 기뻐했다. 그때의 일을 에어리 부인은,

"조그마한 흰 망사의 베일 속에 차분하고 작은 얼굴이 있었습니다. 산뜻한 흰 모직옷을 입은 우아한 모습이었습니다. 그 몸가짐은 벌써 비할 데가 없는 훌륭한 것으로 그녀의 주위에는 빅토리아 여왕 때와 마찬가지로 무어라고 표현하기 어려운 그런 기품이 감돌고 있었습니다."라고 써놓고 있다.

에어리 부인은 엘리자베스 공주와 빅토리아 여왕을 비교할 수 있을 만큼 나이가 든 사람 중의 하나였다. 나이가 많은 두 귀부인(메어리 황태후와 에어리 부인)은 빅토리아 여왕의 단결심, 그리고 철저한 성실성과 그런 자질이야말로 엘리자베스 공주한테서 재생(再生)되기를 바랐던 자질이었다.

16세가 된 엘리자베스 공주는 법률에 따라서 다른 같은 나이의 소녀들과 마찬가지로 직업 소개소에 이름을 등록하게 되었다. 공주는 1942년의 봄에 윈저에서 그 의무를 수행했다. 그리고 그 등록은 그녀가 자기 자신의 의지를 기르는 최초의 사례가 되었다. 왜냐하면 아버지 조지 6세가 생각하고 있는 계획과는 달리 엘리자베스 공주는 곧 여성만으로 조직되어 있는 봉사부대에 가입하고 싶다고 나섰던 것이다.

엘리자베스 공주의 사촌인 메어리 케임브리지는 독일군의 폭격을 받은 런던 시가에서 자발적으로 부상자들을 치료하고 간호하는 간호사로 봉사하고 있었다. 엘리자베스 공주는 자기도 그와 같이 하지 않으면 안 되겠다고 생각한 것이다.

그러나 조지 6세는 허락하지 않았다. 조지 6세는 공주가 클로포드 양의 지도를 받으며 하고 있는 공부에 무슨 불충분한 점이 없는가를 찾아보았으나 그런 점이 눈에 띄지는 않았다. 결국 2년 뒤에 조지 6세는 엘리자베스 공주의 주장을 들어주지 않을 수가 없었다.

위험한 일은 아니면서도 엘리자베스 공주가 전쟁에 종사하고 있다는 것을 보여줄 수 있는 그런 일은 많았다. 그러나 조지 6세는 아직 16세밖에 안 되는 딸이 개인교사 곁에서 완전히 떨어져 나가는 것은 빠르다고 생각했던 것이다.

이 문제는 엘리자베스 공주의 마음속에서 눈뜨기 시작한 독립심과 조지 6세가 견지해온 보수주의 사이에 갈등을 빚었다. 그리고 공주가 성장함에 따라 딸을 자기 곁에 두고 싶어 하는 조지 6세의 기분이 거기에 겹쳤던 것이다. 조지 6세의 그러한 태도는 나중에 공주가 필립 왕자와 결혼하고 싶다고 말했을 때에 심각한 문제로 야기되었다. 조지 6세는 분명히 질투를 느꼈던 것이다.

그러나 1942년에 엘리자베스 공주가 16세였을 때에는 아직 그런 질투심은 뚜렷하게 나타내지는 않았다. 어쨌든 그 해에 국왕 일족은 엘리자베스 공주의 봉사 활동보다도 더 분명한 형태로 국민의 괴로움을 한몸에 지는 듯한 체험을 겪었던 것이다.

팬터마임의 주역

1942년 8월 25일에 국왕의 동생 조지 즉 켄트 공을 태운 비행기가 아이슬랜드의 영국 공군 기지를 시찰하고 비행하는 도중에 추락하는 바람에 켄트 공이 죽었다. 3번째의 아들 마이켈이 태어난지 불과 7주일 후의 일이었다. 조지 6세는 일기에 다음과 같이 써놓고 있다.

"지금까지 나는 친척들이 장례에 수없이 참석했다. 그러나 이번 이 장례처럼 내 마음을 뒤흔든 적은 없었다. 참석한 사람들은 모두 내가 잘 알고 있는 사람들이었다. 그러나 나는 그 누구에게도 눈을 주지 않았다. 내가 실신할까봐 겁이 났기 때문이다."

그것은 당시의 아주 많은 영국인 가족들이 겪는 것과 똑같은 체험이었다. 미국 대통령 루스벨트 부인은 그 한 달 뒤에 버킹엄 궁전을 방문하고 묵었을 때 그녀는 영국의 국왕과 국민이 거의 똑같은 생활을 하고 있는 데에 놀랐다. 버킹엄 궁전에서는 금이나 은그릇에 음식이 담겨 나왔지만 알맹이는 그저 실용적인 것으로 잉글랜드의 어느 집에서나 먹고 있는 그런 음식들 뿐이었다.

그리고 루스벨트 부인에게 제공된 침실은 왕비 자신의 것으로 정말 큰 방이었으나 폭격 때문에 창의 유리는 하나도 없었고 나뭇조각을 아교로 붙여서 만든 조그마한 열창이 창문에 만들어져 있었다. 엘리자베스 공주는 시골로 갔고 조모인 메어리 황태후는 자기 나름대로 전쟁 수행에 공헌하는 노력을 계속하고 있었다. 1943년 봄에 엘리자베스 공주가 버드민튼을 방문했을 때에 메어리 황태후는 배급통장에 의해서 지급되는 것만으로 식사를 하고 있었던 것이다.

메어리 황태후는 "저 사내는 늘 더러운 독일말을 쓴다."면서 히틀러를 증오했다. 그리고 그녀는 나치가 영국에 상륙하는 사태에 대비해 3개의 여행 가방에다가 필요한 물건을 챙겨 넣어놓고 있었다. 그리고 4번째의 여행 가방에다가는 자기가 가지고 있는 다이아몬드나 보석 목걸이 같은 것을 넣을 준비가 되어 있었다.

76세의 메어리 황태후는 전쟁을 위해서 쓸모가 있다고 생각되는 물건들을 찾아서 시골의 이곳저곳을 돌아다녔다. 짐승의 뼈 조각 같은 것이랄지 녹슨 쇠붙이 따위를 주워서 싫어하는 시녀에게 가지고 가도록 하는 것이었다. 그리고 황태후는 밭에 놓아둔 괭이나 삽 같은 농기구를 보면 필요가 없어서 버린 것인 줄로 알고 주워 가지고 왔기 때문에 나중에 시녀가 황태후 몰래 그것을 농가에 돌려주러 간 일도 한두 번이 아니었다.

매년 크리스마스가 되면 윈저 성에서는 두 공주가 주역이 되어 팬터마임 즉 무언극(無言劇)을 벌였다. 제목은 《신데렐라》, 《잠자는 숲속의 미녀》, 《알라딘》, 《할머니의 빨간 승마화(乘馬靴)》 등이었다. 무언극이기는 했지만 의상이나 구두 같은 것은 화려한 것이었다.

극의 마지막 장면에서는 무대를 행진하는 위병들이 등장해서 멋있는 나팔소리와 함께 국기가 펄럭였다. 클로포드 양에 의하면 엘리자베스 공주의 연기는 놀랄 만한 것이었다고 한다. "나는 공주가 그처럼 멋있는 연기를 보여준 데 대해 놀라지 않을 수가 없었다. 마치 그녀의 몸에는 어떤 눈부신 광채가 발해지는 듯한 느낌이었다. 나뿐 아니라, 모든 사람들이 다 그렇게 느끼는 듯했다."라고 그녀는 써놓고 있다.

엘리자베스 공주가 특히 그날 그렇게 뛰어난 연기를 한 것은 관람석의 맨 앞에 앉아서 그녀를 바라보고 있는 남자가 있었기 때문이었다. 휴가로 귀국한 필립 왕자였다. 공주는 18세의 생일을 맞이하려 하고 있었다. 그녀는 이제 자기 혼자 쓰는 방을 가지게 되었고 그녀의 여러 가지 시중을 도맡은 시녀가 한 사람 붙게 되었다.

섭정법(攝政法)의 개정으로 만일 아버지인 조지 6세가 병이 나거나 해외 여행을 하게 될 경우에는 엘리자베스 공주가 국왕의 일을 대행하도록 되었다. 그녀는 이제 성숙할대로 성숙한 것이다.

그녀가 필립 왕자에게 품게 된 마음을 단순히 '어렴풋한 첫사랑'으로 무시할 수는 없게 되었다.

필립 왕자 역시 제2차 대전이 끝나감에 따라 엘리자베스 공주에 대해 점점 진지하게 생각하고 있었다.

여성 봉사부대에 입대

두 사람의 '친척끼리의 교신(交信)'은 전보다 훨씬 열을 띠어갔다. 드디어 필립 왕자가 엘리자베스 공주와의 결혼 문제에 대해서 친척들과 상의하는 단계에까지 이르렀다.

그래서 필립 왕자보다 나이가 많은 친척인 그리스의 게오르기우스 국왕이 엘리자베스 공주의 아버지인 조지 6세에게 연락을 취했다. 1943년 3월에 조지 6세의 일기에서 "우리 두 사람(조지 6세와 게오르기우스 그리스 국왕)은 아직 엘리자베스 공주가 결혼하기에는 빠르다는 생각을 하고 있다. 나는 필립이 마음에 든다. 그는 지성적이다. 유머와 센스도 갖추고 있으며, 보는 일을 올바르게 생각한다."라고 써놓고 있다.

그러나 아직 결정을 내릴 때는 아니었다. 조지 6세는 결정을 내리기 전에 엘리자베스가 좀더 넓은 세계를 알 필요가 있다고 생각했다. 그는 일기에 "필립 왕자는 아직은 결혼에 대한 것을 너무 생각하지 않는 편이 좋을 것이다."라고 썼다. 제2차 대전이 끝나기까지에는 아직 1년이 더 남아 있을 때였다.

조지 6세의 판단은 옳았던 것 같다. 그는 공주가 집요하게 원하는 여성 봉사부대에의 입대를 마침내 승낙했다. 그녀가 결혼하기 전에 세상을 좀더 알 필요가 있다고 생각했기 때문에 여성 봉사부대의 입대를 더 이상 만류시킬 수가 없었던 것이다.

엘리자베스 공주는 1945년 봄에 켐버리에 있는 어떤 지역 구원(救援) 봉사부대의 소위가 되었다. '부대 등록번호 230873, 소위 엘리자베스 알렉산드리아 메어리 윈저. 연령 18세. 눈의 빛깔은 푸른색, 머리카락은 갈색, 신장은 5피트 6인치.'

매일 그녀는 그 부대의 차량 정비 과정의 수업을 받았다. 그것은 차량 안으로 들어가거나 밑으로 기어들어가서 하는 작업이었다. 그 밖에도 지도를 읽는 법을 배웠고, 집단 수송의 운전 방법을 익혔으며, 엔진을 떼내어 수리하는 방법까지 습득했다.

마침내 최종 시험을 치르는 단계가 되어 조지 6세와 엘리자베스 왕비가 딸의 부대를 방문했을 때에 엘리자베스 공주는 기름에 젖은 작업복을 입고 차 밑에서 작업을 하다가 기름이 묻은 얼굴을 내밀었다. 그 얼굴은 '좋은 점수를 얻으려고 작업에 열중하고 있는 진지한 얼굴'이었다.

공주가 훈련 과정을 마치자 곧 대전은 막을 내렸다. 1945년 5월 8일 런던 시민들은 그 전날에 조인된 독일의 무조건 항복을 진심으로 축하했다. 조지 6세는 국민의 선두에 서서 신에게 감사의 기도를 올렸다. 국왕은 '다시는 돌아오지 못할 사람들'에 대해서도 말했다. 그 뒤에 의회에서 연설했을 때에도, 조지 6세는 동생 켄트 공의 죽음에 대해서 언급했는데 국왕의 목소리는 힘이 없었고, 말이 잘 되지가 않았다.

윈스턴 처칠은 국왕 조지 6세와 그 일가는 전쟁 중에 역사상의 어떤 국왕보다도 더 긴밀하게 국민과 일치가 되어서 싸웠다고 연설했다. 처칠의 이 말은 국민 전체의 공감을 얻었다. 조지 6세는 일기에 다음과 같이 썼다. "우리가 어떤 전쟁 중에 수행한 역할에 대해서 국민들이 다정한 말을 보내준 데 대해 우리는 매우 기쁘게 생각하고 있다. 우리는 5년 반의 전쟁 동안 그저 우리의 의무를 다하기 위해 노력했을 뿐이었다."

그러나 실제로 오랫동안에 걸치 긴장감이 조지 6세의 건강에 미친 영향은 실로 큰 것이었다. 그러나 그는 그렇게 긴장 속에서 자기만이 건강이 나빠진 것은 아니라는 것을 잘 알고 있었다.

VE 데이(제2차 대전에서의 유럽 전선이 승리한 날)의 밤에 왕실 일가는 버킹엄 궁전으로 몰려는 대군중들의 환호에 응하기 위해서, 몇 차례나 발코니로 나갔다. 그리고 조지 6세는 젊은 장교에게 말해서, 두 공주를 조용히 데리고 나가 다시 환하게 불이 켜진, 런던 거리에서 전승(戰勝)의 기쁨에 취해 있는 시민들과 어울리게 해주기를 바랐다.

엘리자베스 공주와 마가렛 공주는 기뻐 날뛰는 군중들 속에서 함께 기뻐하고 함께 환호하는 북새통 속에서 혼이 났다.

제10장 평 화

사슴 사냥을 즐기는 아버지와 딸

제2차 대전을 승리로 끝낸 기쁨의 축제는 VE 데이로부터 석달 가량이 지나서 1945년 8월에 원자 폭탄의 투하로 일본의 숨통이 끊어졌을 때 또 한 번 벌어졌다. 그리고 영국은 정치·사회의 양면에서 역사의 결정적인 전환기를 맞았다. 클레멘트 애틀리가 이끄는 노동당이 총선거에서 압승해서 정권을 잡고, 제2차 대전 후의 영국과 대영제국(식민지까지 포함한 것)의 재편성에 착수했던 것이다.

조지 6세는 1940년에 네빌 체임벌린이 수상 사임으로 몰아넣어졌을 때 느꼈던 것과 마찬가지로, 영국의 변화에 당황했다. 새로 등장한 노동당 수상의 새로운 정치 스타일과 사고방식에 익숙해지는 데 애먹었고 영국을 패배의 문턱에서 구축해서 승리로 이끈 윈스턴 처칠이 영국 국민들로부터 불신임당한 데 대해 조지 6세는 섭섭한 마음을 감추지 못했다.

더욱이 조지는 생활상으로나 정치의 면에서도 보수주의자로 노동당의 기고만장한 각료들이 요란하게 내세우는 사회주의를 따라갈 수가 없었다. 조지 6세는 동생 글로스터 공에게 "노동당의 사람들과는 이야기하기가 매우 어렵다."고 실토할 정도였다.

그러나 제2차 대전이 끝난 뒤의 수개월 동안 조지 6세가 우선 생각한 것은 전쟁 중에는 거의 맛볼 수 없었던 가정생활의 참다운 즐거움을 가족들에게 다시 가져다 주는 일이었다. 1945년 9월에 국왕 일가는 발모럴 성으로 가서 긴 휴가를 즐겼다. 그 해는 서리가 일찍 내려서 새들이 많이 죽었기 때문에 뇌조(雷鳥) 사냥에는 적합치 못한 계절이 되었으나 조지 6세는 엘리자베스 공주에게 다른 사냥을 가르쳤다. 그것은 수렵 중에서도 가장 힘이 드는 사슴 사냥이었다. 일반적으로는 별로 알려져 있지 않지만 이 사슴 사냥은 그 이후 엘리자베스 공주가 몹시 열을 올리고 있는 취미 가운데 하나가 되어 있다. 사슴 사냥은 아마 현대 영국인들이 대등한 1대

158

1의 경기 형식을 수렵에 애용되고 있는 종목이라 하겠다.

이것은 알버트 왕자가 영국에 퍼뜨린 것인데 스코틀랜드의 지주들 사이에서 폭발적인 인기를 얻고 있었다. 두 사람의 사수(射手)가 1주일에 두 번 사냥을 나가기 위해서는 광대한 숲이 필요했고 게다가 꽤 많은 부분은 큰 나무가 서 있지 않는 그런 숲이어야 했다. 숙달된 사수라면 백 미터쯤 떨어진 거리에서 사슴을 쏘아 맞힐 수가 있었다. 그러나 만일 첫 방에 명중시키지 못하면 헛일이었다.

조지 6세는 1945년 여름에 이런 사슴 사냥의 묘미를 엘리자베스 공주에게 가르쳤던 것이다. 엘리자베스 공주는 편리함과 위엄을 겸비하고 정력적으로 돌아다닐 수 있도록 국왕의 헌 골프복을 빌려 입고 즐겁게 사슴 사냥에 나섰다. 국왕과 공주는 하인을 단 두 사람만 데리고 라이플총을 메고 함께 떠났다. 그 뒤를 꽤 떨어져서 한 마부가 따라갔다. 그 마부는 국왕 부녀(父女)가 사슴을 쏘아 쓰러뜨릴 것 같으면 얼른 가서 운반오기 위해서였다.

사슴 사냥 때의 점심은 롤빵 한 개와 프럼의 푸딩 한 조각 그리고 사과 한 개였다. 그것은 바위 위에 앉아서 위스키를 탄 물로 손을 씻고 먹는 것이었다. 공주는 1945년 9월에 열린, 수렵 경기에 참가했다. 그날 하루 동안에 몇 종류의 야생동물을 잡느냐 하는 경기였다. 결과는 대단했다. 국왕 부녀는 19종류의 짐승을 잡은 것이다. 그 성과를 기념해서 엘리자베스 공주와 그날 사냥했던 사람들은 조지 6세의 다음 생일을 축하하는 은제(銀製)의 테이블 매트를 선물했다. 그 테이블 매트에는 참가자의 이름과 날짜 그리고 사냥의 성과가 상세히 새겨져 있었다.

조지 6세의 사냥 기록을 계속 적어왔던 오브레이 벅스튼은 "그 은제의 매트는 즐거웠던 하루의 추억으로서 줄곧 국왕의 식탁 위에 놓여져 있었다." 고 써놓고 있다.

퍼지는 로맨스의 소문

조지 6세가 사냥에 열중하고 있는 동안, 엘리자베스 왕비는 낚시를 즐기고 있었다. 연어가 사는 냇물 가까이에서 자란 엘리자베스 왕비는 발모럴 성에 와서도 저녁 식사를 마친 다음 방수의 고무장화를 신고 야광(夜光) 속에 수면으로 뛰어오르는 연어가 있는 물 속으로 허리까지 잠기면서 들어가는 것을 좋아했다. 전문가들 못지 않은 솜씨로, 낚시에 걸린 물고기를 끝까지 잘 조종해서 낚아 올릴 수가 있었다. 왕비는 1952년에 부군(夫君) 조지 6세와 사별한 뒤에도 줄곧 이 낚시를 즐겼는데, 1970년대에 들어와서도 여전히 계속하고 있었다.

국왕 일가는 전쟁이 끝나자 이렇게 다시 즐거운 생활을 되찾을 수가 있었다. 그리고 자주 가족들이 함께 피크닉을 가기도 했다. 황야에 서 있는 옛 교사(校舍)의 건물은 어떤 날씨에도 휴식처가 될 수 있는 장소였다. 두 공주는 마른 나뭇잎이나 땔 나무를 모아서 바베큐를 만들었다. 하긴 이 바베큐로 요리를 만들 때에는 발모럴 성의 요리 주임이 거들기도 해서 맛있는 요리가 되었다.

식사가 끝나면 모두 남미나 식기를 시냇물로 가지고 가서 씻고 다음에 또 올 때를 위해서 그 자리를 깨끗이 청소했다. 조지 6세는 오랫동안 맛볼 수 없었던 행복을 느끼고 있었다. 그는 전쟁이 계속되던 6년 동안 무척 답답하고 따분한 생활을 해왔다고 생각했다. 전쟁은 곱게 자라나는 두 딸의 아버지라는 기쁨을 국왕으로부터 빼앗았던 것이다.

그래서 국왕은 이제는 그 기쁨을 실컷 맛보기로 마음 먹었다. 그러나 국왕의 그런 생각은 엘리자베스 공주가 성숙했다는 사실을 염두에 두지 않은 것이었다. 그녀의 나이는 어느덧 20세, 여느 집 딸이나 다 그렇듯이 가정의 굴레에서 벗어나 자기의 갈 길을 떠나려는 그런 나이였다.

어떤 경우에도 사춘기의 자녀에게 집안의 규율을 그대로 지키기를 바란다는 것은 무리한 일이었다. 이제 엘리자베스 공주에게도 아버지 조지 6세가 싫어할 그런 사태가 이미 일어나고 있었다. 공주는 사랑에 빠지고 있었다.

1945년에 필립 왕자가 군복무에서 해방되어 귀국할 날이 다가오자 사태는 급속하게 진전되었다. 사태의 진전을 빠르게 한 것은 바로 엘리자베스 공주 그녀 자신이었다. 그녀는 자기 방에 있는 난방용 아궁이 위에다 필립 왕자의 최근의 사진을 버젓이 장식해놓았다. 그러지 말라고 꾸중을 듣자 그녀는 그것을 치우고 이번에는 필립 왕자가 해군장교 시절에 찍은 수염이 텁수룩하게 돋아난 사진으로 바꾸어놓고 남들의 눈을 속이려고 했다. 마침내 그녀의 로맨스에 관한 소문이 신문 지상에 보도되기 시작했다.

그녀가 자기 방에다 장식해놓은 필립 왕자의 사진까지 그 소문을 뒷받침하는 증거로서 인용되었다. 그러나 공주의 결혼 상대로서 이름이 들먹여진 것은 필립 왕자뿐이 아니었다.

이미 1943년 12월에 〈뉴욕 저널 아메리칸〉지는 자신있는 듯이 엘리자베스 공주의 결혼 상대는 유스튼 백작 휴피츠로이가 아니면 래틀랜드 공작 차스 매너즈일 것이라고 보도했다. 두 사람 다 24세로 이튼, 케임브리지를 나와 근위(近衛) 보병 제1대 근무라는 훌륭한 족보(族譜)의 소유자들이었다.

〈라이프〉지도 같은 투의 글을 실었다. 그리고 〈리더즈 다이제스트〉지도 그런 내용을 요약해서 소개했다. 〈타임〉지만은 제1 후보로 41세의 벨기에의 섭정(攝政)샤를르 왕자를 들고 다음에 필립 왕자를 들었다. 이 추측 기사들은 주로 조지 6세가 딸애들을 위해서 버킹엄 궁전에서 가진 댄스 파티에 초대된 사람들의 리스트에 의한 것이었다.

그 리스트는 공개되지 않았다. 그러나 엘리자베스 공주와 같은 세대의 남성들은 모두 군대에 들어가 있었고 버킹엄 궁전의 댄스 파티에 참석할 수 있는 거리에 있는 격식을 갖춘 부대라고 하면 근위 보병 연대뿐이었기 때문에 두 공주의 댄스 상대가 누군인가 하는 것은 추측하기에 어렵지가 않았다.

근위 보병 연대에 근무하고 있다는 것은 어쨌든 조지 6세가 볼 때에 딸들을 기쁘게 하고 잘 보살필 수 있는 자격이 있는 자들로 여겨졌다. 그래서 조지 6세는 곧잘 그 부대의 젊은 장교들을 윈저 성이라든가 샌드링검 궁전 등 지방의 궁전에까지 초대했던 것이다.

딸에 대한 국왕의 생각

조지 6세는 어머니 메어리 황태후는, 조지 6세가 하고 있는 일들을 정확하게 파악하고 있었다. 메어리 황태후는 조지 6세의 이야기를 듣고 기회있을 때마다 갑자기 호출되어 공주들의 주위에 모여드는 쾌활한 젊은 장교들을 '보디가드'라고 불렀다. 황태후는 시녀인 에어리 부인에게 조지 6세와 엘리자베스 왕비는 "엘리자베스 공주를 보다 많은 남자들과 어울리도록 하고 있다."고 말했다. 그러자 에어리 부인은 조지 6세가 공주를 귀여워하므로 빨리 결혼시키려고는 하지 않을 것이라고 대답했다.

 그러나 엘리자베스 공주에 대해 조지 6세가 품고 있는 생각은 보통 사람으로는 잘 이해할 수 없는 복잡한 심리였다. 그 심리는 에어리 부인보다 메어리 영태후가 더 잘 알 수 있었다. 당시 영국군은 그리스의 시민 전쟁에 개입하고 있었다. 따라서 엘리자베스 공주와 그리스의 필립 왕자와의 결혼은 커다란 분규의 씨앗을 안고 있었다.

 필립 왕자는 영국 국적을 몹시 바라고 있었다. 엘리자베스 공주와의 결혼 문제 외에도 영국 해군에 복무한 이래 자기가 영국 국적을 취득하지 않으면 황구적인 임무를 맡겨주지 않는다는 이유에서 영국 국적이 필요했던 것이다. 그러나 그리스의 왕자를 영국 국민으로 귀화시킨다는 것은 영국이 그리스의 왕제파(王制派)를 지지하고 있다는 것을 내외에 드러내는 일이 되는 것이었다.

 또 영국이 그리스의 왕제에 타당성이 없어졌다고 판단하고 필립 왕자에게 일종의 구제의 길을 열어주었다고 간주될 위험성도 있었다. 그래서 조지 6세가 필립 왕자의 귀화 문제를 의회에 제출했을 때에 이 문제는 1946년 3월의 그리스 총선거와 왕제의 존속이냐 폐지냐를 묻는 국민 투표가 끝날 때까지 결정을 연기할 수밖에 없다고 의회는 국왕에게 통고했던 것이다. 따라서 조지 6세가 공주와 필립 왕자와의 결혼을 서두를 것을 바랐다 하더라도 부득이 연기할 수밖에 없었다.

 엘리자베스 왕비는 그런 사정을 나쁜 것이라고는 생각지 않았다. 왕비가 공주를 곁에 두고 싶어하는 마음은 부군인 조지 6세보다는 덜한 것이었다. 왕비가 진정으로 바라는 것은 엘리자베스 공주가 행복해지는 일이었다. 결혼을 얼마 동안 연기하는 일은 결코 행복에 지장을 가져오는 일은 아니었다.

 1945년 12월 즉 제2차 대전이 끝나고 처음으로 국왕 일가가 샌드링검 궁전에서 맞이한 크리스마스 때에는 아직 엘리자베스 공주의 결혼 상대는 미정이었다. 보디가드들은 즐거운 크리스마스 분위기를 만들기 위해 노력했고 조지 6세는 정말 즐거운듯 콩가(아프리카에서 전해진 쿠바춤의 일종)나 옛 영국의 시골 춤을 앞장서서 추면서 밤이 깊어가는 줄을 몰랐다.

 그러나 필립 왕자는 그곳에 없었다. 그는 아직 제대에 따른 절차 때문에 돌아오지 못하고 있었다. 그리고 엘리자베스 공주는 그리스의 국민 투표의 결과를 기다리지 않으면 안 된다는 것을 잘 알고 있었다. 그녀는 무언가 원망하는 듯한 생각을 가지고서 참아나가는 그런 타입의 여성은 결코 아니었다.

에어리 부인은 그런 그녀에 대해 "국왕 일가 가운데서 공주는 내가 지금까지 만난 사람 중에서 가장 이기적이 아닌 인물로 생각되었다. 그녀는 자기의 주장을 억지로 고집하지 않고 맨 먼저 양보했다."고 쓰고 그 자세에 감동했다고 말하고 있다.

제11장 약　혼

연기된 약혼 발표

1946년 여름에 필립 왕자는 영국 해군에서 수주일 동안의 휴가를 얻어 스코틀랜드의 발모럴 성을 찾아왔다. 그 해의 3월에 그리스에서 실시된 국민 투표는 필립 왕자의 귀화 문제를 좌우하는 것이었는데 결과는 압도적으로 많은 국민들이 왕제(王制)의 존속에 표를 던졌다. 그래서 그리스 왕가의 한 사람이 그리스 국적을 버린다는 것은 떳떳한 일이 못 된다는 것으로 여겨졌다. 결국 필립 왕자는 좀더 기다리지 않으면 안 되게 되었다.

당분간 그리스 측은 필립 왕자의 귀화에는 협력하지 않을 것으로 보였고 영국 정부도 그리스에 대해 이 문제를 강요할 생각은 없었다. 그래서 조지 6세와 엘리자베스 왕비는 다 같이 약혼 발표가 정치적인 사정에 따라 연기된 것은 경솔한 약혼 발표를 피한다는 뜻에서 두 사람에게는 좋은 일이라고 생각했다.

그러나 1946년 여름에 발모럴 성에서 필립 왕자는 직접 엘리자베스 공주에게 청혼을 하고 말았다. 그리고 엘리자베스 공주는 부모나 조모 그리고 정부의 모든 것을 무시하고 그 자리에서 필립 왕자의 청혼을 받아들였던 것이다.

필립 왕자가 청혼했을 때의 정확한 상황은 알 길이 없다. 사기들의 사적 (私的)인 생활에서의 지극히 사적인 순간에 관한 것은, 자기네가 살아 있는 동안에는 비밀로 해두기를 바라는 그런 자세를 지키는 한 필립 왕자가 청혼했을 때의 상황은 앞으로도 알 길이 없을 것이다.

그러나 상상력이 뛰어나다는 문필가들은 그 장면의 재현에 노력해서 어느 정도 믿을 수 있도록 쓰고 있다. 헬렌 카스카드 부인은 현재의 엘리자베스 2세가 에딘버러에서의 점심 뒤의 연설에서 스코틀랜드의 경치의 아름다움을 찬양하는 대목에서,

"정말로 멋진 호수, 머리 위에는 흰 구름이 그리고 꾀꼬리가 우는 소리"라고 말한 표현을 인용해서 필립 왕자의 청혼도 그런 표현과 똑같은 그림 같은 풍경 속에서 이루어졌을 것이라고 써놓고 있다. 아마 그랬을지도 모른다. 그러나 공주와 왕자가 호숫가랄지, 숲속 같은 말하자면 연인끼리의 밀회 장소로 둘이서 살짝 빠져나가는 것을 1946년 8월이나 9월에 발모럴 성에 초대되었던 사람 중에서는 아무도 본 사람이 없었다.

그뿐 아니라 오히려 두 사람은 파티의 왁자지껄한 속에 즐겁게 섞이기도 하고 초대받고 온 사람들의 접대에 열을 올리기도 해서 사람들은 그 둘이 어느 정도 열렬히 사랑을 하고 있는가에 대해서는 생각조차 해보지 않았던 것이다.

남의 눈을 조심한다는 것은 그들 두 사람의 무언의 약속이기도 했다. 엘리자베스 공주는 자기의 결혼에 관한 일은 곧 온 세계의 매스컴을 통해 알려진다는 것을 알고 있었다. 공주는 계획을 잘 추진해나갔다. 아버지 조지 6세가 그녀의 계획 즉 필립과의 결혼을 승낙하는 대신의 조건으로 내세운 것은 그녀가 필립 왕자로부터 청혼을 받았다는 사실을 절대로 비밀로 해두는 일이었다.

조지 6세는 개인적인 기분과는 전혀 별도로 만일 지금 약혼 성립이 공식적으로 발표된다면 조지 6세가 몇 달 앞을 내다보며 세우고 있던 계획이 전부 수포로 돌아가고 말 것은 뻔했다.

그것은 왕실 일가가 1947년 초에 남아프리카를 방문하기로 한 사실을 말하는 것이다. 1939년에 제2차 대전이 벌어질 무렵에 당시는 자치령이었던 남아프리카의 수상이 영국을 원조하는 것을 저지하려고 했다. 그 수상이 정권에서 쫓겨난 데 대해 영국이 축하의 뜻을 나타내기 위해서 국왕을 방문케 하는 것이었다.

조지 6세는 왕비와 두 공주를 동반하는 그 여행을 매우 즐겁게 기다리고 있었다. 그러나 그는 그 여행에 엘리자베스 공주의 사실상의 약혼자라고 할 수 있는 필립 왕자를 데리고 갈 생각은 전혀 하지 않고 있었다. 더욱이 그 여행 중에 공주는 만 21세의 생일을 맞이하게 되기 때문에 그녀의 성인식의 의식 준비도 하고 있었던 것이다.

아무리 엘리자베스 공주와 필립 왕자의 결혼을 왕실 안팎에서 기대하고 있었다 하더라도 이런 여러 가지 계획이 진행되고 있는 때에 약혼 발표를 한다는 것은 적당하지 않는 일이었다.

그래서 두 사람에게는 약혼의 정식 승인은 좀 기다려야 된다고 알렸던 것이다. 두 사람은 자기들 사이에서는 이미 약혼한거나 다름이 없었고 가족들 역시 그렇게 생각하고 있었다.

그러나 일반 국민들 사이에서는 엘리자베스 공주와 필립 왕자와의 로맨스에 관한 소문은 사라져버렸다. 왜냐하면 1946년 9월 초에 버킹엄 궁전에서 두 사람의 약혼이 이미 성립되었다는 신문 기사를 정식으로 부인하는 발표가 있었기 때문이다.

그 뒤에 곧 왕실 일가의 10주간에 걸친 남아프리카 여행에 수행할 사람들의 명단이 발표되었을 때에 국민들은 버킹엄 궁전의 약혼 부인 발표가 거짓말이 아니라고 생각하게 되었다. 필립 왕자의 이름이 그 명단에 들어 있지 않았기 때문이다.

남아프리카 여행 길에

이제야 사태는 가장 어려운 단계로 접어들었다. 엘리자베스 공주와 필립 왕자는 그로부터 1년 동안 두 사람의 약혼을 승인해서 공표하는 것을 주저하기만 하는 조지 6세의 태도 때문에 괴로운 나날을 보내지 않으면 안 되었다. 나중에 조지 6세는 엘리자베스 공주에게 편지를 썼다.

"나는 너의 약혼 일로 아버지의 기분이 좋아져 있다는 것을 내가 알아주기 바란다. 나는 어쨌든 네가 남아프리카에 함께 가주기를 진심으로 바랐던 것이다."

이런 단계에서 언젠가 필립 왕자가 엘리자베스 공주에게 한 장의 레코드, 즉 로저스 앤드 해머스타인의 '사람들은 우리가 사랑에 빠진다고 말할 것이다.'라는 것을 선물했다. 확실히 두 사람은 그 노래와 같은 기분으로 살고 있었다. 1946년에서 47년에 걸친 겨울에 두 사람은 같은 젊은이들의 파티에 나갔다. 그러나 그들은 다른 참석자들을 제쳐놓고 둘이서만 춤추거나 이야기하는 일은 없었다.

당시 필립 왕자는 윌트셔의 코섬에 있는 영국 해군 상륙 숙사(上陸宿舍)인 '로열 아서'에 숙박하고 있었다. 그리고 런던에 나왔을 때에는 체스터 스트리에 있는 '딕키 아저씨(마운트배튼 경)'의 조그마한 집의 한쪽 구석방에서 캠프용의 침대를 놓고 잠잤다. 그 무렵에 필립 왕자의 가방을 열어본 적이 있는 하인 존 딘이 훗날 《회상기》를 출판했는데 그 책에 의하면 딘이 꺼낸 필립 왕자의 옷 사이에는 조그마한 액자에 넣은 엘리자베스 공주의 사진이 있었다는 것이다.

그러나 딘이 그것이 매우 중요한 의미를 가지는 것이라는 사실을 안 것은 훨씬 후의 일이었다. 1947년 1월말 어느 날, 딘과 마운트배튼 가의 요리사인 케이블 부인은 특별히 저녁 회식 준비시켰다. 그 파티의 손님은 국왕, 왕비, 마가렛과 엘리자베스 두 공주였고 주최측은 마운트배튼 경 부처와 필립 왕자였다. 마운트배튼 경 부처는 곧 인도로 가기로 되어 있었고 국왕 일가는 2일 후 남아프리카로 떠나기로 되어 있어, 그날의 저녁 회식은 정서적인 의미를 띤 일족의 모임이라 할 수 있었다.

국왕 일가는 1947년 2월 1일에 남아프리카를 향해 떠났다. 태양의 햇살을 쬐러 가는 데는 절호의 계절이었다. 1946년에서 47년에 걸친 영국의 겨울은 근래에 없는 혹한이었다. 끊임없이 서리가 내리고 폭풍우가 몰아쳤으며 만성적인 연료 부족과 대전 뒤의 내핍(耐乏)생활을 더한층 비참한 것으로 만들었다.

조지 6세는 어머니 메어리 황태후에게 다음과 같은 편지를 썼다.

"근래에 드문 무서운 추위 속에서 견디며 살고 있는 국내의 여러 사람들을 생각하면 가슴이 아픕니다. 빨리 봄이 오고, 나라의 살림 형편이 좋아지기를 하나님께 빕니다."

필립의 창씨(創氏) 공작

조지 6세의 심정이 그러했기 때문에 모처럼 남아프리카 여행이 마냥 즐거운 것만은 아니었다. 국내에서 고생하고 있는 국민들을 두고 여행을 즐기는 것이 마치 무슨 죄라도 짓고 있는 듯한 느낌이었다. 그래서 조지 6세는 수상에게 곧 돌아갔으면 좋겠다는 연락을 했다.

그러나 수상은 여행 일정을 마치지 않고 중도에서 돌연 귀국하게 되면 도리어 국민들이 어떤 위기 의식 같은 것을 가지게 될지 모르니 괴롭더라도 예정대로 일정을 마치고 돌아와주기를 바랐다.

남아프리카 여행은 국왕 일가가 모두 함께 해외 나들이를 한 기념할 만한 여행이었다. 게다가 여행 중에 엘리자베스 공주의 21세가 되는 생일을 맞이해서 그 성인식(成人式)을 가지기도 했다. 영국의 왕위 계승자가 자치령(自治領)에서 성인식을 거행한 것은 이번이 처음이었다. 그때에 엘리자베스 공주는 방송을 했다. 그 방송은 인도가 독립하는 해여서 특히 뜻깊은 것이었다.

엘리자베스 공주의 희망은, 영국과 그 해외 영토, 그리고 지난 날의 영토였던 나라를 연결하는 여러 가지 관계가 단절되어가고 있는 시기였던 만큼 그것을 이어주는 공통의 심벌로서 왕관의 의의를 더한층 높이고 싶다는 것이었다.

그리고 공주가 아직 어딘지 모르게 어린 티가 나는 그런 목소리로, 자기가 태어난 영국 본토에서 9천5백 킬로나 떨어진 곳에 있으면서도 꼭 국내에 있는 것만 같다고 말했는데 그것은 대영제국이 해체된 뒤의 영국 왕실의 철학을 말한 것이라고 할 수 있었다.

그 철학이야말로 그 뒤에 공주가 스스로 노력해서 실천했던 것이다. 그녀의 연설 주제는 '의무감'이었다. 그녀는 그 연설에서 다음과 같이 말했다.

"나는 지금 여러분 앞에서 선언합니다. 길든 짧든 나의 인생은, 여러분에 대한 봉사와 우리 모두가 속해 있는 위대한 영국 연방의 대한 봉사에 바치겠다는 것을. 그러나 만일 여러분들이 나와 함께 보조를 맞추어주지 않는다면 나는 이 결심을 수행할 수가 없을 것입니다. 그래서 나는 지금 여러분에게 나와 보조를 맞추어주십사 하고 부탁을 드립니다. 나는 여러분이 반드시 지지해주리라는 것을 알고 있습니다. 나의 결심에 동조해주시는 여러분께 하나님의 축복이 있기를 기원합니다."

남아프리카에서 돌아온 엘리자베스 공주는 뜻밖의 시련에 부딪쳤다. 그녀의 기대에도 불구하고 조지 6세는 계속 그녀의 정식 약혼을 승낙하지 않았기 때문이다.

조지 6세의 공식 전기(傳記) 필자인 존 호일러 경은 그때의 사정을 다음과 같이 써놓고 있다.

"조지 6세는 늘 필립을 좋아했고, 그를 높이 평가했다. 그러나 조지 6세는 딸이 처음으로 만난 청년을 진정으로 사랑하게 되었다는 것을 좀처럼 믿을 수가 없었던 것이다. 그리고 한편으로는 행복한 그의 가정에서 고이 기른 공주를 내보내고 싶지 않았던 것이다."

조지 6세는 어떤 문제든지 아주 심각하게 생각하는 사람이었다. 필립 왕자의 이름에 대해 문제가 생겼다. 그의 정식 성명인 쉴레스비히 홀스타인 손더부르크 그룩크스부르크라는 길다란 이름은 영국의 여권(旅券)에 적어 넣기는 적합하지 않다고 생각되었기 때문이다. 그래서 그 문제를 족보 문장원(族譜紋章院)에다 제출했다. 족보 문장원은 필립 왕자의 가계(家系)에서 올덴부르크라는 조상의 이름을 찾아내어, 그것을 영어화해서 '올드캐슬'이라는 성씨(姓氏)를 필립 왕자에게 붙이는 것이 좋을 것이라고 진언(眞言)했다.

아마도 그때에 족보 문장원의 직원들은 골라낸 성씨가 장차 여왕의 남편에게 붙여질 것이라는 사실을 몰랐을 것이다. 그러나 그 당시의 내상(內相)인 튜터 이드는 그것을 알고 있었다. 그래서 그는 필립 왕자가 영국 국적을 취득하는 데에 원래의 성씨를 버리고, 어머니의 친정 쪽의 성씨를 택하는 것이 좋을 것이라고 진언했다. 필립의 어머니는 버텐버그 가(家)의 태생이었다. 외삼촌인 딕키는 필립이 자기 가족의 한 사람이 되는 것을 마다할 리 없었다.

그것은 아주 그럴듯한 해결책이었다. 그래서 그 당시의 많은 사람들은 필립이 실은 처음부터 마운트배튼 가의 사람이 아니라는 사실을 잘 몰랐다. 필립의 어머니는 한 번도 자기의 성을 영어화한 '마운트배튼'으로 부른 적이 없었기 때문이다.

그리고 필립 왕자는 1947년에 영국 국적을 취득했을 때에 자기의 성명을 단지 '해군대위 마운트배튼'이라고 하고 '왕자'라는 칭호를 떼어버리곤 했다. 그러니까 그는 1957년 2월 22일에 엘리자베스 2세가 여러 해 동안 공무를 잘 수행한 공적을 들어 왕자의 칭호를 수여했을 때까지 정식으로 영국의 왕자는 아니었던 셈이다.

매스컴에도 신중한 사전 교섭

당시에 아직 영국에서는 외국인을 싫어하는 풍조가 있었다. 엘리자베스 공주와 필립 왕자의 약혼 뉴스가 최종적으로 발표되었을 때 어떤 여론 조사에 의하면 40%가 필립 왕자가 외국 태생이라는 이유로 엘리자베스 공주와의 결혼에 반대하고 있다는 것이 밝혀졌다. 필립 왕자가 과연 그리스인가, 독일인인가, 아니면 덴마크 인인가 하는 것을 누구도 확실히 말할 수가 없었던 것이다.

그리스 정교(正敎)의 교인인 필립 왕자의 어머니의 저 로브나 베일이 주는 이미지, 게다가 방랑자 같은 생활을 하다가 몬테 카를로에서 죽은 아버지의 이미지는 영국 국민들에게 결코 좋은 인상을 줄 수는 없었다.

그래서 약혼 발표의 전에는 매스컴 특히 마운트배튼 가에 대해서 좋지 않은 감정을 품고 있는 비버블럭 경(신문계의 거물)이 엘리자베스 공주와 필립과의 약혼을 어떻게 받아들일 것인지가 왕실로서는 신경이 쓰이는 일이었다.

그래서 마운트배튼 경은 비버를럭 경을 자기 집에 초대해서 한 잔을 나누었다. 〈데일리 익스프레스〉지와 〈선데이 익스프레스〉지의 편집장인 아서 크리스찬센과 존 고로든도 함께 초대했다. 그 자리에서 문제가 제시되었던 것이었다.

그것은 "소식통(消息通)이며 각별한 경험을 쌓은 여러분들은, 그리스 왕가의 필립 왕자가 영국 해군대위 필립 마운트배튼이 된다는 뉴스를 영국의 신문들과 일반 대중들이 어떻게 받아들이리라고 생각합니까?"라는 것이었다.

초대받고 온 사람들은 마운트배튼 경의 겸허한 태도와 외숙(外叔)인 마운트배튼 경의 옆에서 얌전히 앉아 있는 필립 왕자의 태도에 호감을 느껴 아무도 이의를 제기하지는 않았다.

그리고 한 달 뒤에, 그 뉴스가 공표되었을 때에도 그들은 독자적인 주장을 내세우지는 않았다.

전해지는 말에 의하면 비버블럭 경은 "자기들의 대포(大砲)에 의해서 침묵을 강요당하고 말았다.”며 사람들이 지껄여대는 소리를 듣고 어이가 없었다기 보다는 화를 내었다고 한다. 조지 6세는 남아프리카 여행에서 돌아온 뒤에도 엘리자베스 공주와 필립 왕자를 두 달 동안이나 기다리게 한 끝에 마침내 그들의 약혼을 정식으로 승낙한 것이다. 1947년 7월 10일에 버킹엄 궁전은 다음과 같이 발표했다.

“국왕과 왕비는 아주 기쁜 마음으로 사랑하는 딸 엘리자베스 공주와 그리스 왕가의 고(故) 앤드루 왕자와 앤드루 왕비(버텐버그 가의 앨리스 공주)의 아들인 영국 해군대위 필립 마운트배튼과의 약혼이 발표되었다. 이 결혼에 대해서 국왕은 기꺼이 동의하셨다.”

제12장 결 혼

약혼을 축복하는 영국 국민

영국 군주 제도의 대의적(代議的)인 성격을 설명한 이론가 월터 배저트는 1870년대에 “국왕 자손의 결혼은 보편적인 사실의 훌륭한 집대성이며, 그런 까닭에 사람들에게 깊은 감동을 준다.”고 썼다. 1947년의 영국은 암담했다. 혹한이 계속되는 겨울과, 물자 결핍에 의한 배급제도, 독립에 의한 인도와 버마의 상실, 그리고 이른바 동서의 냉전(冷戰)의 진전 등 이러한 답답한 공기 속에서 엘리자베스 공주의 약혼 뉴스는 어떤 별천지에서 비춰오는 한 줄기의 광명과 같은 것이기도 했다.

기쁨에 주리고 있던 영국 국민들은 과거 12년 동안 국왕의 퇴위로부터 시작해서 제2차 대전을 치러냈고 그리고 온갖 고난을 겪어온 공주의 약혼 소식을 자기네의 일처럼 기뻐하며 자기네 자신들의 활력을 찾아냈다. 사람들은 대충 상상만 해도 자기들과는 동떨어진 딴 세계에서 행복하게 자랐고 이제 또 결혼에 의해서 더욱 행복해질 엘리자베스 공주를 시기 질투하기는커녕 사람들은 도리어 따뜻한 마음으로 공주와 한마음이 되어 그녀의 약혼을 축복했던 것이다.

하원(下院)은 엘리자베스 공주와 필립 왕자의 신혼 가정이 될 클라렌스

170

하우스의 수리비로 5만 파운드의 지출을 승인했다. 국민들은 모두 버킹엄 궁전에는 방이 6백 개나 있다는 것을 알고 있었다. 그리고 그 무렵의 영국 국민은 더 이상 참을 수 없을 만큼의 주택난을 겪고 있었다. 그러나 영국 국민들은 그 당시에 젊은 부부들이 부모와 함께 사는 불편을 겪고 있었음에도 불구하고 필립 왕자가 장인 장모와 한집에서 사는 것을 바람직한 일로는 생각지 않았던 것이다.

그리고 영국 국민들은 조지 6세가 연못에까지 대리석 계단을 깔아놓은 새닝힐 파크를 엘리자베스 공주와 필립 왕자의 주말 휴양지로 내준 것을 알고 모두들 기뻐했다. 그런데 풍요해진 1960년대에 하원은 엘리자베스 2세의 가계(家計)를 세밀하게 조사해서 인플레에 따라 왕실 비용을 증액했는데 그것은 어쩔 수가 없는 일이었다.

그런데 저 배급제도를 취하고 있던 고통스런 시기에도 하원의원들은 풍요해진 1960년대보다도 인색하지 않게 왕실 비용을 더 지출했던 것이다. 하원의원들은 필립 왕자에게 연간 1만 파운드, 엘리자베스 공주에게 연간 5만 파운드를 지급하기로 의결했던 것이다.

엘리자베스 공주와 필립 왕자의 약혼이 발표된 후에 두 사람이 비로소 사람들 앞에 모습을 나타낸 것은 1947년 7월의 버킹엄 궁전에서 개최된 가든 파티 때였다. 에어리 부인은 필립 왕자의 꾸밈 없는 태도에 감명을 받고 다음과 같이 써놓았다.

"나는 그가 입고 있는 제복이 초라한 것을 보고 전쟁에서 돌아온 복장임을 알았습니다. 나는 그가 보통 남성들처럼 남에게 잘 보이려고 하지 않는 것이 마음에 들었습니다."

약혼 계획이 사전에 완벽하게 세워지지 않았다는 것을 보여주는 것은 약혼 절차뿐만은 아니었다. 엘리자베스 공주가 끼고 있던 다이아몬드 세 개가 박힌 약혼 반지는 너무 커서 손가락에 맞지도 않았다. 그 까닭은 이러했다. 필립 왕자는 어머니에게 부탁해서 집에 있는 보석으로 엘리자베스 공주에게 줄 약혼 반지를 만들어달라고 했다. 그래서 반지를 만드는 사람은 의심할 여지도 없이 어머니의 것으로만 알았으므로 완성되었을 때에는 그 사이즈를 공주에게 꼭 맞게 고칠 여유가 없었다.

엘리자베스 공주가 지니고 있는 보석들은 할머니인 메어리 황태후가 손녀인 공주에게 손수 건네준 것이었다. 메어리 황태후는 손녀인 공주와 필립 왕자를 보고 다음과 같이 써놓았다. "점심 후에 둘이서 나를 보러 왔습니다. 둘의 모습은 빛나 있었습니다."

메어리 황태후는 두 젊은이가 다 같이 같은 조상이라는 점에 만족하고 있었다. 메어리 황태후가 조사한 바에 의하면 이 두 사람은 빅토리아 여왕의 혈통으로 볼 때에 3대째의 재종남매(再從男妹)간 끼리가 되며 덴마크의 국왕 크리스찬 9세로부터는 방계(傍系)이긴 하나 2대째의 종남매(從男妹)간 끼리이며, 또 조지 3세의 방계 자손으로 치면 역시 직계는 아니지만 4대째의 삼종(三從) 남매끼리였다.

세계 각국으로부터의 선물

결혼을 축하하는 선물이 세계 각국으로부터 들어왔다. 미국 브루클린의 쥬리앨로터 양은 저금통을 털어서 "그녀(엘리자베스 공주)는 영국에 산다. 영국에는 지금 먹을 것이 없다더라."고 하면서 칠면조 한 마리값을 엘리자베스 공주에게 보냈다. 선물은 모두 공개되었는데, 목록에 적힌 물품은 1천 5백점을 넘었다.

아이젠하워 장군 부처는 은제(銀製) 재떨이를 선물했다. 마하트마 간디는 마운트배튼 경의 권고대로 간디 스스로가 전통적인 인도 물레로 실을 자아서 짠 천을 선물했다. 간디는 마운트배튼 경에게,

"나 같은 세속적인 명성을 일체 버린 사람이 무슨 선물을 해야 좋겠느냐?"

고 상의를 했던 것이다.

그러나 메어리 황태후는 간디의 선물에도 감명을 받지는 않았다. 황태후는 간디를 몹시 싫어했으므로, 그가 보낸 것을 탐탁치 않게 여겼다. 메어리 황태후는 간디의 선물은 모욕적인 것으로, 인도 원주민 아낙의 무지기 만드는 천이라고 우겼다. 그러나 필립 왕자만은 황태후의 말에 동의하지 않았다. 그는 간디는 위대한 인물이다고 말했다. 황태후는 아무 말도 않고 다음 전시품쪽으로 발길을 옮겼다.

윈저 왕가의 크리스마스 파티에 나가본 사람이면 다 알듯이 왕실 일족은 선물을 퍽 중시하는 편이어서 이 엘리자베스 공주와 필립 왕자의 결혼 축하

선물의 전시회는 하루에 끝나지 않고 다음 날까지 계속되었다.

간디가 보낸 천도 아직 전시되어 있었다. 그런데 메어리 황태후가 간디의 천이 있는 곳으로 다가갔을 때 위험한 낌새를 느낀 마가렛 공주가 재빨리 뛰어나가, 간디의 천을 다른 물건 속으로 감추어버렸다.

조지 6세는 홀로, 필립 왕자의 결혼 후의 새 칭호를 어떻게 할 것이냐로 고민하고 있었다. 필립 왕자 자신은 칭호에 대해 관심은 별로 없었지만 조지 6세는 장차 여왕이 될 딸은 당연히 귀족의 부인이 되며, 그녀의 자식들도 귀족이 되는 것이라고 생각하고 있었다.

귀족 칭호에 붙일 지명(地名)이 이제는 없다고 할 만큼 왕실 소유지가 없는 시대가 되었지만, 그래도 공주의 남편이 연고가 있는 어느 지명을 따서 작위(爵位)를 받으면 그 지방 사람들은 그것을 황송하게 여겨 왕실에 대한 충성심을 발휘하는 것도 신기한 일이었다.

그래서 조지 6세는 현명하게도 필립 왕자에게 영국의 여기저기의 지명을 따붙여서 남작, 백작, 공작의 세 작위를 수여했던 것이다. 즉 그리니치 남작, 메리오네스 백작, 에든버러 공작이 그것이다. 에든버러는 '왕실 공작'에 붙여지는 지명으로는 역사적인 것으로 하노버 왕조 때 수명의 왕족(꽤 평판이 나빴던 인물들이긴 했지만)들이 붙이고 있었으며 빅토리아 여왕의 제2 왕자였던 알프레드 왕자도 에든버러 공작이라고 했다.

1947년 11월의 엘리자베스 공주 결혼식에 참석한 세계 각왕족들의 모습은 메어리 황태후에게 젊은 날의 화려했던 추억을 되살리게 했다. 메어리 황태후는 다음과 같은 감동을 시녀에게 적게 했다.

"오랫동안 왕실이 겪어보지 못한 화려한 1주일이었습니다. 세인트 제임스 궁전에는 결혼 선물을 구경하려는 사람들이 끝없이 모여들었고 외국 왕실 전원이 모인 큰 야회(夜會)가 열렸습니다. 버킹엄 궁전에서 벌어졌던 밤의 파티는 몇 해째나 내칩(耐蟄) 생활을 해오던 탓인지 정말 꿈만 같은 장면이었습니다."

그 파티는 현제 왕위에 있는 사람이나 왕위를 물러난 사람들이 가리지 않고 모인, 금세기 최대의 왕족들의 일대 향연이었다. 이미 그 위대했던 빛을 상실하고 있는 이들 왕족들의 모임은 만일 다른 경우였더라면, 오히려 슬픈 모임이 되었을 것이다. 그러나 이제부터 영국의 여왕이 되려 하는 젊은 공주를 위한 이때만은 과거의 영광이 빛을 잃어가는 변화하는 세계 속에서도 윈저 왕가만은 건재해 있다는 것을 과시하는 데 도움이 되었다.

호화로운 결혼 의상

엘리자베스 공주의 결혼 2일 전에 메어리 황태후의 일기장에는 다음과 같이 적혀 있었다. "그립던 친구들을 많이 만났습니다. 나는 밤 9시 반부터 자정이 넘은 0시 15분까지 서 있었습니다. 80이 넘은 나로서는 꽤 버틴 셈입니다." 메어리 황태후의 시녀인 에어리 부인은, "메어리 황태후께서는 아주 행복해 보였습니다."고 기록해놓고 있다. 그리고 계속해서 "윈스턴 처칠이 축하의 인사를 황태후에게 드렸을 때에 황태후께서는 두 손을 내밀고 답례를 하셨습니다. 그와 같이 하시는 것을 나는 여태까지 본 적이 없었습니다."

에어리 부인은 메어리 황태후에게는 엘리자베스 공주가 몹시 귀여운 손녀 이상의 존재임을 깨달았던 것이다. 엘리자베스 공주는 장차의 영국 여왕이며 왕실의 혈통을 새로 이어나갈 그리고 또 장차 영국의 국왕들을 낳아 길러내지 않으면 안 될 인물이었다.

1947년 11월 20일 이날은 엘리자베스 공주의 결혼식 날이었다. 이날의 결혼식은 조지 6세가 필립 왕자에게 장황하게 가르친 결혼식의 위엄과 순서가 무시된 것이었다. 결혼식의 절차가 당일 아침까지도 발표되지 않았던 것이다. 그래서 필립 왕자는 결혼식의 식순에 단지 '영국 해군대위, 필립 마운트배튼'이라고만 적혀져 있을 뿐이었다.

그런데 한 가지 놀라운 일은 엘리자베스 공주의 결혼 의상이었다. 왕실에서는 민간인 신부들과 마찬가지로 엘리자베스 공주도 배급받은 옷감으로 준비했다고 매우 조심스럽게 발표했다. 그런데 마치 발모럴 성에서의 피크닉에서 바베큐를 만들 때 요리사가 '거들어' 주었듯이 공주의 신부 의상을 만드는 데에도 배급된 감만으로는 만들 수가 없어서 어머니인 엘리자베스 왕비와 할머니인 메어리 황태후가 전에 사두었던 천으로 보충했던 것이다.

그러나 일은 엉뚱하게도 다른 방향으로 발전했다. 그것은 세계 각국에서 비단, 모슬린, 면직물 등의 선물이 쏟아져 들어온 때문이었다. 그 결과 공주의 신부 의상은 호화롭게 만들 수가 있게 되었다.

174

이 결혼 의상, 비단은 원료인 누에고치는 중국에서 온 것이었는데 왕실에서는 영국의 적국(敵國)이었던 이탈리아나 일본산(産)이 아니라는 것을 일부러 발표시켰다. 그리고 외국에 대해서 나쁜 인상을 줄 만한 말은 공개적으로 하지도 않았다. 더욱이 독일인과 결혼한 필립 왕자의 누이들에게는 초대장을 내지도 않았다. 딸 엘리자베스 공주와 성단(聖壇)으로 같이 걷고 있을 때에 조지 6세는 감개무량했다. 조지 6세는 뒷날 엘리자베스 공주에게 다음과 같이 편지를 썼다.

"웨스트민스터 사원을 너와 함께 걸어들어 갈 때에 나는 너를 자랑스럽게 생각하고 그리고 감동했다. 그러나 나는 네 손을 잡고 대주교의 손에 맡겼을 때에 나는 소중한 것을 잃어버린 것 같았다. 의식이 진행되는 동안 너는 매우 침착했다. 너의 선서(宣誓)에는 신념이 가득 차 있었다."

열차편으로의 신혼 여행

조지 6세가 엘리자베스 공주를 데리고 웨스트민스터 사원의 중앙 통로를 막 걷기 시작하기 몇 초 전에 윈스턴 처칠이 도착했다. 처칠은 시간에 꼭 맞춰서 도착하려고 계산하고 있었다. 처칠은 부인을 동반하고 의식적으로 느릿느릿 통로를 걸었다. 그 통로는 그의 수상이라는 지위로 봐서는 작은 것이었지만 처칠은 양쪽에 늘어선 사람들의 경례를 받으면서 나아가고 있었다.

요크 대주교인 C.F.가베트는 인사말에서 엘리자베스 공주의 결혼식은 본질적으로,

"오늘 이 시각에 골짜기의 벽촌에 있는 작은 교회에서 이루어지고 있을 산골 마을 사람의 결혼식과 다를 것이 없다."
고 말했다.

영국 국민들은 엘리자베스 공주의 결혼을 자기 마음에 드는 딸애의 결혼처럼 축복했다. 수줍고 아름다운, 이제는 어김없이 선량한 아가씨인 엘리자베스 공주가 이처럼 행복을 느낀 적도 없었다.

이것은 실로 영국 국민들이 앞으로의 새 시대를 향해 그녀에게 더욱 헌신하고 의무를 다하겠다고 다짐한 데 대한 그녀의 보답이었다. 엘리자베스 공주가 국민에게 호소한 것은 그녀가 태어난 영국의 역사가 그녀에게 기

대하고 있는 특수한 상황 속에서, 그녀가 보인 지극히 당연한 자질에 바탕을 두고 있었다.

공주는 자기의 존재 의의는 자기 자신뿐만이 아니라 자기의 지위에 있다는 것을 충분히 인식하고 있는 자세를 국민에게 보였던 것이다.

그리고 엘리자베스 공주는 결혼식 때에 사용한 꽃다발을 무명 전사(無名戰士)의 무덤에 바치도록 했다. 우주의 신비가 갑자기 조지 6세를 덮쳤다고는 할 수 없다.

그러나 엘리자베스 공주의 결혼식을 마치고 돌아온 국왕이 버킹엄에서 처음으로 한 말은 그 결혼식에 참석했던 고명(高名)한 해군 대장이 어째서 칼을 차지 않았느냐는 질문이었다.

그 뒤에 오찬회가 열렸는데 그 자리에는 스코틀랜드의 발모럴 성에서 보내온 하얀 히스의 꽃다발이 모든 손님의 접시 곁에 놓여져 있었다. 또 오찬회의 연설도 짧게 하도록 되어 있었다. 조지 6세와 엘리자베스 왕비는 25년의 세월이 흘렀건만 자기들의 결혼 축하 연설이 지루했던 것을 아직도 기억하고 있었기 때문이다.

저녁때가 되어 엘리자베스 공주와 필립 왕자는 버킹엄 궁전 안마당에서 뚜껑이 없는 마차를 타고 출발했다. 두 사람은 종이로 만든 장미꽃 세례를 받았다. 웃음을 가득히 띄운 친척들이 마차 뒤를 따라 궁전 밖에까지 나왔다. 밖에서는 기다리고 있던 군중들이 두 사람을 에워싸고 와 하는 환호성을 질렀다.

신혼 부부인 두 사람은 햄프셔에 있는 마운트배튼 경의 저택인 브로드랜즈에서 밀월을 치르기 위해 기차를 갈아탔다. 사람들의 환성이 버킹엄 궁전에서부터 정거장에까지 이어졌다. 두 부부의 신혼 여행 짐 속에는 더운 물병이 몇 개 들어 있었고, 공주가 제일 귀여워하는 코리견 수잔도 타고 있었다. 며칠 후에 엘리자베스 공주는 한 통의 편지를 받았다. 아버지 조지 6세로부터 온 것이었다.

"요 몇 년 동안 나는 네가 마미(엘리자베스 왕비)의 훌륭한 지도를 받으며 성장하는 것을 자랑스럽게 여겨왔다. 너도 잘 알 테지만, 마미는 세계에서 제일 훌륭한 사람이다. 나는 이제 너를 믿어도 좋다고 생각하고 있다. 게다가 또 필립이 도와줄 수도 있을 게다. 네가 떠난 뒤에 우리 생활에는 큰 구멍이

뚫린 것 같구나.

네가 필립과 함께 더없이 행복하리라는 것은 나도 잘 알고 있다. 그러나 부모도 잊지 말아달라는 나의 마음도 이해해주기 바란다."

제 13 장 끝나는 한 치세(治世)

'건강한 왕자'의 탄생

엘리자베스 공주의 결혼일로부터 만 1년이 되기도 전에 버킹엄 궁전 앞에는 또다시 군중들이 모여들었다. 1948년 11월 14일의 일요일 아침 일찍부터 산부인과의 권위인 윌리엄 킬리어트가 버킹엄 궁전에서 숙직하고 있다는 신문을 읽고 사람들이 몰려든 것이다. 조산부인 헬렌 로도 버킹엄 궁전에 들어가 있다.

저녁때가 가까워지자 공주의 시중을 들고 있던 조산부가 윌리엄 킬리어트를 불렀다. 엘리자베스 공주를 분만실로 데리고 갈 시간이 된 것이다. 분만실은 어린이 방의 한쪽에 달려 있었는데, 그 분만실은 이제는 버킹엄 궁전의 병동(病棟)으로 개조된 곳에 있었다. 한편 에든버러 공(필립 왕자)은 플란넬 운동복 바지에 둥근 목 스웨터를 입고 친구이자 시종무관인 마이클 파커를 데리고 스커시 경기를 하러 외출하고 없었다.

에든버러 공은 한 게임도 끝나기 전에 "건강한 남자 아이가 태어나셨습니다."라는 보고를 들었다. 에든버러 공은 곧 바로 돌아가서 버킹엄 궁전의 계단을 뛰어올라가 엘리자베스 공주에게로 갔다. 그녀는 아직 마취에서 깨어나지 않은 채 자고 있었다.

에든버러 공은 달려온 조지 6세와 악수를 나누고 장모인 엘리자베스 왕비를 얼싸안으며 기뻐했다. 엘리자베스 공주가 의식을 회복했을 때에 눈앞에는 희색이 만연한 에든버러 공이 장미와 카네이션 꽃다발을 들고 서 있었다. 버킹엄 궁전의 바깥 울타리에 '왕자 탄생'이라는 방(榜)을 붙일 필요도 없었다. 궁전의 한 담당관이 경찰관에게 그 뉴스를 살짝 알려주자 그 경찰관은 바로 이 사실을 군중들에게 전한 것이다.

메어리 황태후는 첫 증손자의 얼굴을 보려고 차를 몰고 달려왔다. 이미 축하의 분위기는 고조되고 있었다. 왕자 순산을 축하해서 보내오는 편지나 선물은 정리하기 위해서 버킹엄 궁전에는 12명의 타이피스트가 임시로 채용되었다. 엘리자베스 공주는 이제 막 낳은 갓난 아들을 보고 참으로 귀엽다고 생각했다.

그녀는 옛 스승에게 보낸 편지에서 "이 아이의 손가락은 특히 길고 예쁩니다. 내 손은 전혀 닮지도 않았고 남편의 손도 닮지 않았습니다. 이 고운 손가락이 장래 어찌 될 것인지, 매우 궁금합니다."라고 썼다.

메어리 황태후는 이제 막 갓난 왕자가 빅토리아 여왕의 남편인 알버트 공을 쏙뺀듯이 닮은 것을 보고 깜짝 놀랐다. 그래서 황태후는 어느 날 오후에 에어리 부인과 함께 옛날의 빅토리아 여왕과 그 부군 알버트 공의 앨범을 들쳐보면서 어느 정도 닮았는가를 보기도 했다. 메어리 황태후는 일기장에다 다음과 같이 썼다.

"나는 1780년에 조지 3세가 이름을 지어준 아이에게 주었던 은박 뚜껑이 달린 컵을 그 갓태어난 아이에게 주었습니다. 나는 증조부로부터 전해오는 선물을 168년 후인 지금에 내 증손자에게 주게 되었습니다."

태어난 남자 아이에게는 찰스 필립 아서 조지라는 세례명(洗禮名)이 붙여졌다. 그 아이의 날마다의 일과는 엄마인 엘리자베스 공주의 유아(乳兒) 시절과 같았다.

엘리자베스 공주는 처음의 몇 달 동안은 모유로 길렀다. 그 아이의 머리 속과 은방울 장난감 그리고 유모차 등은 유모인 나이트가 사들인 것이었다. 스코틀랜드 인의 두 여성이 유모로 고용되어 있었다. 그 중의 하나인 헬렌 라이트보디 양은 글로스터 공의 아이들의 유모를 지내고 있었다. 또 한 사람인 마벨 앤더슨 양은 유모를 구하는 광고에 의해 채용된 자였다.

1949년에 엘리자베스 공주와 에든버러 그리고 갓난 아기 찰스 왕자는 새로 단장한 클라렌스 하우스로 옮겨졌다. 이 집에서 가장 위엄이 있었던 곳은 마치 장난감 박물관처럼 유리로 장식된 장에다가 연푸른 색조를 띤 어린이 방이었다. 그것은 또 엘리자베스 공주가 부모와 어릴 때에 살았던 피카딜리 145번지의 옛 집을 연상케 하는 것이었다.

클라렌스 하우스의 국민

엘리자베스 공주와 에든버러 공은 새집 클라렌스 하우스에서 제각기 떨어져 있는 침실을 쓰기로 했다. 이러한 방식은 오늘날까지 계속되어오고 있다. 근사한 주름이 달린 막이 늘어뜨려져 있는 엘리자베스 공주의 더블 베스는 위에서 드리워져 있는 왕관이 그 특징이다. 에든버러 공의 방은 간소하게 꾸며져 있다.

엘리자베스 공주와 에든버러 공은 매일 아침 서로 방문을 반쯤 열어놓고 화장대 앞에 마주앉아 애기를 나누기도 하고 우스개 소리를 하기도 했다. 공주의 화장은 보보가 거들어주었다. 에든버러 공이 정장을 하고 나갈 때에는 존 딘이 시중을 들었다.

존 딘은 마운트배튼 가의 집사였었는데, 에든버러 공을 위해서 클라렌스 하우스로 따라온 사람이었다. 존 딘은 보보가 엄격한 사람임을 깨달았다. 그녀를 처음 만났을 때에 존 딘이 "남들은 나를 부를 때에 존이라고 부르곤 한다."고 하자 보보는 "네, 잘 알았어요. 그렇지만 내게는 당신은 항상 미스터 딘입니다. 우리는 이 댁에서 어떤 품위 같은 것을 지켜야 한다는 것을 알아야 해요."라고 대답했기 때문이다.

딘의 상전인 에든버러 공도 그 무렵 왕실의 생활에 적응해나가는 데 어려움을 겪고 있었다. 1952년에 아내인 엘리자베스 공주가 영국 여왕으로 즉위한 뒤부터는 에든버러 공은 독자적인 입장에서 인격을 쌓아올리기에 이르렀다. 그러나 결혼 초기에는 에든버러 공의 입장은 국왕의 '데릴사위'라는 점에서 안정을 찾지 못하고 있었다.

버킹엄 궁전의 스탭들은 위에서 아래에 이르기까지 모두가 어쨌든 에든버러 공은 다루기 힘드는 까다로운 인물로 생각하고 있었다. 오늘날에도 그때를 돌이켜서 어떤 사람은 말하기를 에든버러 공은 "오만했었다."고 하고, 어떤 사람은 말하기를 "언제나 공격을 당하는 인물이었다."고 한다. 어떤 의식 때 아내보다 한 발자국 뒤로 물러서는 일은 에든버러 공이 지금까지 해온 행적으로 보아 전혀 없었던 일이었다.

게다가 에든버러 공은 나이에 비해 늙어 보였다. 세계를 주름잡듯 다녔으며 또 지난 제2차 대전에서는 훌륭한 전공을 세운 인물이기도 했다. 그러나 클라렌스 하우스의 주인이 되고 나서 에든버러 공의 거칠거칠하던 성격도 모가 나지 않게 되어갔다. 에든버러 공은 사람들을 모아놓고 영사회(映寫會)를 열어 영화를 감상하는 것을 즐겼다.

그런 때에는 맨 앞줄에 아내 엘리자베스 공주와 함께 팔걸이 의자에 앉아서 구경을 했다. 그러다가 아내가 큰소리로 얘기라도 하면 해군 시절의 영사회 때처럼 주의를 시키기도 했다. 아직도 에든버러 공은 해군에 복무하는 장교이다. 그는 매일 아침 공원을 거쳐 화이트홀로 나가 해군성에서 함정을 배치하는 일을 했다.

그 후 템스 강 하류의 그리니치에 있는 영국 해군대학에서 간부 과정을 이수했다. 에든버러 공은 그리니치에서 먹고 자면서 집에는 주말에나 돌아갈 수가 있었다. 그는 이러한 규칙적인 생활을 환영했다. 그것은 그가 마음속으로 지니고 있는 소망, 즉 자기 자신의 함대를 사령(司令)하고자 하는 소망을 실현시키기 위한 준비의 일환이었기 때문이다. 조지 6세는 그 무렵에 50세를 조금 넘고 있었다. 에든버러 공은 아내 엘리자베스 공주가 여왕이 되어 자기가 돕게 될 시기를 앞으로 10년이나 20년 후로 잡고 있었다. 그래서 그때까지는 해군에서 이력을 쌓을 수가 있다고 생각했다. 그것은 당연한 일이었다.

엘리자베스 공주도 그와 같은 생각으로 생활한다. 왕실의 젊은 한 사람으로서 엘리자베스 공주는 공식적인 행사에서는 빠져나갈 수가 없는 존재이기는 했으나 공주로서는 아직 첫째의 임무는 우선 어머니로서의 임무였고 해군 장교의 아내로서의 임무였다.

왕위를 계승하는 일은 빨라도 1960년대나 70년대쯤의 일로 생각하고 있었다.

말타 섬에서의 즐거운 생활

그러나 1948년 11월에 찰스 왕자가 태어난 그 달에 만사는 그렇게 생각대로만 되지 않는다는 첫 징조가 나타났다. 조지 6세와 엘리자베스 왕비는 그 해 4월에 은혼식(銀婚式)의 잔치를 했다. 그런데 그때의 조지 6세는 양쪽 다리에 경련이 일어 고통을 겪고 있었다. 그 증세는 점점 악화되어 1948년 10월에는 왼쪽 다리가 하루 종일 마비되었고 오른쪽 다리까지도 그렇게 되어갔다.

조지 6세는 일종의 혈전증(血栓症)에 걸려 있었다. 왕실의 시의(侍醫)들에 의해 일련의 진찰이 행해졌다. 그 결과 초기의 동맥 경화증 —— 양쪽 다리 동맥의 혈액 순환 장애 —— 으로 진단이 내려졌다. 조지 6세는 모든 행사를 중지하고 휴양을 하지 않으면 안 되었으며 하루의 절반은 침대에서 보내야만 했던 것이다.

시의들의 치료는 좋은 결과를 가지고 왔다. 1949년 봄에 조지 6세는 수술을 받았다. 쇠약해지기는 했어도 전보다는 훨씬 좋아져 보였다. 그 해 가을에 에든버러 공은 처음으로 지중해 구축함대(驅逐艦隊)의 기함(旗艦)인 체카즈의 승무원으로서 해군 대위 겸 부사령관의 자리에 앉게 되었다. 조지 6세의 건강도 걱정할 것이 없다고 생각해서 엘리자베스 공주도 남편 에든버러 공을 따라갔다.

그 무렵의 생활은 현재의 엘리자베스 2세가 생각해도 하루하루가 정말로 자기네들을 위한 것으로 느껴졌다고 할 수 있는 나날이었다. 1949년의 크리스마스를 이용해서 말타 섬으로 날아간 엘리자베스 공주는 공적인 의무와 생활에서 완전히 해방된 기분이었다. 마운트배튼 경은 영국 해군 지중해 제1 순양함대의 사령관이었다.

그는 공주 부부를 항구가 내려다 보이는 자기 집으로 초대했다. 수영·일광욕·댄스·피크닉, 섬 관광, 바닷가의 산책, 시장 구경, 그리고 젊은 부부들끼리의 칵테일 파티, 디너 파티 등을 즐겼다. 하나에서 열까지가 모두 즐거웠다. 폐가 되지 않도록 경호원이 먼 발치에서 엘리자베스 공주를 호위하고는 있었지만 공주는 보보와 시녀 피아스를 데리고 즐겁게 지냈다.

그러나 어쨌든 그때의 엘리자베스 공주는 국왕의 딸이 아니라 한 해군 장교의 아내였던 것이다. 남편 에든버러 공이 마운트배튼 경위처럼 폴로 경기에 열중하고 있는 동안 엘리자베스 공주는 역시 그러한 남자들을 가진 부인네들과 얘기를 주고 받으면서, 옆에서 폴로 경기를 재미있는 듯이 들여다 보는 여유마저 지니고 있었다.

무슨 일이고 간에 다른 사람들과 똑같은 대접을 받았으면 하는 것이 에든버러 공의 생각이었지만, 에든버러 공에게는 그렇지가 않았다. 어느 때에 에든버러 공의 시종무관 마이클 파커가 해군 사령장교 아서 존 파워 제독

(提督)에게 불려갔다. 제독은 에든버러 공이 최근에 치른 어뢰와 대(對) 잠수함 병기에 대한 시험의 답안지를 앞에 놓고 화를 내고 있었다.

해군의 시험관이 에든버러 공의 답안에 낙제점을 준 것이다. 파커는 시험관의 판정을 뒤집고자 하는 파워 제독의 심중을 알아차리고 있었다. 제독은 자기가 시험 답안을 읽어본 결과, 아주 훌륭한 성적으로 합격한 것이라고 말했다. 파커는 그때의 이러한 정식에 얽힌 행위에 대해서 에든버러 공이 어떤 태도를 취할 것인가를 똑똑히 알고 있었다.

파커의 생각은 옳았다. 에든버러 공은 "만일 그런 생각들을 내게 대해서 한다면, 나는 절대로 해군 생활을 하지 않겠다!"고 말했다. 에든버러 공 즉 마운트배튼 해군대위는 그 시험을 다시 한 번 치렀다. 그리고 합격했다.

중단된 바다의 여행

1950년 봄에 엘리자베스 공주에게는 두 번째의 임신 징후가 나타났다. 그녀는 클라렌스 하우스로 돌아왔다. 7월에는 남편 에든버러 공이 비행기로 날아와서 딸의 탄생을 지켜 볼 수가 있었다. 1950년 8월 15일에 앤 엘리자베스 앨리스 루이 공주가 태어났다. 탄생되던 날의 아침은 마침 에든버러 공이 정식으로 함장(艦長)이 된 아침이기도 했다. 에든버러 공은 숙원이던 자기의 함정(艦艇)을 가지게 된 것이다. 그는 영국 지중해 함대의 프리게이트함 맥파이 호의 함장이 되었다.

그리고 그는 제2차 대전 중에 보인 책임감을 충분히 발휘해서 그 임무에 전념했다. 그는 무슨 일이고 간에 부하들을 엄격하게 다루었다. 엘리자베스 공주는 앤 공주를 젖먹이는 일에서 해방된 뒤에, 다시 에든버러 공의 곁으로 날아와서 함께 생활했던 것이다. 말타 섬 해군 기혼자 숙소에서는 약간 남들의 선망의 대상이 되기도 했지만(그렇다고 문제가 될 정도는 아니었다.), 엘리자베스 공주에게는 하나의 특권이 부여되고 있었다.

그것은 사령장관 전용인 긴급시의 파견 함선인 서프라이즈 호의 사용이 허용된 일이었다. 영국 외무성과 해군성은 엘리자베스 공주와 에든버러 공이 타고 있는 영국 군함이 영국의 국위 선양에 도움이 될 그런 항구로 들어갈 때에는 당당하게 깃발을 날리며 들어가도록 결정을 내렸다.

이 기항(寄航)은 이를테면 아테네 시는 두 사람의 여행을 대대적으로 환영하는 소동을 빚었는데 이로 인해 영국과 그리스 사이에 친선이 다시 튼튼하게 다져졌던 것이다. 두 사람의 여행이 이러한 효과를 가져오기도 했지만, 그들의 바다 여행이 공무에 얽매인 것만은 아니었다.

지금도 왕실 안에서 매우 재미 있는 화젯거리가 되는 것 중의 하나가, 이때 서프라이즈(엘리자베스 공주가 탔던 함정) 호와 맥파이(에든버러 공이 탔던 함정) 호 간에 받던 신호이다. 서프라이즈 호에서 맥파이 호로 '공주는 매우 콘디션이 좋다.'(영어로 풀 어브 빈즈였는데 직역(直譯)하면 콩이 꽉 찼다가 된다.) 고 쳤다. 이 신호를 받은 맥파이 호에서는 '공주의 아침 식탁에 올릴 정도의 최고급 콩입니까?'라고 답신했다.

그러나 그러한 재미는 갑작스레 끝났다. 1951년 7월에 에든버러 공은 무기 휴가라는 형식으로 해군을 떠났다. 그 휴가는 그 후 오늘날에 이르기까지 계속되고 있다. 국왕 조지 6세가 병으로 재차 쓰러진 때문이었다. 1953년 5월 3일에 '페스티벌 어브 브리튼'의 개막을 선언했을 때에 조지 6세는 피로의 빛이 완연해 보였다.

조지 6세는 친구에게 "항상 싸우고 있는 고통과 위기가 드디어 나를 일어날 수 없게 하고 있다."고 말했다. 그런데 문제는 조지 6세의 건강이 악화된 것은 정신적인 건강에서 온 것만은 아니라는 점이었다. 조지 6세는 암에 걸려 있었던 것이다. 처음에 시의들은 암이 아닐까 하고 그저 의심을 해보았을 정도였다.

그리고 1951년 5월 말에는 독감을 앓은 후유증이 아직 가시지 않은 것으로만 알고 있었다. 그러나 암의 전문의이며 흉부(胸部) 외과의 권위인 클레멘트 플라이스 토마스가 진찰한 결과는 틀림없는 암이었다.

조지 6세에게는 암이라는 사실을 일체 밝히지 않았다. 토마스의 진단 결과에서 조지 6세의 병은 기관지가 막혀 있어서 한쪽 폐를 잘라내야 한다고 했다. 시의들 중에는 조지 6세가 앓아왔던 혈전증(血栓症)을 우려해서 수술을 하면 살 수 없을 것이라고 하는 사람도 있었다.

수술 도중에 심장의 관상 동맥에 발작이 일어날지도 모르며 수술 후의 2,3일이 고비가 될 것이라고 걱정한 때문이었다. 그리고 수술을 하게 되면 목부분의 신경을 일부 떼어내야 하기 때문에 병이 낫는다 해도 작은 소리로밖에 말을 할 수 없는 결과가 될지도 모른다고 했다.

미국 방문 여행

조지 6세의 아내, 즉 엘리자베스 왕비를 비롯해 두 공주와 에든버러 공은 사태가 심상치 않음을 확실히 깨달았다. 엘리자베스 공주와 에든버러 공은 그 해의 10월 초에 캐나다와 미국을 방문할 예정이었다. 그러나 이러한 상태에서는 당분간 여행은 할 수 없을 것 같았다. 그래서 조지 6세의 건강이 좋아졌다는 시의(侍醫)의 진단이 내려질 때까지 여행은 연기되었다.

조지 6세의 수술은 경과가 좋았다. 이제는 안심해도 좋을 정도여서 엘리자베스 공주와 에든버러 공은 1951년 10월 7일에 연기해왔던 외유(外遊)의 길에 올랐다. 두 사람의 여행 가방 속에는 만일의 일을 위해서 상하 양원에 보내는 정식 메시지와 왕위 계승 선언서가 들어 있다. 두 사람의 여행은 35일간에 걸쳐 북미 대륙을 두 번이나 횡단하는 것으로 캐나다 국내에서만도 1만 6천 킬로에 달했다.

마침 그 무렵은 한국 동란이 한창이어서 신문은 연일 대서 특필로 보도하고 있었다. 신문은 또 엘리자베스 공주와 에든버러 공의 여행도 크게 보도하고 있었다. 그때 미국 대통령 트루먼 조지 6세에게 편지를 보냈다.

"우리는 지금 젊은 숙녀와 그 부군을 맞이했습니다. 이 두 분은 미국 전국민의 마음속에 자리를 잡고 있습니다. …… 세상의 아버지들이 자기 딸을 자랑하듯이 지금 우리도 딸을 자랑하고 있습니다. 이 점에서 국왕이신 당신은 우리보다 행복합니다. 당신은 딸을 둘이나 두고 계시기 때문입니다."

트루먼은 꽤 마음을 써가며 엘리자베스 공주와 에든버러 공을 환대했다. 그리고 백악관은 내부 수리 중이라는 구실로 두 사람을 백악관 앞에 있는 대통령 영빈관에서 접대하게 했다. 그런데 이 영빈관 2층에는 트루먼의 장모인 이미 귀가 먼 월레스 부인이 들고 있었다.

트루먼은 엘리자베스 공주 부부에게 2층에 있는 장모를 만나달라고 부탁했다. 두 부부가 2층으로 올라가자 트루먼은 장모에게 큰소리로 "엘리자베스 공주를 모시고 왔습니다."고 외쳤다. 이 연로(年老)한 월레스 부인은 정정한 모습으로 그들을 맞이했다.

그때 마침 영국에서는 총선거의 결과가 밝혀졌다. 윈스턴 처칠이 충분하다고는 할 수 없으나 우선 의석(議席)의 과반수를 확보해 정권을 다시

184

잡게 되었다. 트루먼의 장모는 그 결과를 놓고 엘리자베스 공주에게 말했다. "나는 참으로 기쁩니다. 댁의 아버님(처칠을 가리키는 말) 재선이 되셨다지요."

조지 6세는 딸인 엘리자베스 공주와 사위인 에든버러 공을 매우 자랑스럽게 여겼다. 조지 6세는 두 내외가 귀국하면 추밀원(樞密院) 회원으로 임명하려고 했다. 12월 14일경 조지 6세의 건강은 매우 좋아져서 손자인 찰스 왕자의 세 돌 생일 잔치에 나가 오래간만에 사진을 찍었다.

이때가 찰스 왕자에게 조지 6세의 기억을 마지막으로 남게 하는 기회가 되었다. 소파에 앉은 찰스 왕자의 옆에는 조지 6세가 앉아 있고 그 앞에는 국왕의 보도관인 리처드 콜빌이 버티고 앉아 회중시계의 번쩍거리는 줄을 달고 찍은 사진이었다. 이 사진은 엘리자베스 공주 부부가 돌아왔을 때에는 현상(現像)이 되어 있었다. 엘리자베스 공주는 여왕이 된 지금까지도 그 사진을 액자에 넣어 자기 방에 걸어놓고 있다.

조지 6세의 건강이 회복된 것을 신문들은 대서 특필해서 기뻐했다. 12월 2일의 일요일에 영국에서는 모든 교회가 감사 예배를 올렸다. 조지 6세도 몇 해만에 상쾌한 기분이 되어 자기의 회복된 몸에 한층 힘을 내어 딸에게 제왕학(帝王學)을 가르칠 수 있게 된 것을 행복하게 생각했다.

조지 6세는 새 수상인 윈스턴 처칠이 고령이어서 건강에 무리가 가지나 않을까 하고 각별히 걱정을 하고 있었다. 처칠은 75세를 넘고 있었다. 처칠은 당시 심장병의 발작으로 쓰러진 일이 있었고, 연설도 빛을 내지 못했으며 청중들의 반응도 둔화되어 있었다. 그래서 조지 6세는 벌써 10년 동안이나 수상 후보 노릇만 하고 있는 안토니 이든에게 처칠이 수상 자리를 물려주어야 한다고 생각하고 있었다.

조지 6세는 이 문제를 친구인 솔즈베리 후작과 상의했다. 솔즈 베리는 총선거 후의 보수당 정권에서 유력한 각료 중의 한 사람이었다.

그런데 처칠의 동료들은(처칠의 지지파가 아닌 솔즈베리 경까지도), 처칠과 같은 위대한 인물의 몫을 다른 인물과 바꿀 수는 없다고 생각했다. 그것을 할 수 있는 사람은 국왕 조지 6세뿐이었다.

즉 조지 6세는 제2차 대전 중에 맺어진 처칠과의 우정과 처칠의 왕실에 대한 신비적인 존경심을 이용할 수가 있었기 때문이다. 새해가 되면 이 문제를 이야기하려고 조지 6세는 생각하고 있었다.

사냥하던 날 밤에 죽은 국왕

조지 6세는 버킹엄 궁전에서 가족들과 함께 만 56세의 생일을 조용히 축하한 뒤에 12월 21일에 온 가족이 샌드링검 궁전으로 갔다. 이 해에는 조지 6세가 크리스마스 방송을 하지 않아도 되었다. 가슴과 목 진찰 때문에 맑은 목소리가 나오지 않아 말을 할 수가 없었다.

그래서 조지 6세는 토막 토막의 연설을 녹음 테이프에 녹음을 하고 그것을 편집해서 내보내기로 했다. 조지 6세는 크리스마스 날 오후에 가족들과 함께 자기의 녹음 연설을 천천히 들을 수가 있었다. 조지 6세는 남아프리카로부터 따뜻한 남국에 와서 요양을 하면 어떻냐는 초청을 받았다. 국왕 시종무관 피터 타운젠트가 국왕의 요양지가 될 더번 근교의 정부 영빈관을 살피러 가기로 되었다.

조지 6세와 엘리자베스 왕비가 떠날 날짜는 1952년 3월 10일로 결정 되었다. 그러나 그때에 국왕의 친척들은 조지 6세의 목숨이 길지 않다는 것을 알고 있었다. 한쪽 폐를 떼어냈다고 해서 완전히 암이 치료되었는지도 모를 일이었으며 조지 6세에게는 또 혈전증(血栓症)이라는 병이 남아 있었기 때문이다. 시의들은 국왕에게 자세히 말하지는 않았지만, 건강한 생활을 할 수 있는 기간은 앞으로 2,3년이고 경우에 따라서는 그보다도 더 짧아질 수 있을 것이라고 확실히 비쳤던 것이다.

그 이튿날 밤에 조지 6세는 병을 앓아온 이래 처음으로 영화 구경을 위해 외출을 했다. 가족들과 함께 모두가 좋아하는 로저스 앤드 해머스타인의 뮤지컬 '남태평양'을 보기 위해서였다. '남태평양'은 런던의 드루리 레인 극장에서 계속 만원의 성황을 이루고 있었다.

왕실 일가가 영화 관람에 나선 것은 두 가지의 목적이 있었다. 하나는 조지 6세의 건강이 회복된 것을 축하하는 뜻이었고 또 하나는 조지 6세를 대신해서 엘리자베스 공주와 에든버러 공이 머지않아 떠날 동아프리카, 오스트레일리아, 뉴질랜드 순방 길을 앞둔 가족 모임이라는 뜻이었다.

1952년 1월 31일 아침에 국왕 조지 6세는 런던 공항에서 외유(外遊)를 떠나는 엘리자베스 공주와 에든버러 공을 전송하고 샌드링검 궁전으로 향했다. 그곳에서는 몇 사람의 친구들이 국왕을 기다리고 있었다. 조지 6세는 최근에 와서 수렵의 마지막 철을 즐겼다.

즉 보통의 수렵이 끝나고 난 뒤에 남아 있는 새와 짐승들을 추적하는 것에 재미를 붙이고 있었다. 그 수확물들은 대개 히크링 호수에 사는 큰 물닭과 샌드링검에 사는 산토끼들이었다. 2월 5일은 하늘이 푸르고 햇살에 긴 그림자가 드리워진 날씨였다. 약간 춥긴 했으나 늦겨울의 좋은 날씨였다. 목표물은 산토끼였다. 조지 6세는 앞으로 뛰어나오는 산토끼를 보기 좋게 명중시켰다. 그날 사냥이 끝났을 때에 총 수확물은 1백80 마리나 되었다.

사냥에 참가한 사람 전원이 기뻐했다. 조지 6세는 그날 밤 푸근한 마음으로 만족감을 느끼며 잠자리에 들었다. 시종이 핫초콜릿을 컵에 따라 가지고 침실로 들어갔다. 그 후 조지 6세는 1시간 반 가량 책을 읽었다. 자정이 가까웠다. 마당에서 보초를 서던 한 병사는 국왕이 손수 창문을 잠그는 것을 보았다.

조지 6세는 그날 밤에 수렵 기록장에 그날 잡은 산토끼 1백80 마리의 숫자를 적어넣지 않고 있었다. 그날의 페이지는 공백인 채로 남아 있었다. 1952년 2월 6일 새벽에 국왕 조지 6세의 심장은 멈춰 있었다.

제4부 여 왕

제14장 즉 위

아프리카에서 안 국왕의 죽음

1952년 2월 8일 수요일 아침에 평소와 같이 조지 6세의 시종은 국왕의 침실로 홍차를 들고 들어갔다. 그때에 비로소 그는 국왕의 죽음을 알았다. 암(癌)을 수술한 이래, 계속 국왕의 건강을 위협하고 있던 심장 혈전증(血栓症)이 마침내 국왕의 목숨을 앗아간 것이다. 정확한 시간은 시의(侍醫)들도 알 수 없었다. 그때에 엘리자베스 공주는 아버지 조지 6세와는 4천 8백 킬로나 떨어진 곳에 있었다.

조지 6세의 사망 시각은 새벽이었고 그 순간부터 엘리자베스 공주는 영국의 여왕이 되었지만 그녀가 그것을 안 것은 조지 6세의 운명으로부터 몇 시간이 지난 뒤의 일이었다.

엘리자베스 공주와 에든버러 공은 영국이 지배하는 동아프리카의 각계 층으로부터 환영을 받으며 차례차례로 공식적인 리셉션이 계속되었으나 겨우 그것에서 해방되어 한숨을 돌리고 있었다. 이야기는 앞으로 되돌아간다. 1947년에 공주 내외가 결혼했을 때 영국 식민지 케냐 사람들은 이들의 결혼 선물로 아바리아 숲의 야수(野獸)지구를 흐르는 사가나 강가에 조그마한 수렵용의 막사를 선물했다.

그 막사를 엘리자베스 공주 내외가 쓰는 것은 이번이 처음이었다. 그 막사 가까이에 '트리톱 호텔'이 있었다. 호텔이라고는 하지만 동물들이 물을 먹으러 오는 늪과 소금을 굽는 곳이 내려다 보이는 거대한 무화과나무 숲속에 지어진 움막집이었다.

이 움막집이 엘리자베스 공주가 '공주'로서의 마지막 밤을 지낸 곳이었다. 이 움막집 둘레에는 인공적으로 만든 달빛으로 숲속의 짐승들을 유인해 내도록 되어 있었다. 1952년 2월 5일에서 6일에 걸친 2일 동안의 밤에, 공주는 울창한 수목을 내려다보면서 남편 에든버러 공과 시녀로 따라온 그의 사촌 파메라 마운트배튼 부인과 함께 코끼리, 코뿔소, 영양 등을 보고 있었다.

엘리자베스 공주는 쌍안경으로 영양 두 마리가 목숨을 걸고 싸우는 모습을 관찰하고 있었다. 그녀가 뒷방으로 돌아가서 쉬려고 했을 때에는 이미 날이 새고 먼동이 트기 시작하고 있었다. 공주가 그날 밤을 지낸 사가나 사냥 캠프의 여기저기서는 수행원들이 출발 준비를 하고 있었다. 보보 맥도널드와 존 딘은 막사의 입구에 앉아 구두를 닦고 있었다.

그 때 육군 근무 후의 1949년 이래 엘리자베스 공주의 보도관(報道官)을 지내고 있는 마틴 채틸스 소령은, 사냥 캠프에서 나와 점심을 먹으려고 강 저쪽의 호텔로 차를 몰고 가려고 했다. 그 호텔은 엘리자베스 공주의 동 아프리카 방문을 취재하러 온 기자들의 본부가 되어 있었다.

차에 내려 주차장을 빠져나오려 할 때 체틸스의 어깨를 누가 쳤다. 그는 전화가 걸려왔다고 했다. 전화박스를 보니까 한 기자가 당황하는 모습으로 수화기를 들고 있는 것이 보였다. 그 신문 기자가 한손으로 재떨이를 몇 번이나 뒤엎고 있었던 것을 채틸스는 지금도 기억하고 있다. 그 때 영국의 로이터 통신은 국왕 조지 6세의 사망 뉴스를 전세계에 전하고 있었다.

채틸스는 아무런 공식 통보도 받지 않고 있었다. 그러나 그는 조지 6세의 심장 발작이 위급한 단계에 있다는 것을 알고 있었다. 그는 곧 사가나 헌팅 롯지로 전화를 걸어 에든버러 공의 보도관인 마이클 파커에게 이야기를 했다. 영국으로부터의 주파수에 라디오 다이얼을 맞추어놓았다. 장중한 음악이 흘러나오고 있었다. 그러나 뉴스는 아직 없었다.

사실은 암호로 된 극비 전보가 노이로비의 정부 공관에 들어와 있었으나 정부 관리의 대부분은 엘리자베스 공주의 비행기가 그 다음 날에 도착하기로 되어 있는 몸바사로 가 있었다. 아우투스판 호텔에 있는 기자들에게는 런던의 본사로부터 전화가 계속 걸려오고 있었다.

그날 아침 10시 45분에 런던에서 조지 6세의 사망이 공식적으로 발표되었다. 파커는 그 뉴스를 정식으로 확인하기 위해서 런던에 전화를 걸었고 채틸스는 차를 타고 사가나 사냥 캠프로 돌아갔다.

즉시 영국 왕위에 오르다

존 딘과 보보는 경호관 클라크를 통해서 무슨 일이 일어났다는 것을 알았다. 그때에 엘리자베스 공주가 나타나 입구에 있던 딘과 보보에게 말했다. 공주는 그날 아침 낚시질에서 에든버러 공보다도 성과가 좋았으므로 꽤 기분이 좋았었다. 지난 겨울에는 여러 가지의 근심거리가 쌓여 있었지만 근래의 공주는 생기를 되찾고 있었다. 다음 날 아침에도 공항으로 가기 전에 승마를 즐기려 하고 있었다.

그렇지만 시종들이 어떻게 승마 준비를 할 수가 있었겠는가? 그러나 시종들은 국왕의 죽음을 알고 있으면서도 용기를 내어 준비하겠다고 대답했었다. 헌팀 롯지의 거실로 돌아온 공주는 그때에 마이클 파커가 살짝 잔디밭을 지나 창 너머로 에든버러 공에게 무슨 신호를 한 것을 모르고 있었다. 에든버러 공은 밖으로 나와 일이 일어난 자초지종을 알았다.

그리고 그 뉴스가 틀림없다는 것을 알고 거실로 돌아왔다. 그는 엘리자베스 공주를 향해 "이제부터 당신은 영국 본토 및 영국의 자치령, 그리고 영국의 해외 영토의 여왕이 되었오."라고 알렸다. 그때가 현지 시간으로 오후 2시 45분, 런던 시간으로는 오전 11시 45분이었다. 파커의 눈에는 조지 6세의 사망 소식에 엘리자베스 공주보다도 에든버러 공이 더 놀란 것으로 보였다.

파커는 그때를 회상해서 "지구가 두 조각이 나서 머리 위로 떨어진 것 같은 상황이었다. 나는 일생을 통해서 그때처럼 사람을 불쌍하게 생각해 본 적이 없다."고 말하고 있다.

그러나 이제야 여왕 엘리자베스 2세가 된 엘리자베스 공주는 차분하게 사태를 파악하고 있는 것같이 보였다. 공주는 이제는 많은 시종들에 대해 여왕으로서 의연한 태도를 보이지 않으면 안 되었다. 그리고 그녀는 그러한 태도로 완벽하게 사태를 수습해 나갔다.

만일 한 개인이 아버지의 죽음을 예상하고 상복(喪服)을 준비해서 여행을 떠났다고 한다면 틀림없이 사람들의 빈축을 샀을 것이다. 그러나 엘리자베스 공주가 그런 준비를 했다는 것은 반대로 옳은 일이었다. 공주는 현실 문제로 된 왕위 계승을 위해서 여러 가지 문서를 비롯, 긴급 사태에 대한 준비를 갖추고 있었으나 그녀의 침착성은 어쩌면 그와 같은 긴급 사태에 필요한 것이었는지도 모른다.

그녀는 지체없이 사태의 처리를 하기 시작했다. 오스트레일리아, 뉴질랜드에서 그녀가 오기를 기다리고 있는 사람들에게 전보를 칠 필요가 있었다. 그녀는 손수 전문(電文)을 썼다. 거기에다 그녀는 자기의 왕위를 선언하는 것을 잊지 않았다. 왕위 계승자로서 쓰던 이름을 여왕이 되고 나서도 써야 할 필요는 없었다.

그러나 그녀는 이 엘리자베스라는 이름이 여왕으로서 잘 어울린다고 생각하고 있었다. "내 자신의 이름 외에 또 어떤 이름이 있단 말인가?" 에든버러 공의 수행원들은 케냐로부터 귀국할 준비에 골몰하고 있었다. 뒷날 파커는 "1시간만에 캠프에서 비행기로 떠났다."고 말하고 있다.

장거리 비행기가 이착륙할 수 있는 가장 가까운 공항은 엔테베였다. 수행원들이 출발을 위해 짐을 꾸리고 있는 동안에 엘리자베스 2세는 왕족으로서 여행 길에서 치러야 할 예의를 갖추고 있었다. 준비된 선물 상자가 열렸다. 그 속에서 사인을 한 사진을 꺼냈다. 야수 공원의 직원들에게 줄 조촐한 기념품들 — 라이터, 커프스 단추, 재떨이, 만년필 — 등을 꺼내어 주었다.

공항으로 통하는 길에는 아프리카 원주민들이 원래 다음 날에 있을 예정이었던 '전별식' 때문에 내건 깃발과 현수막 밑에서 묵묵히 늘어서 있었다. 엘리자베스 2세는 그날 밤중에 엔테베에 도착하자 바로 리비아를 경유해서 런던으로 향하는 6천4백 킬로의 귀로에 올랐다. 마음속으로는 무척 슬펐을 테지만 그녀는 그 슬픔을 겉으로는 전혀 나타내지 않았다.

어쨌든 동아프리카를 떠날 때 비행기의 트랩을 오르는 엘리자베스 2세는 아무 일도 없는 듯이 사람들을 향해 손을 흔들고 미소마저 띠었던 것이다.

만감(萬感)에 복받치는 새 여왕

엘리자베스 2세는 무사히 런던 공항에 도착했다. 상복(喪服)에 싸인 몸집이 작은 여왕은 침착성을 잃지 않고 있었다. 여왕이 비행기의 트랩을 내렸을 때 숙부인 글로스터 공과 함께 과거, 현재, 미래의 수상 3명이 영접을 나와 있었다. 찬바람이 부는 2월의 저녁이었다. 그 3명의 수상 —— 클레멘드 애트리, 윈스턴 처칠, 안토니 이든이 자기네의 새 여왕에게 경의를 표해서 머리를 숙였다.

엘리자베스 2세가 클라렌스 하우스로 돌아온 것은 2월 7일 목요일의 오후였다. 그리고 오후 4시 반에는 한 대의 고급 승용차가 천천히 말보로 하우스의 문을 미끄러져 나왔다. 그 속에는 메어리 황태후가 타고 있었다. 메어리 황태후는 말했다.

"여왕 폐하의 늙은 할멈이며 한 신하인 나는 여왕 폐하의 손에 첫 번째로 키스를 해야 할 사람입니다."

해롤드 맥밀란은 왕위 계승 회의에 모인 추밀원(樞密院) 회원들의 복장이 역시 배급 시대의 물품이 되어 볼품이 없다고 생각했다. 그러나 그 1952년 2월에 조지 6세가 세상을 떠난 런던은 쌀쌀한 분위기에 젖어 있었고 영국 국민들은 슬픔에 싸여 있었다.

30만명도 넘는 국민들이 웨스트민스터 사원에 안치된 조지 6세를 애도하기 위해 행렬을 이루고 있었고 4시간이나 기다려 겨우 국왕의 유해(遺骸) 앞을 지나가면서 애도를 표했다. 그리고 영국의 온 나라 안에서는 샌드링검의 떡갈나무로 만들어진 조지 6세의 관(棺)이 장중한 북소리와 함께 윈저 성의 마룻바닥에 내려졌을 때에 2분간의 묵도(默禱)가 올려졌다.

그 장례식이 거행되는 동안 엘리자베스 2세의 옆에는 짙은 색깔의 제임스 1세 시대의 스툴(작은 걸상) 위에는 은으로 만든 작은 주발이 놓여져 있었다. 그리고 조지 6세의 유해가 매장되는 순간 그 주발에 씌워져 있던 얇은 손수건이 벗겨졌다. 주발 속에는 한 줌의 붉은 흙이 들어 있었다. 엘리자베스 2세는 그 흙을 이제는 세상을 떠난 아버지 국왕 조지 6세의 관 위에 뿌렸다.

궁내부 장관이 그 동안 높이 들고 있던 메이스를 두 동강 내는 것으로 마침내 장례식은 끝났다. 얼굴을 가린 베일 속에서 엘리자베스 2세는 긴장한 나머지 얼굴에 핏기가 가시고 있었다. 그녀는 전날부터 죽 정장을 하고 안치된 아버지 국왕의 유해와 마주 대하고 있으면서 조문객(弔問客)들이 앞을 지나갈 때마다 긴장한 모습을 보이지 않으려고 어두운 입구 쪽에 서 있었다. 이 1주일 동안 그녀는 내면에 일어나는 여러 가지 정념(情念)과 싸워왔던 것이다.

엘리자베스 2세는 여왕 즉위의 선언에서 "내 가슴속은 그야말로 꽉차서 오늘 여러분에게 할 말은, 아버지가 말한 것처럼 나의 직분에 몸을 바치겠다는 말밖에 아무 말도 드릴 수가 없습니다."고 말했다. 그리고 그녀는 클라렌스 하우스로 돌아왔다. 그때에 그녀는 긴장을 더 견뎌낼 수 없을 만큼 피로해 있었다.

엘리자베스 2세는 차 안에다 몸을 맡기자마자 정신나간 사람처럼 울었다. 부군인 에든버러 공이 온갖 애를 써가면서 엘리자베스 2세를 위로했다. 여왕의 할머니 메어리 황태후는 몸이 쇠약했기 때문에 아들 조지 6세의 장례식에는 참석하지 못했다. 황태후로서는 조지 6세는 자기가 장례를 치르게 된 네 번째의 영국왕이 되며 셋째 아들이었다.

엘리자베스 2세는 메어리 황태후가 생전에 보게 되는 여섯 번째의 영국왕이었다. 메어리 황태후는 오래 전부터 시녀이자 친구인 에어리 부인과 말보로 하우스에서 살고 있었다. 이 두 늙은 귀부인은 함께 마음이 놓인 표정으로 앉아 잿빛의 2월달의 풍경을 내다보고 있었다. 두 노인은 서로 아무 말도 하지 않았다. 그때에 버킹엄 궁전 앞 큰 거리에 몰려든 군중들이 그저 침묵 속에 서있는 사이를 긴 제관(祭官)들의 행렬이 다가오는 것을 보았다.

드디어 조지 6세의 관을 실은 대표가 달린 마차가 메어리 황태후의 눈앞에 나타났다. "아, 저기 그 사람(조지 6세)이 오고 있습니다."하고 메어리 황태후가 중얼거렸다. 그때에 에어리 부인은 메어리 황태후와 함께 앞을 지나가는 관 위로 세일러복 차림의 어린 시절의 조지 6세의 모습을 떠올리고 있었다.

이 에어리 부인은 메어리 황태후가 목에 큰 혹이 생겨 말을 할 수 없다는 것을 알고 있었다. 그러나 메어리 황태후는 울음을 터뜨리지는 않았다. 메어리 황태후는 차분히 어둠을 눈여겨 보고 있었다. 그 감정에 흩어지지 않는 모습은 조금도 변함이 없었다.

처칠의 헌사(獻辭)

메어리 황태후는 다음 번에 죽는 것은 자기 차례라는 것을 깨닫고 있었다.

그녀는 유서를 새로 썼다. 자기가 좋아하던 물건들이 고스란히 새 여왕이 된 손녀에게 전해지도록 물품 목록을 다시 점검했다. 그러나 메어리 황태후는 최후까지 자기의 체통을 지켰다. 그녀는 오스버트 시튜엘에게 "나는 기억력이 없어져가고 있다. 그러나 나는 어떻게 해서든 기억력을 되찾으려고 애쓰고 있다."고 말했다.

메어리 황태후는 가끔 만찬회에 초대를 받았다. 그런 때에는 반드시 시종에게 발포성(發砲性) 포도주 두 병을 들려서 가지고 갔다. 시종은 우선 황태후에게 포도주 한 병을 권했다. 나머지 한 병은 지시가 있을 때까지 남겨두는 것이다. 그 나머지 술병을 따르게 했을 때에 황태후를 초대한 사람들은 그날 밤의 파티는 성공했다고 안도의 숨을 내쉬는 것이었다.

메어리 황태후는 빅토리아 여왕 대관식 때의 예복을 상세히 살폈다. 그것이 지금 새로 탄생한 새 여왕을 섬기는 사람들에게 도움된다고 생각했기 때문이다. 그리고 그녀는 자기가 죽으면 무엇보다도 먼저 저 귀여운 릴리베스(엘리자베스 2세)의 대관식을 보는 기쁨이 사라지고 엘리자베스 2세에 대해 아니 전국민의 경사인 대관식을 어지럽히는 일이 되어서는 안 된다고 생각하고 있었다.

메어리 황태후는 일생을 왕실에다 바치고 지금 죽음을 앞에 두고서도 일을 처리하는 데서도 자기의 입장을 알고 끝까지 왕실을 위하는 마음을 가지고 있었다. 관례상으로 왕비의 장례 때문에 국왕의 대관식 거행이 방해되어서는 안 되는 것으로 되어 있다.

1953년 3월 24일에 메어리 황태후는 드디어 세상을 떠났다. 그녀의 소원이 이루어진 것이다. 교통이 차단된 거리를 장중하게 지나가던 장례식의 행렬은 그 후 5개월도 못 되어 거행되어야 할 장엄한 대관식 행진을 연습하는 것과도 같았다. 메어리 황태후는 31일에 윈저 성의 세인트 제임스 예배당 안에 있는 가족 묘소에 부군 조지 5세의 곁에 나란히 묻혔다.

1년 조금 전에, 아버지 조지 6세의 죽음을 슬퍼하던 같은 장소에서 엘리자베스 2세는 부모 다음으로, 인격 형성에 가장 영향을 많이 받았던 메어리 황태후에게 영원한 이별을 고했던 것이다.

엘리자베스 2세는 이제는 완전히 혼자서 무대에 서게 된 것이다. 그러나 적어도 사라져가는 세대의 한 사람만은 엘리자베스 2세가 주어진 역할을 수행하는 데에 전혀 걱정을 하지 않았다. 그 사람은 바로 윈스턴 처칠이었다. 그는 단언했다.

"저 무적(無敵)과 평온 속에서 당당하게 영광을 누리던 빅토리아 시대에 청춘을 보낸 나는 지금 다시 신에의 기도와 저 국가(國歌)의 속에서 '갇 세이브 더 퀸' 하고 노래 부를 수 있게 된 것에 일종의 감동마저 느낀다."

제 15 장   대관식(戴冠式)

인류의 4분의 1로부터 축복받으며

1953년 6월 25일의 여왕 엘리자베스 2세의 대관식은 지구상에 사는 전인류의 약 4분의 1로부터 축복을 받았다. 영국과 영국 연방의 인구는 약 6억 5천만이었다. 그리고 대관식 당일까지 영국과 영국 연방으로부터 많은 사람들이 런던으로 모여들었다. 런던의 호텔들은 등급을 가리지 않고 모두 만원 사태였다.

대관식의 퍼레이드가 지나가는 연도(沿道)에 마련된 가설대(假說臺)의 좌석표는 신청자의 접수를 시작하자마자 모두 예약이 끝나버렸다. 그 좌석표는 암표상에 의해 40파운드에서 50파운드로 팔렸다. 연도 건물의 발코니는 그 이상의 값으로 팔렸다.(샴페인을 곁들인 50명 수용의 장소가 3천5백 파운드나 되었다.)

간선도로에서 떨어져 사는 시민들은 텔레비전을 사서 이웃 사람들과 함께 그 둘레에 모여 앉아서 대관식의 시작 중계를 기다리고 있었다.(그때의 텔레비전이야말로 유일한 대관식의 기념물이 되었다.) 누구에게나 그날은 정말로 휴일이었다. 컵, 접시, 팜플렛 등 대관식을 기념하는 물건들이 쏟아져 나왔고, 학생들에게는 대관식 기념 배지를 나누어주었다.

거리를 달리는 차의 안테나에는 조그만 영국 국기가 펄럭여서 한층 축하의 분위기를 돋구었다. 사정을 모르는 사람에겐 그때의 런던을 모스크바의 그것처럼 지도자 숭배의 행사로 착각했는지도 모른다. 왜냐하면 건물마다 창과 거리의 전주에는 엘리자베스 2세의 초상화와 사진이 온통 나붙어 있었기 때문이다.

다이아몬드가 찬란한 관과 어깨띠, 그리고 가터 훈장 등으로 장식된 눈부시게 아름다운 여왕의 차림은 국제적인 마력(魔力)을 발휘했다. 대관을 맞은 해에 미국의 주간지 〈타임〉은 한국 동란이 있었음에도 불구하고 이 시대의 정신은 '희망'이어야만 한다는 편집 방침을 세우고 그 정신을 구현할 만한 인물을 내외에서 물색했다.

며칠 동안의 무서운 폭풍을 견뎌내며 침묵해가는 배 엔터프라이스 호에서 최후까지 남아서 지키고 있었던 선장 칼센도 후보자였다. 영화계의 샛별 마를린 먼로도 있었다. 미국 대통령 선거에서 아드레이 스티븐슨을 물리친 드와이트 아이젠하워가 있었고, 더욱이 아이크보다 연상인 처칠 아데나워가 있었으며, 연하에는 이집트의 낫셀 같은 인물도 있었다.

그러나 이러한 인물들을 젖혀놓고 뛰어나 있었던 것이 엘리자베스 2세였다. 〈타임〉지는 엘리자베스 2세야말로 국제적인 스케일로 지난 날의 대군주들이 지녔던 '인간 사회의 잠재 의식의 본질을 대표하고 표현하며 감화를 미치는' 마력(魔力)을 되찾아가는 군주라 해서 시대 정신을 구현시키는 인물로 결정했던 것이다.

뉴욕, 보스턴, 그리고 디트로이트에서 상영(上映)된 '여왕의 대관'이란 영화가 동원한 관객수는 지금까지의 기록을 깨뜨린 것으로서 엘리자베스 2세가 지니는 마력이 전세계적이라는 것을 입증했다. 그것은 전세계를 왕당파(王當派)로 만드는 것이었다. 그러나 영국에는 새 군주의 대관식을 축하하는 특수한 사정이 있었다.

그것은 이웃 사람끼리 그리고 교회에 모이는 사람들이 서로 전쟁 중에는 지키고 있었으면서도 전후의 내핍 생활 속에서 잃어버렸던 지역 사회에서의 연대 의식이라는 것을 되찾을 수 있는 기회가 되어주었기 때문이다. 대관식, 그것만은 하루만에 끝날 수도 있었으나 사람들의 열광은 그 해 동안 계속되었다. 그 열기는 어떠한 광고 선전업자도 그렇게는 오래 지속시킬 수 없는 장기간에 걸친 것이었다. 그리고 대관식은 그것이 끝난 뒤에도 사람들의 마음속을 따뜻한 빛으로 충만시켰던 것이다.

대관식은 사람들의 주머니 속을 가볍게 하는 기회가 되기도 했다. 처칠 정권은 그때까지의 노동당 정권이 추진해온 영국 재건의 11초를 허물어버리고 말았다. 영국 국민 재생애의 축복으로 '페스티벌 어브 브리튼'을 개최한다 해도 배급 제도나 실용 본위의 상품 생산 체제의 상황 속에서는 기세를 올릴 수가 없었다.

그것이 이제 제2차 대전 후에 처음으로 실용 본위가 아닌 장식용의 도자기가 스태포드셔의 도자기 공장에서 시중으로 쏟아져 나온 것이다. 처칠 정권은 이 대관식에 대비해서 국민의 의복 면에도 상당한 돈을 뿌렸다. 당시는 그러한 점에서 보수당 정권은 앞의 노동당 정권보다도 훨씬 잘했다고는 할 수 없는 상황이었다.

영국 재생의 무드

대관식을 맞이함에 있어 사람들의 마음속에는 일종의 뿌리 깊은 감정이 자라고 있었다. 말하자면 누구나가 다 새 여왕의 탄생 과정에 스스로 참여해왔다는 생각을 가지고 있었던 것이다. 저 조지 6세의 대관식 때에 버킹엄 궁전 발코니의 난간에서 머리만 조금 보일락 말락 했던 어린 엘리자베스 공주, 그리고 제2차 대전 중에 지역 구원부대에서 열심히 자동차 수리를 하던 엘리자베스 공주, 그리고 외국에서 온 왕자와 로맨스를 결실시킨 새 색시로서의 엘리자베스 공주를 누구나가 다 알고 있었던 것이다.

그런데 1953년의 영국에서 사람들의 마음을 '새 엘리자베스 여왕시대는 오다.'로 방향을 돌리게 한 것은 변해가는 세계 속에서 일종의 불안에서 나온 욕망만이었을까? 학식을 쌓은 역사학자들은 역사의 톱니바퀴는 어떻게 돌고 있는가라는 논문을 차례차례로 발표해서 위대한 영국 재생에의 전망은 밝다고 보증했다. 〈데일리 익스프레스〉 지는 엘리자베스 1세 시대에 비교해서 '현대의 엘리자베스 시대의 건출(健出)들'이라는 희화(戲畫)를 실었다.

거기에는 프레임을 넣어서 넓게 퍼진 스커트 차림의 마고트 풍틴(발레계의 대가), 불룩한 바지 차림의 프랭크 호이틀 경(제트 엔진 발명가), 주름진 깃의 복장을 입은 T.S. 엘리옷(작가) 등이 그려져 있었다.

그리고 또 다른 다섯 사람의 얼굴도 있었지만 그것은 그려져야 할 얼굴의 부분이 그려지지 않은 채 공백으로 남아 있어서 독자들에 대해 새 르네상스 정신을 구현할 만한 사람을 만들어내라고 부르짖고 있었다.

같은 기분에 입각해서, 국민의 관심은 제 세상 만났다는 듯이 위세를 떨치고 있는 이상한 복장을 한 왕실관계의 관리들로 쏠렸다. 그 관리라는 사람은 문장원(紋章院) 총재, 궁대부 장관, 여관장(女官長) 같은 사람들이었다. 이러한 관직명은 어떤 경우에는 영국 최고의 지위에서는 벗어난 케케묵은 것이기는 했으나 이때만은 대관식이라는 국민적인 의식에서 성직자 겸 주최자의 역할을 맡았다.

문장원 총재라고 하는 것은 왕실의 족보를 조사하는 권위이며 동시에 대관식 제전(祭典)의 의상에 관한 최고 권위이기도 했다. 따라서 문장원 총재는 의상에 쓰이는 족제비 모피(毛皮) 대신에 토끼 가죽으로 써도 되느냐 따위의 문제를 놓고 토끼 가죽으로 대용해도 좋다는 식의 결정을 내리기도 했다.

영국의 헌법에서는 이 문장원 총재의 직을 로마 카톨릭 교도의 세습 귀족에게 주었다. 그 결과로 영국 국교회(國敎會)의 하나인 웨스트 민스터 사원에서 거행되는 프로테스탄트 의식의 운영에 절대적인 권한을 카톨릭 교도가 장악하게 되었다는 것은 정말 좀처럼 볼 수 없는 이례적인 일이었다.

궁내부 장관을 채믈리 후작(侯爵)이 대대로 지내게 된 것도 똑같이 기묘한 일이었다. 그리고 1953년 즉 엘리자베스 2세의 치세(治世)에서 채믈리 후작이 궁내부 장관이 되었으므로, 그때 귀족들이 그들이 쓰는 자그마한 관 속에 샌드위치를 살짝 넣어가지고 대관식에 참석해도 좋으냐는 문제에 대해서 결정을 내려달라는 요구를 했다.

채믈리 후작은 그것은 참 재미있는 문제가 아니겠느냐 하며 그것을 허가한다는 결정을 내렸다.

성유(聖油)를 둘러싼 소동

대관식에 참석하는 왕실관계 관리들의 입는 옷은 트럼프에 그려진 것 같은 의상이다. 이 의상은 마치 동화 속에 나오는 이야기와 같았다. 그러나 아무도 그런 것에 마음을 쓰지는 않았다. 대관식 퍼레이드의 모형까지도 팔리고, 우상 파괴주의자 따위는 나타날 엄두도 못 내었다. 그런데 문제가 하나 있었다. 새 여왕의 대관식 때 캔터베리 대주교가 여왕에게 발라주는 성유(聖油)였다.

이 성유는 옛날에 엘리자베스 1세가 그것을 발랐을 때 더럽고 끈적거리며 고약한 냄새가 난다고 투덜거린 이래, 계속 말썽이 되어온 것이었다. 엘리자베스 1세보다 더 엄격한 찰스 1세는 자기가 쓸 성유는 오렌지꽃, 장미, 육계(肉桂), 쟈스민, 고무, 사향(麝香), 용연향(龍涎香) 따위의 향료를 특별히 조제해서 만들라고 명령했다. 이 대단히 어렵고 복잡한 조제에 의해서 만들어지는 성유는 한꺼번에 많은 양을 만들어서 대대로 국왕이 쓸 수 있도록 하는 관습이 생겼다.

그런데 빅토리아 여왕은 너무 오랫동안 여왕의 자리에 있었기 때문에 빅토리아 여왕 때에 만든 성유는 굳어버려서 그 뒤의 에드워드 7세와 조지 5세용으로는 새로 성유를 만들지 않으면 안 되었다. 그러나 1936년에 에드워드 8세를 위해 만든 성유는 조지 6세도 썼는데 그것이 웨스트민스터 사원의 수석 사제(司祭)에 의해 보존되고 있었다.

그러나 제2차 대전 중에 독일군의 폭격으로 그 성유를 담아둔 병은 산산조각이 나버렸다. 거기에다 엘리자베스 2세의 대관식을 앞두고 빅토리아 여왕의 대관식 이래, 성유를 제조해오던 약제회사가 이미 오래 전에 문을 닫아버린 사실을 뒤늦게 알게 되어 일대 소동이 벌어졌다.

적지 않은 시간을 들여서 23온스(온스는 약 282온스)의 성유 원료를 가지고 있는 사람을 찾아내었다. 그자는 회사와 인연이 있는 노인으로 회사가 문을 닫게 되자 센티멘털한 기분으로 원유를 조금 감추어두었던 것이다. 그 원유를 가지고 런던의 본드 스트리트의 약사(藥師) J.D. 재미슨이 성유 제조의 미법을 해명했다. 그는 새 성유를 만들었으나, 그것은 찰스 1세가 채용한 제조법과 거의 일치한 것이었다. 그래서 국민들은 재미슨의 공적은 물론, 그가 성유의 향기를 분별하기 위해 한 달 동안이나 담배를 끊었다는 사실을 알고, 그의 희생적인 봉사 정신에 다시 박수를 보냈던 것이다.

이러한 여러 가지 재미 있는 화제가 연속되는 속에서도 가장 재미 있었던 것은 엘리자베스 2세의 대관식에 임하는 자세였다. 엘리자베스 2세는 대관식날에 입어야 할 긴 옷자락의 로브를 모방해서 핀으로 길다란 종이를 어깨에다 꽂고 아버지 조지 6세가 쓰던 대관식 때의 레코드를 몇 번씩이나 틀어놓고 날마다 연습을 했다. 우선 버킹엄 궁전의 '흰 응접실의 방'에서 하다가 다음에 여러 가지의 기둥과 테이프가 둘러쳐진 '무도회의 방'에서

연습을 했다. 그리고 대관식이 거행될 웨스트민스터 사원에서도 몇 차례
연습을 했다.

엘리자베스 2세는 거기서 다른 사람의 시범을 보기도 하고, 노포크 공작
(公爵)으로부터 법식을 배우고, 대관식 당일에 엘리자베스 2세가 취해야
할 동작을 똑같이 연출하는 공작부인의 몸놀림을 빠뜨리지 않고 지켜보았다.
대관식 날에 취해야 할 동작을 엘리자베스 2세가 미리 똑같이 연습을 한다는
것은 신성을 모독하는 것이라고 해서 노포크 공작 부인이 대신하는 동작을
보고 익혔던 것이다.

그러나 그 동작 중에서 한 군데, 엘리자베스 2세가 하기 곤란한 데가
있었다. 그것은 왕관을 쓴 뒤에 왕좌에서 내려와서 그 왕관과 홀(의식 때에
드는 얇은 판)과 왕장(王杖)을 궁내부 장관에게 건네주고 무릎을 꿇는 절
차였다.

그래서 엘리자베스 2세는 두 번째로 웨스트민스터 사원에 갔을 때 그
부분을 세심하게 보았다. 그리고 2,3일 후에 진짜로 큰 세인트 에드워드의
왕관을 쓰고 연습을 해보았다. 이 왕관은 금이 많이 쓰여진 것으로 지나칠
정도로 커서 엘리자베스 2세에게는 부적당하다는 말까지 나오게 되었다.
그리고 엘리자베스 2세에게는 빅토리아 여왕의 대관식 때에 가볍게 만든
왕관이 좋겠다는 말이 나왔다.

그 왕관은 역대의 국왕이 국회 개최식 때에 또는 보통의 의식 때에 쓰는
것이었다. 그렇기는 하나 세인트 에드워드 왕관 이외에는 자기의 대관식
때에 쓸 왕관은 없다고 여왕은 생각했다.

'에베레스트 등정(登頂)'을 축복

엘리자베스 2세는 대관식의 의상에 대해서도 철저했다. 노먼 허트넬은
엘리자베스 2세가 결혼했을 때와 같은 선(線)으로, 흰 공단의 가운을 만
들도록 지시를 받았다. 허트넬은 영국의 각지방을 나타내는 꽃 —— 잉글랜
드의 장미, 스코틀랜드의 엉겅퀴, 아일랜드의 클로버, 웨일즈의 부추 —— 등을
배합한 9가지의 디자인을 제출했다.

그러나 엘리자베스 2세는 영국 연방을 나타내는 꽃을 쓰지 않고 단지
영국 본토만을 나타내는 꽃을 사용해서는 절대로 안 된다고 반대했으므로

실론의 연꽃, 남아프리카의 프로티, 오스트레일리아의 아카시아, 파키스탄의 밀(곡식의 소맥) 따위도 넣기로 했다. 여왕은 '신하'들을 기쁘게 하는 일이면 자기가 인형처럼 꾸며진다 해도 품위를 떨어뜨리는 것으로는 생각지 않았던 것이다.

오히려 엘리자베스 2세는 '신하'들을 기쁘게 해주는 일이야말로 자기가 하는 일의 본질이라고 생각하고 있었다. 참으로 국민들을 즐겁게 하기 위해 마법(魔法)의 의상을 입는 성스러운 인형이야말로 군주 제도의 근원이었던 것이다.

1953년 여름쯤서 엘리자베스 2세가 스스로 여왕이라는 의미를 알게 되었을 때 그녀의 눈에는 일종의 신비성마저 느껴졌다. 엘리자베스 2세는 청춘시대에 부모가 나라를 위해 헌신하는 몸가짐을 곁에서 느꼈던 바이지만 지금은 자신이 부모와 같은 열성을 가지고 헌신적으로 행동을 했다. 1952년 12월에 엘리자베스 2세는 여왕이 되고 나서의 첫 크리스마스 방송에서 "다가오는 대관식에서 나를 위해 기도해주세요. 내가 지금 엄숙하게 하는 약속을 완전하게 수행할 수 있는 지혜와 힘을 나에게 주도록 신에게 기도해주세요."라고 국민에게 호소했다.

캔터베리 대주교인 죠프리 피셔는 대관식 날까지 날마다 읽어야 할 묵상록이나 문선(文選)을 곁들여서 여왕에게 건네주었다. 그리고 대관식 당일에 왕좌 옆에 서서 엘리자베스 2세를 살피고 있던 대모트 몰러는 "엘리자베스 2세가 풍기는 신성하고도 환희에 넘친 기품은, 손에 닿을 듯이 확실하게 알 수가 있었다."고 그날의 감동을 전했다.

대관식의 전날 밤에 버킹엄 궁전 앞의 큰 거리에는 사람들이 겹겹으로 몰려들었다. 약 3만 명의 인파가 휴대용의 난로와 라디오, 담요, 우비 등을 가지고 야숙(野宿)을 했다. 그날 밤에는 밤새도록 비가 내렸다. 조간 신문이 거리에서 팔리기 시작하자, 대관식인데도 신문에는 뜻밖의 큰 제목의 기사가 지면을 장식하고 있었다.

세계 최고봉인 에베레스트가 인류 사상 처음으로 정복된 뉴스였다. 그 정상 정복에 성공한 것은 존 헌트 대위가 이끄는 영국팀이라는 것이었다. 뉴질랜드의 양봉가(養蜂家) 에드먼드 힐러리가 셀퍼인 텐진 노카이와 함께 에베레스트의 정상에 선 최초의 인간이 된 것이었다.

이 에베레스트 첫 등정(登頂)의 뉴스가 일기는 나빴지만 대관식 날의 밝고 좋은 징조가 되었다. 1년을 통해서 런던에서는 6월 2일이 제일 맑은 날이 된다는 확률 때문에 이 날을 대관식의 날로 추천한 기상학자들을 조롱이나 하듯이 비는 무정하게도 거의 온종일 내렸다.

오전 8시에 시종들과 창을 든 위병들을 거느리고, 6두 마차를 탄 런던 특별시장인 로드 메이어가 웨스트민스터 사원으로 떠난 것을 필두로, 대관식의 행렬은 시작되었다. 그 뒤로 왕실의 '쥬니어 멤버' —— 헤에우드가(家), 마운트배튼 가, 케임브리지 가 —— 등이 차를 타고 웨스트민스터 사원으로 들어갔다.

그리고 속속 화려한 마차 행렬이 뒤를 이었다. 왕실 귀족의 왕자와 공주, 하원의 상징인 메이스를 받들은 하원 의장, 엘리자베스 황태후, 마가렛 공주, 그리고 영국 식민지의 통치자들 수상, 영국 연방 각국의 원수들이 뒤를 따랐다.

오전 11시에 엘리자베스 2세가 부군 에든버러 공과 함께 스테이트 코치(여왕의 공식 마차)로, 웨스트민스터 사원에 도착했다. 티플리어니가 그린 바로크풍의 전원 풍경화를 금박으로 테두리한 터무니없이 호화로운 이 공식 마차는 1761년에 조지 3세를 위해 만들어진 것으로, 빨강과 금빛 코트를 입은 여왕의 위병과 시종들이 떼지어 그 뒤를 따랐다.

"사람들이 '지금 주 예수의 전당으로 우리가 들어간다.'고 말했을 때에, 나는 기뻤다."라는 노래 가사가 시작되면서 대관식의 시작을 알리는 찬미가의 가락이 종소리로 울려 퍼지자 엘리자베스 2세는 한 걸음 한 걸음 중앙 통로를 걸어, 웨스트민스터 사원의 왕좌를 향해 나아갔다.

장엄한 대관식 절차

"여러분 여기 엘리자베스 여왕을 소개합니다. 여러분의 틀림없는 여왕을……" 하고 캔터버리 대주교는 큰소리로 말했다. 웨스트민스터 사원의 네 귀퉁이 —— 동쪽에서부터 시작해서 남쪽, 서쪽, 그리고 마지막으로 북쪽을 향해 대주고는 여왕을 소개했다. 북쪽 코너에는 외국의 신문 기자들이 자리잡고 있었다.

이 '승인'의 의식은 원래는 여왕의 신하인 영국 및 영국 연방의 국민에 대해서만 행해지는 것이었으나, 대관식의 장엄한 분위기는 참석한 사람 전원을 벌써 압도하고 있었으며 외국의 신문기자들도 영국 국가의 합창에 자기도 모르게 큰소리로 끼어들었다.

헨델 작곡의 '승(僧) 재드크와 예언자 나탄'의 노래 소리가 사원 가득히 울려퍼졌다. 이 가사는 멀리 973년에 에드가 평화왕이 영국왕으로서 왕관을 쓴 이래 영국왕 대관식 때에는 반드시 불러온 노래였다. 엘리자베스 2세가 달고 있던 보석이나 로브는 하나 하나를 여관(女官)이 떼어내고 벗겼다. 대관식용의 의상은 옷자락이 길어서 의상 담당 여관들이 받쳐들면 한아름이 될 정도여서, 마치 풍요한 붉은 산더미처럼 보였다. 그리고 화려한 의상을 다 벗고, 간소한 옷차림이 된 엘리자베스 2세는 드디어 왕관을 쓰는 순간을 기다리게 되었다. "그대의 두 손에 성유(聖油)를, 그대의 가슴에 성유를, 그대의 머리에 성유를 바르리라. 왕, 승려, 예언자들이 모두 발라졌던 것 처럼."하고, 캔터베리 대주교가 선언했다.

에드워드 왕의 의자에 앉아 아무 장식도 하지 않은 흰 삼베의 간소한 소매없는 상의만이라는 진정한 대관식의 성격을 나타내는 복장으로 엘리 자베스 2세는 이제 크나큰 책임을 나타네는 공들인 표지를 손에 들었다. 그 표지란 먼저 보주(寶珠) —— 즉 전세계는 주 예수의 힘과 지배에 종속하고 있다는 것을 잊지 말라는 것을 가르치는 것이었다.

그 다음으로 힘과 정의를 나타내는 십자가가 붙어 있는 왕홀(王笏), 그리고 자비의 왕장(王杖), 거기에 또 하나 '영국의 결혼 반지'로 불리는 사파이어와 루비의 십자가가 달린 로열 링이었다. 그리고 이윽고 왕관을 쓰는 순간이 왔다.

캔터베리 대주교가 일어서서 찬란하게 빛나는 세인트 에드워드의 왕관을 높이 받쳐 들었다. 엘리자베스 2세는 머리를 숙였다. 세인트 에드워드의 왕관은 천천히 그리고 장엄하게 엘리자베스 2세의 머리 위에 내려졌다.

이 순간까지 웨스트민스터 사원의 대관 식장 둘레에 있던 귀족들은 전원 머리에 썼던 관을 벗어들고 있었다. 그리고 여왕이 왕관을 쓰자, 귀족들은 일제히 모자나 관을 썼다. 웨스트민스터 사원의 회랑(回廊)에서 이 광경을 보고 있던 '팁스' 채논은 공작부인들이 관을 받들어 머리 위로 일제히 들어올리는 모습이 정말 한 떼의 백조들의 움직임과도 같아 보였다고 했다.

일제히 '갓 세이브 더 퀸!'의 국가가 울려퍼졌다. 트럼펫 소리가 높이 울리고 웨스트민스터 사원의 종소리가 울려퍼졌으며, 축포 소리가 온 런던을 진동시켰다. 누구나 모두가 '갓 세이브 더 퀸!'을 계속 불렀다.

왕관을 쓸 때에, 아내인 엘리자베스 2세의 앞에서 무릎을 꿇고 있던 에든버러 공을 선두로, 각급 귀족 —— 공(公), 후(侯), 백(伯), 자(子), 남(男)의 작위를 가진 —— 중의 고참들이 성가대의 노래 속을 한 사람 한 사람 엘리자베스 여왕 앞에 나아가 충성의 뜻을 경건하게 표명했다.

그리고 그 맹세의 후에 엘리자베스 2세는 웨스트민스터 사원을 나와 기다리고 있는 국민들 앞에 모습을 나타내었다. 대관식이 모두 끝났을 때 두 사람의 사회학자는 대관식으로 무슨 일이 일어났는가를 설명했다. 한 사람은 에드워드 실스라는 미국인 교수이고, 또 한 사람은 마이클 영이라는 영국의 노동당원이었다.

이들은 군주 제도의 존속에 대해서는 회의적인 인물들이었다. 두 사람은 〈사회학 평론〉지의 1953년 12월호에 논문을 싣고 대관식이 있었던 해의 여러 가지 데이터를 중시했다. 그 중에는 그렇게도 많은 사람들이 거리고 나왔음에도 불구하고, 대관일 평일인 6월 2일 소매치기 발생 건수는 보통 때보다 적었고 도난 발생 건수는 현저하게 적었다는 경찰 통계를 싣고 있었다.

그리고 두 사람은 뒤르케임의 말을 인용해서 "사회의 단결과 성격을 형성하는 집단적인 감정이나 사고 방식을 정기적으로 높이고, 이것을 재확인하는 필요성을 느끼지 않는 사회란 있을 수가 없다."고 했다. 그리고 다시 "이 대관식이야 말로바로 사회의 구성 요인인 도덕적인 가치관의 제고(堤高)를 위한 가장 좋은 의식(儀式)이다."라고 결론을 내렸던 것이다.

교육을 받은 계급 가운데는 모든 감정과 행위를 종교와 결부시키려는 바람직하지 못한 것이라고 하면서, 대관식을 코웃음치거나 자기 자신의 깨우쳐야 할 감정을 인정하면서도 대관식의 의의를 평가하지 않으려는 사람도 있을 것이다. 그러나 어쨌든 간에, 다음의 사실만은 움직일 수 없는 것이었다.

"대관식은 한 번으로써 사실상 전사회를 한데 묶어 사람들을 신성한 곳으로 강력하게 이끌어가는 작용을 했다. 우리들로서는 대관식이 국민적인 단합을 이루는 데 큰 역할을 했다고 생각한다.”

제 16 장 여왕과 처칠

선전에 이용된 결혼 의상

새로운 엘리자베스 시대를 맞은 요인(要人)들 중에서 수상 윈스턴 처칠만큼 열성을 다한 인물도 우선 없다. 처칠은 엘리자베스 2세 시대의 실현을 위해서 제2차 대전을 승리로 이끌었으며 엘리자베스 2세의 즉위는 처칠로서는 정치 생활의 총정리를 한 데 의의가 있었다. 처칠의 불 같은 정력에 그의 친구는 “처칠은 정말로 새 여왕을 사랑을 하고 있는 것이 아닐까?”고 의심할 정도였다.

런던의 신문가(新聞街) 프리트 스트리트의 카메라맨이 최초로 잡은 이미지는 엘리자베스 2세를 상징하는 것이었다. 그리고 그 후 몇 해에 걸쳐 엘리자베스 2세의 이미지는 조금도 변함이 없었다. 즉 그 이미지란 어깨의 언저리가 조금 흐려져 있으며 왼손을 반쯤 들고 사람들을 향해 흔들면서 미소를 띠는 여왕의 모습이었으며 여왕의 머리 위에는 보석으로 장식된 머리띠가 빛나고 있었다.

처칠은 이 사진을 크게 확대해서 액자에 넣어 자기 침대의 머리맡에 걸어놓았다. 그 사진은 처칠이 죽던 날까지 그대로 있었다. 그러나 엘리자베스 2세의 치세(治世)가 갓 시작된 바로 그 무렵에는 처칠의 심중에는 여러 가지의 근심 걱정이 있었다. 처칠은 조지 6세의 죽음으로 적지않게 피로해 있었다.

조지 6세의 부음(訃音)을 들었을 때 그의 눈에서는 눈물이 흘렀고 너무도 착잡한 심정이어서 무슨 일이 있어도 꼭 해야만 하는 추도 연설의 초안도 쓸 수가 없었다. 처칠은 비서인 잭 콜빌에게 “나는 엘리자베스 2세를 잘 모른다네, 그녀는 아직 어리거든. 나는 조지 6세에 대해서는 잘 알고 있었지만.” 하고 말했다. 콜빌은 그때 처칠이 낙심하지 않도록 한 일을 지금도 잊지 않고 있다. 콜빌은 “천만에 말씀입니다. 엘리자베스 2세가 어리기는커녕, 그 반대라는 것을 아시게 될 것입니다."고 말했다.

콜빌이 이렇게 말할 수 있었던 데에는 그럴 만한 까닭이 있었다. 그는 1947년부터 49년까지 엘리자베스 2세의 비서를 지냈던 것이다. 잭 콜빌은 제2차 대전이 시작되었을 때에는 네빌 체임벌린의 비서였다. 그 후 처칠의 비서를 지냈는데 1947년에 당시의 엘리자베스 공주가 왕위 계승자로서 정부의 여러 가지 철자 등을 배우기 시작했을 때 국왕 조지 6세는 그를 딸의 훌륭한 선생으로 믿고 콜빌에게 왕실 근무를 명했던 것이다.

그때까지 외무성에서 상당한 지위에 올라 있었던 콜빌은 신혼 초인 공주의 행사 일정을 조정하는 일을 해보고 나서 앞으로의 그 일이 절망적인 것으로 느껴졌다. 그러나 처칠은 그녀가 엘리자베스 공주의 비서 일에 충실할 것을 적극 권했다. "왕위에 관한 일인 이상 더 의논할 여지가 없네."하고 권하는 처칠의 강한 말에 콜빌은 따를 수밖에 없었다.

그는 외교관으로서 쌓은 교양으로 엄격하게 젊은 공주를 돌보는 일에 몇 년 동안을 심혈을 기울였다. 1947년 겨울 엘리자베스 공주의 결혼 직후에 콜빌은 재무성 스태포드 크립스 경의 사인이 있는 편지를 받았다. 재무상 (財務相)은 엘리자베스 공주의 웨딩드레스를 영국의 수출 증진을 위한 선전 쇼의 일환으로 미국 각지에서 개최되는 전시회에 출품해주기를 요청해왔던 것이다.

콜빌은 좀 우습게 생각했지만, 깊이 생각해보지도 않고 그 편지를 공주에게 건넸다. "당신은 이것을 좋다고 생각합니까?"하고 공주는 콜빌에게 물었다. "정부가 꼭 출품하기를 원한다면 그다지 큰 일은 아니라고 생각합니다만은……."하고 그는 대답했다.

그러나 당시 21세이던 엘리자베스 공주는 즉석에서 "그래요? 그렇지만 그 출품에 반대하는 다섯 가지의 이유를 나는 들 수가 있어요."라고 했다. 그리고 망설이지 않고 그 자리에서 그 다섯 가지의 이유를 하나 하나 말했던 것이다.

콜빌은 지금, 그때에 공주가 든 세밀한 이유들을 다 기억하지는 못한다. 그가 지금까지 기억하고 있는 것은 그때 엘리자베스 공주의 말투가 매우 강했던 것과 즉석에서의 판단이 매우 적절했던 탓으로 감탄했었다는 사실이었다. 눈이 둥그래가지고 자기 방으로 돌아온 콜빌은 엘리자베스 공주가 말한 다섯 가지 이유를 종이에 옮겨 써서 재무상에게로 보냈다. 며칠 후에 재무상으로부터는 먼젓번 편지에서와 같은 붉은 잉크로 사인을 해서 답장을 보내왔었다.

그 사인을 먼젓번 편지가 가짜가 아니라는 것을 말해주려고 한 것이었다. 그 답장에는 웨딩 드레스의 일은 없었던 것으로 생각해달라고 적혀 있었다. 재무상의 편지에는 자기의 요청을 철회한다는 표현이 아니라, "엘리자베스 공주가 말한 반대 이유에 찬성한다는 것을 기록에 남기기를 바란다."는 표현으로 되어 있었다.

점점 길어지는 알현 시간

그런데 엘리자베스 2세의 치세(治世)가 막 시작되었을 때 감정에 치우치지 않으면서도 상식적인 여왕의 발언에 처칠도 감명을 받은 적이 있었다. 처칠은 여왕과 접견한 후 런던 다우닝 가(街 : 수상 관저는 이 거리의 10번지에 있다.)에 돌아와 가끔 다음과 같은 말을 했다.

"젊은 여성치고는, 참으로 매력적이고 총명한 분이 아닐 수 없다."

처칠은 내각의 재무상인 R.A. 버틀러에게 "우리는 이제야말로 우리가 바라던 인물을 만났오."라고 가끔 말했던 것이다. 처칠은 그의 특유한 매력인 솔직성을 보이면서 결국은 1936년의 국왕 퇴위로 인한 정치적인 치욕을 겪게 했던 원흉(元兇)인 에드워드 8세를 한때 지지한 일을 반성하고 다음과 같이 말했다.

"아니 정말 내게 잘못이 있었다. 신에게 감사드리지 않고는 배길 수 없는 일이다. 만일 그때에 내가 옳았다면 저 조지 6세 같은 영특한 국왕을 모실 수가 없었을 것이고 지금의 이 여왕도 모실 수가 없었을 것이다."

재차 처칠의 스탭으로 돌아온 콜빌은 매주 화요일에 있는 버킹엄 궁전에서의 처칠 수상의, 엘리자베스 2세와의 알현(謁見) 시간이 길어져가는 것을 깨달았다. 초기의 알현 때에는 고작 30분 정도였다. 그러던 것이 지금은 예정된 저녁 식사 시간까지 잡아먹기가 일쑤였다. "대체 여왕과 무슨 얘기를 하셨읍니까?" 하고 콜빌은 처칠에게 묻곤 했다.

"아, 경마(競馬) 얘기를 했네." 하고 처칠은 얼버무리는 것이었다. 그러나 실제로는 경마 얘기만은 아니었다. 80세가 가까운 처칠은 이제 긴 정치 생활의 막을 내리려고 하는 나이를 맞아 그저 아무렇게나 형편대로 살아가는 나날을 보내고 있었다. 1951년에 처칠이 수상으로 다시 복귀했을 때 그의 각료들은 그가 제2차 대전 중에 긴급 처리를 요하는 문서에 표시했던 '오늘의 행동'이라는 레테르를 붙여놓고 처칠 복귀의 날을 위해 소중히 보관하고 있었다.

그러나 그 레테르는 처칠의 마지막 수상 시대, 즉 1951년부터 55년까지는 한 번도 사용되지 않았다. 처칠의 친구 비버블럭이나 브렌던 브래켄 등이 그를 '나태한 수상'이라고까지 면박(面駁)한 결과이기도 했다. 처칠이 게으른 수상으로 보인 것 중의 하나가 바로 외무성의 전보 처리였다.

외무성의 전보 중에서도 가장 중요한 것은 수상이 반드시 보아야 하는 것인데 그것을 확인하는 것은 콜빌의 임무였다. 그런데 중동(中東)의 위기가 한창일 때 바그다드 주재 영국 대사로부터 특별히 중요한 두 통의 메시지가 도착했다. 콜빌은 그것에 "속히 읽어주십시오."라고 쪽지를 붙여 처칠의 책상 위의 문서 맨 위에다 갖다놓았다. 그러나 다음 날 화요일에 처칠은 그 문서에는 눈도 돌리지 않고 버킹엄 궁전으로 가버렸다.

그런데 엘리자베스 2세는 처칠에게 "바그다드로부터 전보는 매우 흥미가 있습니다."고 하면서 언제나 하는 식으로 그 전보가 전한 내용을 첫째의 문제점, 둘째의 문제점, 셋째의 문제점 하고 들면서 넷째의 문제점까지 처칠에게 제시한다.

처칠은 입에 침을 삼키며 그 자리에서는 자기도 전보를 읽은 체를 한다. 그리고는 버킹엄 궁전에서 미친 듯이 수상 관저로 돌아왔다. "자네는 내가 그 전보를 읽도록 했어야 할 게 아닌가?"고 처칠은 콜빌을 책망했다. 그 이후부터는 처칠은 엘리자베스 2세와 만나기 전에 전보를 하나도 빼놓지 않고 읽었다.

수상 후계자 물색

그러나 처칠의 건강이 쇠약해져가는 것을 감추기는 불가능했다. 그는 1948년에 비버블럭과 함께 캡다일에 묵고 있을 때 한 번 심장병의 발작을 일으켰다. 1952년 초에 한때 혀가 돌지 않게 된 일이 있은 후 주치의(主治醫) 찰스 모런은 동맥 경련증이라는 진단을 내렸다.

　방대한 수량에 이르는 모런의 일기에는 1950년대 초의 처칠에 대한 것이 구체적으로 기록되어 있어 처칠 연구가들이 군침을 흘리는 것이 되어 있다. 이 시절의 처칠을 가리켜 모런은 정력이란 찾아볼 수도 없고 무기력하다고 기록했다. 처칠은 전보다도 더 "이제는 생각이 떠오르지 않네." 하고 콜빌에게 푸념하고 있다.

　엘리자베스 2세의 대관식이 끝난 3주일 후, 즉 1953년 6월 24일 토요일 밤에 처칠은 때마침 영국을 방문 중인 이탈리아 수상 환영 만찬회에서 기지에 찬 연설을 끝내고는 의자에 쓰러졌다. 연설은 말 끝을 알아들을 수가 없었다. 그의 왼쪽 입가에서는 침이 질질 흘러나오고 있었다. 그는 앉은 채로 겨우 이탈리아 수상과 참석자들에게 작별 인사를 나누었으나 사위인 크리스토 퍼와 콜빌이 부축을 하지 않으면 침실로도 갈 수가 없었다.

　다음 날 주치의 모런은 처칠 머리의 가는 동맥에 새로운 경련 증상이 있다고 진단하고 그가 각의(閣議)에는 참석할 수 없을 것이라고 말했다. 모런의 회고록을 보면 처칠은 그의 충고를 들은 것같이 되어 있다. 그러나 실제로 콜빌은 처칠을 부축해서 각의에 나갔던 일을 잊지 않고 있으며 침을 흘리고 연설이 흐트러지는 일이 더해질 것으로 믿고 있었다.

　각의에서 재무상인 R.A. 버틀러는 수상인 처칠이 다른 때와는 달리 말이 없고 혐의 중의 문제의 여러 부분을 담당 각료에게 지시할 때 손짓으로 하고 있는 것을 보았다. 그러나 누구도 무슨 일이 잘못되어가고 있다고 의심하는 사람은 없었다. 그리고 그날 오후 처칠은 런던 교회의 자택으로 차를 몰았다.

　이튿날 아침, 즉 1953년 6월 26일 금요일에 콜빌이 처칠의 서고(書庫)에서 일을 하고 있을 때 처칠의 주치의 모런이 달려왔다. 그는 "건강 때문에 수상은 앞으로 며칠도 지탱하지 못할 것이다."라고 말했다. 처칠의 경련에서 오는 마비 상태는 날이 갈수록 악화되어갔으며 이미 몸은 반신불수가 되어 있었다. "수상은 이번 주를 넘기지 못할 것이 틀림없다."라고 모런은 말했다.

　이런 소식은 생각보다도 훨씬 나쁜 것이었다. 처칠의 죽음이 가져온 영향은 참으로 심각했다. 그러나 1940년대의 초반부터 처칠의 후계자로 지목되어온 안토니 이든은 그날 마침 미국 매사추세츠 주 보스턴의 레이 히 병원에서 담석 수술을 받고 건강 회복 까지 수개월이 걸릴 것으로 보여지고 있었다. 처칠이 죽을 경우 이든은 엘리자베스 2세로부터 조각(組閣) 요청은 받을 수 없을 것이라고 생각되었다.

만약 모런의 진단이 정확한 것이라고 한다면 여왕 엘리자베스 2세로서는 정치상, 헌법상으로 뜻밖에도 엄청난 딜레마에 빠질 것이 분명했다. 만일 주말에 처칠이 죽는다면 당연히 엘리자베스 2세는 다음 일요일에 새 수상을 임명하지 않으면 안 된다. 병상의 안토니 이든 외에 누가 수상 후보가 될 것인가?

수상을 지명해야 하는 여왕의 대권(大權)은 하원의 과반수를 통솔할 수 있는 인물을 찾아내는 일이었다. 그런데 이때에 하원의 다수당인 보수당이 처칠의 후계자로 내세울 인물은 의심할 여지도 없이 바로 이든이었다.

재무상 버틀러는 처칠의 내각에서 제3인자로 널리 인정받고 있었다. 그러나 헌법에는 잠정적으로 수상을 임명한다는 규정이 없었다. 그것은 어쨌든 간에 버틀러가 잠정적인 수상을 수락할 것인가도 의문이었다. 버틀러가 수상이 된다면 이든이 완쾌한 후에 수상직을 순순히 내놓을 것인지도 의문이었으며 3, 4개월 동안이라면 수상을 지낸 뒤에는 수상 사임 반대라는 정치 정세로 발전할 것도 충분히 생각해야 할 일이었다.

다우닝 가 10번지, 즉 수상 관저의 주인이 되면 아무리 장신인 이든이 힘을 다해 도전한다 해도 버틀러에게는 끄떡하지도 않을 힘이 생길 수도 있는 일이었다.

버틀러냐 이든이냐

버틀러는 수상 자리를 노리는 정쟁(政爭)의 인물로서 자격에 넘치는 존재였다. 콜빌은 당시의 정세를 회고하면서 다음과 같이 말했다. "엘리자베스 2세가 할 수 있었던 일은 여왕 자신이 잘 아는 인물로서 이든이 건강을 회복했을 때에 맡았던 수상직을 바로 내놓을 수 있는 인물을 물색하는 일이었다."

그런 인물에는 꽤 나이가 든 정치가로서 초연한 사람이 요구되는 것이다. 엘리자베스 2세의 주위에는 그런 인물이 있었다. 추밀원 의장(樞密院議長) 로버트 아서 제임스 개스코인 세실, 즉 제5대 솔즈베리 후작이었다.

솔즈베리 후작은 두뇌가 명석하기로 이름난 세실 가의 종손으로 빅토리아 여왕 시대의 위대한 수상(제3대 솔즈베리 후작. 1885년, 86~92년, 1895년~1902년에 걸쳐 3회 수상을 지냈다.)의 손자였다. 그 가계(家系)는 제임스 1세 즉위 때의 주역이었던 로버트 세실로까지 거슬러 올라가며 로버트 세실의 부친은 엘리자베스 1세의 수석 각료인 버글리 경이었다.

제5대 솔즈베리 후작은 체임벌린 내각에서 한때 관직에 있었다. 그는 1938년의 뮌헨 협정에서의 체임벌린의 유화정책에 항의하고 같은 이튼 학교 출신인 안토니 이든과 함께 사임했다가 제2차 대전 중에 처칠의 전시 내각에서 핵심적인 역할을 했다. 또 그 전시 연립 내각에서 처칠 지지의 결심을 굳힌 몇 명 중의 한 사람이며 이후 계속 보수당내 주류의 한 사람이었다.

바싹 마른 몸에 안경을 끼고 말 끝에 'r'이 붙는 말을 할 때 'w'의 소리가 나는 것처럼 발음을 해서 왕왕 오해를 사는 일이 있었지만 정력적이어서 영국이 안고 있는 문제들은 모두 위대한 가계(家系) ── 세실 가, 디봉셔 가, 더비 가 ── 에 맡기는 것이 가장 안정하다고 믿고 있는 인물이었다.

그리고 솔즈베리 후작은 이 전통을 조상 대대로부터 면면히 이어가려고 노력했고 엘리자베스 2세의 치세에서도 그 맥락을 살려나갔던 것이다. 솔즈베리 후작은 조지 5세가 가장 가까이한 사냥 친구, 즉 친한 친구이기도 했다.

엘리자베스 2세는 솔즈베리 후작을 잘 알고 있었다. 여왕이 어렸을 때부터 가족처럼 지낸 친구였다. 그러니까 솔즈베리 후작은 여왕의 부탁이라면 이든이 완쾌되었을 때에 수상직을 내놓을 수 있는 인물임에 틀림없었다. 게다가 그를 수상으로 앉히면 한 가지 더 안전한 일이 있었다. 당시에는 귀족들이 귀족의 칭호를 버린다는 것이 불가능한 일이었다. 그러니까 귀족이 솔즈베리가 수상이 된다는 것도 잠시 동안이라는 조건이 아니고서는 될 수가 없는 일이었다.

그때 콜빌은 '수상 자리에 귀족을 앉힌다는 것은 믿어지지 않는 일이지만 그가 잠정적이라는 이유로 수상직이 아마 승인될 것이라고 생각했다.

버틀러 자신도 지금에와서는 이러한 견해에 동의하고 있다. "일생 동안 언제나 그런 것은 아니지만 당시의 솔즈베리 후작은 확실히 인기가 있었다. 만약 보수당의 간사장들이 그 계획을 당에 설명하고 언젠가는 이들이 돌아올 것을 확실히 했다면 아마도 보수당 수상으로 솔즈베리 후작이 취임하는 것을 승인했을 것이다."라고 이러한 내용을 버틀러에게 얘기한 것은 콜빌이었다.

"이들의 소행이다." —— 재무상 버틀러가 이러한 공작을 콜빌로부터 들었을 때에 그는 그렇게 말했다 한다.

버틀러는 그때를 고비로 해서 그로부터 10년 동안에 세 번이나 수상 취임에의 야망을 저지당했던 것이다.

이들은 보수당 내의 서열상으로는 확실히 버틀러보다는 상위였으나 병을 앓고 있는 사람에 대한 개인적인 감정이 정치적인 현실로서 존중되지 않았다는 점도 논의의 대상이 되는 것이었다. 오늘날 이 일에 한 가지 덧붙일 것이 있다. 버틀러가 과연 1953년의 그 시점에서 수상 취임을 요망당했을 때 잠정적인 수상을 지낼 의사가 있었으며 이든이 돌아오면 수상직을 물러날 용의가 있었는가에 대해 버틀러 자신이 아무런 의사 표명도 하지 않고 있다는 사실이다.

이러한 움직임 속에서 처칠은 심장발작의 위기를 극복했을 뿐 아니라 건강을 되찾았다. 처칠이 이처럼 분발한 것은 개인적으로나 정치적으로도 여러 가지 면으로 도전을 받아 거꾸로 자극이 되었기 때문이었다. 버틀러가 수상 대리 솔즈베리 후작이 외상 대리를 맡고 있는 동안 1955년 여름에 수상 처칠과 외상 이든이 다함께 건강이 회복되었다.

그리고 정부에서 가장 중요한 이 두 사람, 즉 수상과 외상이 가을이 다 되도록 정무를 보지 못했던 이상(異狀) 사태도 별로 문제 삼지 않게 되었던 것 같다. 여름 동안에는 정부 활동도 별로 바쁘지 않았고 거기에다 대관식에 들떴던 국민들의 기분은 대관식이 끝난 뒤에도 몇 달 동안이나 계속된 여왕의 방문이나 기념 행사 덕분으로 가라앉지를 않고 있었다.

1953년과 54년에 걸친 겨울 동안 엘리자베스 2세는 대관식을 마친 기념으로 영 연방 각국을 순방하는 거창한 행사 준비를 갖추었다. 처칠은 그때까지 완전히 건강을 회복하고 정부의 실권을 다시 손아귀에 넣고 있었다.

처칠은 저녁을 들면서 정무(政務)를 지시하는 일을 즐겼다. 런던의 백스 클럽에서의 어느 만찬회 석상에서 당시의 주택상(住宅相)이었던 헤롤드 맥빌란은 처칠이 앓고난 뒤였는데도 그의 왕성한 식욕에 새삼 놀랐다. 한 타스의 국을 게눈 감추듯 먹어치우고 크림, 수프 치킨파이를 먹어치운 다음 마닐라와 스트로베리 아이스크림까지 먹고 나서 또 상당량의 모젤 와인과 브랜디를 마시는 것을 보고 깜짝 놀랐다.

그러나 맥밀란은 처칠이 보청기를 잃어버리고 가끔 자택에 놓고 온다는 사실에 약간 당황했다. 그래서 정부의 정책 결정을 할 때에 가장 미묘한 문제는 반드시 '의원 총회'의 의제(議題)가 되었다. 왜냐하면 귀가 어두운 처칠로서는 결정을 내릴 수가 없었기 때문이다.

제 17 장 타운젠트 공군대령

마가렛 공주의 사랑

수상 윈스턴 처칠이 심장 발작을 일으키기 전 해인 1953년 6월의 일 이었다. 엘리자베스 2세 일가에 관한 미묘한 집안일에 대해서 내린 결단이 처칠이 병상에 눕기 전의 마지막 일이 되었다.

이 문제는 대관식 후에 일어난 하나의 사건이었기 때문에 처칠이 이에 관심을 가지게 되었던 것이다.

엘리자베스 2세가 무사히 대관식을 마친 뒤에 웨스트민스터 사원 입구에 있는 방에서 초대받은 사람들은 버킹엄 궁전으로 돌아가려고 마차와 자 동차를 기다리고 있었다. 밖에는 비가 계속 내리고 있었고 사람들은 대관식의 의식으로 녹초가 되도록 지쳐 있었다. 그날은 누구나 할 것 없이 참석 준비로 새벽부터 일어나 있었다. 대관식이 끝났다고는 하지만 아직도 그것은 그날 행사의 절반을 치른 데에 불과했다. 마차를 기다리는 사이에도 사람들은 지쳐서 얘기 소리조차 조용했다.

그러나 단 한 사람의 예외자가 있었다. 엘리자베스 2세의 여동생 마가렛 공주였다. 그녀만은 들떠 있었다. 웃으며 얘기하고 정력적으로 돌아다녔다. 마가렛 공주가 기뻐했던 것은 한 남성과 함께 있었기 때문이었다. 그 남성은 서로 엘리자베스 황태후의 저택이 된 클라렌스 하우스의 감독관이며 영국 공군대령으로 공군 수훈장(殊勳章)과 공군 수훈 십자장(十字章)의 훈장을 받은 피터 타운젠트였다.

마가렛 공주는 타운젠트의 제복 가슴에 붙어 있는 실밥을 장난스런 손으로 잡아당겼다. 그리고는 자랑스런 듯이 흰 장갑을 낀 손으로 타운젠트 가슴의 훈장을 닦아주었다. 마가렛 공주는 피터 타운젠트를 사랑을 하고 있었다. 그녀는 남의 눈도 꺼리지 않고 있었다.

이 연애 사건은 대관식이라는 웅장한 드라마의 줄거리에서 본다면 부차적인 것이었다. 대관식의 2, 3주일 전에 마가렛 공주는 어머니인 엘리자베스 황태후와 언니인 엘리자베스 2세에게 타운젠트와 결혼하고 싶다는 뜻을 전했다. 그때부터 엘리자베스 2세는 이 두 사람이 몰고 온 큰 문제를 해결하지 않으면 안 될 처지가 되고 말았다.

문제는 피터 타운젠트가 공주의 남편감으로서 당연히 요구되는 신분이 되지 못하는 것뿐만 아니라 그는 공주보다 나이가 16세나 많았다. 그리고 그가 이혼한 경력을 가지고 있다는 사실도 문제가 되었기 때문이다.

이 마지막 부분이 그들의 앞길을 가로막은 장애였다. 나이의 차나 신분은 부차적인 문제였으나 이혼한 부분에 대해서는 엘리자베스 2세로서도 어떻게 할 수가 없었다. 엘리자베스 2세는 통치를 시작하자마자 1936년의 에드워드 8세(윈저 공)때와 마찬가지로 딜레마에 빠졌다. 즉 개인적인 감정과 공적인 의무 사이에서 어느 쪽을 중시해야 하느냐의 갈등으로 고민이 따랐다. 이때 엘리자베스 2세의 고민은 복잡했다. 여왕은 동생인 마가렛 공주를 행복하게 해주려고 했을 뿐만 아니라 피터 타운젠트도 훌륭한 사람이라고 생각하고 있었기 때문이다.

만일 엘리자베스 2세가 자기의 개인적인 감정을 앞세워서 일을 처리했다면 마가렛 공주는 1950년대 초에 사랑하는 타운젠트와 결혼을 했을 것이다. 그리고 엘리자베스 2세에겐 그것이 매우 귀찮고 괴로운 문제가 되지도 않았을 것이다.

중용(重用)된 타운젠트

엘리자베스 2세는 벌써 10년 가까이나 피터 타운젠트와 알고 있어 그의 인격을 칭찬하고 있었다. 타운젠트는 제2차 대전이 끝날 무렵 조지 6세가 전투에서 무공을 세운 장교들을 시종 무관으로 모으고 있을 때 버킹엄 궁전 근무를 하게 되었던 것이다. 이것은 1944년 타운젠트가 30세 때였다.

영국 공군 당국은 타운젠트가 능력과 매력, 그리고 인간성이 풍부한 인물이라는 점을 들어 일시적인 근무라는 조건으로 왕실에 추천했던 것이다. 그러나 타운젠트의 훌륭한 자질은 왕실의 눈에 들어 일시적이 아닌 항구적인 왕실 근무를 하게 되었다. 타운젠트는 전쟁 중에 전투에 긴장하고 있는 파일럿들을 통솔하면서 그들의 거칠고도 불합리한 성격과 분노를 무마시켜온 풍부한 경험을 가지고 있었기 때문이다.

타운젠트는 파일럿들을 무마시켜온 것과 같은 요령으로 조지 6세를 삶았던 것이다. 조지 6세는 타운젠트가 마음에 쏙 들었다. 강인하고 흐트러짐이 없으며 항상 왕의 분부를 잘 지켰고 국왕이 명령한 일에 의문을 품게 하는 것 같은 일은 절대로 하지 않았다. 이런 태도가 조지 6세뿐만 아니라 엘리자베스 왕비의 총애와 호감까지도 사게 되었다.

엘리자베스 왕비는 조지 6세의 죽음으로 황태후가 되었을 때 죽은 남편이 가장 신뢰하던 시종무관인 타운젠트를 자기가 거처하는 클라렌스 하우스의 감독관으로 데리고 있었다. 그때에 타운젠트는 이혼한 상태였고 그것에 따르는 여러 가지 절차 관계로 자주 나다니지 않으면 안 되었으므로 보통때의 왕실 근무에서는 면제받고 있는 상태였다.

피터 타운젠트의 불행한 결혼은 왕실 근무자로서 그것만 없었더라면 더할 나위 없는 그에게는 일대 오점이었다. 그보다도 왕실 근무를 하게 되었다는 자체가 그의 결혼을 파국으로 몰고 간 원인의 하나가 되었던 것이다. 1941년 7월 치열한 전투에서 돌아온 돌아오게 된 직후 그는 준장(准將)의 딸인 로즈마리 폴과 결혼했다.

두 사람은 이제는 실전(實戰)에는 나가지 않아도 된다는 기분에서 말하자면 로맨틱한 충동에서 결혼하고 말았던 것이다. 그리고 버킹엄 궁전 근무를 위해서 그는 공군에서 예편(予編)되었다. 왕실 시종 무관의 임무 중에는 24시간을 국왕에게 봉사하며 2주일간을 계속 근무하는 경우가 있다. 국왕이 가는 곳이면 어디든지 따라가 침식을 함께 하는 것이었다.

타운젠트의 그와 같은 특별한 근무가 끝나면 국왕은 곧잘 그에게 "돌아가지 말고 남아서 나와 얘기나 하자."고 했다. 특히 샌드링검 궁전이나 발모럴 성에 따라갔을 때에 그러했다. 타운젠트가 자기 가족과 함께 지내는 시간은 조지 6세의 부름에 응함으로써 빼앗기기 일쑤였고 당연한 결과로서 결혼 생활은 원만해질 수가 없었다.

타운젠트가 집을 비운 하나의 좋은 예로는 1947년에 왕실 일가를 따라 남아프리카에 갔을 때를 들 수 있다. 그리고 이 여행이야말로 타운젠트와 마가렛 공주의 사랑이 싹트는 계기가 되었다. 그때 마가렛 공주의 나이는 16세였다. 한편 타운젠트는 키가 훤칠하고 잿빛의 멋진 눈과 매력적인 웨이브의 머리에 시인과도 같은 세련된 말솜씨 — 영웅을 숭배하는 사람들의 대상이 될 만한 멋진 요소들을 모조리 갖추고 있었다.

국왕 조지 6세는 마가렛 공주가 타운젠트를 좋아하는 것을 말리지 않았다. 조지 6세는 엘리자베스 공주를 일찍 결혼시킨 것을 후회하고 있었는데 그 이유의 하나가 언니의 결혼으로 이미 교제 상대를 찾게 된 마가렛 공주가 쓸쓸해 하는 것을 알았기 때문이다.

그 마가렛 공주에게 피터 타운젠트가 우정을 넘어선 몸을 의지할 상대로서의 손을 내민 것이다. 그들은 남아프리카 방문의 긴 여행 중에 늘 둘이서 승마를 즐기고 서로 얘기를 주고받았다.

공주라는 존재

조지 6세의 병세가 더해감에 따라 타운젠트와 왕실과의 관계는 더한층 친밀해져가고 있었다. 1950년 8월에 타운젠트는 시종무관에서 차석(次席) 시종으로 승진했다. 그리고 조지 6세가 더욱 위독해져가고 있던 시기에 엘리자베스 공주가 위로를 받을 수 있었던 것은 타운젠트였다. 엘리자베스 왕비와 마가렛 공주에게는 믿음직한 남성으로서 용기를 주고 있는 것이 타운젠트였다.

타운젠트는 왕실 일가의 휴가에는 함께 따라갔으며 조지 6세가 사냥을 즐기는 동안 공주들을 위해서 피크닉 계획을 세우고 그것을 실행에 옮겼다. 타운젠트가 마가렛 공주와 단 둘이서 승마를 즐기는 것을 이상한 눈으로 보는 사람은 없었다. 그것은 공주의 결혼 상대는 반드시 조지 6세의 ‘보디가드’로 일컬어진 마가렛 공주와 동년배의 남자 친구 중에서 나올 것이라는 생각들을 하고 있었기 때문이다.

216

조지 6세의 '보디가드' 중에는 조지 6세의 해군 시절의 친구의 아들인 사이몬 핍스와 그리고 역시 근위 연대 장교인 빌리 월레스가 있었다. 또 제2차 대전 중에 이튼 스쿨에서 공부하고 윈저 성에서 공연한 팬터마임 극(劇)의 모임에서 만난 콜린 태넌트라는 청년들이 있었다.

이들 마가렛 공주의 친구들은 1940년대의 후반에 영국 신문들이 '마가렛 공주 부대'라고 부른 일단의 중심 인물들이었다. 모두 돈많은 젊은이들로 한자리에 모여 즐겁게 놀곤 했다. 조지 6세와 엘리자베스 왕비도 마가렛 공주가 즐겁게 지내는 것을 보고 기뻐하고 있었다.

조지 6세는 마가렛 공주를 응석받이로서 지극히 귀여워했다. 마가렛 공주가 행복해져서 자기를 기쁘게만 해준다면, 그리고 아내인 왕비 곁에 함께 있어주기만 한다면, 그는 공주의 생활에 추호도 엄하게 간섭할 필요가 없다고 생각했다.

그러나 이것이야말로 문제였다. 엘리자베스 공주가 장차 군주가 될 것이 확실해졌음에 반해서 마가렛 공주의 지위는 확실치가 않았으며 더욱이 언니인 엘리자베스 2세의 아들인 찰스 왕자와 앤 공주가 출생해서 왕위 계승의 순위가 확정된 이 마당에 그것은 더욱 문제가 되었던 것이다.

이런 사실들이 마가렛 공주로 하여금, 대체 '나의 존재'는 무엇인가를 생각케 했고 그녀가 자기의 존재를 뚜렷이 밝히려고 일어서는 동기가 되었던 것이다. 마가렛 공주 자신은 자기가 어디로 가고 있는가를 확실히 알지도 못하고 있었다. 그녀뿐만 아니라 다른 아무도 이것을 알지 못했다.

애스코트 경마에서 그때 18세의 마가렛 공주와 만난 후에 '칩스' 채논은 이렇게 말했다. "마가렛 공주는 벌써 이제는 사교계의 거물이다. 그녀를 둘러싸고 무슨 일이 일어날지 그것이 걱정거리다. 그녀의 신변에는 이미 앙트와네트 같은 요염한 자태가 풍기고 있다."

동생 마가렛 공주를 도와주는 일은 엘리자베스 2세에게는 그것이 자기에 대한 하나의 도전이기도 했다. 남편 조지 6세의 사망 후 수개월 동안 엘리자베스 왕비도 딸인 엘리자베스 2세와 마찬가지로 자기 상실에서 헤어나지 못하고 있었다. 엘리자베스 황태후는 자기의 전인생을 바친 사람을 잃은 슬픔으로 정말 침통해 있었다. 그러나 본질적으로는 쾌활하고 차분한 성격이었으므로 황태후로서의 새로운 생활을 시작했다.

딸인 엘리자베스 2세는 새로운 왕실 일가의 '할머니' 어른이 된 황태후가 지엄한 존재임을 강조했다. 그리고 국민들에게 엘리자베스 황태후를 '퀸 마더'로 불러줄 것을 호소했다. 엘리자베스 황태후는 조지 6세 시대의 메어리 황태후에 비하면 위엄을 갖추지는 못했어도 부드럽고 낙천적인 인물이었다. 그러나 마가렛 공주는 어머니 황태후가 지닌 자질을 이어받지 못했다. 왕실은 마가렛 공주를 응석받이의 귀염둥이로만 길러서 몹쓸 사람으로 만들고 말았다.

청춘기에, 그리고 인간으로서 성장하는 가장 중요한 시기에 방종에 빠져 있는 공주를 가까운 친구들도 말릴 수가 없게 되었다. 그녀에게는 건방지고 오만한 나쁜 지혜가 싹트고 있었던 것이다.

메어리 황태후는 생전에 그러한 마가렛 공주를 '개구쟁이'로 불렀고 "그 애는 벌써 터무니 없을 정도의 향락만을 쫓고 있어 이제는 아무도 말리지도 못하게 되었다."고 말했다. 그리고 그녀가 피터 타운젠트와 사랑에 빠졌을 때 사람들은 누구나 그녀에게 관대했던 것이다. 그 중에서도 언니 엘리자베스 공주가 제일 관대했다.

결혼을 가로막은 몇 가지 요소

그러나 1952년 12월부터 벌어진 피터 타운젠트의 이혼 문제에서 생겨난 장애는 없앨 수가 없었다. 타운젠트는 아내의 부정(不貞)을 이유로 이혼의 허가가 인정되기는 했으나 그가 '결백하다'는 것만으로는 엘리자베스 2세가 커다란 시련을 극복하는 것에 도움이 되지 못했다.

엘리자베스 2세의 아버지 조지 6세와 조부인 조지 5세는 이혼하는 자에 대해서는 가장 엄한 결정을 내리기로 한, 영국 국교회의 최고 책임자로서 승정(僧正)들보다도 강한 태도를 취한 사람들로 이혼에 대해서만은 도리어 뒤에서 승정들에게 압력을 넣을 정도였다.

훈장을 수여하는 위원회는 이혼한 경력이 있는 자에 대해서는 훈장 수여를 정지하기도 하기도 하고 늦추기도 했다. 그리고 이혼한 사람이 만나기를 원하면 국왕은 그것을 거부하지는 않았지만 여행 때 이혼 문제를 야기시킨 사람은 왕궁에서 열리는 행사에는 절대로 초대되지 않았다. 이 경우 하나밖에 없는 '왕궁'에는 국왕의 요트까지도 포함시켰다. 그래서 엘리자베스

2세의 조부 조지 5세가 에스코트 경마장의 왕실 일족의 귀빈석에 결백했던 이혼자의 입장을 허가했을 때 조지 5세는 지극히 진보적인 국왕으로 보여졌던 것이다.

이러한 일들은 모두 엘리자베스 2세로서는 비교적 가볍게 처리할 수 있는 의례적(儀禮的)인 문제였으므로 실제로 심하게 생각지도 않고 처리한 것이었다. 그러나 마가렛 공주가 피터 타운젠트와 결혼하겠다는 것은 그러한 의례적인 문제와는 성질이 다른 것이었다.

1972년에 제정된 왕족 결혼법은 하노버 왕조에 어떤 결혼 스캔들이 있고 나서부터 제정된 것이었다. 이 법률은 왕위 계승의 가계(家系) 가운데 한 사람이 만약 25세가 되기도 전에 결혼하고 싶다고 할 때에는 반드시 국왕의 동의를 얻도록 되어 있다. 25세 이상도 국왕의 허가가 있어야 했으나 이 때에는 국왕이 거부해도 그것은 절대적인 것은 아니었다. 즉 1년간이 연기될 뿐이지 그 이후는 자유였다.

이 법의 목적은 왕실 일족이 부적당한 인물과 결혼하는 것을 막자는 것이었다. 그러나 이 법률 자체는 모순점이 있어 엘리자베스 2세 시대 중에는 폐지될 것 같기도 했다. 그것은 어쩌면 엘리자베스 2세의 생각이 옳다고도 할 수 있다. 즉 인간이 하고 싶어 하는 것은 누구든 막을 수가 없는 것인데도 이 왕족 결혼법은 그것을 막고 있기 때문이다.

그리고 이것은 이미 존재하고 있는 '부적당한 인물을 왕위에 앉히지 않는다는 현재의 채제를 지금 이상으로 확대시키는 것밖에 되지 않는 일이다. 이러한 이유로 어느 때엔가는 이것의 철폐를 위해서 수상이 의회에 요청할 것을 구상 중에 있다.

그러나 1953년에는 공식 석상에 나설 인물의 경력에 이혼 사유가 기재된다는 것은 매우 심각한 의미를 띠고 있었다. 왕족 결혼법도 다른 법률과 동일한 법률이어서 엘리자베스 2세는 수상의 조언에 따라 행동하도록 구속을 받고 있었다. 엘리자베스 2세는 마가렛 공주의 요청을 처칠에게 전했다. 1960년 중경에 수상인 해롤드 윌슨은 엘리자베스 2세의 4촌인 헤어우드 백작의 이혼에 대해 관대한 처분을 하도록 하는 의사를 굳히고 있었지만 엘리자베스 2세의 대관식이 있던 해 처칠 수상은 여왕의 하나밖에 없는 여동생이 이혼 경력이 있는 왕실의 시종과 결혼하는 것은 허락할 수 없는 일이라고 생각하고 있었다.

그래서 엘리자베스 2세로서는 여왕으로서의 통치가 시작되자마자 매우 큼직한 사태에 부딪치게 된 것이다. 2년 후에 마가렛 공주는 25세가 되는 것이었다. 마가렛 공주에게 잘 알아듣도록 타일러보자, 그리고 2년 후에 마음이 달라지지 않으면 한 번 더 이 문제를 다시 생각해보기로 하자. 엘리자베스 2세는 이렇게 생각하고 있었다.

처칠은 타운젠트를 클라렌스 하우스의 근무에서 면직시켜야 한다고 생각했다. 그리고 토미 러셀즈는 이보다도 더 엄한 생각을 하고 있었다. 토미 러셀즈는 1943년에 알렉 하딩이 사임한 후 조지 6세의 수석 시종이 되었고 이제는 마지막 일로서 자기의 부관인 마이클 에이딘에게 새 여왕의 수석 시종으로서의 여러 가지 사무 인계를 준비하고 있는 참이었다. 토미 러셀즈는 피터 타운젠트를 즉시 외국 근무를 시켜야 한다고 굳게 믿고 있었던 것이다.

사사로운 인정과 공적인 지위 사이에서

그러나 엘리자베스 2세는 동의하지 않았다. 마가렛 공주가 타운젠트와의 사랑을 고백한 이래 여왕은 동생에게 동정적이었다. 여왕은 개인적으로 타운젠트에게 호감이 갔고 동시에 동생 마가렛도 사랑하고 있었던 것이다. 엘리자베스 2세는 자기가 두 사람의 행복에 방해되는 일에 대해 마음이 아팠다. 여왕이 지난날 필립(에든버러 공)과의 결혼이 연기되어 초조했을 때 마가렛 공주는 언니인 엘리자베스 2세를 위로하고 격려해주었던 것이다.

엘리자베스 2세는 지금 마가렛 공주를 그때와 같이 지원해주어야 할 차례가 되었다. 1772년에 제정된 왕족 결혼법에 관한 엘리자베스 2세는 헌법의 국정에 따라 수상의 조언을 받아들이지 않을 수가 없었다. 그러나 여왕은 동생 마가렛으로부터 타운젠트를 떼어놓을 생각은 전혀 하지도 않았고 그를 국외로 쫓아내는 일은 더더구나 허가할 수도 없는 일이라고 생각하고 있었다.

엘리자베스 2세는 타운젠트가 클라렌스 하우스에 머무르는 것은 가능한 일이라고 우겼다. 엘리자베스 황태후도 이에 찬성했다. 타운젠트는 모든 점에서 왕실의 한 사람으로부터 사랑받고 있는 인물로 알맞은 대우를 받아야 한다는 주장이었다. 그는 장차 장모가 될 황태후와 피크닉 계획을 상의했으며, 장차의 동서가 될 에든미러 공과는 스카치를 마시며 놀았던 사람으로서 응분의 대접을 받아야 마땅하다는 의견이었다. 그런데 일이 공적인 문제인 한 대신(大臣)이나 관리는 엘리자베스 2세 일가의 생활을 규제할 자격이 있다. 그러나 그것을 넘어선 사생활에 대해서는 어쩔 수도 없는 것이었다.

그러나 사태는 대관식 때에 모인 동생 마가렛의 분별없는 행동으로 언니 엘리자베스 2세의 처지를 곤란하게 만들고 말았다.

마가렛 공주의 행동은 몇 주일 동안 런던에 퍼져 있던 소문을 사실로 믿기에 충분했다. 잡지 〈뉴욕 저널 아메리칸〉이 맨 먼저 불을 뿜었다. 그리고 바로 이어서 런던에 주재하고 있는 미국의 특파원들이 일제히 대관식 때의 마가렛 공주의 기사를 썼다.

영국 신문들은 그때까지 침묵을 지키고 있었으나 6월 4일 즉 대관식이 있은 두 주일 남짓해서 〈피플〉 지가 외국 신문 기사를 모두 그것을 강력히 부정한다는 식의 수법을 써서 그 침묵을 깨뜨렸다. 〈피플〉 지는 이 얘기는 모두 사실 무근이라고 쓰고 다음과 같이 계속했다. "왕위 계승 서열의 제3 위에 있는 공주가 적어도 이혼재판소에 출두했던 인물과의 결혼을 생각한다는 따위의 일은 정말 생각조자 할 수 없는 일이다."

대관식이 있은 후 한 달도 되지 않았지만 엘리자베스 2세는 가혹한 딜레마에 빠져들기 시작했다. 개인적으로는 동생 마가렛을 행복하게 해주고 싶었다. 그리고 동시에 그녀는 지금 수상 처칠이 계속 주장하고 있듯이 이별을 두 사람에게 강요한다면 그들에게는 크나큰 상처를 주게 된다는 것도 알고 있었다.

그러나 여왕으로서 취할 태도는 명백했다. 여왕의 동생으로서의 마가렛 공주의 의무도 명백했다. 그리고 왕실에 충실했던 타운젠트의 의무 또한 마찬가지로 명백했다. 타운젠트는 분명하게 깨닫고 있었다. 그는 대관식 전에 이미 스스로 어디론가 떠나야 한다고 생각하고 출국 신청까지 해놓고 있었다.

타운젠트는 왕실 근무 중에 몸에 밴 귀족적인 기품으로 영국 공군을 대표할 수가 있었으며 그 전투적인 예리한 눈으로 공군 관계의 일에 대해서는 그것을 정확히 판단하고 포착할 수가 있었다. 해외의 영국 대사관 공군 무관으로는 아주 적격이었다. 즉 가장 상류층의 인품을 지닌 신사로서 공공연한 일종의 스파이가 되는 일이었다.

1953년에 해외의 대사관 중에서 공군 무관 자리가 비어 있는 곳은 싱가포르, 요하네스버그 그리고 브뤼셀 등이었다. 타운젠트는 조금이라도 마가렛과 가까이 있기를 바라서 브뤼셀 근무를 택했다.

제18장 세계 여행

영 연방의 '위대함'을 위하여

텔레비전과 영화의 덕분으로 엘리자베스 2세는 흔히 신문의 제호 따위에 씌어지는 '전국민의 앞에서'라는 글자 그대로 정말 모든 사람들이 지켜보는 가운데서 왕관을 쓴 최초의 영국 군주가 되었다. 그리고 1953년부터 54년에 걸친 겨울에 엘리자베스 2세가 치른 세계 여행은 그 규모의 크기가 대관식 후의 행렬을 한 번 더한 것과 같은 것이었다.

재위(在位) 중의 영국 군주가 세계 일주 여행을 한 것은 처음 있는 일이었다. 윈스턴 처칠은 엘리자베스 2세의 여행을 엘리자베스 1세 때와 비교해서 거리낌없이 말했다.

"엘리자베스 2세가 이제부터 떠는 여행은 엘리자베스 1세 시대에 드레이크가 처음으로 한 척의 배로 세계 일주를 할 때와 마찬가지로 경사스러운 일이며 엘리자베스 2세가 거두어 돌아올 재보(財寶)도 필시드레이크에 뒤지지 않을 것이다."

확실히 엘리자베스 2세는 흥분하고 있었다. 11월 23일 저녁에는 찬 비가 내리는 연도에 빽빽이 늘어선 전송나온 사람들에게 손을 흔들며 작별의 인사를 했을 때 그녀의 눈에서 흐르는 눈물이 똑똑히 사진에 찍혔다.

엘리자베스 2세는 버뮤다를 거쳐 자메이카를 방문했다. 여왕은 "모든 유대(紐帶) 가운데서 가장 강한 유대는 신념과 목적을 같이 하는 사람들의 마음속에 새겨진 유대이지 문서 따위로 표시된 유대는 아닙니다."라고 선언했다. 그리고 이 말은 엘리자베스 2세가 세계의 테마가 되었을 뿐만 아니라 그녀의 통치 자체의 테마로도 되는 것이었다.

엘리자베스 2세는 영국 연방의 이념을 높이는 일이 자기에게 부과된 특별한 책임의 하나라고 생각하고 있었다. 그리고 대신들도 여왕이 국군(國軍)의 임무에도 적지 않은 관심을 보여서 보통의 의원이나 평론가들 이상으로 영국 연방의 일을 중시하고 있다는 것을 알고 있었다.

1970년대에 접어들어 엘리자베스 2세는 수상 에드워드 히드와 사이가 약간 벌어진 일이 있었는데 그 불화의 원인 중의 하나가 히드 수상이 연방의 어떤 분야에 대해 냉담한 적의를 보인 데에 있었다. 하기는 이때에도 엘리자베스 2세는 입헌 군주로서 히드의 조언에 착실하게 따랐지만 그 불화란 엘리자베스 2세가 1971년에 싱가포르에서 열리기로 된 영 연방 수뇌회의에 친히 참석하기로 한 것이 새로 수상이 된 히드에 의해 좌절되었던 데에 기인한다.

엘리자베스 2세는 왕실의 요트를 타고 싱가포르에 도착할 예정이었다. 그러나 1970년의 총선거에서 윌슨이 이끄는 노동당이 패배하고 보수당의 히드가 수상이 되었던 것이다. 히드의 생각은 윌슨과는 달랐다. 그 때문에 여왕은 싱가포르에 갈 수가 없게 되어 영국에 꼼짝 않고 눌러 있어야만 했다.

1953년 말에 엘리자베스 2세는 호화 여객선 '도딕'호를 타고 바다 여행을 하고 있었다. 이 배는 조지 6세 사망이라는 사태로 인해 엘리자베스 2세가 타려다가 못 타고 있었던 배였다. 그러나 이제 이 호화선이 자메이카에서 여왕을 기다리고 있었다.

이 배에는 통신 설비가 완비되어 있어 여왕은 매일 배 위에서 직접 런던의 정부 및 아이들과 연락을 취할 수가 있었다.

이 배는 파나마 운하를 거쳐 피지와 통가의 섬으로 항해했다. 통가 섬에서는 샤로테 여왕이 엘리자베스 2세의 대관식에 참석했을 때에 주문한 런던의 택시를 어김없이 준비해놓고 있었다. 엘리자베스 2세와 에딘버러 공은 기다리고 있던 샤로테 여왕의 환영을 받았다. 엘리자베스 2세 부처는 크리스마스를 뉴질랜드에서 맞았다.

엘리자베스 2세는 처음으로 영국 이외의 나라에서 방송하는 크리스마스 연설에서 "나는 왕관이 단지 우리들 사이의 통일의 추상적인 상징일 뿐만 아니라 여러분과 나와의 사이를 이어주는 개인적인 유대의 표시라는 것을 보여주고 싶습니다."라고 강조했다.

탁월한 세일즈 우먼

엘리자베스 2세는 재위 중 뉴질랜드를 방문한 첫 번째의 군주였다. 그리고 그녀는 1954년 2월 3일에 오스트레일리아에 도착했다. 그때 그녀는 영국의 여왕으로서 자치령(自治領)의 한 나라를 순방하는 것이 아니라 그 자치령의 여왕으로서 순방하고 있음을 강조했다. 오스트레일리아의 여왕으로서 엘리자베스 2세는 "이렇게 눈부시게 발전한 나라의 원수로서 자랑스럽다."고 말했던 것이다.

2개월이 넘는 오스트레일리아 여행에서 그녀는 철도로 4천 킬로를, 자동차로 1천5백 킬로를 비행기로 1만6천 킬로를 돌아다녔다. 그녀가 행한 연설은 1백2회에 걸쳤으며 2백 회 이상의 연설을 들었다. —— 그 중에서 1백62회는 국가(國歌)의 연주가 있었다. 그리고 엘리자베스 2세는, 그 동안에 겨우 6일만 행사에서 해방되었을 뿐이었다.

런던에서 일부러 가져간 대관식 때의 복장을 입고 친히 오스트레일리아 국회의 개회 선언을 한 엘리자베스 2세는 "신의 인도에 따라 통치하는 것이 아니라 봉사하는 것이 나의 결심입니다. 이것은 단순히 나의 가문(家門)의 전통만이 아니라 근대 영국 왕실의 성격을 표현하는 것이라고 믿습니다."라고 말했다.

오스트레일리아를 거쳐 엘리자베스 2세 부처는 인도 양의 코코스 제도, 실론(현재의 스리랑카), 아덴을 돌아 거기서 비행기로 1952년 초에 조지 6세의 사망으로 중단되었던 아프리카의 우간다 방문의 약속을 지켰다.

한편 엘리자베스 2세 부처의 아이들, 즉 찰스 왕자와 앤 공주는 그 무렵에 지중해의 마르타에서 마운트배튼 경 부처와 함께 지내고 있었다. 그리고 북아프리카의 끝 트부르크(현재의 리비아 북부, 지중해 연안의 항구 도시)에서 대대적인 가족의 재회가 벌어졌다.

엘리자베스 2세의 세계 여행 때의 수석 시녀를 맡았던 것이 마운트배튼 경의 막내딸 파멜라 부인이었다. 지중해 함대 사령관이 되어 있던 마운트배튼 경은 여왕의 눈앞에서 자기가 지휘하는 함대의 대대적인 관함식(觀艦式)을 거행했다. 함대는 굉장한 속도로 엘리자베스 2세에게로 접근했으므로 여왕에게 물보라가 끼얹어졌다.

그러나 여왕은 건조(建造)된 지 얼마 안 되는 왕실 요트 '브리타니아' 호의 난간에 서서 무척 즐거워했다. 1954년 5월에, 그 '브리타니아' 호가 엘리자베스 2세를 태우고 런던으로 돌아왔다. 템스 강을 거슬러 올라와 타워 브리지를 통과하자 역시 열광적인 환영 인파가 기다리고 있었다. 엘리자베스 2세는 1백73일간이나 영국을 비우고 있었던 것이다.

여왕 엘리자베스 2세는 자기가 영국 사상 가장 빈번히 여행한 군주가 된 것을 자랑 삼고 있었다. 1977년의 즉위 25주년까지 그녀는 50회 이상의 외국 방문 여행을 하고 방문한 나라의 수는 백 개국을 훨씬 윗돌고 있었다. 이것은 물론 여행이 수월해진 데에도 이유가 있다. 여하간 1973년에는 시드니의 오페라 하우스의 개장에 주말을 이용해서 영국에서 오스트레일리아로 날아가는 것도 가능하게 된 것이다.

그러나 어떻든 간에 엘리자베스 2세는 열심히 뛰었다. 몸이 무거울 때에도, 그리고 1960년대에는 둘째와 셋째 아들이 태어났을 때에도 몇 달이 지나면 바로 여행을 했던 것이다. 그것은 엘리자베스 2세가 '영국의 뛰어난 세일즈 우먼'을 자처하는 자기의 역할이 얼마나 큰가를 잘 알고 있었기 때문이었다. 그와 동시에 그녀는 자신을 보다 높은 가치관의 상징적인 존재로 보고 있는 것이다.

1956년 당시에는 아직 영국이 가진 수많은 식민지 중에서 가장 큰 면적의 나이지리아를 방문했을 때 엘리자베스 2세는 나병 환자의 격리 수용소를 방문할 약속을 하고, 환자들과 자유로이 교류하기도 했다.

이렇게 여왕은 '왕의 죄업'으로 일컬어지는 나력(瘰癧경부 임파선의 종기) 환자에게 왕이 손을 대면 병이 낫는다는 고사(故事)를 현대식으로 실천해 보였던 것이다.

"여왕의 방문을 다른 사람의 어떤 행위보다도, 나병에 떨고 있는 사람들에게 용기를 주었습니다."라고 한 격리 수용소의 소장은 다음과 같이 말을 이었다. "세계의 모든 사람들은, 엘리자베스 2세와 에든버러 공이 나병 환자의 공동 생활의 장소에까지 발을 들여놓았다는 기사를 읽게 될 것입니다. 이런 사실이야말로 다른 누구도 할 수 없었던 일, 즉 사람들로 하여금 나병에 대한 공포는 전혀 근거가 없는 것이라는 사실을 확신시킬 것입니다.

여왕의 여행 수칙(守則)

실제로 1950년대에 그와 같은 여행 계획을 준비한다는 것은 참으로 힘드는 일이었다. 엘리자베스 2세의 수석 시종이었던 마이클 에이딘은, 여왕이 바라는 것이 무엇인가를 현지의 환영 인사들에게 알리기 위해서 미리 6천 단어에 이르는 문서를 보내기도 했다. 그 가운데는 이런 것도 씌어져 있었다. "엘리자베스 2세 여왕 폐하는, 건물이나 시설의 신축을 기념하는 주춧돌을 놓는 따위의 일은 하지 않는다. 에든버러 공은 그런 일을 더러 하지만 그것은 극히 드문 일이다. 여왕 폐하 내외분은 새로운 시설보다도 이미 사용되어 궤도에 오른 시설을 방문하시기를 좋아하고 계신다."

그러나 엘리자베스 2세는 나무를 심는 일만은 거리낌없이 했다. 진상품에 대해서도 참으로 자세한 지시를 했다. 엘리자베스 2세 내외는 상업에 얽힌 물품은 믿을 수가 없었다. 나중에 생길 선전 수단으로 되는 것을 경계했던 것이다. 또 빨간 염색을 한 선물도 받지 않았다. 여왕이 싫어하는 빛깔이었고 받는다 해도 몸에 어울리지 않는 복장이라 해서 절대로 입는 일이 없었다.

그러나 '어린이들이나 상이군인들이 정성껏 보내오는 작은 선물들은 주는 사람의 마음이 상하지 않을까를 판단해서 그럴 염려가 있을 때에 한해서' 받아들였던 것이다. '작은 선물'이라, 오래 보존하기 힘드는 과일이나 꽃 따위였다. 이런 것들은 환영나온 사람들이나 혹은 병원 등에 바로 보냈고 꽃은 꽃병에 꽂을 수 있는 것들만을 받아들였다. 동물 따위는 좋아하지 않았다.

에이딘이 문서로 사전에 통지한 그러한 주의가 반드시 지켜지지는 않았다. 1961년에 잠비아를 여행했을 때 엘리자베스 2세는 비스킷 깡통 속에 넣은 악어새끼를 받은 적이 있었다. 어떻게 처리할 도리가 없어서 그 악어새끼는 마틴 채틸스 경이 쓰는 방의 욕조에서 하룻밤을 지내지 않으면 안 될 형편이었다.

교회에서의 예배 때에는 성직자들이 엘리자베스 2세에게도 여느때와 같이 헌금 주머니를 돌리면 되었다. 구태여 흠칫흠칫할 필요는 없었다. 그리고 "에든버러 공은 가끔은 신약성서의 설교를 들을 생각으로 있었던 것이다. 왕실의 여행의 경우에는, 토요일도 다른 날과 똑같이 일정이 짜여져 있었으므로 주말의 휴일을 즐기는 사람들은 여왕이나 왕족들의 모습을 볼 수가 있었다.

그러나 일요일은 될 수 있는 대로 자유로운 날로 잡아두었고 월요일도 되도록 계속해서 쉴 수 있도록 일정을 짰다. 엘리자베스 2세의 방문에 앞서 미리 보내지는 연락 문서는 여왕에게도 보내져서 검토하게 했다. 여행 중에 만나지 않으면 안 될 인물에는 어떤 사람이 포함시킬 것인가에 대해 여왕은 언제나 독자적인 생각을 가지고 있었다.

1969년의 일인데 오스트레일리아 정부에 의해서 엘리자베스 2세 방문 여행의 준비 위원장에 임명된 퇴역 장군이 마치 명사록(名士錄)을 꾸미듯이 초대자 명단을 작성한 일이 있었다. 그 장군은 버킹엄 궁전으로부터 심한 노여움을 샀는데 그 명단 속에 들어 있는 멜버른의 상류층 부인들의 이름을 지워버리라는 명령과 함께 되돌려졌다. 여왕의 요구는 이마에 땀을 흘리며 손마디가 굵어진 사람들을 초대자 명단에 넣으라는 것이었다.

일정을 짜는 데도 엘리자베스 2세는 독자적인 생각을 가지고 있었다. 여왕은 점심 시간을 길게 잡는 따위는 달갑지 않게 여겼다. 1950년대에 마이클 에이딘이 설명한 바에 의하면 여왕은 하루 종일 돌아다녀야 했기 때문에 점심 시간은 기껏해야 50분에서 1시간이었다는 것이다.

만찬회는 연설 시간까지를 넣어서 1시간 45분까지가 한도로 결정되어 있었다. 여왕 내외는 식사와 마시는 일에는 그다지 흥미가 없었다. 엘리자베스 2세는 식사 때에는 오렌지 쥬스와 함께 와인 한 잔만 있으면 충분했고 에든버러 공은 식사 전에 진 토닉이나 맥주 또는 샴페인이 있으면 되었다. 식사는 굴새우, 조개 외에는 무엇이든 좋았다.

이것은 몸의 안전을 위한 것이었으며 입맛을 가려서 그런 것은 아니었다. 여성 잡지들은 여전히 여왕은 조개류를 싫어한다고 썼으나 사실은 좀더 자세하게 관찰할 필요가 있었다. 그것은 집무의 성질상, 공적인 자리에서도 식이요법의 규칙을 지키기 않으면 안 되었던 것이다.

엘리자베스 2세는 세계 여행 중에는 유명한 맬번의 미네랄 워터의 병을 가지고 다녔다.(엘리자베스 2세의 머리 글자를 따서 맞춘 마크가 붙은 전기 주전자도 함께였다.). 이 미네랄 워터는 물론 홍차용이었다. 즉 물이 달라 위를 다치는 일이 없도록 하기 위해서였다.

여왕 외유 때의 휴대품

엘리자베스 2세의 여행 때 항상 휴대하고 다니는 대표적인 것은 탕파(湯波)와 특별히 만든 털베개와 연설하기 전에 마실 맥아당 등이었다. 1968년의 브라질 방문 때 보도(報道)를 맡았던 앤드류 던컨은 이 밖에도 재미있는 물건들이 여왕의 짐 속에는 있었다는 것을 써놓고 있다. 그것은 댄디의 케이크가 세 통, 숏브레드가 여섯 봉지, 딸기 잼이 세 병, 초콜릿이 여덟 상자 등이었다.

그러나 앤드류 던컨이 밝힌 일람표가 왕실로서는 좀 난처한 일이 되었다. 해군 군악대와 함께 많은 술이 공식적인 리셉션용으로 나온다고 썩어져 있었기 때문에 좀 사치가 지나치지 않느냐는 소리가 높아졌기 때문이다. 던컨은 그 1968년의 브라질 방문 때 각 주지사(州知事)에서, 영국 대사관의 하녀에 이르기까지 서열순으로 잘 구분된 여왕의 하사품에 대해서도 써놓고 있었다.

선물을 받으면 그 호의를 당장 그 자리에서 갚고 싶어한 엘리자베스 2세로서는 술이나 식료품이 대량으로 필요했는데 그 답례로서 내는 요리는 여왕의 요리사가 솜씨를 발휘했으며 대개의 경우 영국 대사관에서 답례의 연회가 베풀어졌다. 1965년에 여왕이 서부 독일에서 새로 단장된 호텔에 들었을 때의 일이었다. 엘리자베스 2세는 앞서와 같은 이유에서 비행기로 은제 식기와 크리스탈 식기를 잔뜩 싣고 와서 일류의 스타일로 서독 요인들에게 답례의 연회를 베풀었다.

엘리자베스 2세의 이러한 방식은 영국 의회에서 문제가 되었다. 그러나 문제가 된 것은 사치를 해서가 아니었다. 영국의 국민 감정을 상하게 한 것은 여왕이 방문한 그 나라 때문이었다. "데일리 익스프레스)는 "그들은 우리의 목에 칼을 들이댄 자와 똑같은 인간들이다."라고 썼다.

그러나 실은 이 점이 바로 엘리자베스 2세가 서독을 방문한 이유였다. 과거 52년간이나 영국 군주의 방문은 끊겼었다. 그런 나라를 방문한 것은 두 차례의 세계 대전을 겪고 이제는 서로 화해를 하자는 뜻이었다. 서독 신문들은 '예절'을 지키자는 호소를 싣고 레코드 회사는 '퀸 엘리자베스 폭스트롯'이라는 곡을 제작 판매하는 가운데 엘리자베스 2세는 10개의

228

주요 도시를 순방했고 연(延) 1천5백40킬로의 여행을 했다. 그리고 서독 정부 내의 더러운 정쟁(政爭)에 휘말려들면서도 이것은 어떻게든 극복하려는 노력까지 했다.

서독에서는 그 해 가을에 총선거가 있을 예정이었다. 서베를린 시장이며 사회민주당 당수(黨首)이기도 한 빌리 브란트는 수상인 에어하르트와 싸우고 있었다. 에어하르트 수상은 서베를린에까지 가서 엘리자베스 2세를 안내하려고 했다. 서베를린 시내를 안내하는 것도 수상인 자기의 권리라고 우겼다.

그러나 브란트 시장은 엘리자베스 2세의 차에 자기가 함께 타는 것이 당연한 일이라고 우겨댔다. 이 문제는 지루하게 계속된 끝에 겨우 타협이 이루어졌다. 그것은 에어하르트와 브란트의 두 사람이 —— 이 두 사람의 적대적인 상황은 대단해서 서로 말도 하지 않았다 —— 엘리자베스 2세의 차에 같이 타되 서로 뒤를 보고 나란히 앉기로 했다.

당시에 엘리자베스 2세를 수행했던 영국 외상 마이클 스튜어트는 "엘리자베스 2세가 여기서 굳게 마음 먹은 것은 절대로 사물에 동요되지 않는다는 것이었는데 그것은 훌륭하게 이루어졌다."고 말했다.

두려움을 모르는 여왕

엘리자베스 2세의 사물에 동요되지 않는 태도가 확실하게 나타난 것은 그녀가 음울한 시멘트 벽, 요컨대 저 '베를린 장벽'과 마주대했을 때로 그 광경은 참으로 사람들의 마음을 감동시키는 바가 있었다. 여왕의 차는 장벽 바로 앞 가까이까지 가서 멈췄다. 여왕은 짧고도 냉철하게 이른바 왕족의 눈으로 장벽을 본 다음 또 즉시 다른 곳을 차를 달렸다.

베를린 장벽에 대한 엘리자베스 2세의 반응은 인간적인 데가 있었다. 일찍이 케네디가 "나도 베를린 시민의 하나다."라는 유명한 말을 한 바로 그 장소에서, 지금은 군중들이 "엘! 리! 자! 베! 스!"하고 환호의 외침을 올렸다.('하일! 만세라는 환성은 지르지 않도록 미리 통달이 되어 있었다.) 엘리자베스 2세로서는 그와 같은 환영은 처음 겪는 일이었다.

여왕은 지금까지 생각했던 것과는 전혀 다른 환영에 흥분하면서 〈선데이 텔레그라프〉 지의 더글라스 브라운의 표현을 빌린다면 "꽤 중요한 자선

바자의 개시를 알리는 사람과 같은 가락으로 연설을 했던 것이다. 그러나 브라운 기자는 얼핏 부자연스럽게 보이는 여왕의 연설이 케네디의 화려한 연설보다도 더 격에 어울린다고 생각했다.

그 까닭은 베를린 시민들은 자기네의 베를린이 동서로 갈라진 것은, 정치적으로 갈라졌다는 사실을 잘 알고 있었으며, 그것이 마치 자기들의 위치가 인질처럼 되어 있다는 것을 알고 있었기 때문에 그들은 내일이면 또 다른 군중들을 향해 열변을 토하는 정치가들의 말은 전적으로 믿지 않고 있기 때문이기도 했다.

브라운은 베를린을 가리켜 오랫동안 병원에 입원하고 있는 환자에다 비유했다. 케네디는 병실을 돌며 대국적인 진단을 내리는 훌륭한 의사 선생처럼 행동했다. 한편 엘리자베스 2세는 가락은 그보다 낮았지만 말하자면 포도나 가벼운 읽을거리를 가지고 친구로서 문병하러 온 것이었다. 여왕은 병동 밖의 햇살이 부시는 세계의 일들을 애정을 가지고 얘기했다. 그녀는 자기의 사촌과 삼촌들에게(엘리자베스 2세와 에든버러 공은 실제로 지금도 쌍방의 친척으로 약 4백 명의 독일인을 가지고 있다.) 젊은이들의 공부의 일이나 브리티시 카운슬의 장학 지도에 대한 얘기를 했다. 요컨대 엘리자베스 2세는 건강에 대해 말한 것이다.

더글라스 브라운은 이렇게 써놓고 있다. "이것이야말로 여왕의 존재 의식을 나타내는 것이다. 여왕은 비인간적인 상황에 인간적인 입김을 불어넣을 수가 있다. 이러한 상황의 장소를 찾는 날의 여왕은 참으로 아름답다."

그런데 사실 이러한 방문은 엘리자베스 2세로서는 사소한 일이었다. 서독 방문의 2, 3년 전에 이미 여왕은 더욱 강한 태도로 자기의 기개(氣槪)의 정도를 증명하고 있었기 때문이다. 예정했던 가나 방문을 눈앞에 두고 1961년 9월에 가나에서는 파업과 데모가 계속되어 험악한 정세였다.

가나 대통령 쿠아메 엔크루마의 생명도 위태로웠다. 엔크루마는 반대파 50명을 투옥하고 악명 높은 특별 법정에 끌어내어 '국가반역죄'로 재판에 회부했다. 폭탄이 터지는 사건도 일어났던 것이다.

그러나 엘리자베스 2세는 조금도 동요하지 않았다. 어떤 의미에서는 그녀는 두려움을 몰랐다. 여왕으로서의 엘리자베스 2세에게 야무지지 못하고 무른 것은 용서될 수 없는 일이었다. 그런 까닭에 일을 당해도 그것을 얼굴

빛이나 행동에 나타내는 적이 없었던 것이다. 1964년에 캐나다의 프랑스인 지구를 여행했을 때에 엘리자베스 2세는 암살하겠다는 협박에 직면했다. 어떻게든 여왕을 죽이겠다는 협박이었으나 실제로는 아무 일도 일어나지 않았다.

그리고 이런 일이 있고부터는 여왕의 신변을 지키는 호위책이 강화되어야 한다는 논의가 일어났을 때에도 엘리자베스 2세는 분명하게 자기 입장을 밝히는 다음과 같은 논리를 주장했다. 그것은 여왕의 생명을 지키는 일이기는 하지만 그 때문에 여왕으로서 가장 중요한 일인 사람들과의 접촉이 끊어지는 일이라고 주장했다. 여왕이 외국을 방문할 때에는 그 전에 반드시 여왕은 오토바이가 양측에서 호위하는 것을 좋아하지 않는다는 통지가 방문국에 전달된다.

오토바이는 장벽이 되어 여왕이 대중과 접촉하는 것을 방해하는 것이라고 생각하는 것이다. 여왕의 약점은 자기에 대해 충분한 주의를 기울이지 않는 일이었다.

엘리자베스 2세는 1961년에 처칠과 반대를 무릅쓰고 가나에 가기로 결심했다. 그때의 정세로는 확실히 대통령 엔크루마에 향해진 총알이 엘리자베스 2세에게로 겨누어질 위험성조차 있었다. 정치적인 배려에서 여왕이 위험 지대로 가도 좋은 것일까? 이러한 의문을 비롯해서 모든 의견에 여왕은 평소와 같이 신중하게 귀를 기울였다. 그러나 여왕은 헌법상으로 내각에 절대적인 거부권이 없는 이상, 자기의 여행을 아무도 말릴 수는 없을 것이라고 선언했다.

그리고 엘리자베스 2세는 "내가 지금 가나 방문을 중지한다면 엔크루마는 내대신 흐루시초프를 초대할지도 모른다. 그렇게 된다면 바람직한 일은 못될 것이다."라고까지 말했다.

그리고 엘리자베스 2세는 실제로 가나에 갔다. 그 방문은 대성공이었다. 해롤드 멕밀란은 그의 일기에 이렇게 썼다. "여왕은 여행 중의 전기간을 통해서 완전히 담대해지고 있었다. 여왕은 여성으로 취급당하는 것을 달가워하지 않았으며 더욱이 영화 배우나 마스코트같이 취급 당하는 일에는 질색이었다. 여왕은 바로 남성의 심장과 배짱을 지니고 있었다……."

맥밀란은 엘리자베스 2세가 어떤 깨질까봐 조심해서 취급당하는 것을 싫어하는 성격을 분석해서 다음과 같이 써놓고 있다. "만일 여왕이 극도로 제약을 받아 정부와 국민이 일체가 되어 여왕의 행동을 규제하려고 한다면 여왕은 퇴위할지도 모른다는 생각이 든다. 어쨌든 엘리자베스 2세는 여왕으로서의 의무와 실천을 존중하며 인형 취급을 받는 것을 못마땅하게 여기고 있는 것이다."

제19장 일하는 여왕

편지는 손수 쓰기로

1953년부터 54년 겨울에 걸쳐 엘리자베스 2세의 처음이자 최장가간의 세계 여행이 성공을 거둔 것은 대관식의 기분이 아직도 남아 있었다는 것이 크게 도움되었다고 해도 좋다. 그러나 여왕이 그 여행에서 훌륭한 상징으로서의 성공을 거둔 근원은 예상보다 훨씬 길게 끌었던 제2차 대전의 끝마무리까지로 거슬러 올라가서 생각할 수가 있다.

엘리자베스 2세의 세계 여행은 말하자면 아버지 조지 6세가 병 때문에 남아프리카까지로 그치고 만 국제적인 전승(戰勝) 퍼레이드의 연장이었다. 그것은 제2차 대전의 마지막 판에서 가장 암담한 나날을 보냈던 영국에 따뜻한 원조의 손길을 내밀어서 결정적인 유대의 자세를 보여주었던 대영제국의 모든 사람들에 대한, 영국의 진심으로부터의 감사의 마음을 전달하는 여행이기도 했다.

엘리자베스 2세의 대여행은 영국 연방을 구성하는 여러 나라에서 6개월 동안이나 신문들이 대서 특필한 것을 비롯해서 영화의 뉴스마다 반드시 상영되었고 사진 잡지의 지면들을 큼직하게 차지했다. 여왕의 세계 여행이 그처럼 환영을 받고 성공을 거두었던 것은 과거의 위대한 업적을 축복하는 마음이 가슴속에 도사리고 있었기 때문이다.

세계 각지로 인기가 번지는 엘리자베스 2세의 일족들은 밝은 미래에의 희망을 지니고는 있었으나 여러 가지 점으로 실제로는 이미 사라진 과거의 영광까지를 칭송받고 있었던 것이다.

막상, 엘리자베스 2세가 해리 여행을 떠나고 있을 때 처칠은 여왕에게 한 번쯤 편지를 쓰지 않으면 안 되겠다고 생각했다. 수상된 지 얼마 안 되었을 무렵 처칠이 엘리자베스 2세에게 개인적으로 편지를 쓰는 일이 일과처럼 되어 있었다. 그러나 지금은 처칠이 편지를 거의 쓰지 않았다. 심장 발작증은 아직도 그 후유증이 사라지지 않았다. 지금은 어떠한 경우에도 연설뿐만 아니라 편지나 책도 비서에게 읽히는 것이 습관으로 되어 있었다.

잭 콜빌이 처칠을 대신해서 긴 보고서를 작성하고 그것에 처칠이 서명해서 매주 여왕에게로 보냈다. 처칠은 콜빌이 고생해서 작성한 보고서를 알뜰히 보고 그것을 고치거나 했던 것이다.

그러나 엘리자베스 2세는 처칠의 편지에 손수 답장을 썼다. 과거도 그랬고 현재도 그렇지만 엘리자베스 2세는 남에게 편지를 쓰게 하는 일을 싫어했다. 여왕은 비서에게 자기의 생각을 말할 때는 있다. 비서는 그것을 글로 써서 비서 자신이 서명을 한 다음 편지로 낸다.

비서는 특별히 중요한 것은 여왕에게 연락해서 체크를 할 때가 있으나 그것은 극히 드문 일이다. 엘리자베스 2세의 개인적인 편지는 반드시 여왕이 손수 쓴다. 이것은 샌드링검 궁전에서 집무할 때 손수 써서 일을 처리하던 아버지 조지 6세의 전통을 이어받은 것이다. 처칠은 여왕으로부터 매우 개성에 넘치는 편지를 받고 깜짝 놀랐다.

여왕으로부터 편지를 받고 처칠은 남에게 대필(代筆)시킨 자기의 편지가 예의에 벗어난 것으로 생각되어 엄청난 실례를 저지른 것으로 느꼈다. 처칠은 그것을 몹시 고민해서 그 고충을 스탭들에게 말했다. 그때의 처칠은 마음이 몹시 어지러웠다. 이렇게까지 수상이 고민하고 있다는 것을 알고 여왕은 놀랐다. 이것을 처칠에게 알리기 위해 콜빌은 즉시 왕실 직원에게 부탁해서 일부러 편지를 쓰게까지 할 정도였다.

왕실 요트 '브리타니아'호가 영국에 접근했을 때 처칠은 왕실 요트에 올라가 엘리자베스 2세 곁에 서서 템스 강의 런던 정박소(停泊所)에 닿을 때까지 사람들에게 인사를 하는 것이 좋을 것이라고 생각했다. 그래서 처칠은 콜빌과 수행원들을 데리고 사우스햄프튼까지 내려가 와이드 섬의 니들 앞바다에서 '브리타니아'호에 승선했다.

엘리자베스 2세는 처칠의 마중을 환영하고 배 위에서 처칠을 위한 세계 여행의 특집 영화를 상영케 했다. 그런데 식사의 자리에서나 선실층에서도 푸짐한 음식과 술로 그날 밤 처칠의 수행원들은 완전히 고주망태가 되었다. 그 추태로 처칠은 몸둘 바를 몰랐다. 처칠의 수행원들은 왕실 요트에서 쓰러져 움직이지도 못했다. 이런 실수는 수년 이래 처음 있는 일이었으나 곯아떨어진 자들을 침대에 누일 수밖에 다른 도리가 없었다.

'브리타니아' 호의 선상에서 저녁 식사가 끝난 뒤에 처칠과 콜빌은 서투른 솜씨로 그 수행원들의 옷을 벗기고 가까스로 선반 침대에다 처넣었던 것이다. 처칠은 여러가지 충고의 말을 중얼대면서 수행원들을 재웠다.

수상 자리는 이든에게

벌써 이 무렵쯤에는 엘리자베스 2세는 여왕에 즉위한 직후와는 달라서 힐끔힐끔 처칠의 눈치를 볼 필요는 없었다. 여왕은 처칠이 보이는 종교적이라고도 할 수 있는 여왕 숭배에 아직도 당황할 때가 있기는 했으나 버킹엄 궁전에 들어올 때에 처칠이 꼭 입고 들어오는 프록코트를 보고 재미있어 할 만큼 여유가 생기기도 했다.

그리고 처칠이 노령과 아픈 몸에도 불구하고 군주의 처소에 수상이 반드시 나가야 하는 전통을 지켜 스코틀랜드의 발모럴 성까지 일부러 찾아오는 충성심에 엘리자베스 2세는 크게 깨우치곤 했다. 처칠은 성대한 파아티가 진행되고 있을 때에도 팔걸이 의자에 앉아서 태연했고 어린이들이 망아지가 노는 것을 보기 위해 밖으로 나가거나 들판에서 돌아오는 에든버러 공이나 젊은이들을 마중하기도 했다.

그러나 처칠의 은퇴 문제는 심각해졌다. 만약 수상이 집무할 능력이 없어져서 국정 처리가 위태롭게 되는 경우에는 수상에서 물러나도록 하는 것이 헌법으로 규정된 여왕의 의무였던 것이다. 문제는 처칠의 병만이 아니었다. 이든의 표정에는 '항상 수상 자리를 차지 못하는 샌님' 같은 긴장된 빛이 나타나고 있었다.

이든의 복부 수술은 대단한 것이었다. 그리고 외상으로서의 이든이 보인 진지한 외교 정책의 솜씨는 확실히 냉전시대의 유능한 서방측 정치가이기는 했으나 그의 친구들은 이든의 신경이 처칠에 의해 시들어가는 것으로 생각하고 있었다. 그러나 누구도 처칠을 몰아낼 수는 없었다. 처칠 자신이

234

수상 사임에 대한 상의를 거부했기 때문이 아니다. 처칠은 언제나 의사와 친구나 각료들과 수상 사임에 대한 얘기를 했다.

그는 1년 후에 수상을 사임할 뜻을 비치고 있었던 것이다. 그러나 그 후에 생긴 조지 6세의 사망으로 처칠은 엘리자베스 2세의 대관식까지만 수상직에 머무를 결심을 했다. 그리고 대관식 후에 엘리자베스 2세의 세계 여행으로 인해서 수상 사임의 시기를 놓치고 자기 살아 있는 동안에 어떻게든 소련과 화해하고 싶은 생각에서 수상 자리를 지켜오는 동안 1954년도 저물어가고 있었다.

처칠이 수상으로 있을 때 마지막 몇 달 동안을 마음에 간직하고 있던 일은 후계자에게 '찌꺼기 정부'(처칠의 표현)를 그대로 물려주어서 부담이 되게 해서는 안 된다는 것이었다. 천성적인 역사 감각을 발휘해서 처칠은 저 발포어와 캠블 바나만의 정권 교체를 침울한 기분으로 털어놓기도 했다.

그것은 정권이란 너무 짧으면 확고한 일을 할 수 없게 되고 너무 길면 새 수상의 신선미가 발휘되지 않아 어느 쪽이든 바람직하지가 않은 것이었다. 그렇기 때문에 처칠은 이든에 대해서 우선 수상이 되고 내각을 개조해서 즉시 총선거를 실시하라고 권했던 것이다.

"나는 모든 일을 정리한 뒤에 수상을 사임하고 싶었다."고 처칠은 버틀러나 동료들에게 말하기도 했다. 처칠은 이든에 대해 권력 이양이 속히 되도록 하기 위해 수상이 되기 전에 우선 총선거일부터 결정하라고 권했다. 총선거의 시기는 1956년의 가을까지라면 언제라도 좋았다.

그러나 이든은 처칠의 제의를 거부했다. 이든은 우선 수상이 되어 확실한 것을 파악하기 전에는 총선거 일정을 정할 수는 없다고 했다. 처칠은 이와 같은 이든의 말을 받아들이지 않으면 안 되었다. 처칠 자신은 80을 넘은 이 마당에 앞으로 5년간 다시 자기를 신임하고 지지해달라고 총선거에 나설 자신은 없었다. 그래서 처칠은 수상 자리를 떠나는 것이 제일 좋은 상책이라고 생각했다.

처칠은 엘리자베스 2세를 수상 관저로 초대해서 정중한 예의를 표하는 것이 마지막 의무라고 생각했다. 그리고 엘리자베스 2세의 일정을 살펴 적절한 시기에 작별의 만찬회를 열기로 작정했다. 그 날짜는 4월 5일로 정했다.

　1955년 4월 6일이 처칠의 수상 사임의 날로 정해졌다. 그렇게 결정한 후 처칠은 엘리자베스 2세에게 이든을 후계 수상으로서 부르기 전에 잠시 그에게 시간을 주라고 권고했다. 수상을 임명하는 것은 여왕의 대권(大權)이었다. 만일 엘리자베스 2세로부터 후임 수상의 임명이 늦어진다면 여왕의 대권의 의의를 강조하는 것이 된다. 지금과 같이 보수당이 조용히 다수 의석을 차지하고 있는 때 여왕의 대권은 단순히 이론적인 것에 불과할지 모른다.

　그러나 혼란을 초래하기 쉬운 수상 사임이라든가 정국이 혼란하게 되는 경우에는 여왕의 수상 임명권은 결정적인 역할을 하게 될지도 모르는 것이다. 후임 수상 선임이 보수당 내에서 정돈 상태에 빠진다든가 논란을 불러일으킬 때에 그것을 타개하는 것은 엘리자베스 2세 말고는 헌법상 권한을 가진 사람은 아무도 없기 때문이다. 그것이 처칠의 권고가 가지는 의미였다.

　이든은 수상이 되었다. 내각을 개조한 이든은 수상 취임 후 2, 3주일 동안이라는 스피드로 총선거를 실시해서 압도적인 승리로 의석을 늘려 1955년 5월 26일, 수상의 자리를 지켰다.

　여왕의 아침 일

　이제 엘리자베스 2세는 여왕에 즉위한 지 3년이 지나고 있었다. 나날의 집무 생활로, 이미 일과로서 정해져 있었다. 그 이후는 즉, 같은 형태로 오늘날까지 계속되고 있다.

　여왕은 오전 8시가 넘어 자리에서 일어난다. 홍차 주전자가 하녀에 의해 침실까지 날라지면 입구에 시녀인 보보에게 전해지며 다시 보보는 여왕에게 홍차를 바친다.

　남자 시종들은 일체 여왕의 침실에 들어갈 수가 없다. 그 뒤에 여왕은 친구들로부터 온 편지를 읽는다. 편지 봉투에는 다른 편지와 구별할 수 있게 버킹엄 궁전에서 표시를 한다. 여왕의 침대맡에는 아침마다 모든 신문들이 놓여진다. 그리고 여왕은 〈데일리 텔레그래프〉 지의 마지막 페이지에 나오는 두 종류의 크로스워즈 퍼즐(낱말 써넣기 현상문제) 가운데서 어려운 것을 풀어보기도 한다. 또한 마가렛 공주는 잡지 〈칸트리 라이프〉의 퍼즐이 재미있어서 실제로 입상한 일도 있어 상금을 타기도 한다.

옷맵시를 가다듬고 아침 식사가 끝나면 엘리자베스 2세는 BBC 방송의 뉴스를 듣는다. 세계에서 일어난 여러 가지 사건에 대해서 생각나는 대로 자기 의견을 내세우기를 좋아하는 에든버러 공의 해설을 차례로 듣기도 한다. 그 뒤에 식당 창 너머로 15분간 스코틀랜드의 백파이프의 명수인 맥도널드 소령이 걸어가면서 연주하는 모습을 본다. 맥도널드는 여왕이 왕실의 궁전이나 저택에 있을 때에는 매일 아침 이 백파이프로 세라나데를 연주한다. 여왕의 부군 에든버러 공은 빅토리아 여왕 시대로 거슬러 올라가는 이 백파이프 연주의 전통에 대해서 꽤 독자적인 의견도 가지고 있었으나 그것을 가슴에 담아둔 채 밝히지 않고 있었다.

백파이프의 연주가 끝나면 아이드이 유모와 함께 아침 식사를 마치고 방으로 달려든다. 그 모양을 엘리자베스 공주와 마가렛 공주가 저 피카딜리 145번지의 집에서 살고 있었을 때와 똑같은 모습이었다. 아이들은 약 30분 동안 엄마와 아버지와 함께 논다.

엘리자베스 2세의 집무는 오전 10시에 시작된다. 마이클 에이딘이나 마틴 체틸스가 편지를 가지고 들어온다. 방 안으로 들어올 때 그들은 가벼운 절을 한다. 정치 문제나 행정상의 문제가 얽힌 편지는 각각 해당 관서(官署)로 들려진다. 아이들로부터 받은 편지는 언제나 그들의 정성이 담긴 것이지만 이것은 시녀들에게 전해져서 답장이 보내진다. 극히 일반적인 요청에는 극히 일반적인 답장이 띄워진다. 즉 여왕과 홍차를 마셨으면 하는 따위의 편지는 '문제 밖'으로 젖혀놓고 여왕의 주방을 보고 싶다는 편지에는 "1주일에 두 번, 수요일과 목요일에 공개합니다."라는 식으로 답장을 낸다.

편지는 그 밖에도, 여왕의 임석(臨席)을 요청하는 것이 1년 동안에 수천 통에 달한다. 즉 엘리자베스 2세는 영국 각지의 학교, 병원, 교회, 군부대, 공장, 농산물 전시회, 스포츠 경기, 리셉션, 만찬회, 극장, 음악회, 전람회, 고아원 등에서 방문해달라는 요청을 받는다. 이 리스트는 옛날이나 지금이나 한이 없고 1년에 2,3백 건을 들어주는 것이 고작이다.

매일 아침에 화이트홀(런던의 중앙 관청가)로부터 버킹엄 궁전에 이르는 더 몰 거리를 말발굽 소리도 요란하게 여왕의 문장(紋章)이 선명하게 그려진 작은 마차가 버킹엄 궁전으로 달려온다. 그 마차에는 가죽 뚜껑이 달린 검정, 파랑, 빨강의 테를 두른 '상자'가 산더미처럼 실렸고 사자(使者)가 한 사람

타고 있다.

이 상자들은 정부 각 부처로부터 오는 것이며 외무성에서 오는 상자 속에는 전보가 들어 있는데 그날 아침에 여왕이 신문에서 읽은 것들에 대해서 극비에 속하는 비밀 사항을 가르쳐주는 것들이다. 내무성에서 오는 상자 속에는 여왕의 일과처럼 되어 있는 서명이 필요한 명령이나 인사(人事)에 관한 서류들이다.

그러나 때로는 재미있는 서류, 예를 들면 여왕에게 사면을 권고하는 문서 ── 사면이란, 사형 제도가 존속하고 있던 당시로서는 대단히 극적인 조치였다 ── 도 있었다.

엘리자베스 2세의 일과 중에 있는 의식(儀式)으로는 지방 장관의 후보자 명단에 바늘로 표시를 하는 의식도 있었다.

서훈(敍勳) 의식은 1분간 2명 꼴

적어도 한 달에 한 번 엘리자베스 2세는 버킹엄 궁전의 '무도회 홀'에서 훈장을 수여하는 의식을 갖는다. 이 의식에서 여왕은 나이트라든가, 데임 따위의 준작위(准爵位)를 비롯해서 DBE, CBE, OBE, MBE, GCVO, KCVO, CVO, MVO 등 이 밖에도 갖가지의 창호와 훈장, 그리고 또 특이하고 복잡한 영국 서훈 제도에 따르는 문서를 수교하는 것이다. 이 서훈식(敍勳式)은 오전 11시면 꼭 시작된다.

색소폰, 바이올린, 피아노 등으로 구성되는 많은 단원들이 국가를 연주한다. 그러면 엘리자베스 2세는 서너 명의 휘황찬란한 복장의 호위병에 안내되어 버킹엄 궁전의 자기 집무실에서 점잖은 걸음으로 무도회 홀로 행차한다. 황제의 왕좌(1947년에 인도의 델리에서 가지고 온 것)의 뒤에 핸드백을 넣고 나서 여왕을 미소를 지으며 훈장에 핀을 꽂아주기도 하고 견장(肩章)을 매어주거나 달아주기도 하면서 서훈을 한다. 그리고 또 준작위를 수여할 때에는 자기의 앞에서 공손히 무릎을 꿇는 명사(名士)들의 어깨에 저 익숙한 솜씨로 위엄에 빛나는 검을 내려주는 것이다. 서훈을 받는 자들의 태반은 나이든 연배이고 그 대부분은 제복을 입은 공무원들이지만 때로는 지방에서 일하는 간호사라든가, 사회 봉사 사업에 종사하는 사람들도 있다. 그런 사람들이 여왕 앞에 나서는 숫자는 대개 1분간에 두 사람 꼴이라는 비율이다.

오케스트라는 그 동안에도 계속 백뮤직을 연주한다. 그 곡은 영국 군악대가 잘하는 대중적인 곡(군가는 아니다.)으로 '백만장자가 되고 싶은 사람은?', '만약 부자가 된다면' 이라든가, '사운드 어브 뮤직'에서의 발췌곡 따위였다.

움직이지도 않고 꼼짝 않고 선 채로, 쉴 새 없이 미소를 던지며 한 시간이 지나면 엘리자베스 2세는 핸드백을 황제의 왕좌 뒤에서 꺼내든다. 이것이 의식을 마친다는 신호이다.

그리고 방금 서훈을 받은 명사들은 곧 아래층으로 내려가 그 훈장을 달고 사진을 찍기 위해 정렬한다.

엘리자베스 2세의 조상은 완전히 유머가 없이 서훈을 했지만 엘리자베스 2세는 그렇지가 않았다. 그녀는 개인적으로 선물을 보낼 때에도 차별을 예사로 두었으며 성질상으로 보아 이권(利權)이나 뇌물이라고 할 수 있는 것에도 관대했다.

그리고 때로는 정부가 제출한 서훈자 명단에 더 추가하는 일도 있었다. 어느 사적인 자리에서 시종이 훈장의 종류를 뒤섞어놓고 말아, 계관 시인(桂冠詩人) 세실 디 루이스가 검은 비로드 상자에 들어 있던 은구슬과 보석으로 장식된 십자장(十字章)을 받아가지고 자랑스럽게 퇴장한 일도 있다.

이것은 사실 루이스에 줄 것이 아니고 리슬리 대들리 경에게 주려고 했던 것이다. 리슬리 대들리 경은 공손히 여왕 앞에 나갔으나 아무것도 탈 것이 없게 되고 말았다. 그때에 여왕은 정말 우스워서 재미있어 하는 모습이었다. 조지 5세나 조지 6세 같았으면 도저히 그런 웃는 꼴로 끝나지는 않았을 것이다.

하지만 엘리자베스 2세도 군인에게 훈장을 수여할 때에는 엄숙했다. 1960년대의 후반에 북아일랜드 분쟁이 시작되었을 때 엘리자베스 2세는 정치적인 반대를 무릅쓰고 북아일랜드 근무 군인들을 위한 훈장을 창설하는 일에 적극적으로 나섰다. 그리고 훈장을 수여할 때에는 항상 그랬지만 여왕은 훈장을 받을 사람의 이름을 자기가 직접 불렀다.

엘리자베스 2세의 앞에 나가는 수상자들은 모두 여왕이 그 서훈자(敍勳者)의 이름을 부르는 동시에 매우 세밀하게 조사 보고한 내용에까지 의견을 말한다는 일종의 특별한 용기에 놀라기도 했던 것이다.

직접 사람들과 접촉하는 여왕

1956년 5월 엘리자베스 2세는 버킹엄 궁전에 제야의 인사들을 불러서 대화를 가진다는 새로운 방식을 시작했다. 비공식적으로 오찬을 같이 들면서 대화를 나누자는 모임으로 초대된 인물은 5, 6명이었다. 엘리자베스 2세가 이 모임을 시작했을 때에 우선 초대받은 사람은 〈더 타임즈〉지의 편집장, 런던 교구의 주교, 웸블리 스태리엄의 사장, 이튼 스쿨의 교장, 석탄 공단(公團)의 이사장 등이었다. 이 대화의•모임의 목적은 엘리자베스 2세가 국내 각계의 인사들과의 교분을 두텁게 하자는 것이었다.

일부에서는 초대된 인물들이 말하자면 영국이라는 나무의 맨 꼭대기 부분이라는 비판을 했다. 이러한 사람들은 나무 꼭대기에 앉은 사람들이긴 했지만 제각기 다른 나뭇가지에 앉은 사람들이었다. 그들은 모두 친해지기 쉽고 놀랄 만큼의 소식통들이어서 여왕을 즐겁게 했다. 초대된 사람들은 여왕을 보고 식사를 하는 폼이 왜 장난감을 만지작거리듯 하느냐는 식으로 얘기도 하고, 여왕은 왜 '보통 사람과 같이' 부군인 에든버러 공과 웃고 얘기하고 때로는 싸움까지 하느냐(이것은 사라들이 깜짝 놀랄 만한 질문이었다.) 따위로 묻고 또 여왕이 가지고 다니는 핸드백에 대해 그것을 가지고 다니는 이유를 묻기도 했다.

확실히 그 식탁 밑에는 핸드백 걸이가 달려 있었고 여왕이 핸드백을 들면 회합은 끝났다는 신호가 되는 것이었다.

엘리자베스 2세는 그 후의 여러 가지 행사에는 왕왕 의상을 갈아입을 필요가 있었다. 재빨리 옷을 갈아입는 능력은 놀랄 만큼 오랜 시간 동안 화장실에 가지 않고도 견딜 수 있는 것과 언제까지라도 꼼짝않고 선 채로 있을 수 있는 능력과 함께 어릴 때부터 훈련이 되어 몸에 밴 것이었다.

한편 버킹엄 궁전의 정원측 입구에 두 대의 롤스로이스 차가 대기하고 있었다. 시종 부관 1명, 시녀 1명, 그리고 대개의 경우에는 시종이 1명이 더 끼어 서로 한데 모여서 웃으며 얘기하고 있었다. 이들은 제각기 여왕의 시간표를 가지고 있었다. 타이프로 친 것을 복사한 것인데 주머니에 넣기 알맞게 되어 있었다.

엘리자베스 2세의 행동 예정이 적혀 있고 그날 오후에 여왕을 알현할 사람들의 명단과 직함이 상세하게 기록되어 있었다. 여왕과 부군 에든버러 공이 나타나면 시종들은 입을 다물고 가볍게 절을 하고 나서, 한 대의 롤스로이스를 타고 한 대의 롤스로이스에 탄 여왕내외의 뒤를 쫓아 버킹엄 궁전을 나가는 것이었다. 이 두 대의 롤스로이스 차가 지나가는 길은 런던시 경찰국이 교통을 통제하고 있으며 중요한 네거리와 건널목에는 경찰관이 배치되어 있었다.

경찰관들은 서로 워키토키로 연락을 취하면서 여왕의 차가 가까워질 때까지도 차의 자연스러운 흐름을 방해하지 않도록 배려했다. 그것은 치안상의 이유이기도 했으나 그보다도 중요한 이유는 만일 영국인들이 여왕의 행차로 교통이 마비되어 발이 묶이는 일이 자주 있다면 다른 어떠한 이유보다도 국민들은 왕제(王制)에 대한 반감을 사게 된다는 에든버러 공의 지적이 있었기 때문이었다.

오후의 외출은 병원을 방문해서 병동을 하나하나 돌아본다든가 신체 장애자의 작업장을 돌아본다든가 공장의 각 부서를 시찰한다거나 근무 중인 군부대를 시찰하는 일 등이었다.

그러나 엘리자베스 2세는 언제든지 사람들과 직접 만나고 많은 군중들에게 일제히 여왕 자신을 선뵈는 것보다도 작업 집단 속에 끼어들어가 사람들과 직접 만나는 일에 역점을 두었다.

총총 걸음으로 서둘러 다니는 일은 없었지만 그래도 한 시간 반쯤이나 돌아다니고 나면 여왕의 미소를 받은 사람들의 수는 벌써 굉장한 것이 되었다.

방에 들어가는 시간은 미리 정해져 있었는데 여왕에게 인사를 할 인물은 미리 연락이 되어 있었다. 청소원이나 비서 등에게도 사장들과 같은 정도의 시간이 배정되어 있었다. 그리고 여왕은 언제나 미소를 띠고 악수하며 질문에 대한 대답에 열심히 귀를 기울이면서 미리 예정된 사람들의 사이를 빠짐없이 돌아다녔다. 여왕의 바로 뒤에는 에든버러 공이 따라 다니고 있었다.

에든버러 공의 타고난 재치있는 말솜씨로 얘기를 하면 웃음소리가 크게 터져나오곤 했다. 그리고 엘리자베스 2세의 '자동 조종 장치'가 깨지면 —— 사실 가끔 생겼지만 —— 에든버러 공은 즉시 여왕을 대신해서 웃고 떠들면서 대화를 빈틈없이 이어나가는 것이었다. 덕분에 여왕은 잠시 동안 허둥대다가도 바로 정신을 가다듬어 다음 장소로 갈 수가 있었다.

보통 경우에 여왕은 오후 5시까지는 궁전에 돌아온다. 엘리자베스 2세가 신을 벗고 방으로 들어서면 시종이 접시 세 개와 몇 개의 찬합을 쟁반에 받쳐들고 들어온다. 그 안에는 맛을 낸 고기와 그레이비와 개 먹이의 비스킷이 각각 들어있었다.

흰 플라스틱 시트를 융단 위에 펴고 그 위에 찬합을 내려놓으면 여왕은 은제의 포크와 스푼으로 제각기 개들의 입맛에 맞게 조리를 해서 먹이는 것이었다.

연회보다도 텔레비전

엘리자베스 2세는 하루 동안의 절반을 가족을 위해 보내는 일도 있었다. 그때에는 야단법석을 떨기도 하고 트럼프도 치고, 목욕실에서 물장난도 했다.

화요일의 저녁에는 수상을 만났다. 또 의회의 회기 중에는 매일 그날의 심의 사항의 보고 문서를 저녁 식사 전까지 반드시 받았다. 이 보고를 정리하는 것은 수상의 의무로 되어 있었다. 그러나 랜돌프 처칠이 어처구니가 없어서 한 말에 의하면 "자기를 대신해서 남이 일한다는 것은 있을 수가 없는 일이다."고 말한 스탠리 볼드윈은 자기의 일을 자기가 할 수 없게 되자 그 책임을 다른 사람에게 전가시켰다.

그 결과 지금은 왕실에서 궁내성 차관의 귀찮은 일이 되고 말았다. 궁내성 차관에게는 왕실 내부에 대한 의무는 전혀 없었고 완전한 정치적인 인사(人事)의 대상으로서 이른바 '정치적인 왕실내청(王室內廳)'을 구성하는 포스트의 하나이었던 것이다.

매일 저녁에 정부의 젊은 층의 몇몇이 하원 도서관에 와서 그날에 생긴 행사나 논전의 내용을 간추려가지고 하원 내의 우체국으로 가서 버킹엄 궁전이나 엘리자베스 2세가 있는 곳으로 전화로 알렸다. 만일 여왕이 윈저 성이나 샌드링검 궁전 또는 발모럴 성에 있을 때에는 그 내용은 그 담당 시종에게 전해진다.

처음에 즉위했을 때에 여왕은 원칙적으로 만찬회에의 초대는 받지 않기로 했다. 연회 때의 식사와 담배연기나 연설 따위는 여왕이 가장 싫어하는 것들이었다. 엘리자베스 2세는 그러한 연회에 부군 에든버러 공을 대신 보냈다. 그러나 음악회라든가 프레미어 쇼 등 피할 수 없는 행사도 많아 여왕은 그 귀빈석 자리를 채우지 않으면 안 되었다. 편안하고 조용하게 밤을 즐기고 싶은 것이 여왕의 가장 큰 소원이었는데도 그런 밤을 가져보기는 드물었다.

주말이 되면 여왕은 특별히 영화회를 열어서 친구들을 부르기도 했다. 뒷날에 엘리자베스 2세는 자기 자신을 위해서 4회나 비틀스 영화 '옐로 서브마린'을 상영시킬 정도였다. 여왕은 또 텔레비전을 보는 일도 많았다. 데들리 무어의 모습이나 '대드스 아이미', '고자크' 따위를 좋아했다. 갈고 닦고 해서 정말로 고상한 거동으로 여왕을 맞는 사람들과 악수를 하며 하루를 지낸 뒤의 여왕에게는 텔레비전 쪽이 실제로 자기가 만난 사람들보다 훨씬 현실적으로 친근감을 갖게 했으며 여왕 자신의 기호에도 맞았다.

또 여왕은 잡지도 읽는다. 그녀가 자기 자신에 관한 기사를 읽고 싶어하는 기분은 여왕 전속의 보도관이 말하는 이상으로 강한 것이었다. 그런데 1950 년대에는 단 한 번 예외가 있었다. 그것은 지난날에 여왕의 개인 교사였던 마리온 클로포드가 쓴 기사에서 이것만은 결코 읽지 않았다. 클로피(크로 포드의 애칭)는 왕실 근무를 사임하자 곧 《어린 공주들》이라는 제목의 책을 썼다. 엘리자베스와 마가렛 두 공주의 어린 시절 18년 동안의 일상 생활을 소상하게 폭로한 책으로 왕실을 발칵 뒤집어놓았던 것이다.

클로피는 이 밖에도 여왕을 테마로 한 여러가지 책을 썼으나 이 《어린 공주들》이 처음이자 최고의 저서였다. 그리고 클로피의 행위로 인해 파생한 결과는 왕실 근무자의 채용 조건인 비밀을 지켜야 한다는 점이 더욱 엄 격했다. 클로피는 그저 책을 몇 권 쓴 것이 아니었다. 그녀는 여성 주간지 〈우먼즈 아운〉에 자기의 칼럼으로 엘리자베스 2세가 하려고 하는 일에 흠을 잡거나 내용을 왜곡해서 전하거나 했다.

그런데 그 클로피의 칼럼이 클로피 자신의 파멸을 초래했다. 그 잡지 〈우먼즈 아운〉은 클로피가 기사를 기사 내용이 생기기도 전에 인쇄했던 것이다. 클로피가 쓰는 글을 단순한 배경 설명만으로는 만족하지 않고 자기가 현장에 나가 보도하는 형식으로 썼다. "지난 주일에 근위 기병(斤 衛起兵) 연대본부에서 있었던 '군기 경례 분열식(軍旗敬禮分列式)'의 석상에서의 여왕의 의연한 태도와 위엄은 관중들에게 커다란 감명을 주었다.”고 클로피는 〈우먼스 아운〉의 1955년 6월 16일 호(號)에 썼던 것이다.

그러나 불행하게도 1955년의 군기 경례 분열식은 철도의 파업 때문에 중지되고 말았던 것이다. 로열 에스코트 경마도 연기되었다. 클로피는 “금년의 에스코트 경마는 일찍이 없었던 열기에 뒤덮이고 있다.”고 쓰고 나서 초록빛 잔디, 하얀 풀장 그리고 오류 마차가 힘차게 달리는 모습 등을 마치 사진처럼 생생하게 그리고 있었다.

이것이 클로피 자신도 생각지 못했던 센세이션을 일으키는 결과가 되었다. 이 사건 때문에 클로피는 개인 교사 때보다도 훨씬 더 짧은 작가로서의 직업에 종지부를 찍히고 말았다.

제20장 마가렛 공주

진전되지 않은 결혼 문제

1955년 8월 21일에 마가렛 공주는 만 25세의 생일을 맞았다. 그녀는 아직도 피터 타운젠트와 결혼하기를 원하고 있었다. 법적으로는 마가렛 공주는 이미 자기의 결혼 의사를 추밀원(樞密院)에 통고할 수 있는 나이에 달한 셈으로 통고만 하면 그 후는 자유로이 왕족 결혼법에 따라 자기가 선택한 남성과의 약혼이 공표되게 되는 셈이었다.

그러나 이것은 이론상의 얘기이고 실제로는 1953년의 그때와 아무것도 달라진 것이 없었다. 어쨌든 왕실 직계의 공주가 이혼한 남성과 결혼한다는 것은 생각할 수도 없는 일이었다. 그 때문에 2년이 지난 지금에도 마가렛 공주에게는 그때와 똑같은 얘기가 되풀이될 뿐이었다.

확실히 마가렛 공주는 법률 조문대로 행동할 수는 없었을는지는 모른다. 그러나 그녀가 ‘타운젠트 부인’이 되어 왕위 계승의 권리를 가지고 국가 재원(財源)에서 연간 6천 파운드를 받는 지위를 지키고 싶다는 그것은 역시 법률의 정신을 소홀히 하는 행위밖에는 아니었다.

더구나 마가렛 공주는 결혼하면 왕족으로서 연간 1만 5천 파운드의 돈을 받을 자격을 갖게 된다. 물의가 빚어지는 것은 당연한 일이었다. 각의(閣議)에서는 어떤 희생을 치르더라도 마가렛 공주는 결혼을 저지되어야 한다거나 그러한 결혼이 이루어진다면 각료직을 사임하겠다는 따위의 강경한 의견도 나왔다.

이러한 강경파 중에서도 가장 두드러진 인물은 솔즈베리 후작이었다. 그는 만약 마가렛 공주와 피터 타운젠트의 결혼이 실현된다면 내각에서 어떤 일이 일어날 것인가를 누구보다도 잘 알고 있었다. 솔즈베리 후작은 남편 조지 6세를 잃은 엘리자베스 황태후가 지난 날에 교제하던 인물들과 교분을 두텁게 하기 위해서 시작한 사냥 놀이에 제일 많이 얼굴을 내놓은 한 사람이었기에 그 여론을 알고 있었다.

동시에 솔즈베리 후작은 주의나 주장을 굽히지 않는 정치가로 자부하고 있었다. 1938년에 체임벌린의 유화 정책에 반대하고 이른바 함께 각료를 사임했을 때에 사람들은 솔즈베리 후작이 신념의 정치가라는 것을 국민들은 인정하고 있었다. 1957년에 해롤드 맥밀란의 정책에 반대해서 각료를 사임한 것도 그런 주의에 입각한 행동이었으며 그와 같은 기조(基調)에 서서 그는 정치가로서의 생활에 종지부를 찍은 셈이다.

그것은 그렇고 1955년에 솔즈베리 후작은 마가렛 공주의 결혼을 둘러싸고 자기의 주장을 밝히고 만약 그것이 받아들여지지 않는다면 각료를 사임 하겠다고 말했던 것이다. 그의 주장은 이러했다. 마가렛 공주는 자기의 가장 오랜 친구(조지 6세)의 딸이기는 하지만 가장 경건한 지위에 있는 영국 국교도의 한 사람으로서 그리고 영국 군주제의 장엄한 권위를 믿으며 헌 신적으로 봉사한 사람으로서 지금 여기서 자기가 확실한 태도를 밝히지 않는다면 과거 4백 년간에 솔즈베리 가가 쌓아올린 갖가지의 행위와 자기의 행위 사이에 일종의 타협적인 변절을 하게 된다는 것이었다.

솔즈베리 후작은 여왕 엘리자베스 2세와 엘리자베스 황태후의 의견이 자기와 같다는 것을 알고 있었다. 엘리자베스 황태후는 옛날과 변함없이 마가렛 공주를 귀여워하고 있었으며 피터 타운젠트에 대해서도 우호적이 었다. 그러나 동시에 엘리자베스 황태후는 결혼 문제에 이르면 무엇인가를 골똘히 생각하는 것이었다. 그녀가 생각하는 것은 마가렛 공주의 아버지 조지 6세가 살아 있다면 이 결혼은 절대로 승낙하지 않을 것이라는 일이었다.

아이들에게 엄하게 대하는 것은 엘리자베스 황태후의 성격에 맞지 않는 일이다. 아마 그랬기 **때문에** 친한 솔즈베리 후작의 생각으로는 누군가가 왕실에서 자녀들에게 엄격하게 해야 한다고 생각한 것이다.

그러나 엘리자베스 황태후의 본심으로는 결혼을 반대하고 있었으므로 마가렛 공주에게 결혼 승낙의 눈치를 보일 수는 없었다. 엘리자베스 황태후의 한 가지 소원은 더 깊이 생각하게 하고 더 설득을 계속하면 마가렛 공주는 언젠가는 자신을 희생시키는 일이 필요하다는 것을 반드시 깨닫게 될 것이라고 생각했다.

몰려드는 기자들

마가렛 공주에게 선택의 자유를 주는 것은 엘리자베스 2세도 진심으로 바라던 일이었다. 솔즈베리 후작이 취한 태도는 즉 엘리자베스 2세의 본심을 세상에 확실하게 알려야 한다는 것이었다. 공적인 입장에서 본다면 그 결혼은 분명히 바람직한 것이 못 되는 일이다. 마가렛 공주의 마음은 편안하지가 않았다.

그러나 엘리자베스 2세는 진심으로 동생 마가렛의 행복을 빌고 있었다. 그러면서도 엘리자베스 2세는 동생의 결혼을 말려야 한다는 자기 입장의 중대함을 절실히 느끼고 있었다.

이때에 만일 엘리자베스 2세의 아버지 조지 6세나 할아버지 조지 5세가 살아 있었다면 그 대답은 말할 것도 없이 단순하고 명쾌했을 것이다. 즉 마가렛 공주와 피터 타운젠트가 만나는 것을 금지하는 동시에 그들의 결혼이라는 것을 생각지도 못하게 했을 것이다. 사실 여왕도 이렇게 했어야 한다고 생각하는 사람들도 있었다.

만일 엘리자베스 2세가 그러한 태도를 취했다면 타운젠트 사건이 여왕 시대 동안 세상 사람들의 입에 오르내리지도 않았을 것이다. 또 여왕의 힘이 그 일에 미치지 못한다 하더라도 그것을 누르는 강함 힘이 여왕에게는 있었다는 인상을 세상 사람들에게 인식시키는 것은 확실했을 것이다.

그러나 엘리자베스 2세는 동생 마가렛를 억누르는 일은 절대로 하지 않겠다고 결심하고 있었다. 마가렛 공주는 타운젠트와 공공연히 만나고 그와 있고 싶은 대로 시간을 함께 보내고 있었다. 마가렛 공주와 피터 타운젠트가

246

그들의 행동을 자신들이 결심하기에는 이러한 방법밖에 있을 수 없었고 그리고 이것은 유일하고 공정한 인간적인 방법이었다.

엘리자베스 2세는 저 에드워드 8세가 국왕을 물러났던 1936년에 사람의 마음을 힘으로 눌렀을 때 어떤 결과를 초래하는가를 본 일이 있었다. 그 결과는 뒤집혀져서 국왕은 국외로 추방당하기까지에 이르렀던 것이다. 그래서 여왕은 두 번 다시 왕족을 분열시키는 소동을 불러일으키고 싶지는 않다고 생각하고 있었던 것이다. 타운젠트는 브뤼셀에서 런던으로 돌아올 수가 있었다.

엘리자베스 2세는 친구들과도 상의를 했다. 여왕에 즉위한 이래 엘리자베스 2세는 경마나 사냥 등으로 밖에서 즐길 수 있는 친구들과의 한 서클을 만들고 있었다. 그 친구들이 사는 런던의 저택이나 지방의 별장은 마가렛 공주와 타운젠트가 만나는 장소로는 안성맞춤이었다.

저 윈저 성에서 제2차 대전 직후의 모임으로 친지가 된 이래 엘리자베스 2세와 우정을 두텁게 해오던 두 집, 즉 루퍼트 네빌 가와 윌스 가는 마가렛 공주와 피터 타운젠트가 다 같이 잘 아는 사이였다. 이 두 집은 타운젠트가 런던에 돌아오자 그것에 때맞추어 만찬회와 주말의 여러 가지 재미있는 스케줄을 준비했던 것이다.

그러나 세계 신문들의 호기심이 엘리자베스 2세의 계략을 엉망으로 깨뜨리고 말았다. 엘리자베스 2세는 수상 관저 입구의 계단에 서서 세계의 정치가들을 노릴 때와 마찬가지로 40 내지 50명의 기자와 카메라맨들이 마구 들이닥쳐 한 민가(民家)의 만찬회에 초대된 두 사람을 포위하는 사태가 일어날 줄은 전혀 예측조차 못 했다.

발모럴 성이나 또는 샌드링검 궁전이라면 두 사람은 살짝 숨어버리거나 설사 카메라에 잡혀도 멀리서밖에 잡을 수가 없었을 것이다. 망원 렌즈로 제일 가까이에서 잡는다 해도 두 사람과의 거리는 엄청날 정도로 넓은 집이기 때문이다. 어쨌든 무엇보다도 지적할 수 있는 일은 이들이 공연히 거리에 나타나서 매일같이 신문의 기삿거리와 사진으로 찍히는 대상이 되어 보도진이 야단법석을 떠는 소동을 일으킬 필요는 없었다고 할 수 있다.

그러나 마가렛 공주의 로맨스는 한 인간의 일로 생각하며 왕실의 일이라는 관점에서 보아서는 안 된다고 생각하는 것이 엘리자베스 2세의 바람이었다.

그런 입장에서 이것은 대관식의 전부터 왕실 일가의 문제로서 무겁게 던져지고 있었고 문제 해결의 방안이 강구되고 있었던 것이다.

피터 타운젠트는 2년 전에 영국을 떠나고부터는 애써 남의 눈에 드러나지 않도록 행동하고 있었다. 그는 벨기에의 영국 대사관 뒤에 있는 조그마한 사무실에서 열심히 일을 했다. 외교관으로서 몸에 밴 사교 활동이 타운젠트의 자질을 더욱더 발전시키는 기회가 되었다. 그러나 타운젠트는 생각한 끝에 일반적인 영국 공군 주재(駐在) 무관으로서 받을 필요가 없다고 생각되는 초대장은 모두 거절하는 신중한 태도를 보였다. 또 신문 기자들의 사생활에 대한 질문에는 일체 대답하기를 거부했다.

타운젠트의 이런 태도가 거꾸로 신문 기자들의 호기심을 불러일으키는 결과가 되어 그가 가는 곳에는 거의 어디든지 기자가 따라붙었다. 그래서 1955년 10월에 타운젠트가 런던을 향해 떠날 때에는 그 집에 굉장한 수량의 쇠사슬이 채워졌던 것이다.

저택에서의 연금(軟禁) 상태

런던에서 피터 타운젠트는 나이트 브리지의 로운스 스퀘어에 있는 플래트(맨션 비슷한 집)에서 살게 되었다. 이 플래트는 휴버트 네빌 경과는 형제간인 애버가베니 후작의 소유였다. 타운젠트가 런던에 도착하던 그날, 즉 10월 13일 목요일에 엘리자베스 2세와 마가렛 공주의 친척이 되는 존 리세트 월스 부인 그 플래트로 타운젠트를 방문하고 점심을 같이 했다.

그리고 월스 부인은 차를 몰아 타운젠트와 쇼핑하러 나갔다. 타운젠트는 우선 베리 스트리트에 있는 조지 6세가 잘 다녔던 양복점으로 가서 신사복을 한 벌 샀다. 그리고 또 콘뒤트 스트리트에 있는 다른 양복점에 가서 반바지 하나를 샀다. 마지막으로 그들은 첼시의 과자점에 들러 팬시 케이크를 한 상자 샀다. 돌아오는 차 속에서 타운젠트는 무릎 위에다 그 과자 상자를 소중하게 올려놓고 있었다.

타운젠트는 그날 밤에 마가렛 공주가 있는 클라렌스 하우스를 두 시간 동안 방문했는데 그 방문 내용은 낮에 있었던 일과 함께 거의 완벽하게 모조리 신문에 보도되었다. 〈더 타임즈〉 지와 BBC 방송 이외의 다른 뉴스는 듣지 않는 일부 고답적인 인사들은 1955년 10월의 로운즈 스퀘어에서 클라렌스 하우스로 가는 길에서 일어난 일들을 까맣게 모르고 있었다. 그러나 영국뿐만 아니라 세계의 신문 독자들의 태반이 다 알고 있는 피터 타운젠트와 마가렛 공주와의 이야기는 대서 특필로 보도된 뉴스였으므로 엘리자베스 2세는 자기의 계획이 실패했다는 사실을 인정하지 않을 수가 없었다.

버킹엄 궁전의 보도관 리처드 콜빌은 황급히 성명을 발표했다. "보도관은 여왕의 윤허를 얻어 현재로는 마가렛 공주의 장래에 관한 일을 발표하지 않기로 했음을 밝혀둔다."

그러나 이 성명은 한층 더 소동에 부채질을 하는 결과가 되었을 뿐이었다. '현재로는' 이것은 대체 무엇을 뜻하는 말인가? 윌스 부부는 마가렛 공주와 피터 타운젠트를 버그셔의 빈필드에 있는 자기네의 저택으로 데리고 가서 편의를 제공해주기로 하고 있었다.

10월 14일 금요일의 저녁까지 마가렛 공주와 타운젠트를 몰래 숨겨둔 윌스 부부의 자택은 일종의 봉쇄 상태에 놓여진 꼴이 되었다. 윌스 가의 약 20헥타르의 영지(領地)는 신문 기자와 카메라맨들에게 완전 포위되었다. 카메라맨들은 망원 렌즈를 들고 담을 타넘어가 울타리를 헐고 윌스 가의 모습을 담으려고 했다.

경찰견(犬)팀이 동원되어 침입자들을 추격했다. 버크셔 경찰국장의 지휘로 6대의 경찰차들을 비롯해서 워키토키를 가진 많은 경찰관과 무선 장비를 갖춘 경찰 오토바이들이 윌스네 집을 둘러싸고 지켰다. 내부의 정보를 입수하려고 어떤 프랑스 잡지는 윌스 가의 집사에게 1천 파운드를 주는 등의 법석을 떨었다.

그러나 실제로 내부의 정보는 한 조각도 새나가지는 않았다. 마가렛 공주와 타운젠트는 2년 동안이나 서로 떨어졌던 연인끼리라면 다 그렇듯이 그들은 재회의 기쁨을 즐기고 있었다. 그들의 장래는 그들로서도 어찌할 수가 없는 것이었다. 마가렛 공주는 이미 타운젠트와 결혼할 의사를 엘리자베스 2세를 통해 정부에 전달했으며 이제는 다만 정부의 반응만을 기다리는 도리밖에 없었다.

이든은 10월 18일에 엘리자베스 2세의 알현을 앞두고 이 일에 대해 어떻게 말할까를 친구들에게 물었다. 이든은 마가렛 공주의 결혼 문제가 각의(閣議)의 기록에 남을 정식의 협의 대상이 되지 않기를 바라고 있었다.

솔즈베리 후작의 과격한 태도에 동조하는 자는 거의 없었으나, 그렇다고 해서 솔즈베리 후작에게 정면으로 맞서서 그를 반대하고 나서는 자는 한 사람도 없었다.

여기에 문제가 있었다. 각료와 많은 하원 의원들은 젊은 마가렛 공주의 사생활을 파괴할 생각은 없었다. 그렇다고 이들 중에서 마가렛 공주를 대신해서 위험을 무릅쓰고 십자군으로 나서서 싸울 만한 사람이 있는 것도 아니었다. 그런 일에 나선다고 해서 이로울 것이 하나도 없었기 때문이다.

만약에 마가렛 공주가 타운젠트와의 결혼을 끝까지 고집한다면 그녀는 자발적으로 왕위 계승과 왕족으로서 정부로부터 받는 연금(年金)의 권리도 모두 포기하지 않으면 안 될 것이다. 그렇게 하겠다고만 한다면 틀림없이 하원에서는 그녀를 왕실의 공적인 생활에서 물러나게 하자는 동의가 나왔을 것이다.

이렇게 되는 경우에 많은 의원들은 마가렛 공주와 타운젠트의 결혼에 찬성할 것이 예상되지만 그러나 그런 행동에 앞장설 의원은 없을 것으로 예상되었다. 그것은 정치가로서의 귀중한 재산을 낭비하는 결과가 되는 일이기 때문이었다. 정부로서도 많은 문제를 안고 있었으므로 이 이상의 문제는 필요치도 않았다. 그것은 말하자면 아무 보람도 없는 헛수고가 되는 일이었기 때문이다.

누그러지지 않는 공적 해석

안토니 이든은 그날 저녁에 과히 달갑지 않는 얘기를 전하기 위해 엘리자베스 2세의 처소로 갔다. 이든이나 그 동료들은 아무도 이런 일을 외부에 누설시킨 적도 없고 겉으로 미치지도 않았다. 그러나 결론은 이미 확실해지고 있었다.

만약 마가렛 공주가 결혼한다면 그녀는 영국을 떠나지 않으면 안 된다. 적어도 수년간은 돌아오지 못하게 될 것이다라는 것이었다. 사태는 절박해져가고 있었다. 1955년 10월 24일에 〈더 타임즈〉 지가 그때까지의 침묵을 깨고 마가렛 공주의 결혼 문제로 하나의 전기(轉機)를 꾀했다고 할 수 있는 사설을 실었던 것이다.

〈더 타임즈〉 지는 피터 타운젠트는 헤어진 아내가 아직 살아 있다는 것한 가지만 빼놓으면, 무엇 하나 결점이 없는 용감한 인물이라고 하고, 그에 대해서는 한 마디의 비난도 하지 않았다. 또 〈더 타임즈〉 지는 피터 타운젠트가 공주에게 쏟는 애정에 대해서 국민들이 크게 갖는 관심도 비판하지는 않았다.

"최근의 일로 정도를 넘어선 국민 감정의 흥분은 그 자체가 정작 건전한 것이다. 국민들의 흥분은 여태까지 왕실에 대해서 면면히 이어내려오고 있는 그리고 지극히 당연한 왕실에 대한 애정이다. 그리고 이것은 영국과 영국 연방을 안정시키고 있는 가장 중요한 힘의 원천이며 왕실에 대한 국민들의 애정의 발로인 것이다."

흥미가 있었던 것은 〈더 타임즈〉 지가 영국 국교회의 우두머리로서의 엘리자베스 2세를 말하기를 "여왕은 영국 국교회가 확립된 영국 남부에만 관심을 돌리고 연합 왕국으로서의 영국 전체를 진심으로 생각하고 있지 않다고 질책(叱責)한 일이었다. 그리고 〈더 타임즈〉 지는 여왕의 국교회의 우두머리로서의 지위가 이제는 영국 연방 대다수의 사람들에게는 거의 무의미하다."고 말했다.

그러나 이것이야말로 문제였던 것이지만 영국 이외의 연방 여러 나라 사람들은 마가렛 공주와 피터 타운젠트가 과연 결혼할 것인가에 대해 마음들을 조이고 있었다. 거기에는 당연한 이유가 있었다. 싫건 좋건간에 마가렛 공주는 여왕의 동생이라는 것은 움직일 수 없는 사실이었다. 그리고 그 여왕이야말로 영국 연방 사람들은 자기네의 미덕을 반영하고 있는 존재라고 믿고 사람들이 여왕에게 요구하고 있는 이상상(理想像)은 여왕 일가의 생활에 대해서도 돌려지고 있는 이상 여왕의 가족도 또한 사람들이 미덕의 반영으로 생각하는 자세를 형성할 책임이 있다는 것이었다.

만약 지금 진행되고 있는 마가렛 공주와 타운젠트의 결혼이 그대로 실현된다면 영국 연방 사람들이 품고 있던 이상상(理想像)이 비뚤어지게 된다. 즉 마가렛 공주의 결혼은 그녀의 영원한 행복을 진정으로 바라는 많은 사람들의 양심에 맞추어 정당한 결혼으로는 볼 수 없는 결혼을 하는 것이 되기 때문이다.

〈더 타임즈〉 지의 사설은 다시 다음과 같이 주장했다. "자기를 에워싸는 상황이 갖는 논리에서 벗어날 수는 없다. 만일에 마가렛 공주가 자기 자신의 문제에 대해서 끝까지 생각한 끝에 자기에게 요구되고 있는 희생을 떨쳐버릴 수가 없다는 결심이 선다면 그때에 마가렛 공주는 자기에게 지워진 무거운 책임을 포기할 권리가 있다."

그러나 〈더 타임즈〉 지는 만일 마가렛 공주가 그와 같이 행동한다면 전통적으로 왕실이 지켜온 자세는 정면으로 타격을 받게 될 것이라고 지적했다. 좋지 않는 일의 감정이란 비틀린 채로 남는 법이다. 〈더 타임즈〉 지는 다시 다음과 같이 계속했다.

"그 결과 여왕에 대해서는 깊은 동정을 하게 될 것이다. 마가렛 공주가 사라지면 근친자들만이 줄 수가 있는 지원과 협력이 여왕에게는 지금도 역시 필요한데도 그것을 얻지 못하고 공무의 수행에 있어서도 여왕은 지금보다도 훨씬 고독한 나날을 보내지 않으면 안 되게 될 것이다."

〈더 타임즈〉 지의 마지막의 말은 더 날카로운 것이었다. "마가렛 공주가 양심에 비추어 어떤 결론을 내리든간에 사람들은 진실한 마음으로 마가렛 공주가 행복해지기를 바랄 것이다. 또한 마가렛 공주가 명심해야 할 것은 완전한 의미에서의 행복이란 정신적인 것이며 그 행복을 구성하는 가장 중요한 요소는 자기에게 지워진 의무를 다했을 때의 만족감이라는 것을 잊어서는 안 된다."

매스컴에서의 확대시킨 논쟁

이 사설(社說)은 확실히 마가렛 공주의 결혼에 대한 통렬한 공격이었다. 그 이튿날 〈데일리 밀러〉 지는 〈더 타임즈〉 지를 먼지를 뒤집어쓴 낡은 세계나 사라져 잊어진 시대를 대변하는 것이라고 비난하고 〈더 타임즈〉 지의 편집장은 마가렛 공주가 "과거 몇 년 동안을 교제해온 저 재치도 없고 기묘한 족속 중의 한 사람과 결혼하기를 바라고 있는가."라고 빈정댔다.

그러나 그럼에도 불구하고 그 〈더 타임즈〉 지의 1955년 10월 24일의 사설은 확실히 하나의 전기(轉機)를 꾀하는 것이었다. 그것은 예상되던 일이었다. 그러나 그 사설이 나온 최대의 의의는 어떤 심각한 사태가 벌어지고 있다는 것을 완전하고도 명확하게 사람들에게 깨닫게 한 데에 있다.

풍자 잡지 〈펀치〉는 '타운젠트 공군 대령'과 옛날부터 전해 내려오는 언어유희(言語遊戱신소리)를 따서 만화를 여러 장씩 실었으며 BBC 방송은

"오늘도 또 두 사람은 같이 앉아서 차를 마셨습니다."고 하면서 코미디언이 하는 마가렛과 타운젠트의 흉내를 방송하고 있었습니다.

그러나 〈더 타임즈〉지가 침묵을 깨기까지에는 많은 사람들은 그다지 대수로운 것이 아니라고 생각하고 있었다. 대중 신문이나 인기 프로에서 꾸며내는 얘기 정도로 생각했던 것이다. 가령 마가렛 공주가 타운젠트와 만났다고 하더라도……〈더 타임즈〉지 자체도 타운젠트가 클라렌스 하우스를 방문한 것에 대해서는 그 날짜를 분명하게 보도하고 있었다…… 많은 사람들에게는 완전히 사적인 생활로 생각되고 있었던 것이다.

마가렛 공주가 영국 국교회의 교리나 결혼에 대한 전통적인 왕실의 사고방식에 배반해가면서까지 결혼을 진지하게 생각한다는 것은 절대로 있을 수 없는 일이라고 사람들은 생각했기 때문이다.

그런데 지금 마가렛 공주가 그러한 결혼을 하려고 한다는 것이 명백해진 것이다. 감리교 회의의 의장 레슬리 웨더헤드 박사는 감리교회의 입장을 분명히 해야 할 때가 왔다고 판단했다. 그는 마가렛 공주와 공군 대령 피터 타운젠트는 서로 사랑하고 있는 젊은이라고 전제하고 나서 다음과 같이 말했다.

"아무리 마가렛 공주가 왕족 생활비 취득권을 반환하고 왕위 계승권을 포기했다고 치더라도 많은 사람들에게는 이러한 공주의 결혼이 영국의 기독교도의 결혼 이념을 유지시키기가 어렵게 될 것이다. 이미 영국에서는 너무도 가볍게 이혼이 행해지며 가정 파탄의 경향도 강해져서 자식들은 결혼을 하면 부모가 돌보아주고 있다는 사실을 잊어버린다. 이런 생활을 안전하게 지키는 일이야말로 바로 신이 의도한 가르침인데도."

결단을 내려야 할 시기가 임박해서 마가렛 공주는 엘리자베스 2세에게 연락을 취했다. 이때의 모습에 대해 어떤 사람은 엘리자베스 2세가 동생 마가렛에게 화를 내었다고도 한다. 그러나 확실하다는 증거는 없다. 오히려 엘리자베스 2세는 어찌할 수도 없는 입장에 놓여져 있었다. 여왕은 정부의 결정에 대해 이의(異議)를 제기해서 다툴 만큼의 권력은 확실히 가지고는 있었다.

그러나 이런 경우야말로 여왕으로서의 대권(大權)을 발동한 기회라고 여왕에게 진언한 사람은 없었다. 여왕은 동생 마가렛에 방해되는 일은 하지 않았다고 생각만은 했지만 마가렛가 좋아할 일을 해줄 수 있는 힘은 없었다. 여왕이 할 수 있는 일은 여러 가지 방안을 제시해서 그 중에서 마가렛 공주가 갈 길을 선택할 수 있도록 하는 맡기는 일뿐이었다.

엘리자베스 2세가 동생 마가렛에게 항상 말한 것은 속히 결단을 내리라는 것이었다. 마가렛 공주의 결혼 문제를 둘러싸고 공적으로 논의가 된 것은 벌써 2주일 동안이나 계속되고 있었던 것이다.

1955년 10월 26일 수요일 저녁에 마가렛 공주와 피터 타운젠트는 클라렌스 하우스에서 1시간 반이나 서로 얘기했다. 두 사람은 자유로운 마음으로 자신들의 결단을 내리는 것이 좋겠다고 말한 엘리자베스 2세의 심중을 잘 알고 있었다. 그들은 이 회답을 위한 충분한 시일이 벌써 오래 전에 지나고 있다는 사실을 알고 있었다.

두 사람에 대해 압력이 전혀 없었다고 한다면 거짓말이 되겠지만 그 압력이라는 것도 두 사람을 둘러싼 상황이 그렇게 한 것이었다. 그리고 그 상황 때문에 마가렛 공주는 결국 피터 타운젠트와는 결혼할 수가 없다고 최종적으로 판단을 내렸다. 마가렛 공주는 어머니 엘리자베스 황태후에게 자기의 결심을 말하고 언니 엘리자베스 2세에게도 전했다.

이 결단은 마가렛 공주 자신이 내린 결단이었다. 타운젠트와는 결혼을 안 하기로 한 공주는 두 가지의 조건을 제시했다. 자기가 원할 때에는 언제든지 자유로이 타운젠트와 재회할 것과 자기가 사랑하는 남성과 결혼할 수 없다고 판단한 이유를 성명으로 발표한다는 일이었다.

마침내 '단념'을 성명

이튿날 마가렛 공주는 자기의 결단을 전하러 캔터베리 대주교에게로 갔다. 그때의 상황을 흔히 상상할 수 있는 표현으로 랜돌프 처칠은 이렇게 써놓고 있다.

"자기한테도 마가렛 공주가 상의하러 올 것을 알고 있던 캔터베리 대주교는 세심한 주의를 기울여서 표시하거나 여러 가지 관련된 참고 부분에 메모를 한 문서를 모두 자기의 주변에 갖다놓고 있었다."

마가렛 공주는 대주교의 방에 들어가서 말을 했다. 마가렛 공주가 하는 말은 엘리자베스 1세가 하는 말 같았다. "대주교 책을 치우시오. 나는 결단을 내렸습니다." 마가렛 공주로부터 이미 각오가 되어 있다는 말을 듣고 캔터베리 대주교인 피셔 박사는 정말로 놀랐다. 그리고 그 결단이 왕족으로서의 의무를 다하는 것으로 믿고 그는 기뻐했다.

그러나 피셔 박사는 이 결정적인 장면에 대해서 쓴 랜돌프 처칠의 글을 읽고 마가렛 공주의 말을 들은 것 이상으로 놀랐다. 후일에 피셔 박사는 자기의 전기(傳記)를 써 준 윌리엄 퍼셀에게 말했다. "나는 주위의 어떤 일에 대해서도 책 따위를 펼치지는 않았다. 마가렛 공주가 있을 때도 나는 다른 사람들에게 하는 것과 마찬가지로 공주를 서재에서 맞았다. 그녀가 '책을 치우세요.'라고 했다는 것은 전혀 거짓말이다. 책을 치우려 해도 치울 책이 없었으니까."

마가렛 공주의 성명은 1955년 10월 31일 월요일에 발표되었다.

"나는 공군 대령 피터 타운젠트와는 결혼을 하지 않기로 한 내 결심을 여러분에게 알리려고 합니다. 나는 왕위 계승권을 포기하면 왕족이 아닌 일반인으로서 결혼이 가능하다는 것도 충분히 알고 있습니다.

그러나 크리스트 교도로서의 결혼은 영원히 끊을 수 없다는 영국 국교회의 교리에 따라, 그리고 영국 연방에 대한 나의 의무를 생각해서 지금 이와 같은 생각을 무엇보다 중하게 여겨야 한다는 결단을 내리게 되었습니다.

나는 이 결심을 하는데 있어서 나 혼자의 생각으로 판단을 내렸습니다. 그 동안에 피터 타운젠트 공군 대령의 변함없는 도움과 헌신적인 노력으로 많은 힘을 얻었습니다. 나는 나의 행복을 신에게 계속 기도해준 분들에게 진심으로 감사를 드립니다. 마가렛."

BBC는 방송을 중단하고 이 성명을 내보냈다. 해롤드 니콜슨은 "이것은 참으로 자기를 희생시킨 위대한 행위이다. 영국 국민은 마가렛 공주의 이 결단을 알고 그녀를 존경하고 사랑하게 될 것이다. 나는 깊은 감명을 받았다." 고 일기에 써놓고 있다.

1955년 11월 1일자의 신문 사설은 거의 모두가 해롤드 니콜슨과 같은 의견이었다. 〈더 타임즈〉 지는 "마가렛 공주가 자기를 버리고 사람들이 은근히 바랐던 왕족으로서의 길을 가기로 결단을 내린데 대해 영국 연방의 모든 국민들은 기뻐할 것이다."고 썼다.

그러나 〈데일리 밀러〉 지는 소위 "매우 훌륭하다!"고 외치는 숨막힐 듯한 환성의 대열에는 끼지 않았으며, 〈맨체스터 가디언〉지는 "분명히 교묘한 압력의 결과로 결심하게 된 마가렛 공주의 결단은 많은 국민들로서는 불필요한 것이며, 매우 쓸데 없는 일로 생각될 것이다. 긴 안목으로 본다면 그러한 일은 국민 누구나가 지니는 자유를 빼앗은 것뿐이다. 마가렛 공주에게 그 자유를 필사적으로 주지 않으려고 한 사람들에게까지도 결코 이로울 것이 없고 그런 사람들의 영향력이 커지지도 않을 것이다."고 예언했다.

도대체 어떤 대의(大義)에 입각해서 마가렛 공주는 자기를 희생한 것일까? 많은 점에서는 1936년의 에드워드 8세(윈저 공) 때와 같은 것으로 말할 수가 있었다. 그러나 1955년의 마가렛 공주의 경우는 바로 군주 자신이 아니었으며 왕위 계승에는 우선 거리가 먼 존재였다.

한편 피터 타운젠트는 저 윌리스 심프슨(윈저 공 부인)에 비교한다면 영국과 영국 연방 여러 나라 사람들로부터 훨씬 공감을 불러일으키는 자질을 가진 사람이었다.

에드워드 8세와 마찬가지로 마가렛 공주에게도 결점은 있었으나 마가렛 공주도 왕족 이외의 사람 모두에게 허용되고 있는 행복을 추구한데 불과하다는 것은 최신의 연구에서도 명백해지고 있다.

무엇이 마가렛 공주의 앞을 가로막은 것이었을까? 1936년에는 에드워드 8세를 전보(電報)로 궁지에 몰아넣으려는 음모가 꾸며진 일이 있다. 그러나 1955년에는 그러한 음모도 에드워드 8세의 퇴위 때처럼 믿을 수 없는 것이 되어 있었다. 왕실 일족이 이렇듯 변해가는 세계 속에서 어떤 가치관을 지켜야 할 입장에 놓여 있다는 것은 분명한 일이었다.

그러나 무엇이 그렇게 지키지 않으면 안 될 가치관인가 하는 것을 정한 인물은 확실치가 않다. 교회의 고위층, 정치가, 매스컴 이러한 것들은 모두 1955년에 마가렛 공주의 결혼 문제로 그들대로의 어떤 역할을 담당했다. 그러나 그 중에 누구도 조금 복잡하기는 하지만 저 하나의 연애 사건을 국민 모두를 말려들게 한 대사건으로 전화(轉化)시킨 사회적인 세력의 근간(根幹)은 아니었던 것이다.

만약 여왕인 엘리자베스 2세가 이러한 사회적인 세력이 취한 마가렛 공주에 대한 비판에 동조하고 있었더라면 여왕은 도덕에 대해서 국민에게 의견일치를 가져오게 한 인물이 되었을지도 모른다.

그러나 엘리자베스 2세는 동생 마가렛 공주가 어떻게든 개인적으로 행복해지기를 바란 나머지 귀찮은 간섭을 하지 않기로 작정하고 있었던 것이다. 즉 여왕도 동생 마가렛과 마찬가지로 자기가 하고픈 일을 못 해서 정말 애태우고 있었던 것이다.

제21장 여왕의 대권(大權)

수상을 임명하는 자세

엘리자베스 2세가 항상 염두에 두고 있었던 것은 정치에 말려들지 않으려는 일이었다. 헨리 마틴 경은 엘리자베스 2세에게 바죠트가 내린 저 역사적인 정의(正義), 즉 수상과 마주앉았을 때 군주가 취해야 할 세 가지 태도 — 수상의 의논하는 상대가 되어주고 수상을 격려하며 때에 따라 수상에게 경고하는 일 — 를 가르쳤다. 이 정의대로 엘리자베스 2세는 이 세가지 점을 잘 지켜 나갔다.

할아버지 조지 5세의 예에 따라 수상의 의논 상대가 되기 위해 여왕은 정부로부터 보내오는 문서를 항상 정독(精讀)했는데 그 헌신적인 태도는 참으로 놀라울 정도였다. 제2차 대전으로 아버지 조지 6세와 처칠이 긴밀한 관계였으므로 여왕은 가끔 노심초사하는 수상을 돕는 일이 매우 중요하다고 생각하고 있었다.

그리고 오랫동안에 걸쳐 정치가들로부터 들리는 여왕에 대한 불평 자체가 여왕으로 하여금 정부 시책의 위험을 경고해서 여왕의 주장이 문제를 원만하게 수습게 한 일도 있었다.

그러나 1955년에 윈스턴 처칠이 수상을 사임한 후부터 10년간, 엘리자베스 2세는 자기도 모르고 남들도 모르는 형태로 정치에 휘말려들었다. 일부 사람들은 여왕의 대권이 발동되지나 않을까, 불길한 생각을 하는 사람도 있었다. 그러나 실제로 여왕이 취한 태도는 스스로 행정의 기능을 발휘하는 것보다는 여왕을 대신해서 행정을 담당한 수상이 일하기 쉽도록 한다는 것이었다.

이것은 엘리자베스 2세가 어릴 때부터 가르침을 받았던 것이며, 한편 여왕으로서의 소심한 면도 반영되어 있었다. 엘리자베스 2세의 부모는 그녀가 스스로 수상을 선택하도록 하는 교육은 시키지 않았다. 오히려 이와는 정반대로 적극성을 띠지 않고 수상이 정해질 때를 기다리게 했던 것이다. 이것은 엘리자베스 2세의 성미에도 맞는 일이었다. 어느 날 고참 각료한 사람이 찰스 왕자를 얼마 동안 외무성에 근무토록 하는 것이 어떻겠느냐고 권했으나 여왕은 거기에 반대했다.

엘리자베스 2세는 그 각료에게 "외교란 왕족에게는 너무도 정치적인 것이 되어 적합하지 않습니다."고 했던 것이다.

그러나 근본적인 문제는 보수당에서 당수 선출을 하기 위한 명확한 계획이 없다는 데서 생겨났다. 수상에 적합한 인물을 내세우는데 있어서 반쯤 수수께끼 같은 상태에서 선출하는 것이 여왕의 치세(治世)가 시작된 후에도 계속된 보수당 당수 선출의 방법이었다.

1955년에는 안토니 이든이 처칠의 후계자라는 것을 자타가 명확하게 알았다. 그러나 1953년 6월에 처칠의 병세 악화로 긴급한 사태가 되었을 때 여왕이 대책을 세우지 않으면 안 되었던 사실 자체가 보수당이 당수 선출에 약점을 안고 있다는 것을 말해주고 있었다.

그때에 만약 처칠이 죽었더라면 그리고 또 임시 수상으로 솔즈베리 후작이나 재무상 버틀러를 임명했다면 반드시 논란이 일어났을 것이다. 여왕이 그러한 일에 휘말려들어가는 것을 어찌할 수도 없다고 하는 이유는 헌법상에도 그렇게 되어야 할 규정이 없다.

그뿐만 아니라 여왕이 한 인물을 추천해서 자기의 입장을 밝히는 일이나 수상 자리를 놓고 파벌 싸움에 말려들어가는 일은 피하도록 해야 한다는 의견도 강력히 나오고 있었다. 결투 때에 한쪽을 놔두고 다른 한쪽에만 구원의 손길을 내밀기보다는 싸움에서 이긴 승자에게 월계관을 씌우는 것이 낫다는 셈이다.

저 1953년 6월에 마치 1940년의 보수당이나 1931년의 노동당 진영에서 일어난 것처럼 처칠이 연립 내각의 조각(組閣)에 착수했거나 분열된 보수당처럼 되었다면 우리가 택할 해결책은 외부에서 심판관을 끌어들이게 되었을지도 모른다.

그러나 당시의 보수당은 의회에서 절대 다수를 확보하고 있었다. 정치 기구로서의 보수당의 기능을 생각한다면, 보수당내의 신뢰와 선거민의 신뢰를 얻고 있는 인물을 당수로 선출해야 한다는 것이 우선 중요했던 것이다.

어쩔 수 없이 정치에 말려들다

그와 같은 상황 속에서 여왕에게 구원을 요청하는 일은 영국의 주요 정당이 모두 당수를 받들고 있는 1970년대에서 본다면, 어떤 책임과 독립성을 포기한 것같이도 보인다. 그러나 1950년대에는 이미 노동당이 하고 있었던 것처럼 민주적인 방법으로 당수를 선출하자는 제안은 보수당에서는 위엄이 없으며 사회주의적이고 선동적이라는 이유로 거부되었다.

그 때문에 보수당 내에서는 선명치 않은 그룹에 의해서 선명치 않은 의향을 선명치 않은 원로(元老)들이 타진(打診)한다는, 실로 선명치 않은 절차에 의해서 이른바 '당수 출현'이 연출되었다. 이러한 불분명한 절차로 인해 보수당 내에서 의견 통일을 보지 못하게 되자 당의 의견을 결정짓기 위해 엘리자베스 2세가 끌려나오게 되어 1957년과 1963년의 두 차례에 걸쳐 여왕은 직접 정쟁(政爭)의 소용돌이에 휘말려들었던 것이다. 말할 것도 없이 여왕도 더러운 정치 싸움에는 가담하지 않는 다른 사람들과 마찬가지로 그러한 사태 수습에는 능력이 없었던 것이다.

1957년의 정쟁은 수에즈 동란(動亂)에 직접 관련해서 일어났다. 그 전해인 1956년 7월에 엘리자베스 2세는 잉글랜드 남부의 굿우드 경마에 나가 있었다. 리치몬드 공작 전용의 방에는 영국 예비역 병력을 동원하기 위한 문서가 와 있었다. 다음 날, 여왕은 굿우드 경마 기간 중에 묵고 있던 아란델 성(노포크 공작의 저택)의 추밀원(樞密院) 회의에서 그 문서에 서명을 했다. 영국은 이집트에 대한 전쟁 준비를 갖추었다.

이집트의 낫셀 대령은, 1956년 7월 27일에 미국이 아스완 댐 건설의 자금 원조를 중단한 데 대한 보복으로서 수에즈 운하를 국유화했다. 영국에서는 분노의 소리가 높았다. 〈더 타임즈〉 지는 국제적 강탈 행위라고 써서 국민들의 갈채를 받았다.

당시에 영국으로 들어오는 석유의 절반은 수에즈 운하를 거쳤다. 이든의 말을 빌린다면, "낫셀 같은 사내에게 우리의 목덜미를 조르는 일은 절대

용서할 수 없는 행위"인 것이었다. 격분의 소리가 삽시간에 정계(政界)를 휩쌌다. 애틀리의 뒤를 이어 노동당 당수가 된 지 얼마 안 된 휴 게이츠켈은 "참으로 야비한 수법이다. 제2차 대전 전에 무솔리니나 히틀러가 우리에게 한 짓과 똑같다."고 말했다.

게이츠켈의 말이 하원의 토론을 지배하는 말이 되었다. 〈데일리 메일〉지는 "유화 정책을 고려할 단계는 이미 지났다. 히틀러에게 중지하라고 '중지하라！'고 외쳤어야 했을 그 교훈을 되새겨 지금이야말로 낫셀에게 '중지하라！'고 외치지 않으면 안 된다."고 강력히 주장했다.

이스라엘과 프랑스도 영국과 같이 위협을 받고 있다고 느꼈다. 그래서 보복하기로 모의가 진행되었다. 즉 이스라엘이 단독으로 이집트를 침공하면 그 뒤를 이어 프랑스와 영국이 싸움에 끼어드는 선의의 중재자 형식으로 '개입'한다는 계획이었다.

그러나 여기서 우선 의문점이 생겼다. 그것은 아무리 중재하는 형식으로 개입한다 해도 제3자의 눈에는 보복하는 것으로밖에는 보이지 않기 때문이다. 이러한 행동을 안토니 이든이 미리 소상하게 엘리자베스 2세에게 말할 수가 있을까도 의문이었다. 어쨌든 그 공동 행동의 직후에 엘리자베스 2세는 여왕의 이름 아래 벌어진 1956년 10월과 11월의 사태에 깜짝 놀랐다. 여왕이 놀랐다는 사실은 그녀의 친구와 친척들에 의해 확인되었다.

거기에다 카이로 주재 영국 대사 험프리 트레베리안은 그 개입에 대해서, 수에즈 운하에 폭탄이 터진 것을 —— 그것은 영국 폭탄이었다. —— 처음 알았다고 말했다. 또 파리 주재 영국 대사도, 수에즈 운하에 출병(出兵)했다는 것을 런던으로부터 들은 일이 없다고 했다. 영국·프랑스·이스라엘의 3국이 협의한 일은 확실히 중대한 일이며 극비리에 진행시킬 필요가 있었다.

이 긴박한 회의는 파리 교외에서 비밀리에 열렸다. 영국 외상 로이드는 동석한 프랑스, 이스라엘의 외상이 그때 로이드가 회의에 참석한 사실을 증명하고 있는데도 불구하고 오랫동안 그는 자기가 참석한 일은 없다고 부인했다. 그리고 이 회의 내용은 엘리자베스 2세에게 보고된 외무성 전보 서류 가운데는 아무런 내용도 언급되어 있지 않았다.

확실히 그 선제(先制)행동이라는 성격으로 보아도 외무성 전보는 일부러 그런 내용을 언급하지 않았는지도 모른다. 이렇게 볼 때에 과연 엘리자베스

2세는 외국(특히 미국)을 속이는 전략이라는 것을 알면서도 이를 허락한 것이었을까? 아니면 전략적인 간계(奸計)에 속고 있었던 것일까? 라는 문제가 남는다.

수에즈 동란을 둘러싼 사태가 지금은 그 이면이 어느 정도 드러났지만 이 점만은 의문점을 남긴 채 아직도 그대로 남아 있는 것이다.

'수에즈 진공(進攻)'의 여파

1976년 4월에 필자(로버트 레이시)와의 대화 중에서 안토니 이든, 즉 에본 경은 "엘리자베스 2세는 우리의 하는 일을 아주 잘 알고 계셨다."고 말했다. 그러나 이 이든의 발언은 여러 가지로 해석이 된다. 이든은 엘리자베스 2세가 수에즈 출병(出兵) 작전에 이의를 제기하지는 않았다고 강조했다. 그러나 동시에 이든은 "나는 여왕이 수에즈 출병 작전에 찬성했다고는 할 수가 없다."고도 말했던 것이다.

이든의 기록에 의하면 엘리자베스 2세의 입장은 헌법상으로 완전무결하고 공평무사한 것이다. 그래서 이든은 그 이상의 것을 말한다거나 밝힌다거나 하는 일은 할 수가 없다는 셈이었다.

그러나 그렇다고는 해도 이든과 가장 가까이에 있는 친구 중 적어도 한 사람쯤은 의혹을 품고 있었다. 즉 정말 이든은 영국과 프랑스가 합의한 내용에 대해서 적당히 취사 선택한 내용밖에 여왕에게 제출할 수 없는 상황이었을까? 더구나 사건이 일어난 뒤에야 내용을 제출할 수밖에 없었을까 하는 의혹은 사라지지 않는다.

보통 화요일 저녁에 있는 알현에서는 영국이 이집트를 침공하기까지의 여러 가지 행동에 대해서 대략의 설명밖에 할 수가 없었고 그 이상의 것은 여왕에게 전하기는 불가능한 일이었다. 당시 이든의 비서 프레더릭 비숍은 그때의 일을 회상하고 낫셀이 수에즈 운하를 국유화한 뒤의 5개월 동안 이든이 여왕을 알현한 시간은 "항상 짧았지만 때로는 장시간에 걸친 일도 있었다."고 말하고 있다.

그러나 문제의 1956년 10월의 왕실 동정을 조사해보면 엘리자베스 2세와 이든과의 알현은 단지 두 번으로 기록되어 있을 뿐이다. 만일 이 기록에 빠진 것이 있다 해도 그것은 의도적인 것은 아니었을지도 모른다. 그러나 이러한 알현의 과정에서 이든이 수에즈 동란 전반에 관한 일을 여왕에게 얘기할 수가 있었을 것으로는 믿어지지 않는다.

1956년 가을에, 이든은 엄청난 정신적인 긴장을 혼자서 짊어지고 있었다. 항상 병으로 쇠약한 그는 건강면에서 이미 파국 직전에 놓여 있었던 것이 확실했기 때문이다.

이든이 병으로 쓰러진 것은 영국이 수에즈 운하 지대에 진주(進駐)하고부터 2주일도 안 되는 때였다. 수에즈 운하에의 진주는 하루도 못 되어 미국이 파운드화(貨)의 지원을 거절하는 바람에 주저앉고 말았다. 미국의 조치는 만일 영국군의 군사 행동이 공공연하게 될 때에는 반드시 파운드화가 하락할 것이라는 관측에서 그 원조를 둘러싼 문제로 영국과의 해결을 기대하고 있었던 것이다.

안토니 이든은 1953년에 받은 담낭관 수술이 완쾌되지 않고 있었다. 그리고 그는 새로운 사태로 인한 긴박감 때문에 전부터 좋지 않던 건강이 더욱 나빠졌다. 이든의 주치의는 정양을 하지 않으면 건강을 유지할 수 없을 것이라고 했다. 1956년 11월 23일에, 이든은 정양을 위해 자메이카로 떠났다. 그곳에서 제임스 본드 소설의 저자인 이언 플레밍(이든의 친구였다.)의 집에서 머물렀다.

그렇다고 제임스 본드가 한 것처럼 이든이 기상천외(奇想天外)한 방법으로 런던 정부와 연락을 취한 것은 아니다. 엘리자베스 2세와 각료들은 자메이카 주재 영국 총독에게 전보를 쳐서 그곳에 있는 이든과 연락을 취했을 뿐이었다. 전보를 받으면 총독은 즉시 꽤 떨어진 곳에 있는 이든에게 배달부를 시켜 그것을 전하고 이든이 쓰는 회신을 기다렸다 받아가지고 오게 했다.

1953년과 똑같이 이때에도 이든 부재 중의 수상 대리는 버틀러였다. 그가 이든의 후계자가 될 것이라는 말은 벌써 오래 전부터 있어온 일이었다. 버틀러는 이든보다 다섯 살이나 젊고 해롤드 맥밀란보다는 여섯 살이나 아래였다. 맥밀란은 이미 60을 넘고 있었고 수에즈에 출병하는 모험 정책을 강경하게 지지하고 나설 때까지 사람들은 버틀러가 보수당 당수 자리를 노리는 인물이란 것을 모르고 있었다.

그러나 버틀러는 각의(閣議)가 아닌 자리에서 수에즈 출병에 의문점이 있다는 견해를 표명하고 있었다. 무력을 앞세우는 정책은 바로 비웃음거리밖에 안 된다는 버틀러의 생각을 대개의 사람들은 참작하고 있었다. 그리고 버틀러 진영의 매파(派)들이 버틀러로부터 차츰 멀어져가는 것도 눈에 띄었다.

버틀러가 이 문제를 정식 의제(議題)로서 각의(閣議)에 상정했더라면, 버틀러의 입장은 더욱 선명해졌을 것이다. 왜냐하면 보수당 우파는 수에즈 진주(進駐)를 반대하는 버틀러의 태도를 절대 용납할 수 없다는 자세를 취하고 있었기 때문이다.

이든의 사임

영국은 수에즈 동란 이후의 수주일간을 정말 원통한 분위기에 싸여 있었다. 당시에 에든버러 공은 영국에 있지 않고 오스트레일리아에서 개최되는 올림픽 개회식에 참석한 후에 왕실 요트로 남반구의 장기 여행을 하고 있었다. 엘리자베스 2세를 혼자 남겨두고 그가 영국을 떠난 것은 에든버러 공으로는 매우 홀가분한 일이었다. 그가 만일 런던에서 엘리자베스 2세와 함께 있었다면 아마도 괴로운 나날을 보내게 되었을 것이기 때문이다.

1956년 12월 14일에 이든은 자메이카로부터 런던으로 돌아왔다. 태양에 검게 탄 이든의 안색은 건강해 보였다. 그러나 1953년의 수술 이후 항상 그의 몸에는 높은 열이 났고 그 열은 점점 더해가고 있었다. 1957년 1월 초에, 자메이카에서 돌아온 지 한 달도 못 되어 이든은 주치의와 결정적인 상의를 했다.

주치의에 의하면 단기간의 휴양만으로는 이든의 건강이 회복될 수가 없다는 것이었다. 더욱이 정치적으로도 이든이 장기간 휴양을 취한다는 것은 불가능한 일이었다.

엘리자베스 2세는 샌드링검 궁전에서 휴가 중이었다. 과거 수개월 동안에 걸쳐 시달렸던 정신적인 피로를 풀고 있었던 것이다. 수에즈 동란과 그리고 또 갑작스런 정전(停戰), 거기에 따르는 영국군의 철수 문제 등 이러한 일련의 사태는 엘리자베스 2세의 긍지를 상하게 하고 있었다.

엘리자베스 2세는 누구한테도 비난받지 않을 만큼 조국인 영국과 자기의 직무에 대해 충실했다. 그러나 동시에 여왕은 그 이상으로 영국 국민의 평화와 안전에 대해 깊은 관심을 가지고 있었다. 즉 1588년에 스페인 함대

가 영불(英佛) 해협을 북상해왔을 때에 엘리자베스 1세가 영국 국민을 상
징하는 존재로서 신비적인 모습으로 일어섰을 때와 마찬가지의 입장에
있었던 것이다.

 1957년 1월 8일에 이든은 샌드링검 궁전을 방문하고 주치의의 진단
결과를 엘리자베스 2세에게 보고했다. 그 다음 날 엘리자베스 2세는 이든의
수상 사임을 정식으로 수락하기 위해 런던으로 향했다. 그런데 이든은 사임을
앞두고 여왕에게 후계자를 누구로 할 것인가에 관한 일체의 조언(助言)을
하지 않았다고 한다.

 그러나 여왕은 실제로 이든에게 조언을 구하고 그의 의견에 따라서 솔
즈베리 후작에 대한 각료들의 의견을 비공식적으로 타진해보도록 명령했던
것이다. 그리고나서 이든은 각료들에게 사임한 것을 알렸다. 맥밀란은 그때의
상황을 다음과 같이 말했다.

 "정말 모두가 깜짝 놀랐다. 이든의 말은 짤막했다. 그러나 위엄은 있었다.
주치의의 결정에는 어쩔 수 없는 일이었다. 그는 사임하지 않을 수가 없었다.
솔즈베리 후작은 매우 흥분한 나머지 눈물을 글썽이며 평생을 두고 변함이
없는 이든과의 우정을 말했다. 그 다음은 버틀러가 말을 했다. 나도 두 서너
마디 얘기를 했다. 그것으로 모든 것이 끝났다."

 각의(閣議)를 마치고 나와 맥밀란은 수상 관저(다우닝 가 10번지)와 재무상
공관(다우닝 가 11번지)을 잇는 조그마한 통로를 지나 집무실로 돌아왔다.
그 뒤를 띠리 바로 버틀러도 각료 회의실을 나왔다. 그리고 남은 각료들은
대체 누구를 이든의 후계자로 내세울 것인가 하는 판단을 내려야만 했다.
솔즈베리 후작은 자기의 임무를 깨닫고 "대법관 킬머 경과 각료 한 사람
한 사람의 의견을 듣는 것이 좋겠다."는 제안을 했다.

 외상 로이드는 귀족 두 사람에게만 맡겨지는 그와 같은 방법에 반대했다.
로이드 이외에는 아무도 반대하는 사람이 없었다. 솔즈베리 경과 킬머 경은,
엘리자베스 2세로부터 인정을 받고 있는 사람들이었다. 게다가 이 두 사람은
각각 추밀대신(樞密大臣)과 대법관이라는 각내(閣內)에서도 전통적으로 중
요한 위치에 있었으며 일반적으로 처칠 다음 가는 보수당의 원로들이었다.
그리고 두 사람이 다 보수당 당수 자리를 탐내는 인물이 아니라는 이유에서
이러한 수상 후계자 선정 임무를 떠맡게 되었던 것이다.

두 귀족은 추밀원에 있는 추밀대신(솔즈베리 경)의 사무실로 가서 각료를 한 사람씩 개별적으로 불렀다. 그 상황은 킬머 경이 쓴 글에서 다음과 같이 상세히 나타나 있다.

"그 방에는 두 개의 조그만 조각품이 걸려 있었다. 각료들은 누구나 이 방에 들어서면 마치 교장 선생님의 서재에 들어온 것 같다고 했다. 누구에 대해서도 보베티(솔즈베리 경의 애칭)는 '자, 누구를 택할 것이요? 버틀러요? 맥말란이요?'라고 물었다."

맥밀란을 지명하는 사람이 많았다. 킬머 경에 의하면 '압도적인 다수'였다. 그리고 맥밀란을 수상으로 해야 한다는 의견이 보수당 의장인 올리버 풀과 간사장 에드워드 히드로부터도 나왔다. 히드는 이 수주일 동안 정부의 입장을 배후에서 지원하기 위해 당내 의견을 열심히 청취했다. 그 과정에서 '수에즈 그룹'으로 널리 알려진 보수당 우파하원 의원 중에서 버틀러에 대한 강한 반대 세력이 있다는 것을 알게 되었다.

더욱이 전화로 의논한 보수당의 일반 의원들의 조직체인 '1922년 위원회'의 의원장인 조지 모리슨은 버틀러가 수상이 되면 보수당의 형편은 매우 곤란해질 것이라고 분명히 말했다.

의외로 지명된 맥밀란 수상

오늘날에는 버틀러 자신도 이런 의견에 찬동한다. 1976년 5월에 필자와의 인터뷰에서 버틀러는 다음과 같이 말했다. "정부가 차기 수상 선출을 했던 그때에 나는 바로 피의자(被疑者) 같은 입장에 놓여져 있었고 각료들이 상당한 차로 맥밀란을 지지했던 것은 틀림없는 일이다. 그들로서는 그렇게 결정하기 어려웠던 수상 선출은 아니었을 것이다."

그리고 당시에 〈더 타임즈〉지의 정치 기자는 다음과 같이 썼다. "버틀러에 반대하는 사람들이 맥밀란에 반대하는 사람들보다 수가 많았다기보다는 버틀러를 수상으로 선출했을 경우에 반대파가 소동을 일으킬 분위기가 더 지배적이었다."

그러나 1957년 1월 그 당시 보수당의 내막을 분석해보면 이러한 해석을 할 사람은 극히 적었다. 이든이 수상을 사임했다는 뉴스가 나가자 보수당 의원이 아닌 사람들은 버틀러가 새 수상이 되는 것으로 생각했던 것이다.

그리고 신문들도 이같은 생각에 동조해서 버틀러의 수상설(首相說)을 퍼뜨렸던 것이다.

버틀러의 불투명한 성격은 각료들의 일부에서는 중대한 결점으로 지적되고 있었지만 일반적으로는 그렇게 생각되지는 않고 거꾸로 해롤드 맥밀란이야말로 늙고 한물 간 전시대적인 인물로 보고 있었다. 맥밀란의 의도적인 태도 속에 숨겨진 민감함은 높이 평가받지 못했던 것이다.

1957년 1월 10일 화요일의 조간 신문에는 어느 편에도 치우치지 않는 〈더 타임즈〉 지 하나만을 빼놓고는 모두 버틀러가 그날 버킹엄 궁전에 들어가 수상으로서 조각(組閣) 명령을 받을 것으로 예측하고 있었다.

그날 아침 11시에 솔즈베리 경은 승용차로 버킹엄 궁전으로 들어가 엘리자베스 2세에게 내각, 보수당 의장, 간사장, '1922년 위원회' 위원장 등에 대해 자기가 타진한 결과를 보고했다. 지난 날 러셀즈의 부관(副官)이었다가 지금은 엘리자베스 2세의 수석 시종으로 있는 마이클 에이딘이 보수당 귀족의 유력자 두 사람, 즉 챈드스 경과 웨버리 경에게 연락을 취했다. 윈스턴 처칠도 버킹엄 궁전으로 왔다. 엘리자베스 2세가 부른 것이었다.

일단락된 뒤에 버틀러는 처칠에게 "여왕에게 뭐라고 말씀드렸습니까?"고 물었다. 그러자 처칠은 다음과 같이 대답했다. "어, 버틀러. 자네는 아직 젊네. 내가 병석에 있을 때에 나의 시중을 들지 않았나. 나는 여왕에게 자네보다도 나이가 많은 사람을 고르라고 했네. 해롤드(맥밀란)는 자네보다도 10살이나 더 많지 않은가."

그런데 장본인인 맥밀란(실제로 그는 버틀러보다 8세 위였다.)은 다우닝 가 11번지의 재무상(財務相) 공관에서 궁전으로부터의 결론을 기다리고 있었다. 이에 대해 맥밀란은 다음과 같이 써놓고 있다. "오전 중에 나는 아래층의 거실에 있었다. 거기에는 글랜드스턴의 초상화가 걸려져 있었다. 나는 《오만(傲慢)과 편견》(제인 오스틴 저)을 읽고 있었다. 그것은 정말 위안이 되었다. 정오에 마이클 에이딘이 현관의 벨을 울렸다. 그는 나에게 오후 2시에 버킹엄 궁전으로 들라고 말했다. 만사가 수습된 것이다."

낙심한 사람들로부터, 즉시 실망의 원성이 터져나왔다. 엘리자베스 2세가 그와 같은 정말 예상 외의 지명을 한 데 대해서 좋지 않는 말들이 속속 쏟아져 나왔다. 엘리자베스 2세는 부모의 친구이기도 했던 보베티(솔즈베리 후작)가 하자는 대로 했다는 말도 나왔다. 솔즈베리 후작이 말했던 것처럼 전통있는 세실 가가 수상 선정(選定)에 암약한 예는 전에도 있었다. 1938년에 솔즈베리 후작 자신이 체임벌린 내각의 각료를 사임했을 때 그 뒷자리를 노렸던 인물이 R.A.버틀러였던 사실과 관련지어 해석하는 사람도 더러는 있었다.

그러나 이런 해석은 부당한 것이었다. 솔즈베리 후작은 자기에게 주어진 임무를 공정하게 수행했으며, 동료들이 맥밀란 지지로 기운 것을 기뻐하고 있었다. 그 이유는 그가 수에즈 동란과 관련해서 버틀러와는 달리 소위 강경파의 한 사람이었기 때문이다. 그러나 솔즈베리 경은 단순히 의견을 말하는 데 지나지 않았다. 그래서 만약 이때의 수상 지명에 음모가 있었다고 비난해도 그 책임은 솔즈베리 경에 있기보다는 엘리자베스 2세에게 있다고 하는 편이 옳았을 것이다.

이 수상 지명은 공정하게 행해졌다. 맥밀란은 1957년 1월의 그 시점에서 버틀러보다도 훨씬 많은 지지자들을 하원에서 확보하고 있었을 뿐만 아니라, 하원 밖의 사람들로부터도 몇 달 전과는 달리 많은 지지를 얻고 있었다. 그러나 동시에 정당하게 일이 이루어졌다는 증거가 확실하게 나타나지는 않았다. 헌법상으로 명확히 명시되지도 않은 역할을 단 두 사람의 귀족에게 맡겨 그 두 귀족이 영국을 걸머질 수상을 뽑았다는 인상을 일반 국민들에게 준 것은, 여왕의 잘못이라고 말할 수가 있다.

엘리자베스 2세로서는 당시 두 사람이 다 개인적으로도 잘 아는 귀족이었고 그 두 사람 외에 다른 귀족(챈드스 경과 웨버리 경)의 소리를 들으면 되었던 것이다. 그러나 그 방법은 소위 여론이라는 것이 어떻게 돌아가는지를 모르는 소박한 생각에서 나온 것이었다. 그리고 이러한 처사는 엘리자베스 2세가 그때까지 전혀 외부와는 격리되어 자라온 '철부지'였으니 하는 수가 없다는 꼴로밖에 변명할 수가 없는 잘못된 처사였다.

여왕으로서의 직업 의식

만일 그때에 엘리자베스 2세가 추밀원 대신(樞密院大臣) 솔즈베리 경이 아닌, 대법관 킬머 경을 불러서 얘기를 들었다면 실제로 각료들의 말을 한층 더 명확하게 들을 수가 있었을 것이다. 킬머 경은 역사적으로도 유서 깊은 대법관으로서 민심을 잘 파악하고 있었으며, 게다가 버틀러도 킬머 경과는 친하고, 신뢰할 수 있는 친구라고 믿고 있었기 때문이다.

킬머 경과 상의를 한 뒤에 엘리자베스 2세가 맥밀란에게 조각(組閣)을 위임했더라면 귀족이 하자는 대로 했다는 비난을 받지 않았을는지도 모른다(게다가 또 맥밀란은 귀족 카벤디시 가의 한 사람과 결혼하고 있었다.).

그리고 또 만약 엘리자베스 2세가 보수당 간사장 에드워드 히드와 상의해서 히드가 대표격인 '교외 별장파(郊外別莊派)'라고 할 수 있는 보수당내의 귀족파와는 매우 다른 인사들의 의견도 들었더라면 여왕은 어느 당파로부터도 비난을 받지 않았을 것이고 또 남김없이 충성을 얻고 있다는 자세를 과시할 수도 있었을 것이다. 그리고 맥밀란은 수상으로 지명한 결단이 현실을 좁게 본 것이 아니고 광범한 분야를 타진한 결과라는 것을, 사람들에게 확실히 구체적이고 명확하게 제시할 수도 있었을 것이다.

그런데 현실적으로는 그와 같은 해석은 내리지지 않았다. 엘리자베스 2세에게 정실 인사를 했다는 비난이 퍼부어졌다. 여왕의 대권에 대한 논의는 R.A. 버틀러를 수상으로 지명하지 않은 것을 놓고, 정치적인 논쟁으로 번졌다. 그리고 맥밀란은 일단 수상이 되자 그 정치적인 재능을 훌륭히 발휘해서 1959년의 총선거에서 보수당을 압도적인 승리로 이끌었을 때도 아직 반대파의 노여움을 진정시키는 데까지는 이르지 못하고 있었다.

왕실은 국민들로부터의 강한 반발에 부딪쳐 곤경을 겪게 되었다. 이런 경향은 1950년대 말에는 하나의 새로운 사회 현상으로 규정지을 수 있을 만큼 뚜렷한 형태로 나타났다. 왕실을 정점으로 하는 영국 국교회에서 거위 사냥에 이르기까지 그리고 보수당의 압승이라는 '일당 지배 정치'까지가 수에즈 동란 이후 국민들의 일종의 환멸감 속에서 등장해온 풍자 잡지 등에 의해서 '영국 국민의 고질병의 근원'이라고 이름 붙여졌다.

그러나 R.A. 버틀러는 정계(政界) 실력자로서의 존재에 종지부를 찍은 것은 아니었다. 사실 맥밀란은 세계 평화를 추구하는 처칠의 정치 방식처럼 자주 장기간의 외유(外遊)로 국내를 비워놓았기 때문에 버틀러는 이든이 요양하고 있던 1953년의 여름 때와 마찬가지로 여왕을 직접 만날 기회가 많았다.

버틀러는 엘리자베스 2세와 만났을 때에 자기의 마음속을 과도하게 드러내지 않는 여왕의 훌륭한 재능에 놀랐다. 여왕은 과도한 반응을 나타내는 일은 절대로 없었다. 또 한 마디의 말도 조심성있게 해서 실수하는 일이 전혀 없었다. 대화의 처음 단계에서 어떤 의견에 양보하는 일은 거의 없었지만 무엇보다도 상대방이 우선 말을 하도록 했으며 끝까지 듣는 것이 습관이 되어 있었다.

해롤드 맥밀란은 엘리자베스 2세가 여왕으로서의 직업 의식이 철저하다는 인상을 강하게 받았다. 1960년 봄 미국 방문을 마친 뒤에 맥밀란은 일기에 다음과 같이 써놓고 있다. "엘리자베스 2세가 여러 가지 문서나 전보(電報) 속에 담긴 세밀한 일까지 전부 파악하고 있는 데에 나는 놀랐다."

또 "알현 때에 글래드스턴은 항상 내가 공개 석상에 있을 때처럼 인사를 한다."고 불만을 터뜨린 빅토리아 여왕의 일을 잘 알고 있었으므로 맥밀란은 매주 화요일 여왕 앞에 나가기 전에 협의할 내용을 적어서 미리 여왕에게 보내고 있었다. 그리고 맥밀란은 여왕으로부터 "서 있지 말고 앉으시오. 그쪽이 말하는 데 편할 테니까요."라는 말을 듣고서야 마음이 놓였던 셈이다.

알현(謁見)에는 정식으로 정해진 형식은 아무것도 없었다. 마이클 에이딘은 수상이 알현을 마치고 수석 시종실에 들려 정치 얘기를 하는 것을 좋아했다. 그리고 에이딘은 알현에 앞서 수상을 맞을 때에 우선 위층의 방까지 안내했다. 수상은 그곳에서 여왕의 시종이 부를 때까지 기다리는 것이었다.

엘리자베스 2세는 보통때 낮에 입는 옷차림으로 웃는 낯으로 "자, 어서 앉으시오!"라고 하는 것이었다. 수상과 여왕은 함께 앉아서 약 30분간 때로는 그보다 길게 얘기를 했다. 그리고 여왕은 얘기가 끝나면 일어서서 수상과 악수를 했다.

호기심이 많은 행동을 하는 군주

해롤드 맥밀란은 엘리자베스 2세가 진정한 의미에서 처음으로 같이 일할 수 있는 관계를 가진 수상이었다. 엘리자베스 2세는 치세(治世)의 초기 단계에서는 수상들에게 겁을 먹었다. 처칠은 말하자면 할아버지와 같은 존재였으며 이든은 수상 재임 기간이 짧아 항상 긴장하고 있었다. 맥밀란이 만들어내는 느긋한 분위기는 엘리자베스 2세 자신의 성장에나 지식의 향상에도 크나 큰 도움이 되었다.

그리고 1957년에서 1963년에 걸친 7년간의 맥밀란 시대는 여왕이 접한 수상 중에서도 연속 기간으로는 가장 오랜 기간이었다. 엘리자베스 2세는 맥밀란 수상과는 실로 밀접한 관계를 쌓아올렸다. 그리고 맥밀란도 1959년 4월에 "여왕 폐하는 흐루시초프가 보낸 사신(私信)에 대해서 대단한 관심을 갖고 계시므로 나는 그것를 복사해서 보낼 준비를 갖추고 있습니다."고 여왕에게 편지를 썼을 정도였다.

맥밀란이 해외 여행으로 나라를 비울 때에 수상 대리로서 여왕을 알현한 바 있는 버틀러는 엘리자베스 2세가 속되지 않는 세련된 가십을 좋아하고 있는 데 깜짝 놀랐다. 여왕은 정계의 인사(人事), 즉 정치가들의 부침(浮沈)에 관해 크게 홍미를 느끼고 있었다. "현명한 여성이 다 그렇듯이 여왕도 정치가 개개인에게 매우 관심을 가지고 계셨다."고 버틀러는 말하고 있다.

그리고 영국의 국익(國益)은 물론이지만 엘리자베스 2세는 정부가 어떻게 하면 궁지에서 벗어날 수가 있을까라든가 정쟁(政爭)이 벌어지면 얼마 만큼의 점수를 딸 수 있을까 하는 따위의 일에도 홍미를 가지고 보고 있었다. 여왕은 소위 '정치적 동물'이라는 면을 충동질하는 개인적인 야심에 대해서도 이해를 했으며 타인의 희생 위에 서서 제멋대로 굴고 있는 정치가들의 동정(動靜)에도 상당한 관심을 가지고 있는 것 같았다.

맥밀란도 이와 같은 엘리자베스 2세의 성미를 지적하고 있다. 즉 엘리자베스 2세는 최신의 얘기를 듣기 좋아해서 사건들의 측면에 얽힌 일들을 알고 싶어하는 경향이 있다고 했다. 맥밀란은 이러한 여왕의 성향이 여왕이 공적인 자리에서 보이는 근엄한 표정과는 너무도 대조적이어서 이러한 얘기를 어느 왕족 한 사람에게 말한 적이 있다. "어째서 여왕은 공식 석상에서 좀더 미소를 지을 수 없는 것일까?"

맥밀란이 그렇게 말했다는 것을 듣고 엘리자베스 2세는 깜짝 놀랐다. 엘리자베스 2세는 국민들이 요구하는 여왕의 얼굴은 대개의 경우에 근엄해야 한다고 알고 있었기 때문이다. 근엄해야 한다는 것은 아버지 조지 6세나 할아버지 조지 5세가 온 세계에 보여준 전통적인 영국 군주의 모습을 말하는 것이었다. 할아버지와 아버지처럼 엘리자베스 2세는 영국의 군주이며 신앙의 옹호자였다. 엘리자베스 2세에게는 그러한 위엄이 기대되고 있었던 것이다.

영화 배우처럼 자기를 연기해가며 애교를 떠는 일은 엘리자베스 2세의 성격에도 맞지 않는 일이었으며 또 그녀가 해낼 수도 없는 일이었다. 그뿐 아니라 역사를 뒤져보아도 빅토리아 여왕을 비롯해서 앤, 엘리자베스 1세, 메어리 등의 여왕들은 모두 가벼운 인물은 아니었다. 현대의 텔레비전 시대에서는 짐짓 점잖을 빼야만 위엄이 있다고 해서 인기가 있는 것이다.

해롤드 맥밀란은 정말 무의식 중에 한 말이었지만 그것은 역설적으로 엘리자베스 2세가 내심으로 품고 있던 말의 핵심에 언급한 것이 되었다. 과거의 어떤 군주보다도 더 엘리자베스 2세는 행동하는 군주였으며 카메라나 마이크가 버티고 있는 곳에서 신성한 존재로서 포착되었고 또 온 세계에 주는 인상도 신문이나 잡지, 텔레비전 따위의 매스콤을 통해서 전해졌다. 그러나 무엇보다도 이러한 행동을 하게 하는 커다란 기구의 중심 즉 군주제도는 엘리자베스 2세가 단순한 개인적인 행동자가 되기를 거부했기 때문이었다.

엘리자베스 2세의 부군 에든버러 공은 공적인 자리에서 온정을 베풀어 자연스럽고 소탈한 인물이라는 평을 들었다. 엘리자베스 2세의 어머니 엘리자베스 황태후도 같은 수단을 잘 써서 평등주의, 성(性)의 해방, 다수 인종의 혼합하는 경향으로 흐르고 있는 사회의 동향에 맞추어 그러한 사회 실정에 미소를 보냄으로써 자기 나름의 견해를 나타내 보이기도 했다.

그러나 자기를 에워싸는 세계의 동향에 대해서 에든버러 공이나 엘리자베스 황태후 이상으로 진지하게 얘기를 듣고 양심에 비추어 적응해나가도록 힘썼음에도 불구하고 엘리자베스 2세가 스스로 그와 같은 행동을 한다는 것은 불가능한 일이었다.

엘리자베스 2세는 원래 타고난 흉내내기의 재능이나 자기과시(自己誇示)의 솜씨를 공적인 자리의 연설 도중에서 나타내기를 꺼려했다. 각료들이 다 알고 있듯이 엘리자베스 2세에게는 기지와 재치가 갖추어져 있었다. 그러나 인간으로서의 본성을 희생시킴으로써 비로소 여왕으로서의 행동이 가능하다고 생각하는 것이 엘리자베스 2세의 신념이었다.

여왕의 완고함과 모성 본능

R.A. 버틀러는 엘리자베스 2세가 어디까지나 한 사람의 여성이라는 입장에 서서 여성임을 부정하는 행동을 결코 하지 않으려고 애쓰고 있는 것을

알았다. 엘리자베스 2세는 인플레가 일기 시작한 1960년대 초에 물가에 관심을 가지고 항상 인플레를 걱정하고 있었다. 버틀러는 여왕이 손수 물건을 사는 일이 없다는 것을 알고 있었는데도 엘리자베스 2세가 물가에 대해 잘 알고 있는 데에 놀랐다.

그러나 엘리자베스 2세를 정점으로 하는 영국 왕실의 살림을 맡고 있는 경제 담당관은 엘리자베스 2세가 할머니인 메어리 황태후와 마찬가지로 어떤 점에서는 대단한 절약가라는 것을 쉽사리 말할 수가 있을 것이다.

엘리자베스 2세가 갖는 모성 본능은 대단한 것이어서 나이 차가 많았는데도, 맥밀란은 여왕에게 비밀을 털어놓아도 좋다고 생각했을 정도였다. 맥밀란은 1960년 5월의 파리에서의 거두 회담이 유산되었을 때에, "나의 참기 어려운 충격과 실망을 가슴속에 숨겨둘 수가 없습니다."고 엘리자베스 2세에게 편지를 썼다.

미국의 U2 정찰기가 소련 상공을 비행하던 중에 격추되는 어수선한 혼미(混迷) 속에 귀국한 맥밀란은 여왕으로부터 멋지고 따뜻한 동정적인 메시지가 자기에게 와 있는 것을 알고 크게 위로를 받았다.

그러나 엘리자베스 2세는 동시에 완고하기도 했다. 1961년 가을의 내각(內閣) 개조 때 맥밀란은 보수당 의장과 하원 원내 총무에 이언 맥클라우드를 앉혀야겠다고 고민하고 그때까지 이 두 직책을 맡고 있던 버틀러를 부수상으로 할 수 없을까 하고 생각했다. 그러나 엘리자베스 2세는 부수상의 직제를 결코 승인하지 않았다.

맥밀란의 일기에 의하면, "여왕은 과거에 그러한 직제가 없었다는 것을 분명히 지적했다. 나는 내 후계자 문제로 여왕의 대권(大權)이 손상되었다고 비난받는 것은 피하지 않으면 안 되었다."라고 해서 부수상 제도는 실현되지 않았다.

그로부터 2년도 되지 않아 맥밀란의 일기 뒷부분에는 빈정대는 투로 현실 문제에 언급하고 있었다. 1963년에 맥밀란이 수상을 사임했을 때의 후계자 문제는 그가 수상이 되었을 때보다도 몇 배나 더 거센 여론을 불러일으켰기 때문이다.

그리고 또 이때에도 여왕의 대권이 상처를 입었다고는 할 수 없어도 일종의 마이너스로 작용하는 결과를 초래했던 것이다.

그런데 맥밀란을 사임으로까지 몰고 간 푸로퓨모 사건은 사건의 주역인 존 푸로퓨모(맥밀란 내의 육군상)가 거짓말을 하지 않고 솔직하게 창녀와의 관계를 시인했던들, 또 만일 맥밀란 자신이 푸로퓨모와 이 사건에 대해서 개인적으로 대화를 가질 자세를 취했던들, 그처럼 비참한 결과를 초래하지는 않았을 것이 틀림없다.

그러나 푸로퓨모가 자신은 끝까지 결백하다고 우겼을 때까지도 맥밀란은 그를 만나기를 거부했다. 이와 같은 맥밀란의 태도가 다른 동료들을 분노케 했던 것이다. 각료(閣僚)들은 푸로퓨모뿐만 아니라 내각 전체가 맥밀란의 초연한 태도에 위압되고 있다고 느꼈다.

그리고 1963년 여름에 의회에서 있은 맥밀란은 답변이 서툴어서 문제가 되었던 적이 있었는데 그때 많은 동료들은 차기 총선거에서 늙은 맥밀란으로 보수당을 이끌어가기는 어렵다는 생각을 굳혔다. 다음 총선거에서 그의 나이는 70을 넘을 터이었다.

당내에서 결정되지 않는 후계자

그런 생각을 하고 있던 각료 중에서도 뛰어난 인물이 있었는데 그것은 두 사람의 귀족이었다. 한 사람은 추밀원 대신(樞密院大臣) 헤일셤 경이었다. 헤일셤 경은 보수당이 대승한 1959년의 총선거 때 정력적인 선거 본부장 이었다. 또 한 사람은 제14대의 흄 백작이었다. 흄 경은 가냘프고 조용한 소위 '올드 이든'형의 크리켓 경기를 좋아하는 인물로 그가 영국 연방성 (聯邦省)의 한직(閑職)에 있는 것을 맥밀란이 1960년에 외상으로 등용했던 것이다. 헤일셤 경은 다음 총선거에서도 자기가 중요한 임무를 맡아야 할 것으로 알고 있었다.

내성적이고 책임감이 강한 흄 경은 개인적인 야심과는 멀어 보이는 인물이었다. 그러나 흄 경은 맥밀란의 수상 사임은 보수당을 이롭게 할 것이라고 생각했다. 그리고 흄 경은 동시에 맥밀란이 푸로퓨모를 개인적으로 피하는 것은 신사가 취할 태도는 아니라고 생각했다.

회고록에 의하면 맥밀란은 당시에 자기에게 가해지는 수상 사임의 압력에 대해서는 끝까지 싸울 결심을 하고 있었으나 1963년 10월 7일, 즉 각의 (閣議)에서 수상을 사임한 바로 전날 밤에 변소에 가서도 용변을 볼 수 없을 정도로 통증을 느꼈고 심한 경련을 일으켰다는 것이 사의(辭意)를 굳히게 된 이유라고 밝히고 있다.

그 다음 날 아침 각의 도중에 맥밀란은 고통에 시달리며 두 번이나 자리를 뜰 형편이었다. 그날 밤에 주치의들은 급성이면서도 악성 종양이므로 즉시 전립선염 수술을 받지 않으면 안 된다는 진단을 내렸다. 맥밀란은 즉시 입원했다. 그리고 회고록 속에도 나타나 있듯이 기분좋지 않는 치료에 관한 얘기와 마취제의 냄새가 아직도 남아 있는 긴 나날 속에서 그는 흄 경과 헤일섬 경의 두 귀족과 협의한 끝에 보수당 당수를 사임할 것을 결심했다.

맥밀란이 이렇게 결심하고 난 뒤에 일어난 복잡하고도 격렬한 음모는 보수당의 위신에 플러스가 되는 것은 아니었다. 이어서 북부 영국의 휴양지 블랙 풀에서 보수당의 연차(年次) 당대회를 위한 회의가 열렸다. 보수당내의 음모는 엘리자베스 2세의 동의가 있어야만 하는 것이지만 그것은 왕실의 권위를 위해서도 도움이 되지는 못하는 것이었다.

맥밀란 시대의 위기가 갓 시작되었을 무렵에 엘리자베스 2세는 맥밀란에 대해 그의 조언(助言)에 따를 것을 분명히 했다. 엘리자베스 2세는 아버지 조지 6세와 마찬가지로, 일련의 고문(顧問)들에 의지하는 버릇을 가지고 있었다. 특히 그 고문들이 맥밀란이라든가 또는 그의 부하격인 흄 경이라든가 하는, 이른바 ‘엘리자베스파(派)’일 경우에는 여왕은 전적으로 그 조언에 매달리고 있었다.

그리고 여왕의 수석 시종 에이딘도 여왕에게 더 넓게 여론을 들어야 한다는 말은 한 마디도 하지 않았다. 즉 자기들의 문제는 자기네가 알아서 처리한다는 보수당의 일에 엘리자베스 2세가 참견을 함으로써 여왕이 상처를 입는 일은 피하도록 했던 것이다. 전립선염 수술은 어려운 일이었으나 1963년에는 이미 그것은 의학적으로 위험한 것은 아니었다. 따라서 맥밀란은 두어 달이 지나자 다시 각의(閣議)를 주재하는 수상 자리에 머무를 수 있게 되었고 1953년에 병석에 있던 처칠 때와 마찬가지로 정부는 기능을 유지해나갔다. 다만 처칠 때에는 보수당의 후계 당수(黨首)가 분명히 결정되어 있었다. 그러나 에이딘은 보수당 당수의 결정 과정에는 왕실이 개입해야 한다는 전통을 내세웠던 것이다.

동시에 엘리자베스 2세는 대권 행사 중에서도 가장 전통적인, 즉 가장 협의(狹義)의 해석인 '수상은 의회의 다수파를 억제할 수 있는 인물임을 분명히 할 것'을 실현시키기로 결심했다. 일반적으로 군주는 개인적인 것을 앞세우지 않고 수상의 인격과 그 정책에 관해서 대권을 행사해야 하는 것이다. 이것은 절대적으로 지켜져야 하는 일이었다.

1963년에는 보수당내에서 다수파의 인기를 끄는 유력자가 여러 사람이었다. 그러나 보수당 자체가 누구를 당수로 추대하느냐를 결정짓지 못했기 때문에 보수당은 엘리자베스 2세에게 그 문제를 떠맡긴 것이었다. 1957년에 엘리자베스 2세는 여러 권위자들과 상의해서 결정을 내렸다.

그러나 1963년의 경우는 심판관으로서의 자기의 임무를 오직 늙고 병든 한 사람의 노인(맥밀란)에게 맡겨버리고 말았던 것이다. 엘리자베스 2세가 취한 이런 정치 회피의 행위가 군주에 과해진 책임을 다한 것인지 어떤지에 대해서는 논의의 대상이 될 것이다.

엘리자베스 2세는 버킹엄 궁전으로 한 사람의 고문도 불러들이지 않았다. 그 대신 여왕은 병상에 있는 맥밀란에게로 가서 그와 단 한 번의 문답을 통해 즉시 자기의 결단을 내렸다.

당내에서 해결되지 않는 당수 선출

맥밀란은 다음과 같이 써놓고 있다. "엘리자베스 2세는 혼자서 나의 병실로 들어오셨다. 침착한 모습이었다. 여왕의 아름다운 눈이 빛나고 있었다. 여왕께서는 감동하고 계신 듯 했다. 나도 감동했다."

그리고 엘리자베스 2세는 맥밀란에게 조언을 요청했다. "나는 오늘 아침에 준비한 메모를 여왕에게 드리고 읽어보시도록 했다. …… 나는 텍스트없이 말씀드릴 수 있을 만큼 건강치 않습니다라고 말했다."

그 메모에는 여왕이 오기 며칠 전부터 여러 가지로 생각하고 타진한 결과가 씌어져 있었다. 하원 의원 중에는 두 사람의 유력한 후보자가 있었다. 버틀러와 레지널드 모드링이었다. 그리고 강력한 제3의 후보자도 있었다. 이언 맥클라우드였다.

맥클라우드는 하원 의원 중에서 맥밀란이 가장 아끼는 인물이었다. 그리고 또 한 사람 에드워드 히드가 있었다. 보수당의 공동 의장인 맥클라우드는 모드링보다 뛰어난 지성을 갖춘 사람으로 까다로운 식민지 문제에 대해서 빛나는 업적을 쌓고 있었다. 그때에 에드워드 히드에 의해 주도되던 유럽 공동체(EC)에 가맹하기 위한 교섭이 드골에 의해 좌절되고 있었는데 만일 그런 일이 없었더라면 히드는 맥클라우드보다도 강력한 당수 후보가 되었을지도 모른다.

버틀러의 지위는 맥밀란 다음이었고 맥밀란이 없을 때의 정부는 버틀러가 감독하고 있었다. 그러나 보수당은 매스컴이 떠받드는 것만큼 버틀러를 대우하지 않고 있었다. 1956년과 57년에 걸쳐 두 번씩이나 수상 후보에 올랐으면서도 보수당 당수로 버틀러를 지명하지 않았던 냉혹한 공기는 아직도 남아 있었다.

버틀러는 최근에 재무상에 임명된 젊은 경쟁자 레지널드 모드링과 비교하면 특히 약점이 있었다. 그리고 귀족들 중에서도 보수당의 당수 후보는 있었다. 맥밀란의 아들 모리스나 사위 줄리안 에머리는 블랙풀의 당대회에서 헤일섬 경을 추대하기 위한 공작을 열심히 벌이고 있었다.

그 움직임은 원래부터 맥밀란이 바라고 있었던 것이다. 그러나 헤일섬 경이 수상 자리를 위해 귀족의 지위를 포기한다는 뜻을 선언한 때문에 그 기회는 사라지고 말았다. 미국 대통령 후보를 지명하는 당대회처럼 멋있게 나선 헤일섬 경은 버틀러와 흄 경의 충고를 무시했던 것이다. 만약 버틀러 내각이 탄생한다면 버틀러와 흄 경의 두 사람은 버틀러 내각에 없어서는 안될 협력자들이었다.

결국 헤일섬 경은 귀족의 지위를 침해한 꼴이 되어 커다란 천벌을 받은 셈이 되고 말았다. 이렇게 되자 흄 경 자신이 남게 되었다. 그래서 맥밀란은 병실로 찾아온 대부분의 각료들과 애기한 내용을 다음과 같이 엘리자베스 2세에게 전했던 것이다. "사실상 모든 각료들이 헤일섬파, 버틀러파, 모드링파 할 것 없이, 흄 경의 수상이 된다면 전내각과 전보수당이 흄 경의 밑에서 단결할 것에 합의를 보았습니다."

1957년 때와 마찬가지로 이 맥밀란의 결론은 외부와 매스컴이 예측했던 것과는 전혀 다른 것이었다. 그 일 자체에는 문제가 없었다. 그러나 1957년과는 달라서 뜻밖에도 후보자인 흄 경의 배후에 당내의 강력한 지지가 없었던 것이다. 맥밀란 내각 각료 19명 중에서 9명이 흄 경에 반대하고 있었다.

맥밀란은 엘리자베스 2세에게 "10명이 흄, 3명이 버틀러, 4명이 모드링, 2명이 헤일섬을 지지합니다."고 보고했던 것이다. 맥밀란은 또 여왕에게 약 3백 명의 하원 의원들도 이와 비슷한 비율로 지지하고 있다고 보고했다. 즉 최대의 그룹은 친(親)흄파라고 했던 것이다. 이것을 뒤집어서 해석한다면 흄 경이 압도적 다수파의 지지를 얻지 못하고 있다는 말이 된다. 만일 그렇지가 않았다면 맥밀란은 확실하고도 분명하게 다수파의 지지를 얻고 있다고 말했을 것이다.

게다가 보수당 의원단(議員團) 태반의 멤버들이 흄을 반대하기로 한 사실 외에도 맥밀란이 의원들의 의사를 타진했다는 것이 철저했는지 또는 공평무사했는지에 대해서도 의혹이 있었다. 당시의 많은 의원들은 간사장의 보조자들로부터 받은 전화를 기억하고 있지만 그때 간사장이 가장 신경을 썼던 일은 흄이 차기의 당수 후보 출마를 강조하는 듯이 보였던 일이었다.

맥밀란은 또 엘리자베스 2세에게 상원의 보수당 귀족들도 2대 1의 비율로 흄을 지지한다."고 보고했다. 그러나 맥밀란도 선거구의 보수당 당원들의 의견에 관해서는 당 선거 운동원들의 견해와 마찬가지로 6대 4의 비율로 헤일섬과 버틀러가 갈라져 있음을 보고하지 않을 수가 없었다.

흄은 사실 전혀 지지를 얻지 못하고 있었다. 그 이유는 그가 입후보하고 있는 것을 보수당원들이 몰랐기 때문이다. 그러나 막상 이러한 사실을 알게 되자 보수당원들은 "미세스 S와 C 경(卿)이면, 틀림없이 모든 사람들이 단결될 수 있다."고 외쳤다.

흄 경 선출로 혼란

흄 경에게 자기들의 운명을 맡기자는 확고한 신념은 거의 없었다. 그러나 맥밀란이 엘리자베스 2세에게 보고한 타진 결과를 앞지를 만한 강력한 후보도 없었다. 엘리자베스 2세가 맥밀란으로부터 타진 결과를 보고 받은 것은 1963년 10월 18일이었다. 엘리자베스 2세가 맥밀란이 입원한 병실옆에 놓여진 높다란 의자에 앉아 있을 때 맥밀란은 흄 경이야말로 지명 순위 제1위라고 추천했던 것이다.

엘리자베스 2세는 맥밀란에게 이의를 제기하지는 않았다. "여왕은 만족을 표명하시고 나 이외의 조언(助言)은 필요없다고 언명하셨다."고 맥밀란은 회고록에 써놓고 있다. 엘리자베스 2세는 흄 경을 잘 알고 있었다. 흄은 왕실의 사냥 파티에 오래 전부터 초대되어왔었고 여왕의 외가 집안인 보즈 라이언 가와는 친밀한 친구였다.

엘리자베스 2세는 맥밀란이 말한 흄은 실제로 최선이며 최강의 인물인 동시에, 일반의 지지를 가장 많이 얻을 수 있는 후보라는 의견에 동의했다. 여왕의 유일한 걱정은 그 전날 밤에 흄이 수상이 될 것이라는 정보가 밖으로 새어나가 지명에서 떨어진 후보들이 결속해서 반격을 하지나 않을까 하는 점이었다.

맥클라우드와 모드링은 너무도 믿어지지 않는 결과에 충격을 받고 다른 보수당 당원들과 함께 이노크 파우엘의 집으로 모였다. 그들은 스코틀랜드 귀족인 흄이 오는 총선거에서 보수당의 선두에 서서 승리를 거두리라고는 생각하지 않았다. 그들은 흄에게 자기들의 생각을 전했다. 또 그들은 버틀러에게 전화를 걸어 만약 버틀러가 반대 행동의 선두에 선다면 자기들도 자지하겠다고 약속했다.

맥밀란은 이러한 항의를 '꽤 불쾌한 물건'에다 비유해서 따졌다. 맥밀란은 많은 각료들이 흄을 반대하는 의미에 대해서 별로 개의치 않았다. "요 몇 주일 동안 죽 계속되고 있는 그들의 라이벌 의식을 생각한다면 이것은 좀 18세기적인 얘기다."고 간단히 말해치웠던 것이다.

그러나 흄파(派) 이외의 이러한 움직임은 맥밀란뿐만 아니라, 엘리자베스 2세의 관심을 높이게 했다. 반대파의 분노는 거세었으며 뿌리 깊은 것이었다. 맥클라우드가 자기의 뜻을 내세워 각료(장관)를 사임했으며, 흄 밑에서는 일할 수 없다는 사태로까지 발전했다. 이노크 파우엘도 같은 행동을 취했다. 그들이 반대한 원인은 개인적으로 흄이 이러니 저러니 해서가 아니었다. 흄은 가장 정직한 인물이었다.

그러나 맥클라우드나 파우엘은 맥밀란에 의해서 조종되는 말하자면 보수당 당수의 '출현'이라는 봉건적인 수법을 받아들일 수가 없었던 것이다. 그러한 수법은 맥클라우드나 파우엘의 주의(主義)에는 맞지 않을 뿐만 아니라, 진보적인 보수당으로서 취할 바가 아니라고 생각했기 때문이다. 만일 그때에 버틀러나 헤일섬 경에 대해서도 싸울 용의가 있었다면, 맥밀란의 전략은 무너지고 말았을 것이다.

278

그러나 맥밀란은 자기의 병상 옆에 엘리자베스 2세를 붙들어놓고 있었다. 헤일셤 경이나 버틀러는 일단 공표된 여왕의 결정에 대해 반항하는 인물은 아니었다. 맥밀란은 여왕에게 속히 행동을 취하기를 권했다. 그리고 "이때야말로 스피드가 중요하며, 엘리자베스 2세가 버킹엄 궁전으로 돌아가 즉시, 흄 경을 불러 조각(組閣)을 명령하는 것이 좋겠다."고 말했던 것이다.

엘리자베스 2세는 동의했다. 그러나 과연 흄이 보수당 의원 과반수의 지지를 얻을 것인지에 대해서는 의문이었다. 그래서 맥밀란은 구두(口頭)나 메모를 통해서 여왕에게 이렇게 말했던 것이다. "흄을 알현하실 때 수상으로 임명하지는 마시고 우선 조각(組閣) 명령만 내리십시오."

엘리자베스 2세는 맥밀란의 손을 잡고 악수를 하고 나서 맥밀란의 메모가 든 큰 봉투를 끼고 병실을 나왔다. 여왕의 수석 시종 에이딘은 여왕이 이런 식으로 맥밀란을 방문하도록 권했던 사람으로, 그는 병실 밖에서 여왕을 기다리고 있었다. 에이딘은 여왕으로부터 봉투를 받아들었지만 맥밀란에 의하면 봉투가 너무 커서 에이딘의 모습은 마치 옛날 이야기 속에 나오는 꼬마 시종 같은 것이었다.

맥밀란의 회고록 속에는 없지만 이러한 여왕과의 협의 때 생긴 또 하나의 애깃거리가 있었다. 그것은 맥밀란이 원래, 자기의 병실에서 여왕을 맞은 것이 아니라 아래층 병실로 옮겨져서 맞이했는데 병원장이 낡고 더딘 엘리베이터로 여왕을 모셔서는 안 된다고 생각했기 때문이다.

버킹엄 궁전으로 돌아오자 엘리자베스 2세는 즉시 흄 경을 부르게 했다. 흄 경은 지지를 얻기 위해 전력을 다할 것을 다짐하며 조각(組閣)에 동의했으나 마음속으로는 그렇게 쉬운 것은 아니라고 느끼고 있었다. 흄 경은 전화를 걸어 맥밀란에게 자기의 걱정을 털어놓았다. 맥밀란은 뒤에 "그는 다만 보수당 통일을 위한 견지에서 타협적인 후보로 나선 것 같았다. 그는 사퇴를 하고 싶은 듯 했다."고 써놓았다.

그러나 맥밀란은 흄에게 의무감을 갖도록 촉구했다. "만일 우리가 이러한 음모에 굴복한다면 반드시 대혼란이 올 것이다."고 말했던 것이다.

여왕에 대한 보수당의 공과(功過)
반대파의 움직임은 그날 하루 종일 계속되었다. 1963년 10월 18일의 일이었다. 그러나 그날이 지나자 혜일섬 경의 화도 풀렸고 모드링도 사태가 수습되어가고 있는 것을 알았다. 흄은 여왕으로부터 조각(組閣) 명령을 받고 있었고 수상 관저에 들어가 각료들과 만나고 있었다. 이성과 당(黨)을 결속시켜야 한다는 강한 본능의 작용으로 보수당은 움직이고 있었다. 거기에다 버틀러는 흄이 정직하고 명예를 존중하는 인물이라는 점에서 그를 좋아하고 있었다. 버틀러의 의견은 모든 정책면에서 흄과 일치하고 있었다.

오직 한 가지, 버틀러가 의의를 제기한 점은 흄이 엘리자베스 2세에게 추천되기까지의 계획이었다. 그런데 만일 그가 끝까지 이의를 제기했더라면 부당한 것이었지만 버틀러의 행동은 개인적인 야망에서 움직였던 것으로 보였을 것이다. 결국 보수당은 결속함으로써 승리를 거두었다. 흄은 버킹엄 궁전을 다시 방문하고 엘리자베스 2세에게 버틀러가 외상으로 입각(入閣)할 것을 승낙한 이상, 그를 입각시킨다면 이제야말로 보수당을 반석 위에 올려 놓게 될 것이라고 했다.

그러나 그 결속은 하나의 대가를 치룸으로써 비로소 얻어지는 것이었다. 엘리자베스 2세의 치세(治世)에서 정치적인 비난 중 하나는 여왕의 대권에 대해서 가장 순종적인 자세를 보인 보수당이 현실적으로는 여왕의 권위를 손상시키는 논쟁으로 스스로를 끌고 들어가는 정당이었다는 사실이다.

노동당은 영국 정계(政界)에서도 특필(特筆)할 만큼 반왕제파(反王制派)의 인물들을 당내에 끌어들이고 있다. 그러나 수상 자리를 당내에서 이양(移讓) 하는 꼴이 된 갖가지의 사례 중에서도 가장 순탄하게 이양했던 것이 1976년 봄의 해롤드 윌슨 수상의 은퇴를 수반하는 일이었다는 것을 간과할 수는 없다.

1957년과 1963년에 엘리자베스 2세가 내린 결정 중 정치적인 내용이 부당한 판단이었다고 할 수는 없다. 만약 공개적으로 당수를 선거했더라도 맥밀란이 1차에서 상당한 표차로 당선되었을 것은 틀림없을 것이다.

그리고 그것보다 확률은 적으나 두 번째의 투표에서는 복잡한 당내 정세를 고려해 볼 때에 가장 타협적인 후보로서 흄이 승리할 가능성도 충분히 있었다.

그러나 여왕의 대권(大权)은 이러한 선택의 실제적인 지혜를 동원하지 않은 채 끝났다. 오히려 여왕의 대권에 의해 그러한 지혜는 묻혀버리고 말았다. 여왕의 대권 발동은 지지자의 숫자를 알아보는 과정에서 수수께끼와 같은 것이 작용되어 멜로 드라마의 요소까지도 등장하는 판이었다. 그리고 엘리자베스 2세가 정치에 개입하지 않으려고 한 나머지, 정신적으로나 현실적으로 커다란 실책을 저지른 것이었다.

여왕의 비상 개입권이 정치에 도입된 것은 엘리자베스 2세의 책임은 아니다. 그러나 일단 말려들어갔을 때 여왕은 알현 때에 보여주던 그 재능을 발휘하지는 않았던 것이다. 엘리자베스 2세는 자기의 판단대로 독자적인 행동을 하는 일은 없었다.

많은 사람들과 의논은 했으나 개인적인 편견을 가지고 있어 사람들로부터 말썽을 듣는 솔즈베리 경이나 해롤드 맥밀란에게 여왕으로서의 책임을 맡겨버린 듯이 보였을 뿐이다.

1970년 8월 26일자의 저자에게 보내온 서신(書信) 가운데서 맥밀란은 당시의 행동이 공평하지 않았다는 말을 부정하면서, 다음과 같이 써놓았다. "나에게는 어떠한 전략도 없었다. 내가 가지고 있어 있었던 것은 단지 하나의 결심, 즉 여왕에게 객관적으로 상황을 알리는 일과 또 나의 후계자에게 내각(內閣), 보수당 하원 의원, 보수당 상원 의원, 보수당 조직 등이 생각하고 있는 견해들을 될 수 있는 대로 정확하게 제공해준다는 것뿐이었다."

그러나 맥밀란은 대체 병원의 병실에서 얼마 만큼이나 객관적이고 정확한 정보를 얻을 수가 있었을까? 당시의 정세는 열풍이 불어닥치는 가운데 매우 복잡했다. 엘리자베스 2세는 맥밀란 이외의 인물로부터 조언을 받아야 마땅했던 것이다. 왜냐하면 1963년 10월 18일에 여왕이 병실에서 맥밀란을 만났을 때 그와는 헌법상으로 규정된 것에 대해서 아무것도 얘기한 일이 없었기 때문이다. 어떠한 수상도 자기가 후계자를 임명할 수는 없다.

맥밀란은 그날 아침 9시 반에 이미 수상 사임서를 엘리자베스 2세에게 내놓고 있었다. 그러니까 맥밀란의 조언은 엘리자베스 2세를 구속할 수는 없었다. 맥밀란의 조언은 헌법상 아무런 의미가 없었다. 정말이지 어떤 수상을 지냈던 사람이나 고문들의 조언도 개인적 또는 정치적인 감정이 작용하는 것을 피하기는 어렵다. 그러한 의견 속에서 어느 정도의 편견이 섞여 있는가를 판단하는 일은 군주에게 과해진 특수한 책임인 것이다.

1957년과 마찬가지로 1963년에서도 패배한 거물(巨物)이 자기에게 교묘하게 파놓은 함정에 빠지고서도 그 고통을 잠자코 견뎌냈다는 것은 엘리자베스 2세로서도 행운이었다. 왜냐하면 그 인물 즉 버틀러는 문제를 길게 끌지 않는데다가 자기를 수상 자리에서 항상 배제한 계략에 굴복하고 보수당과 엘리자베스 2세에게 충성을 맹세했기 때문이다.

나빴던 것은 보수당의 당수를 선정(選定)하는 방식이었다. 버틀러가 여왕에게 어떤 봉사적인 행위를 하면, 흄 경도 또 별도로 봉사적인 행위를 했던 것이다. 그것은 흄 경이 짧은 수상 재임 기간 뒤 보수당 당수를 사임하기 전에 자기에게 부여된 때와 똑같은 방법이 아니고서는 후계자에게 당수 자리를 물려주지 않겠다는 계략을 세웠기 때문이다.

1965년 12월 25일에 처음으로 공개 선거에 의한 '보수당과 연합당(북아일랜드의 보수당)의 당수 선출 규정'이 공표되었다. 앞으로 보수당의 당수는 하원에서 당을 대표하는 의원들의 투표에서 선출되도록 하는 것이었다. 그리고 이 투표는 당수에 의해서 하는 것이 아니라 '1922년 위원회'를 통해 일반 의원들의 조직에 의해서 하게 되는 것이다.

이들 하원 의원들은 어떤 수상이라 할지라도 그들의 협력을 얻지 않으면 안 되는 힘의 원천이었다. 그러니까 이들 평의원들이 지니는 민주적인 역량이 민주적으로 인정될 때에 비로소 논리가 들어맞는 것이었다. 이 결과 여왕의 대권이 발동되는 것은 이 민주적인 보수당의 당수 선출 방법이 완전히 정돈 상태에 빠지거나 그리고 누가 보더라도 공정하고 강력한 의지를 갖는 독립된 심판 기관의 도움없이는 사태를 해결할 수 없을 경우만으로 엄격하게 한정시키기로 했던 것이다.

제22장 올트링남 경(卿)

여왕 측근에 대한 비판

〈내셔널 앤드 잉글리시 리뷰〉 지가 1957년 8월 호에 '현대에 있어서의 군주제'라는 특집을 낸 일이 있다. 이 특집에 논문을 쓴 사람 중에는 저명한 왕제(王制) 옹호론자인 다이모트 몰러와 같은 인물도 포함되어 있었다. 논문의 내용은 거의 전부가 충실한 것이었다. 그러나 이 잡지의 편집 장이며 발행인이기도 한 올트링남이라는 젊은 귀족은 이 잡지에 자신도 논문을 발표했다.

올트링남 경은 엘리자베스 2세의 측근들이 그릇되게 여왕을 보좌하고 있다고 생각했다. 올트링남 경은 "여왕의 측근들은 거의가 예외없이 '한 가로운 족속들'이다."고 썼다. 그리고 또 "버킹엄 궁전에서의 계급 서열 (序列) 제도는 한심스럽게도 시대에 따라가지 못하는 것이 되어 있다. 군주와 왕족은 '대중적'인 것이 되어, 다른 인종들의 피가 섞였는데도 왕실 근무 자들은 구태의연하게 영국 신사, 귀족이라는 완고한 세계 속에서 벗어나지 못하고 있다."라고도 썼다.

올트링남 경은 엘리자베스 2세의 연설 내용이 변변치 못한 것은 측근들의 책임이라고 생각했다. "여왕의 입에서 나오는 말을 듣고 있으면 머리에 떠오르는 얼굴들이 있다. 얌전 빼는 여학생, 하키팀 주장(主將)의 얼굴, 신앙 고백을 막 끝낸 신도의 표정 같은 것이다."라고까지 썼던 것이다.

올트링남 경은 군주제에 대한 자기의 충성을 다짐했으나 엘리자베스 2 세를 위해서는 비판이 허용되어야 한다고 생각하고 있는 사람이었다. 올 트링남 경은 또 다음과 같이도 썼다.

"엘리자베스 2세는 어머니를 닮아서 글자로 씌어진 텍스트없이는 두 서너 개의 문장도 이어나갈 수 없는 것 같다. 젊음을 잃었을 때 여왕의 명성을 드날릴 수 있게 하는 것은, 지금 이상으로 여왕의 인격을 유지하는 데서만 가능할 수가 있다. 임시 방편으로 겨우 몸짓만으로 겉치장 한다면 그것은 충분한 것이 못 된다. 여왕의 말은 사람들이 언제까지라도 잊지 않을 내용이 담겨져 있어야 하며, 사람들이 옷깃을 여미고 주의할 만큼 스스로 행동을 하지 않으면 안 된다. 그런데 지금 그러한 인격이 나타나는 조짐은 조금도 보이지 않는다."

이 잡지가 나온 것은 대단한 사건은 아니지만 뱅크 홀리데이(뜻은 은행 휴일이지만, 실제로는 은행뿐이 아니라 공휴일)와 연휴가 겹쳐지는 주말이었는데 프리트 가(런던의 신문가)에서는, 이 특집이 절호의 뉴스감이 되었다.

신문 기자들은 올트링남 경의 집으로 들이닥쳤다. 그들은 올트링남 경이 잡지에 쓴 것 이상으로 말하고 싶어하는 것을 알고 기뻐했다. 올트링남 경은

“여왕의 측근들은 상상력이 없는 2류의 족속들로 세상 상식이 전혀 없다.”고 말한 뒤에 구체적으로 이름까지 대었다. 즉 버킹엄 궁전에서 여왕의 측근로서 부당하다고 지적된 자는 궁내 장관인 스키버러 백작과 수석 시종 마이클 에이딘, 그리고 보포트 공작(公爵)이었다.

격분한 반응이 즉시 여왕의 측근들로부터 나왔다. “주제넘게시리 젊은 놈이 …… 무슨 수작이야.” 하고 스트라스모어 백작은 욕설을 퍼부었다.(백작의 모토는 ‘오오 신이여, 나는 신만을 믿습니다’였다.).

“그놈은 사살(射殺) 시켜야 한다. 나는 그놈이 능지처참을 당하는 꼴을 보고 싶다.”고 아가일 공작은 말했다.(아가일 공작은 스코틀랜드에서의 왕실 고관으로 모토는 ‘잊지 말라’였다.)

그리고 올트링남 경의 발언에 자제(自制)를 보인 자는 올트링남 경으로부터 지적을 당한 사람들이었다.

스카버러 백작(모토는 ‘건전한 양심은 놋쇠로 만든 벽과 같다.’)은 “올트링남 경의 의견에는 흥미가 없다.”고 한 마디 했을 뿐이었고 보포트 공작(모토는 ‘변절이나 공포심을 경멸한다.’)은 “나는 태반의 시간을 글로스티셔에서 사냥으로 보내기 때문에 버킹엄 궁전에의 영향이라면 ‘여왕 소유의 종마(種馬)’에 대해 끼치고 있는 데에 불과하다.”고 했을 뿐이다.

마이클 에이딘은 아무런 논평도 하지 않았다. 그리고 올트링남 경이 TV 카메라 앞에서 64세의 ‘대영 제국 왕제파(王制派) 연맹’ 대표로부터 뺨을 얻어맞게 됨에 따라 이 올트링남 발언 소송은 이제는 영원히 남게 되었다. 일요 신문인 〈옵서버〉 지는 올트링남 경의 진보적 보수주의에 대한 논문을 종종 싣고 있었는데, 그 이후에는 기고(寄稿)를 거절했다. 그리고 오랜 역사를 갖는 올트링남 시(市)의 납세자인 선량들도 올트링남 경과의 절교를 선언했다.

이 올트링남 경은 케냐의 총통과 하원 의원 그리고 정부의 각료(장관)까지 지낸 뒤에 1945년 처칠에 의해 작위를 받은 초대 올트링남 경, 즉 제임스 글리그의 아들이었다. 이제야 올트링남 시의 납세자들은 향토가 낳은 위인의 아들과 ‘완전히 인연을 끊을 것’을 바라는 것이다. “올트링남 시(인구약 5만) 보다도 더 열렬한 왕제(王制)에 대해 충성심을 보이는 도시도 없다.”고 〈옵서버〉 지가 쓸 정도였다.

왕실에 대한 환멸감

〈데일리 메일〉지는 올트링남 발언에 대한 여론을 조사하고 깜짝 놀랐다. 16세에서 34세에 이르는 사람들의 과반수가 올트링남 경의 의견에 동조하고 있었던 것이다.(비율은 찬성 47%, 반대 39%였다.) 그리고 연령별의 각층도 대체로 엘리자베스 2세 측근의 울타리를 좀더 넓혀야 한다는 생각을 하고 있었다.(비율은 넓혀야 한다 55%, 현상대로가 좋다 21%였다.)

올트링남 경을 옹호하는 왕실 비판의 소리가 공공연하게 나오지는 않았다. 그러나 여왕을 비판하는 소리가 일어날 때마다 생기는 한 가지의 비난, 즉 엘리자베스 2세는 비판에 대해 대답할 수가 없을 것이라는 소리에 대해서 소동이 일어난 것 자체가 적어도 하나의 반향이었다.

이러한 일에 여왕이 직접 답변할 필요는 없었다. 여왕은 언제나 자기를 대신해서 답변해주는 많은 인재를 거느리고 있었던 것이다. 오늘의 올트링남 경 ── 1963년에 귀족이 그 작위를 포기하는 것을 인정하는 법률이 성립된 지 20분 후에 그는 평민 존 글리그가 되었다 ── 은 1957년의 소동에 이어 "엘리자베스 2세의 대관식이 끝난 후에 영국에는 우리들 영국 국민의 전통과는 전혀 이질적인 경향, 즉 그 내용이 왕제(王制)를 지지하는 건설적인 정신이라 해도, 군주에 대한 비판은 모두가 반역 행위로 간주하는 경향이 있다."고 말하고 있다.

그러나 실제로는 그 밖의 요소도 작용하고 있었다. 수에즈 동란(動亂)이 엘리자베스 2세의 치세(治世)에 말하자면 분수령이 되었다는 것은 이미 다 알려진 일이다. 그것은 영국 국민의 자존심을 상하게 한 큰 뼈아픈 타격이었다. 왕실에 관해서 말한다면, 타운젠트 사건의 뒷처리와 안토니 이든을 수상으로 임명했을 때의 실수가 사람들에게 환멸을 느끼게 했다. 그리고 국민의 왕실에 대한 환멸감이 일종의 유행 현상이 되어 나타난 것이다.

1957년 10월에 뉴욕의 브로드웨이에서 자작극(自作劇)인 〈노해서 돌아다 보라〉가 개막되기 전날 밤에 존 오즈본은 왕실을 테마로 한 그 연극에 대해 자기 소개를 했다. 그는 6개월 전부터 준비를 했다는 글 가운데서 다음과 같이 써놓고 있다.

"이 어리석은 산업(왕실)을 지탱하기 위해서 영국은 공허한 정신을 가지고 공허한 인생을 허송 세월하는 인간들을 너무도 많이 필요로 하고 있는 영국의 현실은 나에게는 실로 귀찮은 일이며 곤란한 일이다.

내가 왕실의 상징에 반대하는 것은 그 상징이 죽어 있기 때문이며 퇴폐 속에서 돈만을 아는 까닭이다. 버킹엄 궁전에 몰려드는 군중들은 자기에 대한 신념을 상실하고 자기의 화려한 면만을 팔아먹으며 평범한 것에 몸을 팔아넘기는 문명의 마지막 서커스에 스스로 끼어들고 있는 것이다.”

오즈본은 이른바 ‘영국의 노한 젊은이들’ 속에서 가장 첨단을 걷는 과격한 행동을 하고 있었으므로, 거의 모든 신문들이 오즈본의 왕실 공격을 무시했다. 그러나 그 해의 같은 달에는 풍자 잡지 〉펀치〉의 편집장을 지냈고 현재는 텔레비전 학자, 그리고 크리스트 교도로서의 삶을 지키기 위해 사회의 악과 싸운다는 젊은이 말콤 마가리지가 〈새터데이 이브닝 포스트〉 지에 “여왕의 경박한 멜로 드라마…… 이것은 대용품 또는 유사한 종교의 일종이다.”고 하는 장문(長文)의 견해를 발표했다.

그리고 마가리지는 올트링남 경이 지적한 버킹엄 궁전의 계급 서열 제도의 비판을 되풀이해서 “공보(公報) 담당관까지도 최상급의 계층에서 선임하지 않으면 안 된다. 그곳은 인간을 완전히 무능하게 만드는 환경이다.”라고 강조했다.

목적이 뚜렷한 이 보도에 영국 국내의 분노는 점점 더 높아져갔다. 마가리지는 〈새터데이 이브닝 포스트〉 지에 쓴 글에서 원자력 잠수함이라든가 유도 미사일 따위의 가치와 비교한다면 군주제에 드는 비용이 비싸다고는 할 수 없을 것이다. 그러나 윈저 성이나 버킹엄 궁전에서의 여봐라는 듯한 생활은 자기네들의 취향에도 전혀 맞지 않는 것으로 생각하는 사람들도 많을 것이다.”고 쓰고 있었다.

그리고 또 〈선데이 익스프레스〉 지는 이 글을 요약해서 “그는 엘리자베스 2세가 버킹엄 궁전이나 윈저 성에서 여봐라는 듯이 천박한 앞장서고 있다고 말했다.”라고 실었다. 또 마가라지는 조지 6세에 대해서도 “조지 6세의 크리스마스 방송은 그 말투가 무슨 장례식조(調)는 아니었지만 아버지인 조지 5세의 그것과 맞먹는 것으로서 사람들은 만족히 여겼다. 저 우울했던 전쟁 중에 조지 6세는 용기와 품위를 지니고 부과된 임무를 다한 것이다.”고 썼다.

그런데도 〈피플〉 지는 이 글을 "마가리지는 조지 6세의 크리스마스 방송을 모조리 공격해서 지독한 무능을 드러낸, 말하자면 '장례식조'라고 비난했다.'라고 요약해서 실었던 것이다.

그래서 마가리지는 BBC 방송에 출연할 수는 없게 되었다. 그리고 그는 〈선데이 다스패치〉 지와 계약을 하고 막 쓰기 시작한 주 1회의 칼럼도 돌연 해약당했다. 그리고 마가리지는 자기에게 가해진 악의에 찬 해석 때문에 입은 상서에 대해 신문 협의회에 고충을 호소했지만 그 대답은 냉담했다. 즉 신문 협의회는 〈선데이 익스프레스〉 지와 〈피플〉 지가, 마가리지의 〈새터데이 이브닝 포스트〉 지에 실은 논문의 해석은 악의가 없이 행해진 것이며 두 신문사는 마가리지의 논문에는 왕실에 대해서 많은 부당하고 적절하지 못한, 그리고 상대를 손상시키는 욕설이 포함되어 있다고 하는 생각을 주장할 권리를 갖는다고 판단했던 것이다.

새바람을 일으키는 개혁

엘리자베스 2세는 자기의 특별한 지위와 생활 양식이, 다른 일반 사람들의 마음에 불만을 불러일으킬 것을 충분히 알고 있었다. 여왕은 일찍이 샌드링검 궁전 근처의 작은 길을 차로 달리다가 그 차가 길가던 여자에게 흙탕물을 튀기게 한 일이 있었다. 그 여자가 화가 나서 여왕의 차를 보고 큰소리를 쳤을 때 여왕은 "나는 댁의 심정을 잘 압니다."고 말한 적이 있었다.

그때에 에든버러 공이 엘리자베스 2세에게 "저런? 방금 저 여자가 뭐라고 했오?"고 물었을 때에 여왕이 대답하기를 "'이놈!'이라고 해 줬죠."

올트링남 경이나 마가리지로부터 공격을 받던 그 무렵에 엘리자베스 2세는 이미 버킹엄 궁전에 새바람을 일으키는 여러 가지의 조치를 취하고 있었다. 그렇다고는 하지만 그것은 서서히 진행되었다.

엘리자베스 2세는 새로운 오찬회를 열었고 새로운 운동을 강조하는 뜻에서 1955년에 상류 계급의 딸네들이 처음으로 사교계에 대뷔하는 의식을 폐지하기로 결정했다. 그 행사 때에는, 엘리자베스 2세는 몇 시간을 꼼짝도 않고 서서 앞을 지나가는 수백 명의 젊은 여성들이 단정히 줄지어 지나가는 것을 보지 않으면 안 되었다. 이 행사는 사교계로의 가입식(加入式)이었으나 20세기 후반에 와서는 아무런 의미가 없을 뿐더러 돈만 있으면 아무나 나갈 수 있는 것이라는 비난을 받기도 했다.

그리고 1957년 11월에 마침내 그 해의 시즌을 마지막 행사라고 발표했던 것이다. 또 같은 달에 엘리자베스 2세는 의회 개원식 연설에서 "나는 상원에서 투표권을 갖는 1대(代) 귀족을 남녀 쌍방을 대상으로 창설하는 제도에 동의했음을 선언합니다."라고 언명했던 것이다.

이 1대 귀족제도의 창설은 상원의 계급 제도의 색채를 약화시키기 위한 조치였으나 그 구상은 해롤드 맥밀란으로부터 나온 것이었다. 그것은 엘리자베스 2세가 환영한 개혁의 하나였다. 그것은 또 여성을 상원의원이 될 수 있도록 한 점에서도 매우 훌륭한 조치였다.

엘리자베스 2세가 취한 또 하나의 민주화 조치는 제2차 대전 중에 폭격당한 버킹엄 궁전 안의 예배당을 개수(改修)해서 왕실 소유의 재보(財寶)를 일반에게 공개하는 미술관으로 만든다는 결정이었다. 왕실 소유의 보물은 그때까지는 역대 왕족과 특별한 귀빈에게만 공개되어왔으나, 엘리자베스 2세의 결단에 의해 1962년부터는 정기적으로 전시품의 내용을 바꾸어가며 누구나 2,3펜스만 내면 관람할 수 있게 한 것이다. 그리고 그 수익금은 윈저 성과 샌드링검 궁전, 그리고 또 발모럴 성을 공개해서 얻어지는 수익금과 함께 모두 자선 사업 기금으로 돌려졌다.

여왕이 진부(陳腐)한 연설밖에 할 수가 없었던 것은 여왕 측근의 잘못이라기보다는 오히려 정부의 책임이었으며 여왕을 공격하는 것도 역시 옳다고 할 수는 없었다. 부군인 에든버러 공이 훌륭한 연설을 할 수 있었던 것은 그가 군주가 아니었기 때문이다. 그러나 엘리자베스 2세는 군주였다. 그리고 옛날도 그렇고 지금도 그렇듯이 엘리자베스 2세는 에딘버러 공에 비하면 훨씬 많은 행동의 제약을 받고 있었다.

엘리자베스 2세가 어떤 연설을 할 때에는 관계 기관에서 여왕의 시종에게 연설의 재료를 보내온다. 시종들은 정부 각 부처의 담당관들과 함께 그것이 과연 정부의 시책과 부합이 되는지의 여부를 따진다. 어느 특정한 1파가 입수할 수 없는 중요한 내용을 정부의 각부처로부터 알아내려고 할지도 모르는 일이며 또 바람직하지 못한 내용을 어떻게든지 공개하지 못하도록 우길지도 모른다.

그런 까닭에 연설은 결국 알맹이가 없는 것이 되게 마련이다. 그래서 영국 정계의 바바라 카슬에서 마가레트 대처에 이르는 여성 의원들을 비롯해서 모든 생활을 하는 여성들이 고민하는 문제, 즉 연설을 어떤 식으로 해야할 것인가의 문제가 생기게 되는 것이다.

엘리자베스 2세의 연설하는 모습을 존슨 박사가 일찍이 지적하기를 뒷발로 걷는 개에다 비유해서 "아무래도 그럴 듯하다고는 할 수가 없다. 그러나 어찌되었든 연설을 해냈다는 뜻에서 사람들은 깜짝 놀라는 법이다."고 말해버렸다.

TV 방송으로 변하는 여왕의 이미지

1957년에 해롤드 니콜슨은 엘리자베스 2세의 목소리가 의식적으로 달라진 것을 느꼈다. 그 해의 크리스마스 방송에서의 여왕의 목소리에 대해서 니콜슨은 "여왕의 목소리는 아주 명료해졌다. 그리고 올트링남 경의 비판이 있기까지는 전혀 없었던, 일종의 활기가 나타나고 있다."고 써놓고 있다.

그 이유는 하나는 크리스마스 방송이 텔레비전으로도 중계가 된 데에 있었다. 앞으로 엘리자베스 2세는 해마다 크리스마스 연설을 텔레비전으로 할 것을 결심했다. BBC의 아나운서 실비어 피터즈 양이 모델이 되어 그 해 7월에 연설문을 읽을 때의 여러 가지 포즈, 즉 읽어나갈 때의 자세와 원고에 시선을 둘 때의 표정을 비롯해서 라디오 마이크에 대고 말할 때의 측면에서 잡은 화면들을 필름에 담았다.

그리고 엘리자베스 2세는 그 필림 속에서 자기가 연설할 때에 알맞는 자세를 골라 여왕의 거처에서 텔레비전 카메라와 대면했다. 그러나 그때에는 아직 비디오 테이프가 보급되지 않아 TV 녹화의 질이 좋지 않았다. 그래서 엘리자베스 2세는 생방송을 하지 않으면 안 되었다.

그런데 이 생방송에서 엘리자베스 2세는 TV 카메라가 자기를 찍고 있다는 것을 모른 채 연설을 끝냈다. 그리고나서 에든버러 공을 보고 정말 힘들었다는 표정을 웃어 보였다. 그때의 여왕의 미소야말로 '군주제'를 옹호하는 천 편의 논문보다도 훨씬 가치가 있는 것이었다.

그것은 그렇고 올트링남 경이 비판한 '한가로운 족속들'이라고 형용한 여왕 측근에 대한 비판은 옳은 것이었을까? 확실히 여왕 스탭 중의 한 사람이 말하는 역대 수상의 이름(1975년)을 드는 것을 들어보면 "영국에서 지배 계급이 완전히 사멸했다."는 말은 믿어지지 않게 된다. 윈스턴(처칠), 안토니(이든), 해롤드(맥밀란), 알렉(흄) 등의 순으로 역대 수상의 이름들이 친밀감을 느끼게 하는 퍼스트네임으로 나온다.

그리고 그 다음으로는 예상대로 '윌슨'이라는 성(姓)이 나타난다. 그러나 노동당 정권의 수상이라고 해서 단순한 정치적인 기호의 문제는 아닌 것이다. 그의 '윌슨'의 다음에는 보수당 수상인데도 '히드'라는 성(姓)만 나오기 때문이다.(에드워드 히드는 귀족이나 명문가의 출신은 아니다.) 엘리자베스 2세의 두 수석 시종, 즉 마이클 에이딘과 마틴 채틸스 경(그는 20년간이나 에이딘의 부관으로 있다가 1972년에 에이딘의 후임이 되었다.)은 둘이 모두 두드러지는 명문가의 혈통을 자랑하는 인물들이다.

즉 이들은 이든 스쿨 출신이며 훌륭한 사냥 솜씨를 자랑하는 사람들이었고 똑같이 군에서는 중령이었으며(에이딘은 근위 사단(近衛師団), 채틸스는 국왕 라이플 사단의 중령이었다.) 모두 귀족 취미에 조예가 깊은 자들이다. 에이딘은 수채회에 뛰어났고 채틸스는 조각에 재능이 있었다.

덧붙여서 말하면 채틸스의 작품은 런던의 본드 스트리트에 있는 고급품 점포 애스프리에서 살 수가 있다.(청동 펭귄이 4백 파운드나 한다.) 가령 두 사람을 직접 만나본다면 엘리자베스 2세의 측근에는 도시형 취미와 상식, 그리고 특수한 매력을 지닌 인물들이라는 것을 곧 알게 된다. 그간의 사정을 가장 잘 나타내고 있는 자는 아마도 베질 푸드로이드일 것이다.

그는 에든버러 공의 전기(伝記)을 쓰고 있을 때 버킹엄 궁전 안에 방 하나를 얻어쓰고 있었다. 어느 날 그가, 그 방을 나갔을 때 마이클 에이딘이 궁전 쪽으로 가는 것을 보고 말을 걸었다. 에이딘은 구상이 떠오르지 않는다는 푸드로이드의 말을 듣고 동정을 했다. 그러나 그는 그 자리를 피하려는 것같이 보였다.

그리고 조금 후에 "용서하게나. 지금 내 집에 불이 났다는 말을 들었네. 여하간 내 집은 세인트 제임스 궁전의 일부가 되어서 말이야……."라고 말하고는 그 자리를 총총히 떴다. 어쨌든 간에 엘리자베스 2세의 측근에 대한 1950년대의 비판은 빗나간 것이었다. 엘리자베스 2세는 군주로서 극히 특이했으며 그녀가 왕위에 올랐을 때 아버지 조지 6세가 임명한 왕실의 고용자들을 그대로 물려 받았고 그 후에도 조금도 손을 대지 않았다.

그 이유는 첫째 즉위 당시의 여왕이 젊었기 때문이기도 했다. 그러나 그것은 또 여왕이 좁은 시야 속에서 자란 탓이기도 했다. 엘리자베스 2세는 자기의 일은 자기 스스로 처리하는 사람이기도 했다. 그녀가 '고문'들로부터 조언을 받을 때 신경을 많이 쓴다는 사실이 그것을 말해준다.

엘리자베스 2세에 대한 비판은 어떤 경우에는 여왕이 젊기 때문이라고도 하고 또 어떤 때는 비판자 자신이 자존심을 지키기 위해서 엘리자베스 2세의 공적 이미지에 흠이 있으면 측근자의 책임으로 몰아 문제를 확대시켰기 때문이기도 했다. 이것이 바로 여왕이 겪었던 실태였으며 또한 이것이 엘리자베스 2세 자신의 이미지로서 바랐던 결과이기도 했다.

프라이버시의 한계

엘리자베스 2세의 측근 중에서 제일 비판을 받은 사람은 여왕 공보관(公報官)인 리처드 콜빌이었다. 그는 1947년에 조지 6세의 공보관으로 임명된 이래 1968년까지 계속 근무했다. 그의 성격은 확실히 가시를 지니고 있었다. 언젠가 영국에 온 캐나다의 신문 기자가 "버킹엄 궁전을 구경시켜 줄 수 없느냐?"고 한 일이 있었다. 그때 콜빌은 벌컥 화를 내며 "나는 당신네들 북미(北美) 사람들이 생각하는 홍보 담당관과는 종류가 다르다는 것을 아시오!"고 말했던 것이다.

콜빌이 어느 날 어디서 무슨 일이 발생할 것이라고 하면, 대개의 경우는 그의 말대로 실제로 그러했다. 콜빌은 편지를 받으면 반드시 편지로 회답을 했다. 그러나 발표한 것 이상을 신문 기자가 캐려고 할 때에는 꽉 입을 다물어버렸다. 틀림없이 보장된 BBC 방송을 제외하고는 콜빌은 일체의 매스컴을 신용하려 하지 않았다. 그리고 콜빌은 자기의 책임은 엘리자베스 2세의 사생활을 보도진으로부터 완전히 막아내는 일이라고 생각하고 있었다.

그의 이러한 자세가 신문계와 버킹엄 궁전 사이에 어떤 긴장된 관계를 낳게도 했다. 콜빌의 후임자들은 모두 매스컴에 종사했던 경험자뿐이었는데, 왕실과 매스컴과의 관계를 잘 유지시키기에 무던히 애를 썼다. 그러나 엘리자베스 2세가 자신과 왕실 일가를 공개해도 좋겠다는 생각을 갖게 된 것은 그로부터 훨씬 뒤의 일이다.

여왕의 즉위 초기 엘리자베스 2세는 자신의 사생활을 지키기 위해 특별한 지시를 내렸다. 콜빌은 그 지시에 따라 움직였다. 그리고 여왕은 자기의 사생활을 완벽히 유지하기 위해 상당한 조치를 취했다. 1959년 1월에 당시 윈저 성의 감독관이었던 한 사람이 〈일요 신문〉에 닳고 닳은 시트의 가장자리를 가운데로 옮겨놓는 따위의 왕실의 경제 사정을 자세히 발표했다. 왕실에서 일하는 자들은 왕실을 배반하는 따위의 행동은 금지되어 있었다.

그래서 이 사건은 1911년의 에드워드 밀리우스의 사건 이래, 처음이라는 왕족이 재판에 관련되는 사태가 빚어졌다. 엘리자베스 황태후도 1960년 시종의 하나가 그와 같은 일을 저질렀을 때 엘리자베스 2세처럼 의연한 태도를 보였다. 1963년에는 지난 1940년대 엘리자베스 공주와 마가렛 공주가 나이 많은 음악교사 마벨 랜더에게 써보낸 두 통의 편지를 그의 친척 한 사람이 팔려고 한 일이 있었다.

그 편지는 뉴욕의 경매장에서 영국 대사에 의해서 수백 파운드로 낙찰 되었던 것이다.

자기의 프라이버시 유지를 위해서 엘리자베스 2세가 크게 신경을 쓰는 일은 여왕이라는 데서 오는 여러 가지 압박에 대한 반발이었다. 이런 심 리적인 압박은 여왕이 예기치 않던 시기부터 나타나고 있었다. 아버지 조지 6세가 일찍 사망하지 않았더라면, 1950년대 후반에도 엘리자베스 2세는 자기 자신의 가족 생활을 즐기고 있었을 것이다.

엘리자베스 2세의 즉위로 해군 생활을 중단한 부군 에든버러 공의 불만은 왕실 요트 '브리타니아' 호로 긴 바다의 여행을 떠나는 것으로서 나타났다. 에든버러 공은 모험 삼아 1956년부터 57년 사이의 겨울에 남태평양을 항 해해서 여왕의 남편이라는 달갑지 않은 처지에서 해방되어 그는 해군 시절에 맛보았던 기쁨을 되찾았다.

엘리자베스 2세는 가족들과 가깝게 지내는 친구들의 모임에서 자기의 프라이버시를 발견하고는 한동안 모임에도 나가지 않았다. 여왕은 자기에게 주어진 공부를 마치면 자기 자신의 세계로서 집요하게 사생활을 지켰다.

엘리자베스 2세가 사생활에서 가장 비호(庇護)한 것은 아이들을 돌보는 일이었다. 엘리자베스 2세나 마가렛 공주의 어릴 때와 비교하면 찰스 왕자나 앤 공주는 사람들의 앞에 나서는 일이 훨씬 적었다. 이것은 신문 기사에 나지 않은 것만을 뜻하는 것은 아니다. 1957년에 찰스 왕자가 아버지 에든버러 공이 다녔던 학교, 티앰 스쿨에 입학했을 때 신문은 찰스 왕자에 관한 기사를 1학기 88일 동안 68일이나 보도한 일이 있다.

그래서 콜빌은 런던의 신문 편집장들을 버킹엄 궁전으로 소집하지 않으면 안 되게 되었다. 콜빌은 이렇게 소동을 벌인다면 엘리자베스 2세는 찰스 왕자를 학교에 보내지 않고 사적(私的)인 형태로 교육시키지 않으면 안 될 것이라고 과잉 보도를 경고했다. 그래서 결국은 찰스 왕자의 중등 교육은 격리된 형태로, 즉 이튼 스쿨이 아닌 먼 고든스타운 스쿨에서 공부를 시키는 형태로 실현되었다.

이것에는 하나의 잇점은 있었다. 확실히 이튼 스쿨은 윈저 성에 가깝다는 점에서는 편리했으나, 런던의 신문사들과도 가까운 거리에 있었기 때문에 왕실로서는 곤란했던 것이다.

여왕의 친한 친구

엘리자베스 2세는 어머니로서 아이들의 일에 관심을 쏟은 결과 아이들을 되도록이면 특별 취급을 하지 않고 기르지 않으면 안 된다는 신념에서 모든 점에 신경을 썼다. 차를 드는 시간에는 반드시 빵과 샌드위치를 먹은 뒤에 케이크를 먹게 했고 바지가 짧으면 접어 넣었던 바지 가랑이를 내리도록 했다. 팔꿈치가 닳으면 기워서 입히도록 하고 용돈은 한 주일 동안에 2실링 6펜스만 쓰도록 했다.

그리고 시종들에게는 아이들을 부를 때에는 '전하'라 하지 말고 퍼스트네임으로 부르라고 시켰다.

에든버러 공도 여왕처럼 엄격했다. 찰스 왕자에게 잠자리를 정돈하는 일은 반드시 자기가 하도록 명했으며 매일의 아침 식사도 정해진 시간에 꼭 하라고 잔소리가 심했다.

이러한 기본적인 예의범절을 가르치는 것과는 전혀 별도로, 에든버러 공은 또 찰스 왕자에게, 인생을 어떻게 살아가야 하는가에 대한 질문을 가끔 하기도 했다. 어느 때 찰스 왕자는 샌드링검 궁전에서 개의 사슬을 잃어버린 일이 있었다. 그것을 안 엘리자베스 2는 다음 날 찰스 왕자에게 가서 찾아오라고 명령했다. "개 사슬은 매우 값비싼 거란다."고 여왕은 타일렀다.

엘리자베스 2세의 친구들도 여왕 일족들로서는 가까운 피난처가 되는 곳이었다. 이들은 일반 사람들에게는 드러나 있지 않은 작은 그룹으로 어쨌든 남의 눈에 띄지 않기를 바라는 마음이 강했다. 따라서 친구들은 엘리자베스 2세의 가족들을 몰래 보호하기 위해서, 친구 이상으로 여러 가지 배려와 손을 쓰고 있었다.

주말에 친구를 방문한 엘리자베스 2세는 보통때 같으면 그곳에서 가까운 교회에 나가곤 했는데, 측근의 예배자들은 여왕이 와 있는 것을 비밀에 붙이곤 했다. 그 지방의 신문에 보도가 되지 않도록 하기 위해서였다. 그들이 일부러 남의 눈에 띄지 않게 행동하기란 쉬운 일이 아니었다. 그래도 엘리자베스 2세나 친구들이 그러한 고충을 참는 일은, 교회로 카메라맨들이 들이닥치는 소동을 빚는 것보다는 나았던 것이다.

타운젠트 사건으로 소동이 벌어졌을 때 마가렛 공주를 숨겨온 네빌 가와 윌스 가는 엘리자베스 2세의 친구들 중에서도 가장 친밀한 사이였다. 엘리자베스 2세가 네빌을 만난 것은 윈저 성에서였다. 네빌이 조지 6세의 보디가드 역할을 한 자들 중 한 사람으로 가담했던 때부터의 일이었다. 네빌은 왕립 증권 거래소의 회원으로 있으면서 엘리자베스 2세의 개인적인 재산관리를 했고 왕실 회계관이 된 후부터는 에든버러 공의 수석 시종이 되어 있다.

한편, 버크셔의 빈필드에 사는 윌스 가는 윈저 성에서 차로 바로 갈 수 있는 곳에 있어서 엘리자베스 2세는 운전사도 없이 로버(영국 국산차)의 핸들을 손수 잡고 윌스 가에 가곤 했다. 그 밖에는 핼리 아저씨로 불리는 글로스터 공이 있었다. 글로스터 공은 말하자면, 엘리자베스 2세 집안의 아버지와 같은 존재였다. 그는 노샘프턴셔에 있는 저택으로 여왕을 초대해 따뜻이 환대했다.

그리고 엘리자베스 2세에게 글로스터 공 이상으로 영향을 미친 사람은 딕키 아저씨, 즉 마운트배튼 경이었다. 브로드 랜즈에 있던 마운트배튼 경의 저택은 여왕이 정기적으로 묵었던 여섯 군데 민간 저택 중의 하나였다. 그리고 또 마운트배튼 경의 딸 패트리셔가 살고 있는 켄트의 집에도 엘리자베스 2세는 자주 가서 묵었다.

패트리셔는 '비스마르크 호를 격침하라!' 등의 영화를 제작한 제7대 브라본 남작과 결혼하고 있었다. 엘리자베스 2세와의 우정은 패트리셔가 버킹엄 궁전의 소녀단 단원이었을 무렵부터였다. 패트리셔는 여왕보다 2세 위로, 패트롤 대장이었으므로, 여왕은 어릴 때부터 패트리셔에 대해 어른을 대하는 것 같은 두려움의 기분을 가졌다. 특히 뒷날, 패트리셔가 에든버러 공과도 토론을 잘하는 사람 중의 하나라는 것을 알고 엘리자베스 2세는 감탄했다.

두 사람의 토론이 열을 올리면, 엘리자베스 2세는 옆에서 "더 해봐요, 패트리셔, 더 그이에게 따지고 대들어요."라고 웃으며 소리쳤다. 이 밖에 엘리자베스 2세와 친한 사람은 워너 부인과 포체스터 경, 에스트몰랜드 경 —— 이 두 사람은 엘리자베스 2세와는 경마(競馬)로 특히 친해졌다 —— 이 있었다.

엘리자베스 2세가 말타기를 좋아한 것은 어릴 때부터의 일이다. 아버지 조지 6세가 사망하고 나서 왕실의 마구간을 이어받은 후로는 경마장의 잔디밭에다 엘리자베스 2세는 더욱 정열을 쏟게 되었다.

말에 쏟는 정열

여왕 엘리자베스 2세의 이미지는 경마와의 관련을 빼고는 생각할 수 없는 것이 되었다. 그러나 1952년에 왕실에서 경마장을 유지하지 않게 되었더라면 엘리자베스 2세의 말에 대한 정열은 아마도 미치지 않는 곳 없이 좀더 확산되었을지도 모른다. 엘리자베스 2세는 말의 장애물 경기에 특히 흥미를 가졌는데 1956년 여름에는 올림픽 마술(馬術) 컨트리맨을 빌려주기도 했다. 게다가 엘리자베스 2세는 선수 전원을 윈저 성에다 합숙시켰는데 이것은 훈련 상황을 자세히 보고 싶었기 때문이었다.

그리고 스톡홀름에서 열린 마술 대회를 일부러 보러 갔을 때, 여왕은 마치 자기가 훈련시킨 말이라도 되는 듯 말의 동작을 볼 때마다 입술을 실룩거리며 열중했다. 그것은 무리가 아니었다. 여왕 자신이 예나 지금이나 바로 국제급의 여성 기수(騎手)이기 때문이다.

딸 앤 공주의 승마(乘馬) 솜씨는 이미 유명하지만 만일 엘리자베스 2세도 경기에 계속 나갔더라면 아마 앤 공주만큼의 솜씨를 보였을 것이다. 여왕의 발달된 운동 신경은 그다지 알려지지 않은 여왕의 특질의 하나이다. 또 그것이 공적인 행사에서 엘리자베스 2세가 보이는 놀랄 만한 스태미나의 비결인지도 모른다.

엘리자베스 2세는 지금까지 1주일에 4, 5회는 승마를 계속하고 있다. 딱딱한 안장 위에서의 씩씩하고 정력적인 승마 솜씨는 과연 일품이다. 정식으로 승마 기술을 익혔고 과학적으로 연습해왔으므로 구령, 체중, 손발의 놀림 등이 모두가 완벽하다.

승마에 쏟는 여왕의 철저한 관심은 앤 공주에게 모범이 되었다. 단련된 육체와 강인한 정신, 그리고 두려움을 모르는 기백 —— 이러한 엘리자베스 2세의 기질이 앤 공주의 솜씨를 빛나게 했고 크로스컨트리 마술에서도 우수한 성적을 거둘 수 있게 했다. 엘리자베스 2세는 매년 부활절 때 영국 배드민턴에서 열리는 마술 경기 대회에 벌써 여러 해째 나가고 있었고 그것과 마찬가지로 1967년에는 몬트리올 올림픽에 출전한 딸 앤 공주의 승마 솜씨를 보러 캐나다로 갔다.

그때 여왕은 관객(觀客)으로서가 아니고 오히려 특별한 사정으로 관객의 지위에 머무르게 된, 경기 선수라고 할 수가 있었다. 그 '특별한 사정'이란 말을 다룰 줄 아는 기술을 말한다. 그래서 왕실에서는 경기마를 기르는 책임을 여왕에게 맡기게 된 것이다. 이 왕실 경기마는 17세기 초의 제임스 1세 시대로까지 거슬러 올라가는 전통을 지니고 있는 유산이었다.

조지 6세는 이 경기마 관리의 의무를 다했으나 경마 그 자체에는 흥미가 없었다. 그래서 제2차 대전 후 경마에 흥미를 갖게 되고 나서도 왕비와 장녀(엘리자베스 황태후와 엘리자베스 2세)가 조지 6세를 경마장까지 끌고 나가기에 애를 먹었던 것이다.

윈저 성에 자주 초대된 손님 중에 훌륭한 아마추어 기수인 마일드메이 경이 있었다. 마일드메이 경은 엘리자베스 2세 모녀를 설득해서 함께 모너빈이라는 이름의 장애물 경기마를 사게 했다. 이 말은 약 3천 파운드의 상금을 벌어들였다. 그 후 마일드메이 경이 물에 빠져 죽는 사건이 일어나자 모녀는 말하자면 충동적인 구매 욕구에서 마일드메이 경이 가지고 있던 말 가운데서 두 필을 사들였다.

이 두 필의 말은 그 후에도 계속 경기에서 우승을 했는데 모녀는 단순히 경마를 즐긴 것뿐만 아니라 경기마를 가지는 일에 더욱 열을 올리게 되었다. 현재의 엘리자베스 2세의 책상 앞에는 경기마 혈통에 관한 책들이 여러

권 놓여 있다. 순종을 발견하는 일은 여왕의 취미의 하나가 되었다.

그것은 혈통에 흥미를 가졌던 메어리 황태후의 취미가 다른 방향으로 빗나간 것이었다. 엘리자베스 2세는 할머니인 메어리 황태후와 마찬가지로 순종에 대한 예리한 관찰력을 가지고 있었다. 왕실 이외의 경기마 소유자들은 엘리자베스 2세가 순종을 가지게 되는 것은 왕실이기 때문에 얻어지는 부당한 이점이라고 할 수 있었을 것이다. 그러나 엘리자베스 2세가 갖고 있던 이점이라면, 그것뿐이었으며 그 순종의 말을 갖는 일이야말로 여왕이 마구간을 지켜온 인고(忍苦)의 소산이었던 것이다.

그리고 엘리자베스 2세의 그러한 성공이, 여왕의 지위 때문이 아니라고 할 수 있는 또 하나의 이유가 있다. 그것은 완전한 말주인이 아니면 경멸을 당하는 그런 세계 속에서 엘리자베스 2세가 그만큼 존경을 받을 수 있었던 것은 인간적인 이해와, 동물에 대한 감수성, 그리고 진짜 프로 의식에서 나온 노력의 소산이었던 것이다.

어느 때에 기수인 브라이언 테일러가 프랑스의 롱샹 경마장에서 경기를 했을 때 엘리자베스 2세의 말 호프풀 벤처가 상대편 말을 방해했다고 항의를 하고 엘리자베스 2세의 말이 우승한 것을 부인했다. 그때 테일러의 항의는 가볍게 묵살되고 말았다.

엘리자베스 2세는 자기 말의 우승을 기뻐했지만 뒤늦게 테일러의 항의가 묵살당한 것을 알고 화를 냈다. 여왕의 말이건, 누구의 말이건 방해한 말에 대해 항의하는 것은 테일러의 당연한 의무였던 것이다. 엘리자베스 2세는 여왕이라고 해서 특별한 정실로 처리하는 것을 정말로 싫어했다.

교외를 좋아하는 시골 사람

엘리자베스 2세가 자신의 참모습을 보일 때는 즉 여왕으로서의 공적인 입장에서 멀어지는 시간에는 말과 함께 있을 때였다. 여왕은 일반 사람들처럼 말을 좋아해서 왕이라는 지위도 잊어버리고 이리 뛰고 저리 뛰면서 말이 힘을 내도록 구령을 외치거나 또 손을 흔들거나 했다. 그리고 자기 말이 승리했을 때에는 아이들의 사진에서 흔히 보는 것처럼 이빨을 드러내고 기쁜 표정을 지었다.

경마장에서의 엘리자베스 2세는 가장 잡기 힘드는 스릴, 즉 다른 누구들과도 평등한 취급을 받는 기분에 젖을 수 있어 모든 것을 떨쳐버리고 친구들과 어울리는 것 같은 분위기 속에서 다른 사람들과 예사로 가까워지곤 했다. 엘리자베스 2세는 말들에게 얘기를 하며 코를 끌어당겨 냄새도 맡고 혈통 좋은 말이 풍기는 헤아릴 수 없는 좋은 기분에 도취되어 제 정신을 잃는다.

엘리자베스 2세는 아침 일찍 일어나 아직 밤이슬에 젖은 말들이 옆을 스치며 달리는 것을 보고, 황홀한 기분이 된다. 그리고 마구간을 한 바퀴 돌며 윤기가 반들반들 나는 말들의 어깨 위를 쓰다듬으며 자기와 같이 말을 사랑하는 기수들과 얘기를 나눈다. 여왕은 이렇게 말한 적이 있다. "만약 저 캔터베리 대주교만 없었다면 나는 아마 매주 일요일에 비행기로 프랑스의 롱샹 경마장으로 갔을지도 몰라요."

편히 쉴 수 있는 휴일이 전혀 없는 생활에서 엘리자베스 2세가 필요로 한 것은 자기 자신이 무엇엔가 열중하는 일이었다. 그래서 엘리자베스 2세는 동물에 애착을 갖게 되었다. 여왕의 주위에서는 여왕이 지녀야 할 여러 가지의 지적인 행동을 내세워 그것을 실행할 것을 요구해왔지만 그런 것으로는 여왕의 휴일을 휴일답게 할 수는 없었다.

그러나 동물에 애착을 느끼게 됨으로써 여왕은 느긋한 기분을 맛볼 수 있는 기적을 이룩했던 것이다. 동물을 좋아한다고 해서 여왕은 코리개(여왕의 애완견)에 대한 회고록 같은 것을 내놓을 수는 없었다. 그러나 이 조그맣고 성을 잘 내는 동물이 엘리자베스 2세의 대명사처럼 되었다. 호위병들의 복사뼈를 할퀴어서 상처를 내기도 하고 식사 때에 스커트를 물어뜯으며 장난을 쳐서 속옷을 내다 보이게도 했지만 이러한 강아지들은 나중에 죽어서 '여왕의 충실한 벗, 수잔'이라는 조그만 비석과 함께 샌드링검 궁전에 묻히기도 했다……

여왕이 이렇게 동물을 사랑하는 일들은 엘리자베스 2세가 항상 정상적인 상태라는 것을 확인하는 일종의 부적이기도 했다. 그 까닭은 여왕 자신이 손수 개의 시중을 들고 손수 개에게 밥을 주며 손수 벼룩이나 이를 잡아주고 개가 나쁜 짓을 하면 꾸짖어주었기 때문이다.

그리고 말의 경우와 마찬가지로 개에 대해서도 엘리자베스 2세는 사육법 (飼育法)에서 프로급의 수준에 달하지 않으면 마음이 풀리지 않았다. 1950

년대에는 샌드링검 궁전에서 여왕은 래브라돌견(犬) 사육에 정성을 들여 훌륭한 사냥개의 일종으로 만들어내었다. 이 개는 마침내 그 종목에서 최고의 상을 타기도 했다.

엘리자베스 2세는 바깥 세상을 좋아했다. 항상 대도시 속에서 살지만 결코 도회지의 인간이 되지 않겠다는 것이 전통적으로 여왕의 가족들한테서 볼 수 있는 하나의 특징이었다. 여왕의 일족은 시골 사람이다. 사냥, 사격, 낚시 등으로 항상 대자연과 친하기를 좋아한 것이다.

엘리자베스 2세도 이런 것을 부끄럽게 생각하지는 않았다. '시골 사람', '말을 좋아 하는 사람'으로 불리어도 여왕은 스스로가 그것을 자인했다. 여왕 말고도 시골 사람들은 이렇게 불리운다. 즉 이 사람들은 모두 시골의 토박이인 것이다. 엘리자베스 2세는 그러한 사람들과 마찬가지로 자랐다. 두꺼운 양말을 신었더라도 발바닥 땅의 감촉을 느낄 수 있도록 시골 사람처럼 오래 걷기를 좋아했다. 비 오는 날에 휴가 여행길에 나서는 것이 여왕에게는 별로 고통스런 일로는 생각되지 않았다.

엘리자베스 2세가 이러한 성격이었기 때문에 더한층 사람들이 여왕을 사랑하고 있는 것으로 보여진다. 에드워드 8세라든가 마가렛 공주는 밝은 태양 아래 여행하기를 좋아했으나 그 이미지가 사람들에게 좋은 것이었는지 어떤지 잘 모르겠지만 아마 실제로는 오히려 나빴을는지도 모른다.

만약 엘리자베스 2세가 여왕이 아니었더라면 틀림없이 시골에 정착해서 살았을런지도 모른다. 개를 기르며, 여성 단체나 적십자 같은 데서 지역 사회 발전을 위한 봉사 활동에 대부분의 시간을 보냈을 것이다.

그리고 아들은 해군에 보내고 딸을 마술(馬術)에 열중시키는 일은 있었을지도 모르지만 아이들을 집 근처의 종합 학교에 보내지는 않았을 것이다. 여왕이라는 이유에서 엘리자베스 2세가 그러한 일을 했다면 위선이 된다. 게다가 기숙사 제도의 학교에 보내는 것은 아이들을 위해서 좋은 일이었다. 찰스 왕자에게 티엄 스쿨의 기숙사 방을 보이면서 엘리자베스 2세는 "이 방의 침대에서는 이제 뛰지도 못하고 구르지도 못한다."고 타일렀다.

에스코트 경마의 계절

엘리자베스 2세가 자기의 생활 방식을 확립하고 나서부터는 윈저 성에 초대되는 사람들은 여왕의 생활에는 허식(虛飾)이 없는 것을 알고 깜짝 놀랐다. 친구들이나 각계 명사들은 애스코트 경마가 열리는 1주일 동안을 윈저 성에서 모여 매일 아침 무개(無蓋) 마차를 타고 윈저 성에서 경마장까지 떼를 지어 몰려 들어간다. 이와 같이 해서 모인 20여명의 사람들은 단기간이나마 공동 생활을 하게 되는 셈인데 이 모임은 20세기 후반에 남아 있는, 전통적인 의미에서의 왕실의 가장 친밀한 모임이었다.

이 모임에 초대되는 사람들의 명단을 작성하는 사람은 프랑케트 경이었다. 이 사람은 1975년에 죽을 때까지 여왕의 공식적인 즐거운 갖가지의 행사를 감독해왔다. 이 모임에서는 반드시 주말에는 파티를 열었다. 엘리자베스 2세는 항상 보통때와 마찬가지로 오전 중에 공무를 처리하고 그 뒤에는 승마하러 나갔다.

한편 초대된 사람들은 테니스를 치기고 하고 쇼핑하러 나가기도 했다. 그리고 윈저 성에 남아 있는 사람들을 위해서 여러 가지 오락 시설이 준비되어 있었으며 레코드도 갖춰놓고 있었다. 그 곡목은 루이 암스트롱, 에라 핏츠제럴드, 레나혼, 오스카 피터슨 등의 것과 세미 클래식, 슈베르트의 〈미완성 교향곡〉, 그리고 마라의 〈대지의 노래〉도 있었다. 그러나 멜로디가 없는 무조 음악(無調音樂)은 하나도 없었다. 이 밖에 아가사 크리스티의 추리소설 따위도 갖추고 있었다.

영국의 환경 보호 운동가들은 지금 가장 소음 공해에 시달리고 있는 것이 엘리자베스 2세라는 사실을 모르고 있을 것이다. 윈저 성은 런던 공항(空港)에서 불과 3, 4킬로밖에 떨어지지 않는 곳에 있다. 세계에서도 비행기의 발착수가 가장 많다는 런던 공항 비행로 바로 아래에 있다.

1950년대 말에, 제트 여객기가 소음을 내기 시작하고부터 골치를 앓고 있는 엘리자베스 2세는 비행기 발착(發着) 방법의 변경이나 풍향(風向)의 변화에 대해서도 정통하게 되었다.

런던 공항의 비행기 발착 시간이 고르지 못해서 저녁 식사 때에 엘리자베스 2세는 혼잣말로 투덜델 정도였다. 그러나 그러한 공해에 대해서 여왕 자신이 항의할 수 있는 입장에는 있지 않았다.

이리하여 엘리자베스 2세 시대의 중기(中期)를 장식하고 과학 기술의 정수(精髓)인 콩코드 초금속 여객기가 요란스런 폭음이 머리 위를 덮치게 되었고 엘리자베스 2세 자신이, 국민을 대표해서 공해에 시달리는 처참한 꼴이 된 것이다.

그렇다고는 하지만, 윈저 성에 초대된 인사들은 풀장에서 수영을 즐기기도 하고 배드민턴 코트의 잔디밭에 누워 한가로운 모습을 보이기도 했다. 또 에든버러 공의 말을 빌려 타기도 하고, 테니스를 치기도 하면서 머리 위를 폭음을 내면서 나는 비행기를 쳐다보곤 했다. 윈저성 내부에는 '스틱 벽'이라는 굉장한 것이 있었다. 거대한 캐비닛으로 된 그 속에는, 과거의 몇 해에 걸쳐 의식(儀式) 때마다 선물 받은 수십 개의 스틱(단장)이 들어 있었다.

그리고 에든버러 공의 친필로 된 커다란 왕실 가계도(家系圖)가 있었다. 그 가계(족보)는 아주 복잡해서 헤센 지방백(地方伯)인 필립(1504~67)이라는 인물까지 거슬러 올라가는 것이었다. 그 밖에도 귀중한 그림 등이 보관된 창고가 있었다. 이러한 그림들은 엘리자베스 2세와 에든버러 공이 자주 꺼내다가 윈저 성 안의 다른 방을 장식하기도 했다.

그러나 초대 손님들에게는 이러한 훌륭한 그림의 장식도 여왕 자녀들의 장난감으로 어질러져 있어서 방과는 어울리지 않는 것같이 보였다. 왜냐하면 복도에는 모형 자동차, 말, 기차나 커다란 고무공 같은 것들이 잔뜩 널려 있었기 때문이다.

평균적인 가치관의 상징

그런데 저녁때가 되어 손님들이 애스코트 경마에서 돌아오면 식사 후에 특별한 여흥(餘興)이 마련되어 있었다. 왕실 일가나 초대된 손님 전원이 윈저 성 밖에 있는 시내의 극장으로 가서 희극을 보았다. 엘리자베스 2세는 애스코트 경마 중에 적어도 하룻밤은 자기가 앞장서서 윈저 성 내의 유서 깊은 스테이트룸이나 도서관으로 초대자들을 안내했다.

그런 때에는, 도서관 사서(司書)가 서가 뒤에서 뛰어나왔지만 엘리자베스 2세는 자신이 손수 서고(書庫)를 열어 책을 구경시켰다. 그 책들은 보물이라 할 수 있는 것이기 때문에 지식의 원천이 되는 그 책들에 대해서 장시간에 걸쳐 상세한 설명을 하는 것이었다.

아주 소탈한 분위기 속에서 엘리자베스 2세는 초대자들과 함께 '게임' 놀이를 하는 것이 즐거웠다. 두 팀으로 나뉘어 각각 서로 마주보고 서서 중앙에 있는 심판이 글귀가 적힌 표지판을 제시하면 사람들은 그 지시 글귀에 따라 몸짓으로 하는 놀이였다. 적혀 있는 글귀는 '결혼에 싫증이 난 그녀는 정(情)을 통했다.'라는 따위였다. 연기자들은 표시판에 나타난 글귀대로 서로 흉내를 냈지만 연기가 신통치 않을 때에는 같은 팀이 다음 연기를 할 수가 없게 된다.

델러노 루스벨트가 제2차 대전 말기에 윈저 성을 방문했을 때 이 야단법석 놀이에 참가했던 일을 적어놓고 있다. 그녀는 그때 같은 짝이었던 윈스턴 처칠의 서투른 솜씨에 대해서도 써놓고 있다. 이 놀이의 기원은 오랜 옛날로 거슬러 올라간다. 실내에서 하는 이런 놀이를 재미있어 하는 엘리자베스 2세의 취미는 실로 에드워드 시대의 상류 사회에서는 빼놓을 수가 없는 놀이였다.

병원체(病原體)와 같은 성질을 갖는 다른 병원체를 넣어서 병을 고치는 치료법을 믿게 된 것도 엘리자베스 2세가 전통적인 옛 것, 구식의 티가 나는 것을 좋아했기 때문이었다.

그런데, 지금까지 왕실에 대해서 이렇게 써온 얘기들이 과연 저 1950년대 말에 엘리자베스 2세와 영국 군주 제도에 대해 퍼부어졌던 과격한 공격들을 정당화하는 것으로 되었을까? 올트링남 경과 오즈본, 그리고 마가리지 등의 비판에서 가장 두드러진 것이 있다면 그들의 기질이 전체 영국인의 그것과는 전혀 관계가 없다는 것을 말할 수가 있다. 영국인의 기질은 대체로 "만사가 잘 되어간다."라든가, "이렇게 좋은 일은 일찍이 없었다."라는 식으로 간단하게 말해버리는 그런 것이다.

그들이 왕실을 진저리가 난다고 생각한 것은 많은 점에서 매우 당혹감을 느끼게 하는 크로되의 증언과 마찬가지로 밸런스가 맞지 않는 것이었다. 영국의 모든 결점을 가든 파티라든가 왕족의 여교사나 버킹엄 궁전 내의 몇 명 안 되는 관료들의 탓으로만 돌린다면 그것에 얼마만큼의 신빙성과 깊이가 있을 것인가? 버나드 쇼가 말했듯이 영국의 급진파가 저지르는 죄과는 짜의 악이 아니라 표면상의 악을 공격하는 데에 있다.

평범하고 지적이 아니며 그리고 구식이라고 생각되는 것을 두려워하지 않았던 엘리자베스 2세는 1950년대의 후반에 영국을 석권하고, 1960년대에는 번영의 시대를 맞은 유행 승배의 풍조에도 잘 편승하지 못하고 있었다.

그러나 엘리자베스 2세는 가장 새롭고 가장 심원하다고 하는 일에 열중하는 풍조에 대해 어떤 확고한 것을 느낄 수가 없었던 것이다.

1970년대 초에, 그러한 풍조의 껍질이 벗겨졌을 때 엘리자베스 2세는 평균적인 국민의 가치관에 가장 가까운 존재가 되었다. 즉 평균적으로 영국인들은 광기보다는 평범한 것을, 과격한 것보다는 보수적인 것을, 그리고 시끄러운 음악을 밤새도록 듣는 것보다는 한낮에 경마를 즐기는 여왕과 함께 살아가는 것을 최고의 행복으로 생각하고 있었던 것이다.

그것은 당연한 일이었다. 엘리자베스 2세야말로 저 "20세에서 가장 세상을 등져왔던 군주, 이집트의 파르크 왕이 몹시 감동해서 "20세기 말까지 활동할 수 있는 왕은 세계에서 다섯 사람이 있다. 즉 트럼프의 클로버, 다이아몬드, 하트, 스페이드의 왕과, 영국의 윈저 왕가뿐이다."라고 말하기에 이른 것은 엘리자베스 2세가 영국 왕가의 본래 정신을 똑똑히 이어받고 단련한 인물이었기 때문이다.

제5부 왕 족(王族)

제23장 새로운 가족

어머니로서의 만족감

1960년 2월 19일에 엘리자베스 2세의 세 번째 아기인 앤드루 왕자가 태어났다. 이 일은 왕실 이외의 사람들을 놀라게 했다. 그러나 되도록이면 많은 아이를 두고 싶다는 것이 엘리자베스 2세의 오래 전부터의 소원이었다. 그것은 엘리자베스 2세 자신의 소원인 동시에, 형제가 많다는 것은 아이들에게도 좋은 일이었기 때문이다. 그리고 오래 전부터 많은 자녀를 두고 싶었지만 아버지 조지 6세의 사망으로 생각지도 않던 젊은 나이로 왕위를 계승했기 때문에 그 소원을 이루지 못해온 것이다.

엘리자베스 2세의 부모는 슬하에 두 공주만 두었지만 엘리자베스 2세 역시 그 동안 자녀 둘이라는 비슷한 가족 구성이었는데 이것은 어디까지나 주위 사정에 따라 우연히 생긴 일이었으며 엘리자베스 2세는 앤드루 왕자의 출산에 이어 1964년 3월 10일에 사내아이로는 세 번째인 넷째 아기 에드워드 왕자를 낳아 염원이던 대가족의 꿈을 이루었다.

이렇게 사내아이가 늘어남으로써 왕위 계승에의 대비는 만전을 기할 수 있게 되었다. 엘리자베스 2세는 공무에서 짬을 내어 어머니로서의 역할을 다하는 데서 행복감을 느끼는 것이었으나 실제로는 그렇게 흡족하지는 않았다. 앤드루 왕자가 태어난 몇 시간 후에는 여왕은 벌써 자리에서 일어나 정부에서 보내온 공문서를 읽고 있었던 것이다.

그러나 새로 태어난 왕자는 엘리자베스 2세로서는 개인적인 면에서 큰 기쁨의 원천이 되었다. 유모가 자리에 없을 때 여왕 자신이 손수 아기를 목욕시키고 또 옷을 갈아입혀서, 침대에 잠재운다거나 하는 일로 엄마가 된 기쁨을 실컷 맛보았던 것이다. 아이들에게 알파벳을 가르친 것도 유모가 아니라 바로 엘리자베스 2세 자신이었다.

이런 사생활에서의 흐뭇한 마음의 충족은 엘리자베스 2세에게 밖에서의 공적인 자리에서도 이제까지 이상의 마음의 여유로서 나타났다. 그리고 갓 40세가 된 나이로서는 어딘가 걸맞지 않게 여겨질 정도로 느긋한 관록이 눈에 띄게 붙게 되었다.

엘리자베스 2세의 생활 방식에 대해 화려한 재클린(전 케네디 미국 대통령 부인)이나 멋쟁이 그레이스 켈리(모나코 왕비)의 생활 양식과를 비교해서 사람들은 불평을 하기 시작했다.

그러나 엘리자베스 2세는 그러한 소리에는 일체 현혹되지 않았다. 그것은 엘리자베스 2세의 타고난 성격이기도 했지만 국민이 어떠한 반응을 보일 것인가 하는 점을 꿰뚫듯이 빤히 알고 있는 영리함에서 비롯된 것이었고 또 동시에 엘리자베스 2세에게는 그러한 멋쟁이 역할을 잘하는 동생 마가렛 공주가 있었던 것이다.

1960년대는, 마가렛 공주로서는 새로운 출발의 시대였다. 1955년에 타운젠트와 결혼하지 않는다는 공식 성명을 낸 후에도 마가렛 공주에게는 타운젠트 사건의 여파가 아직도 남아 있었다. 타운젠트는 문필가(文筆家)로서의 길을 걷고 있었다. 그리고 세계 일주 여행을 끝내고 타운젠트는 1958년에 잉글랜드로 돌아와 여러 번에 걸쳐 마가렛 공주와 몰래 만나고 있었다.

신문이 눈치를 채고 또 1955년의 그때처럼 두 사람에 대한 추적 취재가 재연될 것만 같았다. 그러나 타운젠트는 유럽 대륙으로 건너가 벨기에의 담배 부호(富豪)의 상속을 받을 20세의 아가씨 마리 루이스 저매뉘와 사랑에 빠졌고 1959년에 결혼했다. 한편 마가렛 공주는 그 무렵까지 찰스 왕자와 앤 공주의 사진을 습작(習作)으로 찍도록 새로 허락 받은 젊은 사진사 안토니(애칭 토니)암스트롱 존즈와 사귀고 있었다.

1960년 2월 26일, 즉 앤드루 왕자가 탄생한 지 1주일 후에 마가렛 공주와 사진사 암스트롱 존즈의 약혼이 발표되었다. 이 두 사람에게 가장 기뻤던 일은, 2년 넘게 끌어온 교제를 완전히 비밀 속에 묻어둘 수가 있어 신문에 들키지도 않았고 또 아주 가까운 왕족 이외의 누구도 눈치를 채지 못했다는 일이었다.

암스트롱 존즈는 1950년대에 신문의 가십란에 종종 등장한 인물이긴 했으나 마가렛 공주와의 관계를 의심해보는 사람은 한 사람도 없었다. 마가렛 공주의 곁에 있어도 그것은 사진사로서일 뿐이라고 생각되었기 때문이다. 또 암스트롱의 가계(家系)를 보더라도 재래의 사고 방식대로라면 왕실과 인척 관계를 맺으리라고는 거의 생각할 수 없었기 때문이었다.

암스트롱 존즈의 아버지는 결혼을 세 번씩이나 한 경력이 있는 웰즈의 변호사이고 어머니는 디자이너인 올리버 메셀의 자매였으나 이혼하고 다시 아일랜드의 귀족 로세 백작과 재혼해서 아기까지 낳고 있었다.

마가렛의 결혼과 어려운 문제

암스트롱 존즈 자신은 이튼 스쿨을 나와 케임브리지에서 공부했다. 그리고 1950년에는 옥스포드와의 대항전에서 조정(漕艇) 선수 콕스(키잡이)로서 보트를 저어 이겼다. 그러나 케임브리치에서는 건축학 공부를 모두 마치지는 못하고 끝났다. 훗날에 와서 교수는 "그(암스트롱 존즈)는 퍽 기분에 맞는 인물이다. 그러나 다른 학생보다 근면한 데는 없었다. 건축학에는 맞는 재능을 갖지 않는 것으로 보였다."고 밝혔다.

그 뒤에 암스트롱 존즈는 런던에서 사진가로서 일하기 시작해서 필리코 지구(地区)에 스튜디오를 차려놓고 잡지의 일이나 초상 사진, 그리고 때로는 패션 디자인 따위의 일로 이름이 팔리기 시작했다. 그는 귀염성이 있고 세련되었으며 사진가로서의 재능이 있었다.

그러나 막말로 하면 무대 장치가, 안무가(按舞家), 예술가 따위는 말하자면 '국적 불명의 화류계(花柳界)'라고나 해야 할 세계에서 나온 셈인데 그런 인물이 왕실의 한 사람이 된다는 것은 진보적인 〈뉴 스테이트맨〉 지에서까지 수년 전까지만 해도 도저히 상상할 수조차 없던 관대성을 가지고 평가해야 마땅하다."고 쓸 정도였다.

그리고 1976년 3월에, 16년간 계속된 마가렛 공주와 토니 암스트롱 존즈 (1961년에 스노우든 경의 작위를 받았다.)의 결혼 생활이 파국을 맞고 나자 왕실의 맴버들은 역시 마가렛 공주는 그때에 좀더 나이가 많고 남편다운 인물, 그리고 마가렛 공주가 10년 이상을 사귄, 상대도 똑같이 마가렛 공주를 잘 알고 있던 저 사내, 피터 타운젠트와 결혼했어야 했다는 소리가 쏟아져 나왔다.

그러나 이런 주장은 사후약방문 격으로 억지 이론을 캐는 흠이 크다. 타운젠트는 첫째 남편다운 인물이라고는 말할 수가 없다. 뭔가 겁먹은 듯한 활달하지 못한 사교성은 지기가 누군가를 남에게 나타내는 방법으로는 허술하고 졸렬했다.

그리고 1960년에 암스트롱 존즈가 왕실 일족들로 하여금 자기에게 친밀감을 갖도록 하고 일반 국민들에게도 인기는 심는 데에 성공한 저 발랄한 자질은, 도저히 타운젠트가 갖지 못한 재능이었다.

암스트롱 존즈의 유머 센스는 기묘한 일이지만 엘리자베스 2세의 센스와 매우 유사했다. 두사람은 같은 농담을 했고 같은 흉내 내는 재능을 가졌다. 또 암스트롱 존즈는 야외에서의 스포츠에도 끼어들었다. 엘리자베스 2세는 암스트롱 존즈가 동생 마가렛에게도 좋은 영향을 준 것을 알고 기뻐했다.

암스트롱 존즈와 마가렛 공주는 서로가 정말 들떠버렸으며 황홀한 연인이자 친구 사이이기도 했다. 두 사람은 고루한 구습(舊習)과는 아주 거리가 먼, 얼핏 보기에도 남다른 지성적인 취미를 공유하고 있었으며 또 얼마쯤 얼토당토 않는 일, 변태적인 일을 크게 좋아하는 성격을 가지고 있었다.

만약에 마가렛 공주가 타운젠트 사건의 악몽으로 몹시 상심해 있다는 사정만 없었더라면, 엘리자베스 2세는 이 마지막의 성격, 즉 이상한 짓을 편애하는 성격에 좀더 주의하고 있었을지도 모른다. 그러나 1960년대에 있어서는 이미 이 두 사람의 결혼에 거부권을 발동시키기는커녕 그냥 잠깐만 기다리라는 대기 명령조차 도저히 내릴 수 없게 되었던 모양이다.

그렇지만 만약 다른 상황 아래였다면 그 마가렛 공주의 결혼은 반드시 착실한 감정(鑑定)의 대상이 되었으리라. 뒤에 와서 암스트롱 존즈는 일을 분명히 해줄 것을 바라며 말했다.

"나 자신은 왕가에 속해 있지 않다. 나는 다만 왕가의 한 사람과 결혼한 사람일 따름이다."

그러나 이런 발언은, 왕실 일가의 멤버와 결혼하는 일에 필연적으로 수반하는 권리 의무의 관계는 무엇인가 하는 문제를 얼버무리는 것이 되었다. 1961년에 요크셔 지방 명문의 딸 캐더린 우즈레미 양은 그런 문제와 정

통으로 직면했다. 그녀는 엘리자베스 2세의 사촌인 에드워드 왕자, 즉 켄트
공과 결혼했는데 결혼까지 긴 시간이 걸렸다. 그 이유는 왕실과의 관계를
갖는 데서 발생하는 여러 가지의 책무가 있었기 때문이며 오랫동안 생각해서
엘리자베스 2세와 에든버러 공과의 관계와 같이 켄트 공 부인은 그 결혼에
따라 발생되는 공적인 역할을 수행할 책임을 받아들일 결심을 했던 것이다.

그렇게 하지 않는 길이라면 거의 완전히 익명에 가까운 꼴로 사는 수밖에
없었다. 1963년에 앵거스 오글비는 켄트 공의 누이 알렉산드라 공주와
결혼했지만 오글비는 왕실과의 관계를 기본적으로는 완전히 사적(私的)인
관계로 해달라고 우겼다. 즉 아내는 알렉산드라 공주로서 공적인 행사 등의
임무를 수행하지만 자기는 어디까지나 일개의 사업가로 머무를 것이며 부부
동반이 당연하다고 생각되는 경우 이외에는 아예 공적인 장소에는 모습을
나타내지도 않았던 것이다.

그러나 토니 암스트롱 존즈는 마침내 이 두 타입의 중간쯤에다 자기의
위치를 설정했다. 처음에는 마가렛 공주의 공식 행사의 자리에도 애써 동
행했다. 1960년대 초에는 마가렛 공주와 암스트롱 존즈는 마치 엘리자베스
2세와 에든버러 공을 방불케 할 만큼 행동해서 미국을 방문하거나 자메
이카의 독립 식전에 참석하거나 국내에서는 미들랜드 지방의 공장을 시
찰하거나 했다. 그리고 암스트롱 존즈는 오글버가 공적인 책임을 지게 된다고
해서 거절한 작위를 받은 것이다.

그러나 공적인 생활만으로는 암스트롱 존즈는 만족하지 않았다. 사진에
대한 정열은 여전히 사라지지 않아 외부와의 계약도 계속되고 있었다. 그것이
엘리자베스 2세와의 사이에 일종의 긴장된 관계를 낳게 했다. 물론 암스트롱
존즈가 살아가기 위해서 일하는 것은 시대의 추세와도 합치되는 일이었다.
어쨌든 과거 5백 년 동안에 직계 친척의 한 사람으로서 평민을 맞아들인
첫 군주가 됨으로 엘리자베스 2세는 새로운 자세를 보였다.

그리고 약혼 때에는 마가렛 공주와 암스트롱 존즈의 사이에서 태어나는
아이는 왕위 계승 순위로는 5번째(당시로서)이지만, 왕자나 공주라는 명칭은
쓰지 못하며 단지 미스터 또는 미세스 존즈로 한다는 것까지 지시되었던
것이다. 이런 변칙적인 조치는 암스트롱 존즈가 스노우든 백작이 됨으로써
현실적으로 실시되지는 않았지만 이 결혼의 경위는 그 밖의 모순을 간단

하게는 해결하지 못했다는 것을 뒤에 와서 제시하는 것이 되었다.

처음부터 내재한 모순

이러한 모순의 대부분은 마가렛 공주 자신의 인품에서 나온 것들이다. 그것은 데이비드 큰아버지, 즉 에드워드 8세(윈저 공)와 같이 마가렛 공주는 낡은 격식 속에서 현대적인 인간으로 살아가기 위해 마음속에 생기는 정신적인 초조를 자기 스스로 제어할 수가 없는 인물이었기 때문이다.

성서에 나오는 인물로 말한다면 마가렛 공주는 언니 말타에 대한 마리아였다. 공적인 관점에서 말한다면 초일류의 리츠 호텔의 체인을 따라 차례로 돌며 여행하는 윈저 가의 스타라는 셈으로 자기가 국민의 대표이기 위해서는 궁극적으로 국민이 그러한 비용을 부담하게 된다 해도 당연하다고 예사로 여길 수 있는 인물이었던 것이다.

마가렛 공주가 1955년대 피터 타운젠트와 결혼하지 않기로 작정한 이유를 간단히 설명한다면 마가렛 공주는 마음속으로 다른 어떤 것보다도 자기가 공주임을 즐기고 있었기 때문이라고 말할 수가 있다. 그러나 마가렛 공주의 처신을 비판하던 사람들은 도대체 이 20세기의 후반에서 마가렛 공주에게 무엇을 기대했던 것일까? 엘리자베스 2세도 여왕임의 딜레마에 빠져 괴로움을 겪었으나 여왕은 기본적으로는 조지 5세가 여러 가지로 시도했던 저 왕실의 원칙 위에 서서 그리고 때로는 엘리자베스 2세가 깊이 숭배하는 빅토리아 여왕이 살아온 신조에 따라 괴로움을 해결하려고 노력했다.

그러나 마가렛 공주는 과거에 의지하지 않고 현대에다 자기가 살아가기 위한 기조(基調)를 찾아 바로 시대적인 혼란을 그대로 자기의 생활 방식에 반영시켰던 것이다.

암스트롱 존즈를 남편으로 택한 것 자체가 이런 경향을 분명히 나타내고 있다. 광고, 패션, 인테리어(실내 장식), 그리고 팝 뮤직 따위의 말하자면 허식에 가득 찬 세계에서 뛰어나온 인물을 골랐던 것이다. 이러한 분야를 추구하는 일은 이른바 '흔들리는 60년대' 속에서도 훌륭한 직업, 아니 예술이라고까지 해서 인기가 대단했다.

그러한 화려함 속에서는 차례차례 새로운 것을 추구해서 방황하는 마가렛 공주는 유능한 인물로 보여져 마가렛 공주가 매일같이 밖으로 나다녀도 자기 내면의 충실성에 결여된 데가 있어도, 비난받기는커녕 창조에의 의욕을 나타내는 것으로서 평가되었던 것이다. 많은 예언자들이 1960년대를 영국의 새 시대에의 여명이라고 칭찬해댔으며 마가렛 공주의 그럴 듯한 현대 그 자체의 언동이 크게 환연되었고 그 반면에 엘리자베스 2세의 겸손하고 소극적인 자세가 이러쿵저러쿵 비난되었다.

그러나 좀더 비뚤어진 눈으로 사태를 바라보던 사람들은 자기네의 주변에서 일어나고 있는 광기어린 소동에 바이마르 시대나 기봉이 쓴 로마 시대의 물거품과 같은 허황된 번영의 공기를 냄새 맡고 있었다. 그리고 이런 사고 방식으로 간다면 마가렛 공주나 그녀의 친구들은 막다른 골목을 향해 춤을 추고 있는 셈이었다.

엘리자베스 2세와 그 일가로서는 새로운 상황 속에서 은연 중에 보인 모순의 새싹은 1960년 5월의 마가렛 공주와 암스트롱 존즈의 결혼 이전에 벌써 나타나고 있었다. 암스트롱 존즈는 당연하다는 듯이 친한 친구를 신랑 들러리로 지명했다. 그런데 이 친구는 1952년에 동성애로 유죄 판결을 받은 사실이 판명되었다. 곧 대신할 사람을 찾기 위해 회의가 소집되어 5명의 후보자 중에서 산부인과 의사인 여왕 시의(侍醫)의 아들 닥터 로저 길리어트가 뽑혔다. 그러나 그는 암스트롱 존즈의 친한 친구가 아니라는 것을 인정하지 않을 수 없었다.

또 왕실의 멤버가 모두 이상하게 여겼던 일이지만 그때 마가렛 공주의 시아버지가 될 토니 암스트롱 존즈의 아버지가 원래 스튜어디스이던 세 번째 부인과 버뮤다에서 허니문을 즐기고 있었는데, 신문들이 추적하지는 않았다. 왕족들이 이상하게 여긴 것은 이 신문의 침묵이 정말로 우연한 일로서 진심으로 기뻐해야 좋을지, 아니면 의식적으로 침묵을 지키고 있는 것인지 하는 일이었다. 마가렛 공주의 결혼은 유럽 각국의 왕실로서는 중요한 왕실 행사로 보기에는 걸맞지 않은 것이었으므로 결혼식에의 참석을 거부하는 연락이 공전(空前)의 수에 달했다.

커진 왕실 일족

그러나 그러한 불만스런 기분도 국민과는 관계가 없었다. 마가렛 공주가 일개 평민과 결혼한다고 해도 그 결혼은 엘리자베스 2세의 대관식 이래 처음인 대대적인 왕실 행사였다. 결혼식의 광경은 텔레비전으로 온 세계에 전해졌다. 1960년 5월에 버킹엄 궁전 앞의 더 몰 대로는 끝에서 끝까지 사람들로 메워지고, 런던의 거리에서는 결혼식의 퍼레이드가 지나가는 길가에 좋은 자리를 먼저 잡으려고 수천 명의 시민들이 노숙(露宿)을 했다. 13년 전의 엘리자베스 2세의 결혼식 때와 꼭 같았다.

'존즈'라는 성(姓)을 가진 사람들은 특히 이 결혼을 자랑으로 여겼다. 에든버러의 회사 사장인 시드니 존즈는 영국에 있는 약 50만 명의 '존즈' 종씨(宗氏)들에게 한 사람이 1실링씩을 내어 결혼 선물과 자선 모금에 충당하자고 제안했다. 이런 제안에서는 하이픈(=)으로 이어지는 존즈(이를테면 암스트롱=존즈와 같은)라는 성씨의 사람으로부터도 신랑이 그러니만큼 헌금을 받기로 결정했다.

2만 5천 파운드를 모으자는 목표에는 전혀 이르지 못했지만 신랑 이외의 가족들에게도 여러 가지 혜택이 주어졌다. 〈뉴 스테이트맨〉 지는 그 유명한 칼럼 '디스 잉글랜드' 난에다 〈데일리 메일〉 지의 보도를 일부 옮겨 실었던 것이다. "어제 런던의 하이게이트 묘지에서 오랫동안 그대로 내버려졌던 무덤 하나가 실로 깨끗하게 청소되었다. 그 무덤에는 1806년에 죽은 런던의 상인 롤랜드 스태그가 아내 제인 암스트롱과 함께 묻혀 있었다. 이 부부는 암스트롱 존즈의 4대 선조라는 것을 알았다. 그 때문에 이 무덤을 청소하라고 명령이 내려진 것이다."

1960년 5월 6일은 맑게 갠 하늘에 햇볕이 가득 차서 청말로 전형적인 5월의 맑은 날씨였다. 더 몰의 대로에 세워진 높이 18미터나 되는 결혼 축하 아치에 빨간 장미꽃이 마지막으로 곱게 장식되고 거리의 대로에는 'M'과 'A'의 머릿글자를 짜맞춘 장식이 흰 애드벌룬에 나부꼈다.

신부인 마가렛 공주는 유리를 끼운 마차에 타고 결혼식장으로 향했다. 그 곁에는 에든버러 공이 함께 탔다. 마가렛 공주와 토니 암스트롱 존즈는 서로 결혼 선서를 할 때에는 1662년판의 기도서에서 선서의 말을 고르기로 하고 있었다. 즉 설교에 흔히 씌어지는 말보다도 예수가 산상수훈(山上垂訓) 가운데서 말한 여덟 가지의 행복의 말을 고른 것이다.

결혼식을 끝내고 암스트롱 존즈 부인이 된 마가렛 공주는 길가에 늘어선 시민들의 환호 속에 버킹엄 궁전으로 돌아갔다. 그 후 다시 버킹엄 궁전에서 시티(런던의 금융가)를 거쳐 런던탑에 이르는 연도에는 사람들이 마가렛 공주 내외가 밀월(허니문) 여행을 떠나는 광경을 보려고 기다리고 있었다. 내외를 태울 왕실 요트 '브리타니아' 호는 런던탑 기슭에 대기하고 있었다.

마가렛 공주 내외의 밀월 여행은 우선 카리브 해를 향해 점점이 떠 있는 여러 섬에 기항(寄航)했는데, 그 중에는 영령(英領) 서인도 제도에 속하는 한 섬이 있었다. 그 섬은 마가렛 공주의 오랜 친구인 콜린 테넌트가 사들인 섬으로 테넌트는 마가렛 공주 내외가 거기에 자기네의 집을 지어도 좋다는 편의까지 제공했다. 그 호의에 의해 지은 것이 무스틱으로 불리는 마가렛 공주 내외의 집이다.

그리고 결혼한 지 1년 반만에 둘 사이에는 사내 아기 데이비드 알버트 찰스, 즉 린레이 자작이 태어났다. 또 그리고 결혼식 4년쯤 후에 이번에는 여자아이 사라 프랭시즈 엘리자베스 2세가 태어났다. 1960년대 초에는 엘리자베스 2세 자신을 비롯해서 영국 왕실에는 경사가 연이어졌는데 마가렛 공주의 두 아기의 출산도 그 하나였다.

1961년 6월에 결혼한 켄트 공 부처한테는 1962년에 사내아이 조지, 즉 세인트 앤드루 백작이 1964년에는 여자아이 헬렌 윈저가 태어났다. 또 1963년에 결혼한 알렉산드라 공주와 앵거스 오글비의 사이에서 1964년에 제임스라고 명명된 사내아이가, 그리고 1966년에는 마리나라는 여자아이가 태어났다.

이와 같이 왕실 일족의 멤버가 한꺼번에 불어남에 따라 유모나 시중드는 사람들도 훨씬 늘어났으므로 여러 가지 살림을 꾸려나가는 데에 문제가 생겼다. 큰 세대(世帶)가 된 현재로는 이제는 샌드링검 궁전에서 온 가족이 모여서 크리스마스를 축하하는 전통을 지키기도 불가능해졌다. 그에 대신하는 장소로서 윈저 성이 택해졌다.

그러나 여러 연대에 걸쳐 새로 왕실의 멤버가 된 사람들은 엘리자베스 2세로서는 새로운 전략을 추진하는 데에 힘이 되었다. 즉 이 사람들은 엘리자베스 2세의 일을, 국내에서나 국외에서도 분담하는 데에 탄력적으로 운용할 수 있는 한 무리의 인재가 되어 여러 가지 다른 그룹, 성(性), 계급 등의 특별 집단에 맞추어 왕실의 다양한 측면을 사회에 호소하는 데에 안성맞춤의 존재가 되었다.

엘리자베스 2세는 빅토리아 여왕과는 달리 친족들을 모조리 통제하려는 엉뚱한 생각은 가지고 있지 않았다. 그리고 이 여러 층(層)으로 이루어지는 왕실 전체의 협력 체제에서 생겨난 하나의 이점이라면, 만약에 한 사람의 성장 과정이 어느 방향으로 지나쳐서 이러지도 저러지도 못하게 되었을 때에는 다른 인물이 곧 바뀌어서 국민의 왕실에 대한 이미지를 시정할 수가 있다는 것이었다.

제24장 에든버러 공

슈퍼 매니저

1961년에 필립 왕자, 즉 에든버러 공은 엘리자베스 2세와 함께 인도를 여행하고 있었다. 에든버러 공은, 신문에 어지간히 시달리고 있었다. 런던으로 돌아오자 신문은 에든버러 공은 세계 야생 동물 보호 기금의 총재인데도 호랑이 사냥을 해서 금속제의 우리에 호랑이 한 마리를 가두어 인도에서 영국으로 보냈다고 마구 갈겨써댔다.

그런데 그 인도에서 에든버러 공은, 한 파키스탄인 카메라맨이 기재(器才)가 든 백과 도구를 짊어지고 기둥을 타고 위에 올라가 엘리자베스 2세 부처의 사진을 멋진 각도에서 찍으려 벼르는 자세를 바라보고 있었다. 그 여행이 끝날 때에 에든버러 공이 훌륭하고 또 분별있는 사진을 많이 찍어준 데 대해 감사하기 위해 카메라맨을 초청한 일은, 이미 알려져 있다.

그러나 이 파키스탄 카메라맨의 곡예 못지않는 취재는 정상을 벗어난 것이었다. 에든버러 공이 지켜보는 동안에 그 카메라맨은 균형을 잃고 기둥을 열심히 붙잡으려고 몸부림친 보람도 없이, 그만 밑에 있는 군중 속으로 벌렁 나자빠지며 떨어진 것이다. 그때에 에든버러 공은 이렇게 말했다. "하느님! 저 카메라맨의 모가지를 꺾어주시기를."

에든버러 공의 기지와 지혜는 1960년대의 엘리자베스 2세의 치세(治世)에서 왕실을 돋보이게 하는 특징으로 되었다. 엘리자베스 2세가 여왕에 즉위한 직후에 에든버러 공은 여왕의 그늘에 숨은 존재었다. 엘리자베스

2세는 대관식 및 세계 일주 여행의 스타였고, 에든버러 공은 보좌역이었다. 집안끼리일 때에는 엘리자베스 2세의 자신(自信)을 북돋워주고 공적인 자리에서는 배후에 서서 행동하는 일이야말로 에든버러 공의 가장 중요한 임무였다.

그러나 새로 두 아이가 태어나고 엘리자베스 2세의 시간이 상당히 빼앗기게 되고보니 에든버러 공은 자기의 역할이란 것이 겉보기와는 달리 훨씬 엘리자베스 2세의 존재에 힘입는 바가 크다는 것을 알았다. 일반적으로는 엘리자베스 2세가 에든버러 공의 정력적인 활동상에 크게 의지하고 있다는 말도 종종 들린다.

그러나 실제로는 에든버러 공 쪽도 엘리자베스 2세에게 의지하는 바가 큰 것이다. 1947년에 공주 시절의 여왕과 결혼했을 무렵의 필립 왕자(에든버러 공)는 상당히 남의 마음에 상처를 주는 가시가 돋친 성격의 인물이었다. 그 에든버러 공이 외견상으로는 언제나 '예스면 예스, 노 하면 절대로 노'라는 기분으로 살아가는 강직한 해군장교의 품격을 지녔으면서도 마음속으로는 섬세하고, 남의 기분을 알아주며 그리고 참고 견디어내는 인내심을 가진 오늘날의 모습으로 된 것은 바로 엘리자베스 2세의 덕분이었다.

아내인 엘리자베스 2세의 체세에서 에든버러 공이 과연 어떠한 기능을 담당해야 할 것인가는 1961년 10월에 런던에서 열린 사업계 협조 협회의 오찬회에서 120명의 영국의 지도적인 실업가들 앞에서 에든버러 공이 훌륭히 자신을 요약한 형식으로 말하고 있다. 즉 "더 이상 가만히 있을 때가 아니다."고 말했던 것이다.

매스컴은 와 하고 갑자기 관심을 가지기 시작했다. 이 말은, 제2차 대전 이래, 영국이 위력을 잃고 나태에 끌려 빠져들었다는 것이 일종의 유행과 같이 된 상황에서 영국을 분기시키기 위해서 이제 에든버러 공이 혼자서 일어선 것을 가리키는 슬로건이 되었다.

정치적인 측면에서 말하면 에든버러 공이 영국의 노동자들에 대해서 자기의 개인적인 의견을 공적으로 말하는 것은 허용될 수 없는 일이었다. 따라서 에든버러 공은 자기의 권한이 미치는 계급, 즉 회사 중역들을 상대로 해서 따끔하게 자극을 주었던 것이다. 그리고 에든버러 공은 '국민 생산성 향상의 해'에 연설한 내용을 실천에 옮기기 위해서 1962년에는 버킹엄

314

궁전의 '경리 상태'를 조사하기 위한 경제 전문가 그룹을 임명했던 것이다.

이런 에든버러 공의 정력적인 기백과 의욕은 분명하고도 힘찬 자세와 더불어 말하자면 영국 국민의 수퍼 매니저라고나 할 매력적인 이미지를 형성했던 것이다.

과학과 생명보호의 분야에서 활약

이것은 또 지금까지의 콘서트(여왕을 아내로 삼은 인물)가 모두 만족한 모양으로는 정의(定義)할 수 없었던 자기의 역할을 에든버러 공이 스스로 현대식으로 해석한 결과이기도 했다. 튜더 왕조 시대의 메어리 여왕의 부군 필립은 1556년에 메어리 여왕 치세 도중부터 스페인 왕위를 계승하는 꼴이 되었고 그 이전부터도 나폴리, 시실리 왕국까지도 제압하고 있었으므로 인간적으로나 정치적으로도 영국에서는 단순한 방문자라는 존재 이상 아무것도 아니었다.

오렌지 공 윌리엄(1689~1702)은 자기는 앞치마의 끈이 달린 것, 즉 아내의 조건이 붙은 것에는 일체 관여하지 않는다고 선언하고 스스로 '공동 군주' 라는 이상한 역할을 만들어서 그것을 주장했고 그 후 부인을 누르고 단일 군주로서 통치하는 데에 성공했다. 덴마크의 조지 왕자는 일찍이 대단한 뚱보로, 뉴스와 술병과 여왕을 사랑하는 사나이라고 씌어졌거니와, 사실 여왕을 사랑한다고 한 까닭은 앤 여왕(1702~1714 재위)과의 사이에 17명의 자녀를 낳음으로써 훌륭히 실증되었다. 하긴 그 17명의 자식들로 하나같이 모두가 13세 이상까지는 더 살지를 못했었지만.

여왕의 반려자로서의 확고한 역할을 만들어낸 것은 빅토리아 여왕의 부군으로 엘리자베스 2세나 에든버러 공의 누구에게도 고조부(高祖父)뻘이 되는 알버트 왕자(빅토리아 여왕과 결혼한 것이 1840년이고 1861년에 죽었다.) 였다.

그 공적은 1857년에 '프린스 콘서트'라는 칭호를 받음으로써 확실하게 뒷받침되었다. 알버트 왕자는 이 'e'라는 콘서트의 머릿글자를 대문자로 쓰는 칭호를 정식으로 받게 된 유일한 영국의 콘서트이다.

군주제를 도당(徒黨)을 만들어 정치에 개입하는 기구가 아니라 정치를

대표하는 존재로 변질시키는 일이 알버트 왕자의 비전이었다. 이 영국 전체를
대표하는 것으로서의 군주제의 역할은 군주제를 이른바 영국 국내의 미덕,
즉 좋은 일을 근면하게 행한다는 중산 계급의 이상(理想)에 합치하는 것으로
한 조지 5세에게는 그다지 확실하게 인식되지는 않았던 것이다.

알버트 왕자는 왕실 재산의 기반을 튼튼하게 만들었다. 즉 왕실 및 왕실
재산의 운용을 매우 합리화했다. 또 정부나 군주와의 사이의 협의에 대한
원칙, 및 실시 방법을 현대적인 것으로 확립하고 알버트 왕자 스스로도
참가한 이른바 '폭스'로 불리는 그날그날 정부에서의 중요 문서의 열독
(閱讀)이나 서명에 이르기까지 착실한 방법으로 진행하게 만든 것도 알버트
왕자였다.

1861년에 임종(臨終)하는 병상의 고통 속에서 알버트 왕자는 트랜트
사건에 관해 미국 정부 앞으로 보내는 문서 내용은 좀더 부드럽게 완화해야
할 것이라고 주장했다. 그리고 그 문서를 손수 고쳤다. 그 결과, 위기를
모면하고 전쟁을 회피하는 데에 크게 기여했다.

오늘날 에든버러 공은 특별한 연줄로는 갖고 있지 않거니와 헌법상의
특권도, 알버트 왕자가 갖고 있던 것과 같은 칭호도 갖고 있지 않다. 엘
리자베스 2세만이 '폭스'의 공무 책임을 지고 있다. 그리고 만약에 엘리
자베스 2세가 그것을 누군가하고 함께 하자고 할 때가 왔다손치더라도
헌법상 그 책임을 나눠가질 수 있는 것은 에든버러 공이 아니고 찰스 왕자인
것이다.

그것은 장래를 충분히 생각해서 한 일이며 에든버러 공은 그것과는 다른
방면에서 더 많은 역할을 할 수 있다고 늘 생각하고 있다. 에든버러 공은
알버트 왕자를 본받아 과학, 디자인, 기술 관계의 후원자가 되어 있다. 알버트
왕자는 커다란 반대와 싸운 끝에 1851년의 런던 대박람회의 개최를 실현
시켰다.

그다지 훌륭한 구체적인 성과는 없었지만 에든버러 공도 시대에 맞추어
많은 사업을 촉진하기 위해 전설적인 형태로 왕실의 영향력을 행사하고
있다. 영국 과학 진흥 협회의 1951년도 의장으로 임명된 이래 25년 동안에
에든버러 공은 자기로서 중요하다고 생각되는 여러 가지 테마를 생각해
내었다.

이익 추구를 위해 남몰래 일을 숨겨 추진하고 있는 대기업의 연구소는 결국 국민 전체에게는 마이너스라는 것과 "우리가 선택하는 길은 이 지구에서 고생, 공포심, 기아(饑餓), 질병을 일소할 수도 있으며 반면 지구에서 생명을 근절시킬 수도 있다는 기로에 서 있다."고 할 수 있으므로, 무엇보다도 과학에서는 인간을 제일차적인 것으로 생각지 않으면 안 된다든가, 지구상에서의 야생 동물 보호가 중요하다든가를 주장했던 것이다.

에든버러 공의 야생 동물에 대한 동정심은 각별했다. 그래서 왕실 자체가 일종의 근절 위기에 놓여진 종족이라는 사실과 야생 동물 보호의 마음과는 반드시 무관하지는 않다는 견해마저도 나왔을 정도이다.

재치있는 유머

에든버러 공의 유머는 무척 날카롭고 재치가 있었다. 당시 정부의 과학 부문 수석 보좌관이던 친구 셔리 주커맨 경에게 편지를 내어 역사적으로 획기적인 공헌을 한 함선(艦船)을 보존하기 위해서 정부가 비용을 보조할 수 있는지 어떤지를 조사해달라고 부탁했다. 그런데 에든버러 공이 받은 답장에는 실제 선박은 무리하니까 대신 모형을 보존하면 어떻겠느냐는 냉정한 것이었다.

그래서 에든버러 공은 주커맨이 동물원 협회의 명예 회장이라는 것을 염두에 두고 다음과 같은 편지를 보냈다. "친애하는 셔리! 모형에 대한 자네의 의견은 잘 알았네. 그렇다면 한 가지 물어보겠는데, 만약에 전부를 박제(剝製)한 동물로 전시해두면 동물원은 훨씬 싸게 운영할 수 있다는 제안이 나온다면, 자네는 어떻게 대답하겠는가?"

에든버러 공은 자기가 가치있는 것으로 판단한 것에 대해서는 아무런 주저 없이 왕족으로서의 지위를 이용한다. 어떤 때에는 일종의 자극을 주기 위해 그렇게 할 때도 있다. 1956년에 창설된 젊은이들을 대상으로 한 에든버러 공의 표창 계획의 수상자들 전원을 버킹엄 궁전으로 초대해서 자진 회견한 것이 그 예이다.

또 거칠게 다룰 때도 있다. 그것은 에든버러 공도 이사(理事)의 한 사람인 영국 해양 박물관(런던 그리니치에 있다.)이, 같은 류(類)의 박물관에 주어지는 기금을 부당하게 배분한다고 판단한 것과 같은 경우이다.

그때에 에든버러 공은 재무상(財務相)에게 끈질기게 연락을 취했는데 이에 견디다 못한 재무상은 에든버러 공에게 더 이상의 압력을 넣지 말아달라고 간청하고, 다음과 같은 편지를 또 재무상에게 쓴 것이다. "만족스런 해결이 얻어질 때까지는 그 문제를 끝까지 추궁하는 것이, 이사의 한 사람인 나의 의무라고 생각합니다."

에든버러 공은 다시 "만약 나의 이런 태도가 귀하(재무상) 및 재무성에 다소나마 폐를 끼치게 하는 것이라면, 나는 이사의 지위를 반납하기 위해 수상과 협의할 생각입니다."고 썼다. 이 결과, 해양 박물관은 기금을 얻었다.

때에 따라서는, 에든버러 공의 행동은, 살인까지 할 수 있는 아슬아슬한 분위기까지 자아낸다. 에든버러 공은 공적인 자리에서는 붙임성있는 매너를 몸에 지니고 있으나 일단 진지하게 토론을 시작하면 분위기는 시끄럽고 거칠어진다. 에든버러 공은 충분한 시간을 들여서 문제를 생각하고 그 결과 자기가 갖는 세계관과 조화되는 해결책에 도달하는 현명한 인물이다.

그리고 에든버러 공의 대단한 인내심은 똑같은 인내심을 갖지 못한 사람들과 대했을 때에는 갑자기 사라진다. 이를테면 에든버러 공은 현대 회화(繪畵)를 많이 사들이는데, 자기 자신의 기호의 한계를 신랄하게 상대편에게 말해버린다. 그래서 샌프란시스코의 미술관에 있는 빅터 패스모어의 작품 '릴리프 컨스트럭션'을 소개받았을 때에는 "그 작품은 타월을 축 늘어뜨린 것 같다."고 막말을 해버릴 정도였다.

에든버러 공의 신앙심이, 꽤 재미있다는 사실은 이미 증명된 것이다. 어린 시절의 의식(儀式)투성이의 그리스 정교(正敎), 그리고 셀렘 스쿨에서의 엄격한 독일 프로테스탄티즘, 그리고 영국 해군 및 왕실에 들어와서부터의 저 갖가지의 사회적인 격식이 많은 영국 국교…….

이런 것들이 모두 혼합되어 에든버러 공은 한동안 크리스트교 정신 자체에 대해서 냉소적이었다. 즉 불가지론자(不可知論者), 아니 무신론자라 할 수 있는 정도로 되었다. 에든버러 공이 상식에 벗어난 시간에 전화로 철학적인 추상론(抽象論)을 지껄여대는 것을 친구들은 잘 알고 있다.

그리고 때로는 엘리자베스 2세의 공식적인 —— 그리고 개인적인 —— 초대자인 종교 관계자들을 상대로 에든버러 공은 신학(神學) 논쟁에 빠질 수도 있다. 이렇게 해서 에든버러 공의 종교심은 중년에는 거의 개인적인 신념이라 할 수 있는 영역으로까지 후퇴하고 말았다.

그러나 이 에든버러 공의 애매모호한 신앙심에도 불구하고 아직 학생인 찰스 왕자에게 16세가 되면 즉각 성인으로서의 입신식(入信式)에서 신앙 고백을 시켜야 한다는 약간 문제가 되는 사태가 발생했다. 하긴 이런 일이 1965년에 윈저 성에서 행해진 찰스 왕자의 입신 고백 의식에서의 캔터베리 대주교의 인사말이 한창일 때 에든버러 공이 한 권의 책 —— 아마도 성서 였겠지만 —— 을 읽고 있었던 일의 이유는 아니었겠지만…….

대주교의 인사말의 한창에 책을 읽는 자세야말로, 고승(高僧)의 설교에 대한 에든버러 공의 사고 방식을 나타내는 것이었다.

그 의식이 끝난 직후에, 에든버러 공은 의식을 집전(執典)한 캔터베리 대주교 마이클 램제이에게 "어서 오십시오. 우리 한 잔 합시다."고 말을 걸었다. 그러자 대주교는 말했다. '고맙소. 하나 청할 것이 있오. 나에게는 '블러디 마리'가 아니고 '블러디 루드(형편 없는 무례한 놈)'라는 칵테일을 주시오. 나는 그것을 청하고 싶소.'

전제군주로서 적합한 인물

에든버러 공은 자기에게 뭔가 명령하려드는 인물은 가차없이 비난했다. 물론 엘리자베스 2세에게만은 달랐다. 엘리자베스 2세는 자기의 의사를 관철시키려 할 때에는 매우 강한 성격을 보였던 것이다. 그러나 그런 것만 빼면, 에든버러 공은 구식의 가장과 같이 가정을 통솔하고 있다. 에든버러 공은 전기 프라이팬에 열중해서 매일 아침 소시지를 구워냈기 때문에 엘리자베스 2세도 얼마 동안 당황했으나 그래도 쾌활하게 그 맛없는 따분한 조반에 견뎌내었다.

에든버러 공은 마침내 엘리자베스 2세가 말리는 데에 꺾여 '프라이팬광(狂)'을 그만두고 말았지만 조반 때의 즐거운 분위기는 그대로 점심때까지 계속되기도 했다. 그러나 그것은 극히 예외적인 측면으로 그 후 엘리자베스 2세와 에든버러 공의 사이에서는, 본래의 아내와 남편의 역할이 깔끔히 선이 그어져 있었다.

자기가 규모있게 처리해나가는 왕실 재산에 대해서 에든버러 공은 절대적인 발언권을 갖고 있다. 그러므로 차에 타고 있을 때에는 엘리자베스 2세는 그저 잠자코 있는 것이 현명하다고 깨닫고 공적인 생활에서도 이러한 태도를 취했다. 이를테면 에든버러 공과 신문계와의 오랜 싸움은 특히 유명하지만 이것도 에든버러 공 혼자서 싸우고 있는 것은 아니다.

이것은 왕실 일가가 자기들의 프라이버시에 관계된다고 생각하는 일에 매스컴이 사정없이 짓밟고 들어와, 왕실 일가의 집안일을 파헤쳐대는 것을 혐오하고 있는 일반적인 기분을 대표하고 있는 것이다. 그리고 에든버러 공은 엘리자베스 2세를 지키는 일이 자기의 무엇보다도 중요한 책임이라고 여기고 있다.

영국 왕실에 관한 영화를 제작할 때 에든버러 공은 매우 적극적이었다. 그러나 그런데도 영화의 감독 겸 프로듀서인 리처드 콘스튼과 영화의 촬영 방법 때문에 종종 말다툼을 벌였다. 에든버러 공은 "카메라를 그렇게 여왕에게 접근시키는 일은 절대로 용서할 수 없다!"고 호통쳤던 것이다.

에든버러 공은 자기의 삶의 방식에 대해서, 전혀 변명하지 않는데 엘리자베스 2세도 이를 잘 알고 있어, 에든버러 공이 절대로 변명하거나 하는 인간이 아니라고 믿고 있다. 에든버러 공은 "인간이 자기의 스타일대로 살아가는 것은 대단히 가치 있는 일이다."고 말하고 있다. 그리고 "나는 사람들의 어느 정도의 솔직한 무례함이나 편견을 마음에 꺼려하지 않는다. 저 사람이라면 이렇게 할 것이다라고 짐작하고 있던 일을 실제로 그 사람이 한다면 사람들은 모두 용서하는 것이다."고 말하고 있다.

그러나 사람들이 실제로는 왕실과는 서로 대립하는 것을 왕실에 기대한다는 사실이야말로 국민의 대표로서의 왕실이 직면하는 영원한 문제이다. 국민은 엘리자베스 2세가 좀더 시대에 맞추어 모험을 하도록 기대하지만 그와 동시에 엘리자베스 2세에게 자기네의 어머니와 같은 따뜻함과 편안함을 기대하기도 한다.

국민들은 찰스 왕자의 '통풍이 나쁜' 양육 방식과 생활 방식을 못마땅하게 여긴다. 한데 그렇다고 해서 찰스 왕자가 장발 스타일의 '타락한 꼬락서니'처럼 되는 것도, 또 짧은 머리의 광고 회사 중역 스타일이 되는 것도 국민들은 기뻐하지 않는다.

그리고 정력적이고, 남성적이며, 완고함의 대표와 같이 여겨지고 있는 에든버러 공도 한편에서는 그러한 특징 때문에 우상시(偶像視)되면서도, 반면 그러한 자질 때문에 비판의 대상이 되는 것이다.

1969년에 실시된 갤럽 여론 조사는 국가의 전제 군주로서 적당한 인물의 톱에 에든버러 공을 뽑았다.(엘리자베스 여왕은 최하위였다.) 그러나 에든버러 공은 파라과이의 독재 대통령 알프레드 스트로에스넬이 쿠데타로 정권을 장악했을 때 국민에 의해 다스려지지 않게 된 나라가 되었다는 것은 바람직한 변화라고 지껄여서 영국에서 격분의 소리가 높았다.

에든버러 공의 잠정적인 평가는 아직 단정을 피하지 않으면 안 된다. 에든버러 공은 곤란한 입장에 몰려들 수도 있는 인물이다. 그러나 엘리자베스 2세는, 걸치고 야한 사나이와 결혼한 여자라는 개탄을 절대로 보이지 않는다. 엘리자베스 2세는 에든버러 공을 사랑하고, 에든버러 공 또한 엘리자베스 2세를 사랑하고 있다.

그것은 이제는 젊은 때의 불타는 것 같은 정열의 시대는 지났다 하더라도 그 후 세월 속에서 두 사람은 서로가 서로를 아끼고 존경하는 경지에 이를 것이다. 30년 동안을 함께 살아온 부부는 많지만 다른 어떤 부부보다도 엘리자베스 2세와 에든버러 공은 따뜻한 대화와 함께 서로 상대편의 의견을 존중하는 부부이다.

함께 있을 때에는 두 사람의 애정은 떳떳한 것으로 간주되며 떨어져 있을 때에도 서로가 상대의 일에 대해 염려한다. 확실히 이 두 사람은 지아비와 지어미이다. 그러나 두 사람은 부부인 동시에 서로가 독립된 친구나 동지이며, 그 우정은 서로가 다른 흥미를 갖고 있다는 데서 더욱 굳어져 있다.

에든버러 공은 경마(競馬)를 지루하고 따분한 것으로 여기고 있어 경마 때마다 엘리자베스 2세와 동반해서 나가는 일은 없다. 한편 엘리자베스 2세는 요트 놀이라든가, 과학 기술이라든가, 식사 후의 연설 같은 데서 보여지는 에든버러 공의 정열은 갖고 있지 않다.

왕실에 준 탄력성

에든버러 공은 군대의 장교실이나 클럽에서 브랜디의 향기나 시가의 냄새 속에서 느긋하게 지낼 때만큼 행복한 기분에 젖어드는 일은 별로 없는 것 같다.(하긴, 에든버러 공도 엘리자베스 2세와 같이 담배는 피지 않지만.) 그리고 명예로운 귀빈으로서 연설을 해달라는 재촉을 받는 기회가 오면 더욱 행복한 것이다.

에든버러 공이 매년 하는 연설의 회수는 약 1백 50회에 이른다. 에든버러 공은 모두 자기가 연설 원고를 쓴다. 자기가 생각한 조크를 집어넣어 자신 있는 테마를 생각해서 표현에 힘을 넣는다. 어쨌든 연설을 하는 것은 에든버러 공으로는 가장 좋아하는 취미 중의 하나로 꼽히는 것이다.

그리고 지적해두어야 할 것은 핸섬하고, 분명히 독립적인 성격을 갖춘 이 에든버러 공의 방자함이 공적으로 인정된다고 한다면 그 이면에는 회원 전원이 남성인 모임, 즉 프리메이슨, 엘크 자선 보호회, 크리켓, 럭비, 골프, 로터리 클럽 등에 남편을 빼앗긴 부인들의 인내가 있어야만 하는 일이다. 여왕에 즉위하자마자 엘리자베스 2세는 많이 생각한 끝에 특별한 사정이 있을 경우만 빼놓고 공식 만찬회에는 참석하지 않기로 정했다.

그리고 이 역할을 에든버러 공이 맡는 것으로 결정했다. 그 결과 에든버러 공은 만찬회에 혼자 나갔고, 집에 남은 엘리자베스 2세는 텔레비전을 보거나 친구들과 만나거나, 정부에서 보내온 문서를 훑어본다거나 하고 있었다.

그렇다고 해서 하루 종일 엘리자베스 2세와 에든버러 공이 얼굴을 마주하지 않았다는 것은 아니다. 두 사람은 서로가 제각기의 가장 친밀한 의논 상대 였던 것이다. 두 사람의 집무실은 버킹엄 궁전 윗층에 나란히 있다. 그리고 아래층 —— 집무실의 중간이 아니라 —— 에 제각기의 스탭(참모)들이 뒤섞여 있다. 엘리자베스 2세와 에든버러 공은 대개의 경우 함께 점심을 든다. 대부분의 공적 행사에서는 두 사람이 함께 참석하는데 제각기 여성, 남성으로서 해야 할 특별한 역할이 있는 셈이다. 여성으로서 엘리자베스 2세는 남성의 국왕이 들어갈 수 없는 영역에도 들어갈 수 있으며 남성으로서 에든버러 공은 보통 왕비로서는 도저히 해낼 수 없는 방법으로, 여기저기를 들락거리고 돌아다니면서 농담도 곧잘한다.

역설적인 말이지만 이 남녀 평등의 소리가 드높은 시대에 여왕을 만들었다는 사실은 더구나 내성적이고 차분한 여왕임은 영국 왕실에 지금까지보다 커다란 탄력성을 주는 것이 되었다. 만약 군주로서 에든버러 공과 같은 남성을 받들었다면 국민의 분노나 시비는 더 거칠어지게 되었을지도 몰랐기 때문이다.

엘리자베스 2세의 치세(治世)에서는 그런 걱정은 거의 없었다. 실제로 에든버러 공은, 보통이면 지나치게 묽을 정도의 칵테일에도 독한 향기를 주는 사람이었다.

1965년에 엘리자베스 2세와 함께 수단을 방문했을 때의 일이다. 에든버러 공은 수단을 통치하고 있는 각료 평의회(閣僚評議會)의 5명 전원을 소개받았다.

그 중의 3명이 의사였다. 거기서 에든버러 공은 그 직후에 베풀어진 리셉션의 자리에서, 다른 의사들을 소개받자 곧바로 말했다. "오, 당신은 정부 각료가 아닌 유일한 의사에 틀림없으신가요?" 또 하나, 만약에 국왕이었다고 한다면 도저히 받아들일 수 없는 제안에 에든버러 공이 응한 일이 있다.

그것은 에든버러 공이 1966년에 영국의 버라이어티 클럽의 자선 기금 모집차 미국을 돌아다녔을 때의 일이다. 마이애미 비치의 어떤 실업가가 만약 에든버러 공이 자기네 수영 풀에 뛰어들어준다면 10만 달러를 헌납하겠다고 제안했다. 그러자 에든버러 공은 홀랑 옷을 벗고 풀로 뛰어들었다. 그리고 10만 달러의 수표를 손에 넣은 것이다.

에든버러 공이 엘리자베스 2세의 생활이나 일에 공헌했다는 것을 영구히 증명할 수 있게 된 것은 왕실의 성(姓)을 바꾼 일이다. 엘리자베스 2세는 1900년 2월 8일에, 자기의 남계(男系) 자손에 대해서 "나와, 나의 자식들이 윈저 왕가로 총칭되며 살아가는 동안은 '마운트배튼 윈저'라는 성을 붙이기로 한다."고 명령했다.

이 성씨는 원래는 성씨를 필요로 하는 왕족에 한해서 쓰도록 생각해낸 것이다. 그러나 1973년 11월 14일의 앤 공주의 결혼 증명서에 기입된 것을 보면 공주든 왕비든 엘리자베스 2세의 자녀는 보통 성을 부르는 일은 전혀 없었지만 성을 틀림없이 가지고 있다는 사실을 확실히 했다. 즉 앤 공주는 단지 '앤'으로만 서명했으나 결혼 등록서에는 '앤 엘리자베스 앨리스 루이스 마운트배틀 윈저, 23세, 초혼(初婚)'으로 기입되었던 것이다.

이 결과로서 말할 수 있는 일은 에든버러 공이 자기도 자기의 부모도 출생하지 않은 가명(家名), 즉 일반 여론의 압력 밑에서 그럭저럭 비슷하게 만들어서 갖다붙인 성을 갖는데 동의한 것은, 바로 에든버러 공을 영원히 기념하는 것이 되었다는 일이다. 마운트배튼 윈저라는 가명(家名, 姓氏)은 역사상 상당한 공을 세운 국민의 대표로서의 왕조 하나를 표현하는 데에 적당한 명명(命名)이었다.

엘리자베스 2세와 에든버러 공은 '부부 싸움'도 한다. 거칠은 소리도 오간다. 두 사람이 차를 타기 위해 끝내 말이 없이 입을 다문 채 나오면 이를 본 하인들은 "저걸 봐라. 저 화난 두 분의 얼굴을."하곤 수군거렸다. 그러나 두 사람 사이에서는 얼마가지 않아 웃음소리가 흘러나온다.

두 사람과 가까운 친구들은 엘리자베스 2세와 에든버러 공 사이에는 언제나 많은 웃음소리가 끊이지 않는다고 말하고 있다. 1972년 11월에 엘리자베스 2세와 에든버러 공은 은혼식(銀婚式)을 축하했다. 왕제(王制) 폐지론으로 잘 알려진 윌리 해밀턴 하원 의원까지도, 개인으로서의 두 사람을 축복하고, 두 사람의 다이아몬드혼식(婚式) 때에도 꼭 축하하고 싶다고 말했다.(해밀턴이 이런 성명을 했을 때에 보수당 하원 의원들은 "우리는 당신과의 동석을 거부한다."고 소리쳤다.)

그 은혼식의 날에 엘리자베스 2세는 풍자 작가나 만화가들이 그때까지도 소재(素材)로 삼아온 하나의 대사를 재차 인용했다. "오늘만은 누구든 '나의 남편과 나는'이라는 말로 연설을 시작하는 것을 용서해주실 것으로 생각합니다 …….."

제 25 장 여왕과 윌슨

윌슨 수상이 배운 교훈

해롤드 윌슨과 왕실의 에티켓 사이에 있었던 사소한 옥신각신은 윌슨이 총선거에서 의석의 과반수를 차지한 노동당의 당수로서 엘리자베스 2세 시대의 첫 사회주의자 수상이 되는 것이 확실해진 바로 몇 분 뒤에 닥쳐왔다.

1964년 10월 16일, 금요일 오후에 더 정확하게는 오후 2시 47분에 노동당은 하원의 의원 정수 6백30석 중의 3백10석을 얻어 승리했다. 그래서 윌슨의 사무실에서는 곧 윌슨이 버킹엄 궁전에서의 엘리자베스 2세의 알현에 대비해서 윌슨에게 저 줄무늬가 든 바지와 긴 모닝코트 정장을 준비하도록 일렀다. 그러나 윌슨은 정장 준비를 거부했다. 줄무늬의 바지는 그런대로 괜찮겠지만 모닝코트는 절대로 싫다고 말한 것이다.

윌슨의 친구 토니 필드가 햄스테트 가든 서버브 지역에 있는 윌슨의 집 양복장에서 짧고 검은 상의를 가지고 왔다. 이것을 입고 윌슨은 엘리자베스 2세에게 나아가 여왕의 손등에 키스하게 되었다. 그런데 윌슨이 실망한 것은 엘리자베스 2세가 윌슨의 파격적인 옷차림에도 극히 태연했던 일이다. 엘리자베스 2세는 그 자리에서 윌슨을 수상으로 임명했다.

그러나 실제로는 진짜 키스는 하지 않았다. 그것은 윌슨의 표정에서 '양해' 되었던 것이다. 윌슨은 수상 임명의 알현 때에 부인을 동반해도 좋은가, 그뿐만 아니라 아버지나 자매들도 다른 차로 함께 버킹엄 궁전에 가도 좋은가고 물어봤다.

엘리자베스 2세는 적지 않게 놀랐을 것이 틀림없다. 그러나 엘리자베스 2세는 반대로 윌슨을 놀라게 해줄 것을 준비하고 있었다. 윌슨은 수상으로서 매주 화요일에 행해지는 여왕 알현의 장소에서, 무엇이 화제가 되는가를 분명히 알아들어야 한다는 것을 대수롭지 않게 생각했다. 그리고 윌슨은 첫 알현이니만큼 아마도 전반적인 정국(政局)의 일이 화제가 되리라는 짐작으로 여왕 앞에 나갔다.

그러나 그때 윌슨을 맞이한 엘리자베스 2세는 여태까지보다도 훨씬 면밀하게 정부에서 보내온 문서를 읽고 있었다. 영국에 노동당 내각이 탄생함으로써 국제적으로 파운드화(貨) 하락의 예상이 강해지고 있었다. 그래서 윌슨은 8억 파운드에 이르는 정부 수지의 적자는 13년간에 걸쳤던 보수당의 그릇된 정치에 의해 파생된 것이라고 반론하고 있었다.

엘리자베스 2세는 '재무상'이라는 직책도 겸하는 윌슨 수상이 이 적자를 어떻게 처리할 것인가를 알고 싶었다. 엘리자베스 2세는 영국 여왕이었다. 진부한 설명 따위로 속여넘겨버리려는 텔레비전 인터뷰와는 달랐다. 엘리자베스 2세는 윌슨이 비밀을 털어놓기를 기대하고 있었다. 그리고 윌슨의 본심을 알고 싶어했으나, 1964년의 다른 알현에 즈음해서야 윌슨은 여왕의 의도를 깨달을 수 있게 되었다.

여왕은 "나는 브레티리 지구에 뉴타운을 건설한다는 이 아이디어에 대단한 흥미를 가졌습니다."고 말한 것이다. 그때에 윌슨은 허를 찔린 것 같았다.

지금은 그 뉴타운은 밀턴 케인즈라는 이름으로 누구나가 다 알고 있는 버킹엄셔의 뉴타운이지만, 월슨은 그때에 여왕이 말해줄 때까지 그 건설 계획을 들은 적이 없었던 것이다.

그 계획은 내각(內閣) 위원회의 문서에 씌어져 있어 엘리자베스 2세는 그때에 이미 그 문서를 읽고 있었으나, 월슨은 주말에나 읽으려고 내버려 두었던 것이다. 그로부터 12년 후에 월슨은 수상 사임의 인사에서 한 말이 있다.

"나는 반드시 후계자에 대해 여왕의 알현에 앞서 미리 연습을 해두기를 권한다. 알현 시간 전까지 온 전보나, 내각 위원회의 문서류는 모두 훑어보고 주말까지 내버려두지 않기를 충고한다. 만약 이를 게을리하면 여왕 앞에서는 예습을 안 해온 학생처럼 난처한 기분을 맛보게 되어 궁지로 몰리게 된다."

그것은 엘리자베스 2세와 월슨과의 관계가, 말하자면 거북스런 형태로 시작된 것을 말하는 것인데 사실 그때까지의 여러 가지 증거로 보아도 앞날이 밝은 것으로는 볼 수 없었다. 어쨌든 해롤드 월슨은 엘리자베스 2세로서는 자기가 태어나 자란 계급 이외에서 나온 첫 번째 수상이었으며 월슨 자신도 그 점을 확실히 신내각의 기본으로 삼았기 때문이다.

엘리자베스 2세의 부모는 딸이 자기가 자란 계급이 아닌 다른 세계의 인물과 직접 교류하는 것을 절대로 권하지 않았다. 더욱이 1957년과 1963년의 후계 수상을 둘러싼 저 보수당의 위기 속에서 얻은 본능적인 체험에서 엘리자베스 2세는 지금 자기가 직면하고 있는 수상이나 정부가 단순히 자기의 세계 밖의 인물이란 것뿐만이 아니라 자기가 사랑한 저 한 무리의 사람들에 대해서 몹시 적의까지 보이는 인물이란 것을 알고 있었고 그런 만큼 함께 일해나가기가 어렵다는 것을 알고 있었다.

여왕의 외교적인 관대성

그러나 엘리자베스 2세는 그 어려운 국면(局面)에 도전하기 위해서 일어섰다. 엘리자베스 2세의 자세는 첫째 할아버지 조지 5세가 보여주었던 국민을 대표하는 군주제를 향해서 현실적인 대승을 하는 일, 즉 공평무사한 입헌 정부의 원칙을 현실로서 받아들여 대승하는 일이라는 판단에 따르는 것이었다.

그러나 그것보다 더 중요한 일은 엘리자베스 2세 자신이 스스로 새 수상에게 접근한 일이었다. 흄 경은 엘리자베스 2세가 수상의 알현을 받을 때의 광경을 교장 선생이 자기 방에 반장(班長)을 불러들이는 것과 같다고 비유한 적이 있다. 흄 경에 의하면, 여왕은 열심히 귀를 기울인 다음에는 기민하고 예리하게 포인트를 찌르는 질문을 한다. 그리고 수상이 그 질문의 전부에 대답하지 못한다는 것도 충분히 알고 있다는 그런 식이었다.

이제야 해롤드 윌슨도 흄 경이 느낀 것하고 똑같은 것을 깨달았다. 수석 시종에게 입 밖에 낸 엘리자베스 2세의 코멘트로 미루어보면 엘리자베스 2세는 윌슨의 건강에 분명히 마음을 쓰고 있었다. 그리고 위기나 사고 따위로 국민에서 사망자가 나면 벌써 대단한 걱정을 하는 것이었다.

엘리자베스 2세의 이러한 염려는 윌슨 자신으로는 정말 뜻밖의 일이었으나, 윌슨이 일을 추진하는 데에 커다란 지원이 되었다. 윌슨은 여왕이 자기를 지원해주는 존재, 아니 때로는 자기의 마음을 위로해주는 존재라는 것을 깨달을 것이다. 엘리자베스 2세는 함께 일하는 동료였다. 윌슨은 한 번 아일랜드의 수상에게 그러한 심정을 털어놓은 적이 있다.

아일랜드 수상만은 윌슨이 무슨 말을 해도 등 뒤에서 툭하고 비수로 찌르는 것을 경계할 필요없이 속을 털어놓는 사이였다. 윌슨으로는 동료의 각료 가운데서 가장 신뢰할 수 있는 인물일지라도 개인적 또는 정치적으로는 제각기 공격할 기회를 노리고 있었던 셈이다. 그러나 엘리자베스 2세가 늘 마음에 유의하고 있던 일로, 영국 국민의 상태 그것뿐이었다.

그리고 윌슨 내각의 교육상을 지내고 뒤에 외상도 지낸 마이클 스튜어트가 지적한 바와 같이 엘리자베스 2세는 많은 저널리스트들과는 달리 각료임으로 해서 실제로 생기는 책임과 업무의 중대성을 정말로 알고 있으며, 그 이야기를 할 수 있는 한 사람의 비정치적인 인물이기도 했던 것이다.

엘리자베스 2세의 건전한 상식은, 1960년대의 중반에 정치적인 폭풍 속에 휘말려든 윌슨에게 마음의 안정을 주는 기반이 되었다. 그리고 엘리자베스2세와 윌슨은 한팀이라고까지 할 수 있을 정도로 협조적으로 행동하는 기회가 많았다. 1965 초 윈스턴 처칠이 죽은 뒤에 엘리자베스 2세는 처칠의 장례식에 참석하기 위해 영국을 방문한 세계 각국의 지도자들을 초대해서 리셉션을 열었다.

당시 남로디지아(현재의 로디지아)는 아직 영국 연방의 일부였다. 그러나 그것은 명목상뿐이었으므로 윌슨은 어떻게든 이언 스미스와의 비공식적인 접촉을 통해서 사태 개선에 애쓰기를 바라고 있었다. 남로디지아의 실력자 이언 스미스는 주권을 갖춘 정부를 대표하고 있지 않았기 때문에, 그 리셉션에 초대장을 보내는 것은 원칙적으로 안 되는 일이었다. 그러나 윌슨은 어떻게든 이언 스미스에게도 초대장을 보낼 수 없겠느냐고 물었다.

엘리자베스 2세는 이언 스미스를 초대하는 일에 동의했다. 그러나 리셉션이 시작되어 술을 마시거나 지껄이거나 하면서 한 시간이 지나도 담배 연기만 뽀얗게 자욱한 참석자들의 무리 속에서 스미스의 모습만은 전혀 찾아낼 수가 없었다. 이를 걱정한 엘리자베스 2세는 윌슨에게 그 일을 얘기했다. 그리고 두 사람은 리셉션의 방 안을 샅샅이 찾았다. 엘리자베스 2세는 시종을 불렀다. 그리고 곧 스미스가 어디에 있는가 찾아오라고 일렀다.

이언 스미스는 하이드파크 호텔의 레스토랑에서 스테이크를 먹고 있던 현장을 들켜 마지못해 내키지 않는 태도로 버킹엄 궁전으로 왔다. 그리고 남로디지아의 총독이, 상의의 주머니 속에 여왕이 보낸 초대장을 넣고 있는 스미스의 모습을 당장 눈앞에 보고 있는데도 불구하고 스미스는 전혀 초대장을 받지 않았다고 항변했다.

엘리자베스 2세는 여러 가지 말로 변명을 늘어놓는 스미스를 보고 내심으로는 화가 났지만 부드러운 태도로 응대하기로 작정했다. 그 결과, 해롤드 윌슨은 늘 원해왔던 스미스와의 개인적인 회담의 기회를 얻을 수가 있었다.

노동당 정권의 후원

그 해, 즉 1965년의 후반에 로디지아 정세가 위기를 맞자 엘리자베스 2세와 윌슨은 팀워크를 굳혔다. 1965년 10월에, 윌슨은 어떻게든 남로디지아의 로디지아가 일방적인 독립선언을 하는 것을 막고자 최후의 노력을 하기 위해 솔즈베리로 비행했을 때에 "나는 엘리자베스 2세의 참된 신하이며 내가 불만으로 여기고 있는 상대는 오직 윌슨 정부뿐이다."고 말한 스미스의 주장을 어떻게든 무마시키려고 엘리자베스 2세가 손수 써준 편지를 가지고 갔다.

즈 침공형(侵攻型)의 무력 개입은 절대 하지 않겠다고 윌슨이 언명했다가 비난을 받았을 때 엘리자베스 2세는 과감한 태도로 윌슨 옹호의 입장을 취했다.

엘리자베스 2세의 통치하에서 제일 큰 대외적인 문제라면 해외에서의 영국의 영향력이 쇠퇴하는 것이었다. 그러나 엘리자베스 2세는 언제나 이런 문제에 대해서는 현실에 알맞는 태도를 취해왔다. 정치가나 친구들과의 개인적인 대화에서 판단하더라도, 엘리자베스 2세가 개인적으로 대영 제국의 붕괴를 진심으로 아쉽게 여기고 있음은 분명했다. 그러나 여왕이 더욱 아쉽게 여긴 것은 단지 식민지 문제가 아니라 영국의 국제적인 위신이 상당히 광범위에 걸쳐 붕괴해가고 있다는 일이었다.

엘리자베스 2세는 그 두 가지를 연관시켜 생각하고 있다. 여왕의 역사에 대한 사고 방식에서 보면 영국의 밖으로 향한 활력은 여왕 자신이 구현하고 있는 영국 국민성의 중요한 구성 요소이다. 따라서 대영 제국의 상실과 서독 및 북아일랜드 파견 영국군의 삭감으로 영국의 에너지는 전통적인 배출구(排出口) 두 군데를 잃은 것이 된다. 무역은 언제나, 영국 깃발이 펄럭이는 뒤를 쫓아서 발전했다. 그래서 지금 영국 깃발이 없어지자 무역업자들은 그네들이 나아갈 방향을 상실하고 있다.

그러나 엘리자베스 2세는 영국의 식민지가 차츰 없어져간다는 것을 역사적인 필연으로 보고, 그것을 용인하고 있다. 그리고 식민지가 독립해가는 과정에서 가능한 한 많은 영국의 위신을 대여(貸與)한다는 것이 엘리자베스 2세의 임무 중 하나로 생각하고 있다.

그러나 엘리자베스 2세의 어머니 엘리자베스 황태후 —— 일찍이 한 시기에는 왕비 외에 황후의 칭호도 가졌었다 —— 는 이것과는 극히 다른 견해를 취하고 있었다. 엘리자베스 황태후는, 로디지아의 백인들이 영국으로부터의 일방적인 독립 선언을 한 뒤에조차도 남부 아프리카의 백인들이 주장하고 있는 입장을 공공연히 지지하고 있다.

에버러 공의 제3 세계 지도자 대다수에 대한 의견은, 영국의 전투적인 노동 조합원들에 대한 사고 방식과 똑같이 매우 신랄한 것으로 식구들끼리의 저녁 식사후의 대화 때에도 언제나 준엄한 의견을 말하고 있다. 그러나 어떤 척도로 재보더라도 엘리자베스 2세는 현실주의자이다. 그리고 엘리자베스 황태후나 에든버러 공에 비하면, 진보적이었다. 만약에 정치라는 것이 가능성을 추구하는 기술이라고 한다면, 엘리자베스 2세는 완벽한 정치가이다.

이런 엘리자베스 2세의 특질은 윌슨에 대한 특별한, 그리고 전혀 예기치 않았던 개인적인 힘을 도와준 데서 나타나고 있다. 엘리자베스 2세의 아버지 조지 6세 시대에는, 노동당 정권은 조지 6세가 그의 버릇이든 의무이든 간에 자기네와 같은 길을 걷는가 아닌가에 대해서 달콤한 환상을 거의 품지 않았다.

그런데 엘리자베스 2세 시대가 되자 웨스트민스터(국회 의사당)의 공기라는 것이 혹시 있다고 한다면, 그것은 여왕은 보수당 정권보다도 노동당 정권을 편드는 일종의 편향(偏向)이 아닐까? 고 의아해 할 만큼 되어버렸다.

그렇다고는 하지만 전통적인 사회주의 슬로건을 둘러싼 사소한 말썽이 없지도 않았었다. 1966년 여름의 어느 날 밤에 윌슨 내각의 주택상(住宅相)을 지내고 추밀 대신(樞密大臣)도 지낸 리처드 크로스맨이 만찬회 석상에서 자기를 초대해준 주인이 여왕과의 우정 관계를 만끽하고 있는 것을 잘 알면서도 그것을 무시하고 왕실에 붙어다니는 속물 근성을 화제로 삼아 통렬히 비판한 일이 있다.

그리고 크로스맨이 그로부터 2주일 후에, 추밀 대신으로서 버킹엄 궁전 안의 사무실로 나가자 엘리자베스 2세는 크로스맨에게 말했다. "아, 참 포체스터 경이 당신에 대해, 여러 가지로 나에게 말해주고 있었어요."

재해 때에 보여준 인간미

엘리자베스 2세의 인간미는 1966년 10월의 애버팬 재해(災害) 때에 유감 없이 발휘되었다. 이 재해 사고는 산더미처럼 쌓아올려진 석탄 가루가 무너져 웨일즈 남부의 마을로 흘러들어, 국민 학교를 덮쳐버림으로써 대단한 희생자를 냈던 것이다. 그때에 왕실 일족이 보인 반응은 정말로 신속했다. 우선 먼저 아무런 요청도 없었는데도 스노우든 경이 현지에 차로 달려갔다. 해롤드 윌슨은 당시의 광경을 그의 일기에서 다음과 같이 써놓고 있다.

"그(스노우든 경)는, 사고 소식을 듣자 곧 현지로 갔다. 그리고 현장을 시찰하는 것이 아니라, 어쨌든 희생자를 낸 친족들을 찾아가는 것이 자기의 임무라고 생각하고 있었다. 조지 토마스(웨일즈 담당상)는 나에게 스노우든 경이 실제로 한 몇 가지의 일을 말해주었다. 스노우든 경은 슬픔으로 지새우는 유족들의 곁에 앉아 비탄하는 보모의 손을 꼭 쥐고 자기의 어깨에 머리를 파묻고 넋을 잃고 있는 모친을 한 시간 동안이나 가만히 안아주고 있었다……."

스노우든 경은 또, 뭔가를 붙잡은 채 굳게 틀어쥐고 놓지 않는 아들의 손을, 어떻게든 펴게 하려고 하는 노인을 도왔다. 아들이 틀어쥐고 있던 것은 반장의 배지였다. 그것은 노인으로는 그 아이가 자기 아들임을 확인할 수 있는 유일한 물건이었다.

전혀 생각지도 않았던 스노우든 경의 현지에의 급행에 이어 에든버러 공도 재해지로 떠났으므로 엘리자베스 2세 자신은 그냥 머물러 있기로 했다. 만약에 여왕이 웨일즈 남부로 곧 날아간다면 여왕의 시찰이라고 해서 반드시 생기는 특별한 준비 때문에, 아직 생존자가 있을지도 몰라 열심히 계속되고 있는 구조 작업에 방해가 될 것이 틀림없다는 사실을 여왕은 잘 알고 있었던 것이다. 그래서 엘리자베스 2세는 2, 3일을 기다렸다가 떠났다.

현지에 닿았을 때 여왕의 표정은 잔뜩 긴장되어 참화의 현장을 목격했을 때에는 정말로 비탄해마지 않았다. 엘리자베스 2세의 인간애와 연민의 정은 정말로 사람들에게 여왕의 존재를 다시 생각케 하는 것이 되었다. 애버팬의 석탄더미 속을 걸어서 돌아보는 엘리자베스 2세의 모습은 여왕이 국민과 함께 있다는 이미지를 심어준 하나의 획기적인 사건이었다.

그때의 여왕의 심정은 가족들과 자연스럽게 조화되었다. 엘리자베스 2세의 자질은 나이를 거듭함에 따라 우아해져갔다. 그 재해가 여왕의 마음에 끼친 영향은 대단한 것이었다.

왕실 일가가 의좋게 잘 해나가면 거기에는 일종의 냉소(冷笑)를 받는 것 같은 일도 생긴다. 왕실의 앨범 속에는 대단히 유머러스한 정말 엉뚱한 사진이 들어있는데 그것은 스노우든 경이 자기의 시골집의 준공(竣工)을 맞아 정식으로 준공식을 열었을 때에 자기가 찍은 것이었다. 그 식전에서 엘리자베드 황태후는 준공 테이프를 커다란 가위를 써서 퍽 호들갑스럽게 익숙한 솜씨로 잘랐다.

그 동안에 왕실 일족은 엘리자베스 2세를 포함한 엘리자베스 황태후의 주위에 서서, 배우의 멋짐에 황홀해진 구경꾼이나 되듯 바라보고 있었다. 이러한 정경은 마음이 뿌듯해지는 것이다. 그러나 그럼에도 왕실 일족으로는 현실을 덮어 숨기고 화려하게 행동하지 않으면 안 되는 자기네의 세계에는 더러 환멸을 느끼기도 하는 것이다. 왕실의 현실은, 말하자면 지저분한 일을 하는데 붉은 융단을 깔고 있는 것과 같은 것이기도 하다.

행렬(行列)이 줄지어 늘어서지 않아도 되고 빨래를 하지 않아도 되며 우산을 잊어먹었다고 걱정하지 않아도 되며 돈이 있는가고 신경을 쓰지 않아도 좋고 교통 체증도 없는, 또 신호는 모두 빨강에서 파랑이 되는— —이러한 특이한 세계에서 왕실과 함께 한때를 지낸 사람들은 모두 왕실로부터 떨어져서 하루하루를 살아가기 위해 싸우지 않으면 안 되는 보통의 초조한 생활로 되돌아오면 뭔가 눈부신 데 살다가 시들어진 것 같은 무상한 결말을 느낀다.

그러므로 엘리자베스 2세는 자기에 대해서 행해지고 있는 여러 가지 야단스런 소동의 배후에 있는 것에 통찰의 눈을 돌리는 것이, 자기의 임무라고 생각하고 있다. 그래서 엘리자베스 2세는 지방에 나가 있는 그대로의 촌스런 접대를 받거나, 급히 페인트를 칠해서 깨끗한 모습으로 여왕을 맞는 그런 인위적인 모습 같은 데서 소박한 애정을 보여줄 때에는 무척 기뻐한다. 즉 세련되지 않은 진정한 감정에 의한 친애(親愛)의 감정이 즐겁고 기쁜 것이다.

이를테면, 백 살이 된 노인이 엘리자베스 2세의 방문을 받았을 때 여왕이 자기한테 가까이와서 잘 보아달라고 애써 침대에서 일어나는 모습에 여왕은 감동하는 것이다. 그 후, 엘리자베스 2세는, 수상을 만날 때에 자기가 경험한 여러 가지 사회 문제에 대해서 솔직한 질문을 하는 것이다. 언젠가 한 번은 리즈 지방의 주택이 정말로 밀집되는 상황에 놀란 엘리자베스 2세는, 리즈에서 런던으로 돌아오자 곧 윌슨에게 "리즈 지방의 주택 재조정 계획이나 도시 개발 계획은 어떻게 되어 있습니까?"고 물었던 것이다.

정부와 노조의 대립 속에서

1960년대 말에서 70년대 중반까지의 윌슨 정권 시대의 중간에 끼었던 보수당 정권 시대는 정부와 노동 조합의 대결의 격렬로 유명하거니와 이 대결이 엘리자베스 2세의 심정을 복잡한 형태로 흔들어놓았다. 엘리자베스 2세는 노동 조합의 불온한 움직임은 노동자 계급의 필요 이상의 욕망에서 파생된 것이라고 단정하는 히드 정권의 사고 방식에는 편들지 않았다.

그래서 엘리자베스 2세로서는 히드가 손을 쓴 노조(勞組)와의 대결전, 즉 '주 3일 노동제' 따위는, 그런 변칙 노동 때문에 영국 경제에 미치는 손해 이상으로 비극적인 사회 분열을 초래하는, 스스로 만든 상처 이외의 아무것도 아니다고 생각했던 것이다.

1974년 2월, 사태가 절정에 달했을 때 엘리자베스 2세는 뉴질랜드 여행을 계속하고 있었다. 2월 28일 목요일에, 영국의 총선거가 실시되었다. 같은 날 엘리자베스 2세는 오스트레일리아 국회의 개회식에 참석했다. 그 뒤 곧바로 비행기로 런던으로 직행해서, 3월 1일 이른 아침에 귀국했다.

엘리자베스 2세의 눈에 비친 영국은 엄동의 한창이었으며 그리고 주 3일 노동제 문제는 절정에 달해 있었다. 석탄의 비축── 즉 화력 발전에 의한 전력공급── 은, 벌써 앞으로 2주일분밖에 없었다. 거리의 가게는 촛불을 켜놓고 영업을 하고 있었으며 난방이 끊긴 사무실에서 사람들은 외투를 입은 채 일을 하고 있었다. 텔레비전 방송은 밤 10시 반에 끝내버렸다.

엘리자베스 2세가 여왕으로 즉위한 이래 최악의 내정(內政) 위기, 즉 수에즈 위기의 국내판이었다. 정치가나 정치 평론가들은 총선거의 전망을 여러 가지로 예측했으나, 의견은 양극단으로 나뉘었다. 히드의 보수당이 윌슨의 노동당이 단독 과반수의 의석을 차지할 것이라는 관측과 다른 한 편에서는 제 3당인 자유당이 양대 정당을 좌우하는 세력이 될 것이라는 관측도 나왔다. 그리고 이런 정세 속에서 엘리자베스 2세가 황급히 지구의 반대쪽에서 돌아온 것은 누구의 눈에도 헌법상의 필요한 절차에 따른 것으로 생각되었다.

그러나 엘리자베스 2세의 역할이 그런 단순한 절차상의 일만은 아니라 사태를 타개하는 중요한 열쇠를 쥔 것임이 곧 분명해졌다. 2월 28일의 총선거의 결과는, 어느 당도 단독으로는 압승하지 못한 것으로 끝이 났다. 최종 개표 결과에 의한 각당의 의석은 다음과 같았다.

노동당 301, 보수당 296, 자유당 14, 기타 24.

어느 정당도 단독 과반수는 얻지 못했다. 그뿐 아니라 자유당도 양대 정당을 좌우할 수 있는 의석을 얻지 못했다. 자유당은 노동당과 제휴해도 3백 15석(정족수는 635석)으로, 다른 정당을 모두 합친 의석수를 웃돈다는 보장은 전혀 없었다. 그리고 보수당과 자유당이 연합을 하더라도 그것은 더욱 약한 것이었다.

엘리자베스 2세의 대권의 발동이 진행되고 있었다. 하원에는 절대 다수의 정당은 없었다. 적어도 하원을 그럭저럭 움직일 수 있는 두 개의 정당, 즉 노동당과 보수당의 어느 한쪽을 택할 것인가 하는 문제였다. 에드워드 히드는 아직도 수상이었다. 그러나 엘리자베스 2세는 과연 히드가 언제까지 효과적으로 정권을 유지할 수 있을까 하는 것을 진지하게 생각하지 않을 수가 없었다.

히드는 노동조합과 정면으로 대결했는데 특히 탄광 노조를 상대로 했다가 패배한 것이다. 노동당은 하원에서 제 1당이 되었으며 도외적으로 생각해서 노동당이 정권을 잡는 것은 당연한 권리로 생각되었다. 엘리자베스 2세는 더욱더 분쟁의 본질을 잘 알고 있어, 해롤드 윌슨 이외에 노동 조합과의 관계를 회복해서 영국 국내의 노동 관계를 신속히 정상으로 되돌릴 수 있는 인물은 없다는 것을 알고 있었다.

히드 측근의 몇 사람은 히드에게 끝까지 정권에 머물러야 한다고 격려했다. 그러나 엘리자베스 2세에는 히드의 그러한 수상 유임의 움직임을 승인하지 않으면 안 될 의무는 전혀 없었다. 확실히 한 정당의 이익을 생각하기 전에 널리 영국 국민 전체의 이익을 생각하는 것이 엘리자베스 2세의 의무였던 것이다.

그러나 총선거가 끝났어도 당분간은 엘리자베스 2세는 아무런 움직임이 없었다. 영국 정계의 전통으로는, 총선거의 결과 여하에 불구하고 그때까지의 수상이 총선거 후의 의회에 나갈 때까지는 수상은 수상 관저의 주인이라는 사고 방식이 언제나 인정되어왔기 때문이다. 1868년까지는 이 전통이 완전히 실행되어왔다. 그 전통을 깨뜨리고 총선거의 결과를 알고 곧 수상을 사임한 것은 보수당의 디즈레일리였다.

디즈레일리는 1869년에 실행된 총선거에서 그래드스턴이 이끄는 자유당이 단독으로 과반수를 완전히 차지한 것이 판명되자 곧바로 수상을 했던 것이다. 그러나 그 전통의 밑바탕에 깔린 사고 방식은 아무것도 변한 것이 없었다. 그리고 1923년 총선거의 결과, 역시 특출한 정당이 없었을 때 조지 5세는 당시의 수상 볼드윈에 대해서 새 의회에서 '국왕 연설'(내각의 시정 (施政) 방침 연설에 해당)이 끝난 뒤의 표결에서 패배하게 되더라도 어쨌든 그때까지는 수상 사임의 움직임을 보이지 않고 관망하라고 권고했던 것이다. 히드 수상으로서 버티겠다고 주장하더라도 그것은 히드의 권리의 테두리 안의 일이었다.

히드는 연명(延命)할 수 있을까

그러나 1974년 3월 1일의 시점에서는 새 의회에서 여왕 연설에 대한 표결이 실시될 경우에 보수당이 단독으로 찬성표를 모을 수 없다는 것은 벌써 확실했다. 히드가 새 의회에 제출한 시정 방침인 '여왕 연설'에 대해서 노동당이 일제히 반대할 것은 뻔했다. 히드로서는 계속해서 정권을 담당할 수 있는 유일한 희망이라면 14석의 자유당을 몽땅 보수당 지지로 포섭하는 외에, 스코틀랜드나 웨일즈의 국민당과 북아일랜드 의석 중에서 몇 석을 보수당측으로 포섭하는 일뿐이었다.

그리고 이런 생각을 바탕으로, 해드는 3월 1일 오후 7시 45분에 버킹엄 궁전으로 그날 막 귀국한 엘리자베스 2세를 방문하고 자기가 의도하는 내용을 알렸던 것이다. 엘리자베스 2세는 히드의 견해에 대해서 아무런 의견도 말하지 않았다. 헌법상으로 보면 엘리자베스 2세는 그 외에는 아무 것도 할 수 없었던 것이다.

에드워드 히드에게는 연립 정권의 가능성을 모색할 자격이 충분히 있었으며 그뿐 아니라 히드가 그렇게 하는 데에는 어느 정도 나름대로의 이유도 있었던 것이다. 왜냐하면 투표율과 의석수 사이에 부당한 불균형이 생긴 선거 제도의 결과 때문에 의석수는 노동당보다 적었지만 보수당은 실제로는 노동당보다 높은 득표율을 얻고 있었기 때문이다.

요컨대 보수당의 투표율은 38.2%이고, 노동당은 37.2%였던 것이다. 한편 선거 제도에 의해서 2대 정당보다도 더 부당하게 취급된 것이 자유당으로 그 득표율은 19.3%였다. 보수당과 자유당이 제휴해도 하원의 의석수에서 절대 과반수를 차지할 수는 없었으나 득표율을 합치면 양당이 57.5%가 되므로 국내 선거 인구의 과반수를 차지하고 있었던 것이다.

  그러나 아마도 히드가 생각하고 있던 것과 같은 견해, 즉 보수당과 자유당에 던져진 표는 모두 무엇인가의 형태로 반사회주의 진영이 형성되기를 바라고 있다는 사고방식은 틀린 것이었다. 실제로 자유당은 현대에 있어서는 반보수당의 풍조를 타고 당세(黨勢)를 신장시켜왔기 때문이다.

  자유당 당수인 제레미 소우프는 히드와의 연립 정권 수립에의 조건을 협상하기 위해 히드의 요청을 받고 데번에서 런던으로 왔다. 그러나 소우프가 히드가 제시한 홍정의 골자를 자유당 하원의원 13명의 동지들에게 보고했을 때 양당 연립의 가능성이 전혀 없다는 것이 명백해졌다. 자유당은 그 총선거에서 요 최근 10년 내에 없었던 약진을 이룩한 것은 히드가 취한 노조와의 대결 정책이나 주 3일 노동제에 반대하는 보수당 지지파의 표가, 자유당에 흘러들었기 때문이라는 사실을 알고 있었다.

  그래서 지금 만약 그런 득표를 배경으로 하면서 히드 지지로 돌아 그 결과로서 결국은 보수당이 노동 조합에 비겼다는 해석이 나오는 사태가 된다면 자유당은 지지자들의 기대를 배반하는 것이 되어 말하자면 자기네의 사형 집행장에 스스로 서명하는 꼴과 같았을 것이다.

  이러한 정세의 움직임 속에서 엘리자베스 2세는 자기 자신의 선택의 길을 모색하고 있었다. 엘리자베스 2세는 히드를 해임할 수는 없었다. 그렇게 하게 되면 의회의 의사를 앞지르는 것이 되었을 것이다. 그리고 만약 그 주말에 히드가 자유당 각료 소수를 포함한 내각 개조의 명단 —— 마도 제레미 소우프를 외상에, 조 그리먼드를 스코틀랜드 담당상(擔當相)으로 한 것 —— 을 가지고, 엘리자베스 2세를 찾아왔다면 여왕은 그러한 개각의 사고방식을 단념하라고 히드에게 권했을지도 모른다.

  그러나 그 경우에는 헌법상으로 말하면 엘리자베스 2세의 입장은 본질적으로는 다른 어떠한 수상이 내각 개조를 할 경우에도 전혀 같은 것이 되었을 것이다. 내각을 탄생시키는 데 있어 가장 중요한 것은 엘리자베스 2세의 의견도 총선거의 결과 숫자로 나타난 여론도 아니며 바로 그때에 하원에서 그 내각이 얼마만큼의 안정된 지지를 얻을 수 있는가에 달려 있었다. 그러므로 아직 수상의 권능을 가지고 있는 인물을 수상에서 밀어낼 수 있는 유일한 방법은 하원의 신임 투표에서 수상이 패배하는것 이외에는 없었던 것이다.

또다시 윌슨 정권으로

한편 히드 측에서 보면 1931년에 램제이 맥도날드가 한 것과 같이 우선 수상을 사임하고 그 후에 다시 거국(擧國) 연립 내각의 수반으로 임명되는 방법도 있었다. 1945년에 윈스턴 처칠이 그와 똑같은 방법을, 순서를 거꾸로 해서 있었다. 즉 처칠은 제 2차 대선 중 거국 내각이 해체된 후의 차기 총선거까지의 기간을 '잠정(暫定)내각'의 형식으로 수상이 되어 조각(組閣)한 것이었다.

그때 처칠은 한번 전시 거국 내각의 수반을 사임했다가 그 후 조지 6세에 의해 또다시 수상에 임명되었던 것이다. 만약에 히드가 그때에 이 방식을 답습하려고 획책했다면, 엘리자베스 2세는 분명한 자기의 결단을 내리지 않을 수 없었을 것이다. 맥도날드가 처칠의 전례(前例)에서는 수상은 필사적으로 국왕에 대해 자기의 재조각(再組閣)을 승인해주도록 강요했기 때문이다.

램제이 맥도날드의 경우는 1931년의 경제 위기를 극복하기 위해 광범한 거국 일치의 지지를 얻을 필요가 있었으며 처칠의 경우는 총선거를 실시하기까지 무슨 일이 있어도 꼭 필요한 중간 기간에도 정부의 권한을 중단시킬 수 없다는 사정이 있었다. 그리고 1974년 3월에 히드의 측근자들은 이번에도 마찬가지로 여왕의 힘을 이용해서 히드의 수상 재임명을 꾀해야 한다고 생각한 것이다.

히드의 측근들은, 총선거를 마친 후에 얼마간의 신임을 얻어 탄광 노조와 대결할 수 있게 하기 위해서는 우선 한 번 수상을 사임하고 그 후에 새로운 연립 내각의 수반으로서 재임명되는 이외에는 방법이 없다고 생각했다. 2, 3명의 자유당원을 넣어서 내각 개조를 하는 것만으로는 보수당이 총선거에서의 패배를 자인(自認)하는 것밖에는 안 된다. 즉 실제와는 정말 정반대의 결과가 되기 때문이다.

어쨌든 간에 보수당으로는 총선거의 결과, 국민의 신임이 갱신(更新)되었다는 것을 눈에 확 드러나는 형태로 강조할 필요가 있었던 것이다. 깜짝 놀랄 정도로 빈번하게 버킹엄 궁전에 히드가 들락날락한 것도 실은 비상 사태 선언하에서 국민의 신임이 있다는 것을 강조하는 데 목적이 있었던

것이다.

그러나 엘리자베스 2세는 이러한 모양으로 이용당하는 것을 바라지 않았다. 만약에 히드가 사임을 신청한다면 엘리자베스 2세는 히드의 보수당이 하원에서 절대 과반수를 차지 못한 이상, 히드를 수상에 꼭 재임명하지 않으면 안 된다고는 생각하고 있지는 않다는 것을 분명히 표명했을 것이다. 히드는 내각을 개조할 수도 있었으며, 마음대로 흥정을 할 수도 있었다.

그러나 거국 내각이라는 이름 밑에 정치적으로 교활한 행위를 하는 시점에서 여왕의 권위를 빌려주는 것 같은 짓은, 엘리자베스 2세는 하지 않았을 것이다. 아니 그런 짓은 할 수 없었던 것이다. 결국 히드는 엘리자베스 2세의 이러한 시련에 직면시키는 일은 하지 않았다. 엘리자베스 2세가 이미 잘 알고 있었던 대로 주 3일 노동제를 유지하는 테두리 안에서 자유당과 보수당이 결속한다는 모순은, 히드와 소우프가 협상을 시작한다면 당장 드러나기 때문이다.

의견의 엇갈림은 자유당이 보수당을 지지한다는 기본 조건의 하나로서 제시된 선거 제도 개정의 확실한 약속을 하는 데에 보수당 정부가 적극적인 반응을 보이지 않는 데서 분명해졌다. 자유당은 1974년 2월의 총선거에서 6백만 표 이상을 투표하면서도 의석수는 14석에 머물렀다.

선거구에서 득표 순위가 차점이 된 후보들에게 던져진 표가 모두 소용 없는 표로 끝났다. 이것은 선거구마다 당선자는 1명이라는 소선거구 제도 때문이며 영국의 선거 제도를 득표율에 따라 의석을 배정하는 소위 비례 (比例) 대표제로 바뀌어야 한다는 것이 양대 정당 사이를 휘집고 들어가려는 자유당의 끈질긴 목표였던 것이다.

자유당 당수인 소우프와 보수당 당수인 히드는 두 번 회담을 가졌다. 첫 번째 회담에서 히드는 선거 제도의 개정에 대해서는 당간부들과 상의하지 않으면 안 된다고 했다. 두 번째 회담에서 히드는 선거 제도 개정에 대해서는 하원 의장을 포함한 특별 위원회에서 검토하도록 하면 어떻겠느냐고 제안했다. 히드는 선거 제도의 개정에서 보수당이 어떻게 하겠다는 약속은 일체 하지 않았던 것이다.

그러나 소우프의 눈에는 히드가 말한 것은 전혀 아무것도 안 하겠다는 것과 마찬가지로 비쳤다. 그리고 그런 식의 수작이 처음의 10분 정도로 끝나고 말자 나머지 45분 동안에 주고받은 이야기는 완전히 학문적인 것이 되고 말았다. 그러나 두 사람의 회담을 취재하기 위해 몰려들었던 신문기자들에게 준 인상은, 그 회담은 히드의 수상 사임은 피할 수가 없는 것인데 요 3일 동안 그것을 연장한 것을 정당화하기 위한 흥정에 불과했다는 것이었다.

1974년 3월 4일 월요일의 오후 6시 28분에 에드워드 히드는 버킹엄 궁전으로 가서 수상을 사임했다. 히드는 오후 7시 12분에 버킹엄 궁전을 물러갔다. 그 7분 후에 해롤드 윌슨이 버킹엄 궁전의 안 뜰에 차를 세우고 내려 섰다. 엘리자베스 2세 밑에서의 수상으로서 제 2의 임무가 시작된 것이다.

해산의 대권을 어떻게 행사할 것인가

지금와서 생각하니 1974년 3월에 히드가 벌인 3일간의 협상은 총선거가 보수당 및 히드 자신의 정치 생활에 치명적인 타격을 주게 되었다고 말할 수가 있다. 만약에 히드가 총선거의 결과, 노동당의 제 1당이 되었다는 것이 밝혀진 시점에서 즉시 수상을 사임하고 있었다면 히드는 힘을 배경으로 해서 윌슨 반대의 논진(論陣)을 펼 수도 있었을 것이다.

그리고 히드는 언제나 노동당에 대해서 보수・자유당의 연합표를 수중에 준비하고 총선거의 결과를 떠나 냉정한 협의를 거듭해서 화려한 홍보 활동도 필요없이 적당한 시기에 올바른 문제에서 윌슨을 격파할 수도 있었을 것이다. 그러나 히드는 권력에 매달렸던 나머지, 저 3월 2일과 3일의 주말에 걸친 혼란 속에서 참된 연립을 향한 비책(秘策)을 내던지고 말았다. 그리고 이론적으로는 1974년의 우회 회기의 단기간 동안에 윌슨을 항상 표결로써 격파할 수가 있었는데도 현실적으로는 보수당은 언제나 정치를 우롱한다는 비난에 대해서 충분한 반론도 제기해보지도 못한 채 마침내 윌슨에 대항할 만한 결속을 성립시킬 수가 없었던 것이다.

연립 정권 공작이 노력한 끝에 실패함으로써 히드가 할 수 있는 일이라면 노동당의 동의를 부결하고 또 한 번 총선거를 실시하는 일뿐이었다. 그러나 2월 28일에 총선거를 실시해서 국민의 의견을 물어놓고 바로 또 총선거를 하는 데 드는 비용과 시간의 낭비는 좀체 정당화하기가 어려운 것이었다.

그러나 그것이 또한 해롤드 윌슨을 매우 미묘한 입장으로 몰아넣은 이유이기도 했다. 윌슨은 분명히 하원에서 단독 과반수의 의석을 확고한 것으로 만들고 싶어했다. 윌슨은 주 3일 노동제를 완전히 철폐했으며 엘리자베스 2세가 기대하던 대로 영국 노사(勞使)간의 협조를 다시 본궤도에 올려놓기 시작했으므로 노동당 정권의 인기는 발족 후 그 3개월 동안에 전국으로 퍼졌다. 그러나 만약 윌슨이 이런 인기를 믿고 느닷없이 총선거에 자진해서 출마한다면 윌슨도 또 히드와 마찬가지로 정치적인 이익을 위해서 국민을 비용의 낭비와 불편 속으로 몰아대는 인물이라는 비난을 면치 못했을 것이다.

엘리자베스 2세가 결정자였다. 그 15년 전에, 즉 1959년의 9월에 해롤드 맥밀란은 엘리자베스 2세에게 수상이 총선거의 실시 후 '권고'할 때와, 총선거의 실시를 '요청'할 때의 차이를 말한 적이 있었다. 맥밀란은 "'권고'라는 것은 궁극적으로 오늘날에는 여왕이 반드시 받아들이지 않으면 안 되는 것"이라고 설명했다.

그리고 "수상이 해산을 '요청'한 때에는 여왕은 동의할 수도 동의하지 않을 수도 있다. 여왕이 갖는 최후의 이 대권(大權)은 지키지 않으면 안 된다. 국가적인 위기의 때에는 여왕의 대권은 결정적으로 중요한 의미를 가질지도 모르기 때문이다."고 말한다.

그 국가적인 위기가 지금 닥쳐온 것이었다. 그리고 1974년의 여름에 엘리자베스 2세는 정치가들의 소견머리 없는 이권(利權) 다툼에 반대해서 적어도 다음 총선거까지에 수개월을 놔두지 않으면 안 된다고 생각한 것이다. 히드는 우선 당장에 행동을 일으키지는 않았지만 데니스 힐리를 비롯한 노동당 내부에서 6월 총선거를 요구하는 소리가 강하게 나왔다.

힐리 등은 노동당이 반드시 의석을 증가할 수 있다고 확신하고 있었다. 그러나 엘리자베스 2세는 자동적으로 이런 의견에 동의하는 짓은 하지 않았다. 엘리자베스 2세는 노동당이 하원을 해산하는 것을 거부할 자격이 있었다. 만약 엘리자베스 2세가 해산을 거부한다면 정부는 총사직하고 의회에 대해서 여왕이 취한 조치가 잘못이라는 지지를 얻지 않으면 안 된다.

그러나 노동당은 하원에서는 어떠한 종류의 동의라도 과반수의 지지를 얻어낼 만큼의 확신은 없었다. 또 조기 총선거를 들고 나와도 역시 과반수를 얻어낼 확신도 거의 없었다. 그래서 만약에 노동당이 여왕에 반대하고 해산을 고집한다면 어쨌든 정부를 공백 상태로 놔둘 수는 없다는 구실로 보수당과 자유당의 연립 정권 구상이 되살아날 가능성도 있었다.

윌슨 정권이 해산, 총선거를 들고나와도 너무 성급한 총선거라고 해서 그 동의는 부결될 가능성이 충분히 있으며 그 결과 엘리자베스 2세가 윌슨 대신에 다시 한 번 히드를 수상에 임명할 것이 틀림없는 상태에 있었다.

정치의 최우선은 국익(國益)

이와 같이 엘리자베스 2세의 치세(治世) 22년만에 영국의 절대 군주들이 가졌던 낡은 권력 속에서 태어난 여왕의 대권이 놀랍게도 20세기 후반의 영국 정치에서 살아 있는 힘으로서 되살아난 것이다. 결국 노동당 정권은 자기네의 의사를 억지로 밀고 나가려고는 하지 않았다. 노동당 정권은 총선거를 가을까지 연기해서 그 해의 두 번째의 총선거에서 극히 근소하기는 했으나 단독 과반수의 의석을 차지한 것이다.

그러나 기구상의 존재로서의 여왕, 구체적으로 엘리자베스 2세는 극히 위험한 동요의 시기에서 안정을 가져오는 역할을 다한 것이다. 어쨌든 그 시기에 있어서는 공정한 신분의 논조(論調)에 법과 질서에 대신해서 퇴역 장교들이 정치에 개입한다는 쿠데타의 가능성까지 논의되었을 정도였다.

수상으로서 하드와 윌슨은 엘리자베스 2세의 강한 의지의 힘에 직접 접하고 그리고 엘리자베스 2세가 "정치에서 최우선으로 생각하지 않으면 안 되는 것은 국익(國益)입니다."고 주장하는 자세를 알았던 것이다. 히드나 윌슨도 정책을 여왕에게 보고할 때 여왕이 정말로 열심히 검토하는 것을 알았다. 아무튼 만족할 수 없다고 생각하면 철저하게 여러 가지 질문을 퍼붓는 엘리자베스 2세의 기력을 히드나 윌슨은 경험을 통해 알았던 것이다.

현실주의적인 정치가로서 히드나 윌슨은 아무리 여왕이라 할지라도 의회와 정면 대결하게 된다면 결국은 여왕도 당해내지 못할 것을 알고 있었다. 그러나 두 사람은 현실주의자이기 때문에 의회를 전면적으로 자기네 밑에 결집(結集)시킬 수 없다는 것을 깨닫고 있었고 이미 복잡한 상황에 있는데도 거기에 새로이 여왕과 대결한다는 귀찮은 사태를 끌어들인다면 도저히 감당할 수 없다는 것을 알고 있었다.

국왕이나 여왕의 대권은 옛날처럼 절대적인 권력은 아니게 되어 있었다. 그러나 그 대권은 사태가 완전히 정돈 상태에 빠졌을 때를 위해 헌법에서 정해진 유일한 '결정 투표'로서의 힘을 여전히 가지고 있었다. 그리고 저 1974년의 미묘한 형태로 여러 가지 힘이 작용하고 있던 상황에서 그 대권을 가지고 있던 인물이 그때의 상황에 통달한 의지가 강한 한 여성이었다는 사실이 그때의 상황을 전적으로 정돈 상태에 빠뜨리지 않았던 이유의 하나였다. 극단적인 입장의 사람들로부터의 유혹은 많았으나, 엘리자베스 2 세는 결국 최후의 억제력을 몸소 나타낸 것이었다.

이것이 바로 엘리자베스 2세가 자기가 가지고 있는 말하자면 실질적인 힘을 갖지 못한다고 생각되어온 흔적만 남아 있는 대권을 살리려고 오랫동안 염원해오던 자세였다. 어떠한 사업에서도 마찬가지이지만 국사(國事)란 주목과 존경을 한몸에 받는 톱 클라스의 인물의 결재에 의해서 일이 처리될 때가 최고의 성과를 거둔다. 주목을 받기 위해서 톱 클라스의 인물은 스스로가 공평무사한 것을 나타내지 않으면 안 된다.

또 존경을 받기 위해서는 최후의 마지막 순간에서 스스로의 힘을 실제로 행사할 수 있을 정도의 참다운 기개(氣槪)를 언제나 나타내지 않으면 안 된다.

1957년 1963년의 보수당 당수를 둘러싼 싸움에서는 그런 '공평 무사'함이 위기에 빠졌다. 그러나 1974년에는 여왕의 대권의 적정함이 회복된 모습으로 분명히 제시되었다. 그러나 1975년에는 엘리자베스 2세가 국가 원수를 맡고 있는 다른 나라에서 여왕의 대권이 실제로 어떻게 행사되는가의 예가 제시되기에 이른 것이다.

오스트레일리아의 노동당 정권 수상 휘트램은 하원에서는 과반수의 의석을 누르고 있었으나 상원에서의 노동당은 소수 정당이었다. 그래서 야당은 상원에서의 우세를 이용해서 공무원 봉급 법안의 채결(採決)을 연기시켰다. 이로 인해서 1975년 11월까지 오스트레일리아의 모든 공무원은 앞으로 언제까지 봉급이 나올지 모른다는 불안정한 상태가 되었다.

휘트램은 야당이 요구하는 총선거의 실시를 거부했다. 이로 인해 혼미해진 정국을 타개하기 위해서 총독인 존 카 경은 '비장의 권력'인 여왕의 대권을 발동시켜 정국(政局)에 개입했다. 그리고 카는 휘트램을 수상에서 해임시켰다. 그 해임의 포고문을 "갓, 세이브 더 퀸(신이여! 여왕을 구해주소서.)"로 맺었다.

수상에서 해임된 휘트램은 저 의사당의 계단에서 누구도 잊을 수 없는 모습으로 "그(카 총독)가 '신이여, 여왕을 구해주소서.'라고 한 말은 지당하다. 총독 따위는 아무도 구해주지 않으니까 말이다."고 독설을 퍼부었던 것이다.

실제로는 이 사건에 엘리자베스 2세는 전혀 관계가 없었다. 엘리자베스 2세는 확실히 오스트레일리아의 명목상의 국가 원수이기는 하나 —— 영국 외에 뉴질랜드, 피지, 캐나 그 밖의 6개국의 국가 원수이기도 하다. 오스트레일리아에서 실제로 여왕의 대권을 행사하는 것은 그 나라에 있는 총독에게 위임되어 있다. 그리고 다른 나라와 마찬가지로 오스트레일리아의 총독은 오스트레일리아의 수상의 조언(助言)에 입각해서 지명된다.

그러므로 카 —— 그는 보일러 제조업자의 아들로 그 자신이 노동당원이다 —— 는 수상이던 휘트램 자신이 총독으로 뽑은 인물이었다. 그리고 카가 휘트램을 해임시킨 것은 카 자신의 이유에 근거한 것이었다. 즉 현대 이탈리아의 대통령, 아일랜드의 대통령, 프랑스의 제 4공화국 대통령들이 수상을 해임하는 것과 꼭같은 것이었다.

카는 오스트레일리아 정국의 위기에 대해서 수개월에 걸쳐 엘리자베스 2세에게 모두 보고는 하고 있었으나 휘트램 해임의 결단을 내릴 때에는 엘리자베스 2세의 동의를 얻지 않고 자기의 결단을 실행에 옮긴 직후에 엘리자베스 2세에게 간단하게 보고만 했을 뿐이었다.

호주의 정국혼란

미시적(微視的)으로 보면 존 카 경은 정국이 정돈 상태에 빠졌을 때의 타개책으로 여왕의 대권을 실로 효과적으로 사용했다고 말할 수도 있을 것이다. 왜냐하면 여왕 대권의 행사에 의해서 오스트레일리아에서는 곧 총선거가 실시되어 그 결과 지방당과 제휴한 자유당의 당수 말콤 프레이저가 수상이 되었기 때문이다.

오스트레일리아에는 다시 유효하게 기능을 행사하는 정부가 생겼다. 그러나 거시적(巨視的)으로 보면 카가 취한 행동은 영국과 같은 형의 정치

체제를 갖는 다른 모든 나라들에 여러 가지의 문제를 제시했다. 확실히 총독은 엘리자베스 2세를 대신해서 여왕의 대권을 행사할 수 있음이 틀림없으나 그래도 역시 총독은 여왕의 뜻대로 되는 존재인 것이다.

만약에 휘트램이 아직 수상일 때 엘리자베스 2세에게 연락을 취해서 정식으로 카 총독의 해임을 건의했었더라면 당연히 엘리자베스 2세는 헌법의 국정에 따라 휘트램의 건의대로 카를 해임시키지 않으면 안 되었을 것이다. 그렇기 때문에 그것은 누가 먼저 엘리자베스 2세에게 전화를 거느냐 하는 문제이기도 했다.

뒷날에 존 카 경은 런던을 방문했을 때 엘리자베스 2세에게 "그 당시에 본인이 염두에 두고 있었던 것은, 여왕을 정쟁(政爭)에 끌어들이고 싶지 않다는 것이었습니다."고 말했다. 그때에 카는 설명했다. "총독이란 것은 배짱대로 하면 되지만, 여왕은 그렇지가 못합니다."

그러나 만약에 휘트램이 요행하게도 여왕에게 전화를 걸 것을 깨닫고 엘리자베스 2세에게 전화를 걸었더라면 사태는 어떻게 되었을까? 그 전화를 받은 여왕의 수석 시종 마틴 채텔리스는 우선 첫째로, 지금 여왕을 깨울 것인가 아닌가를 망설였을 것이다. 휘트램으로부터의 전화가 버킹엄 궁전에 닿았을 것으로 여겨지는 시각은, 런던 시간의 오전 2시경이었기 때문이다. 하긴 평소의 여왕으로 봐서 그 전화를 받고 뭐라고 말을 했을까?

실제로 엘리자베스 2세는 휘트램의 전화만으로는 총독 해임에 동의하지 않았을 것은 틀림없다. 그러나 오스트레일리아의 여왕으로서 엘리자베스 2세는 그때에 누구의 조언(助言)을 얻을 수 있었겠는가? 영국 정부에 조언을 구할 수 없는 것은 명백하다. 그렇다면 오스트레일리아의 수상 경험자나 총독 경험자에게 상의했어야 했을까?

그러나 그렇게 하려면 교환서를 통해서 보통의 전화 회선으로 오스트레일리아까지 또 전화를 다시 걸지 않으면 안 된다. 어쨌든 그 11월 1일에 오스트레일리아의 수도 캔버라에서는 사태가 매우 급속하게 움직이고 있었던 것이다. 오후 1시 10분에 휘트램이 해임되었다. 오후 1시 30분에 프레이저가 잠정 수상에 임명되었다. 또 오후 2시 12분에 상원이 정부의 제출 법안을 가결했다. 오후 3시 15분에 하원은 프레이저 불신임안을 가결해서 보복했다. 오후 4시 45분에 카아는 상하 양원의 해산을 포고했다.

그 몇 시간 뒤에 즉 버킹엄 궁전에서의 조반 시간까지 엘리자베스 2세는 자기의 이름으로 오스트레일리아에서 벌어지고 있는 일을 몰랐던 것이다. 이 시간을 좇아서의 경위와, 사태가 발생했을 경우의 엘리자베스 2세의 역할이 어떤 것인가를 나타내고 있다.

그리고 만약에 이제까지는 그렇지 않았다고 하더라도, 여하간 오스트레일리아의 여왕으로서의 엘리자베스 2세의 지위가 본질적으로는 얼마나 상징적인 것에 불과한가를 분명히 나타내고 있다. 만약 영국이라면 오스트레일리아에서 발생한 것과 같은 사태는 일어나지 않았을 것이다. 일찍이 영국의 상원은 오스트레일리아의 상원이 한 것과 같은 정부 지출을 규제하는 투쟁을 벌였으나 1911년에 확실히 패배했기 때문이다.

그러나 영국과 오스트레일리아의 상원을 비교하는 것은 오해를 초래할 수 있다. 오스트레일리아의 의회 제도는 어떤가 하면 미국의 의회 제도— —상원의 권한도 포함해서——에 가까운 것이며, 영국의 상원과는 크게 다르기 때문이다. 또 그 정치 드라마는 처음에는 영국형으로 시작했을지는 몰라도 실제로 연출되는 것은 오스트레일리아형, 즉 대단히 거칠은 수법으로 행해졌던 것이다.

누구를 막론하고 공격 일변도(一邊到)로 되었던 것이다. 휘트램은 자기의 정책을 밀고나가는 데에 조금도 양보하지 않았다. 몇 달이나 전부터 외국의 차관(借款)을 얻기 위해서 비밀 공작을 하고 있었으며 끝까지 총선거를 거부했다.

프레이저는 자기의 정치적인 야심을 실현하기 위해서 1975년에 헌법 정신을 존중하는 것보다도 빅토리아 여왕 시대인 1901년 옛 증서를 귀중하게 여겼다. 그리고 이것 또한 두 사람에 뒤지지 않는 ‘정치 동물’인 존 카 경은 말하자면 자기가 손에 쥐고 있는 빅토리아 시대의 무기 목록 속에서 제일 대형의 철포(鐵砲)를 집어들고 그것을 쾅 쏴버린 것이다.

정권은 캐러헌에게

존 카 경은, 정말 색다른 인물이었다. 그는 자기의 지식에 의해 의무를 수행했다. 그러므로 노동당 정부가 그의 변절을 따졌다 해도 그것만으로는 그의 행동의 합법성을 부정하는 것으로는 되지 않는다. 그러나 카 자신의 일 처리방법은 그가 주장하는 대의(大義)를 정당화하고 사람들을 충분히 납득시킬 수 있는 것은 아니었다. 그가 공평무사했던가 어떤가는 극히 의문이었으며 확실히 그의 개입으로 1975년의 총선거가 이루어졌지만 선거는 말하자면 유리한 면이 있는 반면에 악용될 수 있는 요소도 지니고 있는 것이었다. 만약에 존 카 경이 자기 자신의 입으로 말한 "총독은 배짱으로 하는 것이다."라는 말을 분별해서 저 실효적(實効的)인 정부가 다시 되살아난 1975년의 총선거가 끝난 그날에 총독을 사임했더라면 버킹엄 궁전에 그토록 당혹을 초래하는 사태는 피할 수 있었을지도 모른다.

왜냐하면 카는 총독에 눌러앉음으로써 여왕의 대권 — 오스트레일리아의 말로는 '품안의 칼' — 을 현실 정치의 쟁점(爭點)으로 삼았기 때문이다. 영국의 입장에서 본다면 오스트레일리아의 사태는 초연하게 얼핏 실수가 없어 보이는 엘리자베스 2세 및 그 일족의 일의 처리 방식이 일단 궤도를 벗어났을 때 헌법상의 국가 원수가 얼마나 어려운 문제에 휘말려드는가를 보여주는 교훈적인 사례였다.

1910년에서 11년에 걸쳐 영국에서 상원의 권한에 대한 격렬한 논쟁이 일어났을 때 조지 5세는 중심적인 역할을 연출하지 않으면 안 되었었다. 그러나 그때에는 조지 5세의 의무, 신중성, 중용의 정신 — 이것이 바로 위엄(威嚴)이다 — 이 작용해서 조지 5세는 어느 한쪽의 편을 들었다는 비난은 일체 받지 않았다. 1975년의 위기가 일단락된 뒤에 런던을 방문한 휘트램은 엘리자베스 2세의 따뜻한 알현을 받았다. 그러나 휘트램과 존 카 경과의 관계는 그렇게 원만하지는 않았다.

1975년에 오스트레일리아에서 일어난 사태는 엘리자베스 2세를 국가 원수로 받드는 영국 이외의 10개국 모두가 언젠가는 직면하지 않으면 안 될 문제를 제기한 셈이다. 즉 정부를 통괄해야 할 여왕이 현실적으로 그 현장에 없는 정부를 맹목적인 국가 원수를 받드는 체제의 테두리 안에서 어느 정도까지 유지할 수 있을까라는 문제이다.

엘리자베스 2세의 여왕으로서의 상징적인 지위는 국민들의 기분상으로는 중요성을 차지할지도 모르는 — 아니 그것마저도 모른다 — 일이지만 어쨌든 영국 이외의 나라에서는 엘리자베스 2세는 영국 정부에서 수행하는 것과 같은 실효적(實効的)인 권한 행사를 현실적으로 행하고 있지는 않다.

원래 여왕이 바탕을 두려 했던 권한이 여왕도 아닌, 단지 지명되었을 뿐인 인물에 의해 행사되어도 충분한 설득력을 가질 수 있는 것일까?

그리고 만약 총독이 대통령과 같은 권한을 행사한다고 한다면 그 이외에 여왕에게는 어떤 권한이 남게 된다는 것일까? 이러한 논리를 밀고 나간다면 엘리자베스 2세와 영국 이외의 10개국과의 결합의 장래는 비관적이다. 그러나 어쨌든 말할 수 있는 것은 엘리자베스 2세 바로 그 사람이 살아 있다는 그 자체가 군주제에 대한 문제가 단순히 논리만으로 처리될 수 있는 것이 아니라는 증거이다.

입헌 군주제에 대한 영국의 논리가 가장 명쾌한 형태로 제시된 것은 1976년 3월 10일에 은퇴 의사를 표명하고 수상을 사임한 해롤드 윌슨의 후계자 선출 때였다. 이 윌슨의 수상 사임은 윌슨 부인과 엘리자베스 2세 이외는 누구나가 깜짝 놀랐던 일이다. 그 순간부터 4월 5일에 노동당이 제임스 캐러헌을 수상으로 뽑을 때까지 라이벌끼리의 사이에서 권력의 쟁탈전이 벌어졌는데 진정한 권위, 즉 실효적인 정부의 힘은 여왕의 권한을 위임받은 해롤드 윌슨의 수중에 항상 쥐어져 있었다. 노동당이 새 수상 선출을 마친 뒤에 윌슨은 수상의 권한을 곧 캐러헌에게 이양하지는 않았다.

윌슨은 우선 수상의 권한을 일단 버킹엄 궁전에 반환하고 엘리자베스 2세에게 노동당의 후계 수반 선출 투표의 결과를 보고했던 것이다.

그리고 윌슨은 말했다. "나는 캐러헌 씨가 의회에서 다수파를 충분히 장악할 수 있는 인물이란 것을 확신합니다."

이런 윌슨의 보고에 입각해서 엘리자베스 2세는 수상의 권한을 누구에게 줄 것인가의 결정을 내린 것이었다. 이렇게 해서 여왕 대권의 의의는 유지되었던 것이다.

제 26 장 적자(赤字)가 되다

왕실비용의 조작

1969년 가을에 북미(北美) 여행을 끝마치면서 에든버러 공은 인터뷰를 받았다. 질문서의 안에는 씌어져 있지 않던 질문이 튀어나왔다. '영국의 왕실 일가는 인플레에 어떻게 대처하고 있습니까?'라는 질문이었다. 에든버러 공은 한 순간 놀란 듯 했으나, 사실대로 대답했다. 에든버러 공은 "영국 왕실의 가계는 1970년에는 적자(赤字)가 될 것입니다."고 말했다.

이 에든버러 공의 발언은 엘리자베스 2세의 통치에서 하나의 고비가 될 문제를 공적인 논의에 붙이는 것이었다. 1930년대에서는 국왕의 모럴이 큰 문제가 되었다. 그 뒤 40년이 지나서 이번에는 여왕의 돈의 문제가 사람들의 논의의 대상이 된 것이다. 1950년대에 붐을 일으킨 하키팀의 주장 비슷한 여왕의 악센트나 시원치 않은 여왕 측근들에의 비판은 이제는 다소 퇴색했다.

1970년대가 되자 다시 격렬한 반왕제주의(反王制主義)가 대두해서 이제는 벌써 공공연한 풍조가 되어 때로는 매스컴도 그러한 반왕제파의 움직임에 동조하게 되었다. 이러한 문제를 낳게 한 것은, 무엇보다도 인플레였다. 1953년부터 1970년까지의 사이에 영국의 임금(賃金)은 평균 126%나 올랐다. 소비자 물가는 74% 올랐다. 한편 왕실에서 일하는 사람들의 봉급이나 노임(勞賃)은 1952년까지 부당하게 낮게 책정된 탓도 있어서 같은 기간에 167%나 올랐다.

이 때문에 1952년에 정해진 왕실 재정에 대한 규정은 어찌할 수도 없을 정도로 실정에 맞지 않는 것이 되어 있었다.

엘리자베스 2세가 여왕에 즉위한 직후에 결정된 왕실비에는 인플레 때문에 어느 정도의 여유가 계상(計上)되어 있었다. 그 액수는 연간 9만 3천 파운드로 그 태반은 사용하지 않고 신중히 저축되어 있었다. 그러나 그것도 1961년까지였다. 그때까지는 충분한 잉여금(剩餘金)이 나올 정도였다. 그러나 1962년이 되자, 의회에서 승인된 왕실비의 지출은 처음으로 연간 47만 5천 파운드를 웃돌았던 것이다.

그 이래 저축해두었던 잉여금은 인플레의 상승과 더불어 적자를 메워 넣는 데에 흡수되었다.

그래서 1970년까지에는 예비비가 3만 파운드밖에 안 되게 되었고 더욱이 그 해의 적자 26만 파운드를 그것으로 메우지 않으면 안 되게 되었다. 에든버러 공이 주장한 "1970년에는 왕실의 살림은 적자로 돌입할 것이다."라는 견해는 왕실 회계관들의 숫자가 실증하는 바이었다.

그러나 왕실 비판론자들이 곧바로 지적했듯이, 왕실로서는 왕실비만이 유일한 수입은 아니다. 확실히 왕실비는 여러 정부 각성(各省)의 예산 중에서 왕실 비용을 위해서 내놓게 되는 약 3백만 파운드에 이르는 공금, 소위 '숨은 보조금'에 비하면 대단치는 않다. 이 '숨은 보조금'이란, '각성 의결금(各省議決金)'으로 불려지는 것으로 이를테면 왕실 요트는 연간 83만 9천 파운드를 국방 예상에서 얻어내서 유지되고 있으며 엘리자베스 2세의 비행기 이용에는 역시 연간 70만 파운드가 나온다.

또 여왕이 이용하는 철도의 비용은, 그 특별열차의 유지비도 포함해서 연간 3만 6천 파운드가 철도청에서 지출되고 있다. 왕실 일가가 점유하고 있는 궁전이나 주거(住居)의 유지, 관리의 비용은 환경성(環境省)이 97만 4천 파운드를 지출하고 있으며 우편물도 무료 취급을 하고 있는 왕실 관계의 우편, 통신비도 연간 대충 5만 2천 파운드에 이르는 것으로 추정되고 있다. (1971~72년의 추정, 특별 위원회 보고서에 의함.)

그리고 문방구류나 사무실의 책상, 의자류, 시종무관의 비용, 국가 또는 공공 의식용(儀式用)으로 구입한 물품의 세금 환불 등을 합해서 그 액수는 연간 2백 93만 2천 파운드에 이른다.

아직 자유당의 당수이던 무렵에 제레미 소우프가 말했듯이 일부의 정치가가 지금도 역시 "영국 왕실의 유지비는 파리의 영국 대사관의 비용과 같은 것이다."라느니 "대단한 액수가 아닌데도 시끄럽게 부산을 떨어대는 것은 꼴사납다."고 말하고 있는, 47만 5천 파운드라는 왕실비만 보고 하는 말이다. '각성 의결금'을 넣는다면 왕실 유지비의 총액은 연간 3백 50만 파운드라고 해도 그리 틀리지는 않을 것이다.

확대한 공령(公領)으로부터의 수입

더욱이 이것이 전부는 아니다. 군주 및 왕위 계승자는 예나 지금이나 두개의 기구에서 무세(無稅)의 수입을 얻고 있다. 그 두 개의 기구란 랭커스터 공령(公領)과 콘웰 공령으로 대체적인 연구에 의하면 궁극적으로는 왕실의 영지(領地)는 아니고 국가의 영지로 여겨지는 것들이다. 그러나 현실적으로는 1960년대의 말부터 1970년대의 초에 걸쳐 2백 50만 파운드 이상으로 추정되는 랭커스터 공령의 수익은 직접 엘리자베스 2세한테로 들어간다.

이 랭커스터 공령이란 중세에 국왕이 손에 넣은 영지를 합친 것인데 1760 년에 의회(議會)의 것이 된 왕실 영지와는 분명히 분리된 토지이다. 헨리 4세는 1399년에 국왕에 즉위한 이래 계속 랭커스터 공(公)의 칭호를 가지고 헨리 4세의 사후에도 국왕이든 여왕이든 대대의 왕은 모두 랭커스터 공 으로서 랭커스터 공령에서 얻어지는 수익을 향수(享受)해왔다. 다만 현재는 랭커스터 공령의 태반은 요크셔에 몰려있다.

중세에 있어서는 대대의 국왕이 이러한 공령의 관리를 특히 친한 친구에게 맡겨 그 친구에게 랭커스터 공령상(公領相)의 칭호를 주었다. 그러나 편의 상의 이유에서 이 랭커스터 공령상의 지위는 오늘날까지 특별한 의미를 갖는 것으로서 존재하고 있다.

콘웰 공령상이라는 정치적인 지위는 없으나 콘웰 공령 그 자체는 본질 적으로 랭커스터 공령과 완전히 똑같다. 즉 중세에 손에 넣은 토지의 집 합체이며 왕실 일족의 이익을 위한 소위 왕실 영지와는 구별되고 있다. 콘웰 공이라는 칭호는 전통적으로 왕위 계승자에게 주어지고 있다.(황태자 란 단순한 의례적인 칭호이지, 특별한 토지나 수익은 따르지 않는다.)

그리고 콘웰 공은 일정한 연령에 달하면 콘웰 공령에서 연간 10만 파 운드를 넘는 면세의 수입 자격을 맡는다. 그것은 시리 섬의 원예(園藝)농장 등의 기업, 런던 남부의 케닝턴 내 있는 사무실이나 상업적인 시설, 그리고 역시 케닝턴에 있는 크리켓장 등에서 지불되는 사용료 따위이다.

케닝턴의 공령은 런던의 국회 의사당에서 템스 강을 사이에 둔 바로 건너편에 있으며 거기에는 왕실에서 일하는 사람들이나 옛 유모들의 살림집 외에 1960년대에 들어서 몇 명의 노동당 각료(閣僚)가 싼 집세로 빌려 살고 있는 집들도 있다. 이 싼 공령의 주택에 세들어 사는 것은 리처드 매슈, 존 스톤하우스, 제임스 캐러헌 등이다.

영국 황태자였을 무렵의 에드워드 8세의 전례에 따라서 1969년부터 찰스 황태자는 콘웰 공령에서 나오는 수입의 절반을 정부에 납부하고 있다. 그리고 나머지의 연간 10만 파운드라는 수입은 왕실비의 규정에 구애받을 필요가 없는 것이 되었다. (역시 행군장교로서의 찰스 황태자의 봉급중 세금을 뺀 나머지 액수는 몽땅 해군병사를 위해 조지 5세가 창설한 기금에 넣어지고 있다.)

그러나 아무리 충실하고 근면하다 해도 한 젊은이가 국가에 대한 재정적인 의무의 완전 면세(免稅)를 관철할 수는 없다는 그런 원칙을 받아들이기를 거부한 것 같은 찰스 황태자의 자세는 1970년대 초에 영국 왕실의 재정을 비판하는 사람들의 원성의 대상이 되었다.

찰스 황태자는 자기의 과세율(課稅率)은 50%라고 정했다. 또 왕족의 어떤 자는 재무성(財務省)과 개인적으로 상의해서 금액으로 치면 보잘것 없는 세금을 물었다. 그러나 엘리자베스 2세만은 어떠한 세금도 전혀 물지 않았다.

1951년에서 1974년까지의 사이에 엘리자베스 2세는 랭커스터 공령에서만도 총액 3백만 파운드에 이르는 면세 수입을 얻었다. 그리고 1970년대 초에 와서 버킹엄 궁전에서도 역시 엘리자베스 2세의 개인적인 재원(財源)에서 어느 정도는 왕실비에 보태넣을 필요가 있지 않느냐는 생각을 하게 되었다. 이런 사실을 보더라도 그때까지 엘리자베스 2세의 재원에서 왕실의 공식 지출로는 전혀 한푼도 지불되지 않았다는 것이 확실하다.

이런 숫자를 보는 것만으로도 엘리자베스 2세는 여왕에 부수(附隨)되는 특별한 세제상(稅制上)의 특전 덕분으로 억만장자가 된 것이다. 아버지나 할아버지의 국왕들이 쌓아올려서 엘리자베스 2세에게 물려준 막대한 재산에 대해서는 아무것도 손가락 하나 건드려진 바가 없는 것이다.

왕실 일가는 샌드링검 궁전이나 발모럴 성을 자기네의 사유 재산으로 항상 여기고 있다. 윈저 성이나 버킹엄 궁전은, 분명하게 국가의 재산으로 되어 있지만 이것들과 샌드링검 궁전, 발모럴 성과의 사이에는 뚜렷이 선을 긋고 있는 셈이다. 그러나 왕실이 소유하기에 이른 경위를 자세히 조사해 보면 샌드링검 궁전이나 발모럴 성의 왕실 소유권도 당장에는 인정할 수가 없는 것같이 보인다.

어디까지가 사유재산인가

발모럴 성의 구입 자금도 그 후의 대대적인 개축(改築)자금도, 그 태반은 연간 38만 5천 파운드라는 빅토리아 여왕의 왕실비 중에서 알버트 왕자(빅토리아 여왕의 부군)가 저금한 돈으로 조달한 것이다. 한편 샌드링검 궁전은 랭커스터, 콘웰이라는 두 공령(公領)에서의 면세 수입에서 나온 수십만 파운드의 돈으로 구입해서 개축한 것이다. 만약 영국의 군주에게 다른 사람들과 마찬가지로 유산 상속세가 부과되었더라면 대대에 걸쳐 몽땅 그대로 샌드링검 궁전이나 발모럴 성을 손에 넣기란 불가능했을 것이다.

그뿐만 아니라 소득세가 면제된다는 특전이 없었더라면 오늘날의 모습을 보존할 수도 없었을 것이다. 그래서 기준 평가액만으로도 수백만 파운드를 밑돌지 않는다는 가치를 지닌 그러한 막대한 재산을 과연 어디까지 정말로 사유 재산으로 생각할 수 있는가 하는 의문이 생긴다.

또 다른 공무원에게는 일체 인정되지 않는 면세의 특전을 왕실에만 부여함으로써 어떠한 공공의 이익이 생겼느냐 하는 의문도 나온다. 확실히 엘리자베스 2세는 샌드링검 궁전이나 발모럴 성에서 정부로부터 보내오는 문서를 읽고, 대신(大臣)을 접견하며 다른 귀빈들을 접대한다.

그러나 그런 논리에 선다면 어째서 샌드링검 궁전이나 발모럴 성이 윈저 성이나 버킹엄 궁전과 마찬가지로 국가의 재산으로 생각해서는 안 되는 것일까? 그리고 또 지금까지 갖고 있는 재산이 아니라 여왕의 개인적인 투자에 불입(拂入)된 돈에까지 여왕 측근들이 원천 징수가 되었다고 해서 세금의 환불을 요구하는 것은 어찌된 것일까?

노동당 하원 의원 윌리 해밀턴이 1963년에 엘리자베스 2세로부터 왕실비 증액의 요구가 나왔을 때 과거 2백 년 동안에 가장 무신경하고 낯살 두꺼운 뻔뻔스런 인상(引上) 요구라고 형용한 것도, 이러한 정부 각성(各省)의 예산에서 나가는 막대한 돈과 면세의 혜택을 받고 있는 방대한 사유 재산이 있다는 사실을 파악한 연후에 할 말이었다.

그 당시에 영국의 경제는 궁핍한 상태였고 해롤드 윌슨은 그와 같이 대폭적인 왕실비의 증액 요구는 우선 의회의 조사를 거치지 않으면 통과시키기에는 대단히 무리라고 생각했다. 그래서 왕실비의 지출 실태를 조사하기 위한 특별 위원회가 결성되었던 것이다.

엘리자베스 2세는 자기의 사생활의 실태를 보고하는 것을 단호히 불허했으나 이런 자세가 거센 반발을 초래했다. 엘리자베스 2세의 왕실비 증액 요구에서 비롯된 논쟁에서의 비판은 주로 여왕의 실제의 생활상을 사람들이 모르는 채 그저 상상만을 하고 있다는 데서 더욱 거칠어지고 있었다. 엘리자베스 2세가 달러로 환산해서 수천만 달러에 이르는 개인적인 투자를 하고 있다는 것은 충분히 있을 수 있는 일, 아니 우선 틀림없었다는 것이었다.

그러나 여왕의 투자 규모에 대해서는 극히 소수의 단체 외에는 알려져 있지 않다는 것이 실태였다. 그리고 그 투자의 본체(本体)는 여러 가지의 명의나 지주(持株) 회사가 이용되어 복잡하기 짝이 없어 엘리자베스 2세의 협력 없이는 합법적, 아니 비합법적인 채널을 쓰더라도 외부로부터는 도저히 조사할 수 없는 실정이었다.

그러나 돈많은 부자이냐 아니냐는 별 문제로 치더라도 엘리자베스 2세도, 왕측들도, 개인적으로 사치스런 생활을 추구한 것은 아니었다. 주택의 수나 출입하는 업자들의 수가 불필요할 정도로 너무 많았다고 할 수 있을지는 모르겠으나 그 정해진 테두리 안에서의 경비는 최소한으로 억제되고 있었다.

이를테면 사람들은 버킹엄 궁전 내에 있는 것은 모조리 최고급품임에 틀림없다고 생각할지 모른다. 훈장 수여식이나 리셉션이 열릴 때의 방이나 복장, 장식, 음식물 등은 확실히 영국 제일의 전당에 어울리는 것들로 갖추어져 있는 것은 사실이다.

그러나 일단 그러한 의례용(儀禮用)의 방을 떠나서 엘리자베스 2세와 그 일족들이 실제로 살고 있는 방에 들어가면 얼핏 보기에도 낡았음이 느껴진다. 조상 전래의 가보(家寶), 낡아빠진 책꽂이 등과 함께, 그 정체가 의심스러운 1940년, 50년대의 고물 가구가 있는가 하면, 이것이 바로 틀림 없는 여왕의 거처임을 느끼게 하는 아주 구식의 전기 난로까지 놓여져 있다.

그 광경은 영국의 잡지가 중류 계급이나 상류 계급에 호소하는 근사한 이미지와는 아주 먼 거리에 있는 것들이며 이와 같은 것은 꼭대기까지 다 올라가버린 왕실 근무 직원들의 사무실에 대해서도 말할 수가 있다.

즉 그 사무실에는 무슨 서류 캐비닛, 낡은 철제 책상, 이음새를 손질한 의자 따위와 융단이 깔려 있는 정도이다. 만약에 여왕의 수석 시중 사무실에 들어가면 필시 대회사의 사장실이나 은행장의 방쯤으로 으리으리하고 호화롭게 차렸으리라고 여겼다간 큰 잘못이다. 그 방은 기껏해야 작은 공립 학교의 빛바랜 교장실이나 아니면 그 옛날의 좋은 시대를 그리는 지금은 아주 빈 털털이가 된 신사 클럽과 같다고나 할까, 그런 정도의 것이다.

특별 위원회의 재정 상태 조사

그러나 이런 이미지가 왕실비에 대한 의회(議會) 특별 위원회 개최 때의 참석자의 마음에 정착되어 있는 것은 물론 아니다. 특별 위원회는 1971년 6월 21일부터 7월 27일까지 합계 6회에 걸쳐, 왕실의 재정 상태에 대해 과거에 없었던 철저한 조사를 실시한다.

윈저 성의 농장에서 거둔 버섯이 노천 시장에서 팔리고 있다는 것에서부터 왕실의 사유 영지(領地)를 사용해서 영리 기업이 적극적으로 장사를 하고 있던 일,(샌드링검 궁전에서는 리베나 과즙 회사와 계약해서 크로스그리 재배가 약 20헥타르의 영지를 이용해서 행해지고 있다.) 더욱이 버킹엄 궁전내에서도 숍 스튜어드(중견의 노동조합 간부)가 있어 왕실 직원의 거의 모두가 공무원 노조에 가입해서 공무원 노조가 책정한 임금 조건으로 일하고 있는 사례 등이 속속 드러났다.

게다가 여왕의 백조 사육(白鳥飼育) 담당 직원이 '거의 세습(世襲)으로' 임명되고 있다는 사실이나 왕실의 세탁비의 전표가 1952년에는 4천5백42 파운드였던 것이 이제는 7천2백67파운드로 불어난 것, 왕실의 주류(酒類) 전표가 같은 시기에 3천2백54파운드에서 1만 2천 파운드로 급증하고 있는 것도 밝혀졌다.

그러나 특별 위원회가 입수한 산더미 같은 자료에도 불구하고 왕실 재정의 정확한 실태는 파악되지 않았다. 소위 '크라운 쥬얼'로 불리는 보석류와 같이 왕실의 회화(繪畫) 컬렉션이나 조지 5세 및 6세에 의해 수집된 훌륭한 우표 컬렉션까지 문제가 되었고 타국에는 절대로 넘겨줄 수 없는 국민의 재보(財寶)라고 엘리자베스 2세가 생각하고 있는 것도 밝혀졌다.

궁내 장관인 콧볼드 경은 "실제 여왕은 이러한 물품들을 자기가 제멋대로 움직일 수 없는 것으로 알고 계십니다."라고 말했다.

더욱이 그 반면에 엘리자베스 2세와 에든버러 공은 '조상으로부터 물려받았거나, 선물로 받았거나, 자기가 사들였거나해서 자기네의 사유 재산으로는 생각지 않는 막대한 양의 가구라든가, 그림이나 보석류를 수집하고 있었다. 그러한 한 장의 그림, 한 개의 보석일지라도 어디까지나 개인에게 이양할 수 없는 성질의 공적인 것이며 어디까지가 '사유 재산'인가의 구별은 그어지지 않고 있었다. 확실히 엘리자베스 2세의 의복은 합법적으로 공적인 비용으로 마련되었으며 당연한 것으로 정당화되는 것으로 생각되는 것이지만 실제로는 그런 명목으로 지출되지는 않았다.

반면, 만약에 샌드링검 궁전이나 발모럴 성이, 엘리자베스 2세의 사유 재산이라 한다면 어째서 이 엘리자베스 2세의 재산을 유지, 개수(改修)하기 위해 공공의 자금이 지출되어왔는가를 설명하기는 어렵다. 이러한 귀찮은 혼란이 생기는 것은 여왕의 소지금(所持金, 왕실비 중의 제 1류), 반공공적(反共共的)인 물품 구입을 위한 여왕의 '사적(私的)지출' 또는 왕실에서 일하는 사람들의 봉급(왕실비 중의 제 2류), 왕실 운영비(왕실비 중의 제 3류)와 같은 식으로 왕실 회계관이 명백하게 왕실비의 분류를 해놓은 데에 따른 것이다. 그러나 이러한 구별은 왕실 외부의 사람들에게는 대체로 이론적인 것에 불과하다고 여겨졌다.

그러한 돈은 모두 어떻게 분류되든지, 우선 국민의 세금 등 공공 자금에서 나간 것이라는 것만은 확실했기 때문이다. 특별 위원회에는 질문의 거의 전부에 대한 회답이 왔다.

그러나 그때 위원들의 대다수는 물가가 폭등하고 있었으므로 왕실비의 증액은 당연하다는 자세를 이미 굳히고 있었다.

왕실에서의 증액 요구가 나왔을 때까지 하원 의원 자체는 자기네의 세비(歲費)를 6백％ 인상할 것을 의결하고 있었다. 그러므로 질문을 여러 가지로 던진 보수당 의원들도, 반대를 위한 질문이 아니라 단지 개인적인 흥미에 입각해서 질문하는 것 같았다. 이를테면 보수당 의원인 존 스티버스는 왕실의 소년 성가대(聖歌隊)에는 얼마나 비용이 드는가, 하는 따위까지 알고 싶어 했다.

공사(公私) 쌍방의 왕실 재산에 대한 진짜 숫자를 보수당 이상으로 알고 싶어했던 노동당의 하원 의원들도, 보수당과 마찬가지로 통일된 구체적인 반대론도 없이 의원들이 각자 개별적으로 행동하고 있었다. 훈련을 쌓은 회계사(會計士)인 존 바네트는 대단히 깊은 데까지 파고들어 질문을 한 인물인데, 그 흥미는 정치가로서의 것이 아니고 오히려 회계사라는 직업적인 것으로 보였다. 공화제론자(共和制論者)로서 일방적이고 극단적인 입장을 취하는 윌리 해밀턴은 기회만 잡으면 영국의 계급 사회의 구조를 공격했으나 간혹 감정적인 논의에 흘렀다.

그리고 왕실의 사유 재산의 규모에 대한 문제가 일어날 때마다 노동당 의원들은 철저한 방어 ── 요컨대 "전혀 모릅니다."라는 답변 ── 를 되풀이했던 것이다. 콧볼드 경은 "나 자신을 포함해서 왕실에서 일하는 자는 누구 하나도, 여왕의 사사로운 돈을 취급하지 않았으므로 그런 돈에 대해서 자세한 말씀을 드릴 수가 없습니다. 이런 문제는 여왕 폐하가 손수 취급하고 계십니다. 그것은 선대(先代) 국왕 및 대대의 국왕과 똑같은 방식입니다."고 말했다.

하원 의원들이 그런 돈에 대해 알고 싶어했지만 적당한 왕실 고문을 찾아내어 이야기할 수도 없었던 것이다. 옛날이나 지금이나 누가 정말 그런 돈을 관리하고 있는지는 수수께끼이다.

'과장(誇張)' 되어 있는 수학

특별 위원회의 위원 중에는 이런 사태를 개탄하는 자도 있었으나 그들도 그 이상 뛰어들어 여왕의 사유 재산을 파헤치겠다는 생각은 없었다. 특별 위원회는 다만 왕실비가 여태까지 너무 낭비되어오지는 않았는가, 현재는 어떤가, 그리고 만약 증액된 후에 이치에 맞는 효율적인 방법으로 사용될 것인가, 어떤가 하는 점에 대한 검토를 했을 뿐이었다. 그럼에도 콧볼드 경은 엘리자베스 2세의 재산 규모에 하나의 성명을 내었다.

"여왕 폐하는, 일부에서 속삭여지고 있는 '여왕의 재산은 이제는 5천만 파운드에서 1억 파운드, 아니 그 이상이다.'고 하는 말하자면 천문학적인 숫자에 상당히 심려하고 계시는 것은 틀림없습니다. 여왕 폐하는, 이러한 생각은 아마도 왕실 컬렉션이라는 것의 성격에 대한 일종의 혼란에서 벌어진 것으로 생각하고 계십니다. 하지만 여왕 폐하는 저에게 왕실 컬렉션은 어떠한 의미에서는 항간에 전해지고 있는 숫자는 대단히 과장된 것이라는 사실을 위원회에 알려드리도록 희망하고 계십니다."

몹시 과장되었다고는 했지만 여기에는 아직 여왕 개인의 은행 예금이나 주식(株式)의 배당금 등이 포함되어 있지는 않은가 하는 따위의 논의를 할 수도 있었지만 그것은 위원회의 문제는 아니었다. 그래서 특별 위원회는 여왕 엘리자베스 2세에 대해서는 왕실비를 배로 늘려서 연간 98만 파운드로 하는 권고를 내기로 결정했다.

이것은 왕실에서 일하는 사람들의 봉급이나 경비를 포함한 것으로 이밖에 인플레 대책으로서 어느 정도의 여유를 인정해야 한다는 권고도 가

결했다. 거기에 보태어, 제각기 국민의 대표로서의 임무를 수행하고 있는 왕족들의 몫인 지급액(支給額)도 결정되어 총액 25만 5천 파운드라는 기준이 나왔다. 즉 엘리자베스 황태후(9만 5천 파운드), 에든버러 공(6만 5천 파운드), 앤 공주(3만 5천 파운드), 글로스터 공(4만 5천 파운드) 등이다.

그 밖에도 6만 5천 파운드가 알렉산드라 공주와 같은 공적인 행사에 참석해야 하는 다른 왕족들을 위해서 준비되었다. 그것과는 다른 사태 발생 등에 대비한 예비금의 예산도 작성되었다.

이 금액은 방대한 금액이었다. 그러나 특별 위원회는 그 외의 방법은 없다고 판단했던 것이다. 신문이 큰 표제로 보도할 것이 틀림없다고 내다본 위원회는 필사적으로 이 금액은 왕실이 실제로 지출하고 있는 금액의 보충이지, 엘리자베스 2세 및 그 일족에 대한 '봉급'은 아니라고 언명했다. 위원회는 "따라서 일반적인 의미에서의 '임금 인상'이 여왕에 대해 실시되었다는 등의 사고 방식은 가당치도 않는 문제 밖의 견해이다."고 강조했다.

더욱이 예를 들어 에든버러 공의 경우에 승인된 금액에서 자기의 노력으로 어느 정도의 돈을 절약할 수 있을지는 모르지만 6만 5천 파운드라는 테두리는, 현재 에든버러 공이 봉급을 지불해주지 않으면 안 되는 9명 내지 10명의 직원 및 그 일상 경비에 기준해서 결정된 셈이다. 또 에든버러 공은 왕실비로서 받은 수입에서 직원의 봉급이나 경비를 지출한 사실이나, 개인적인 납세 의무 등을 감안해서 세금의 환불 청구 등을 하지 않으면 안 되게 되었다.

거기에 대해서 엘리자베스 2세는 앞으로 이미 왕실비로서 얻은 금액을 여왕의 용돈 속에 포함시키거나 하는 편법을 중지한다는 뜻을 똑똑히 밝혔다. 이론적으로는 그 역사적인 이름이 나타내듯이 말하자면 여왕의 용돈이다. 그러나 실제로는 엘리자베스 2세는 그다지 구별을 의식하는 일 없이 그 여왕 소지금(所持金)을 '사용(私用)'에도 '공용'의 지출에도 쓰고 있었다.

엘리자베스 2세는 여왕 소지금으로서 얻은 돈으로 연금을 받을 길이 없는 직업 직원들을 위해 연금 기금을 만들거나 자선 사업에의 헌금을 하거나 왕족들의 공적인 지출의 일부를 보조하거나 좀더 개인적인 용도, 즉 샌드링검 궁전이나 발모럴 성에서의 생활에 보태 썼다.

1971년에 왕실 재정에 대한 한계를 짓는 대수술이 실시되었을 때 지금까지 취해져오던 하나의 비밀 사항이 철폐되었다. 즉 공금은 앞으로 절대로 여왕 소지금에 포함시키지 못한다는 것이었다. 여왕 소지금은 앞으로는 랭커스터 공령(公領)이나 여왕의 사적(私的)인 재원에서 들어오는 돈을 바탕으로 하지 않으면 안 되게 된 셈이다.

여왕의 임금 인상을 둘러싸고

1971년 말에, 특별 위원회의 보고서가 공표되었다. 여왕 소지금에 대한 개정은 널리 환영을 받았다. 그 조치는 이제까지 왕실의 재정에 대해 가해졌던 당연한 비판을 진정시키는 것이 되었다. 즉 사적인 용도를 위해서 공금을 쓰고 있다(하긴 이런 유용액은 해마다 6만 파운드로 거액이라 할 정도는 아니었지만)는, 국민들의 불만은 해소되었던 것이다.

또 하나 광범위하게 받아들여진 것은 특별 위원회의 조사에 의해서 왕실의 사람들이 터무니 없이 사치를 하고 있지 않느냐는 국민들의 시기심이 제거된 일이었다.

그리고 이제야 영국 국민이 그 전통적인 의식(儀式)이나 화려함을 잃지 않고, 국가적인 행사를 계속해 나가기를 희망한다면 그것을 위해서는 이 왕실비는 합리적으로 생각해서 최소한의 금액이라는 것이 밝혀진 것 같았다.

그러나 여왕의 소지금에서 공적인 지출을 위한 돈을 낸 엘리자베스 2세의 관대한 마음이 국민의 마음속에 의혹의 씨앗을 뿌린 것은 1970년대 초에 물가가 급등해서 국민들이 경제적인 궁핍감과, 뭔가 자포자기의 기분에 사로잡히기 시작했기 때문이었다. 그러나 여왕이 매우 관대한 마음으로 국민을 위해 돈을 낼 수 있는 것도 국민이 아마 여왕에게 돈을 너무 많이 낸 것이 아닐까? 하는 의문도 갖게 했다. 이러한 생각이 1975년 2월에 갑자기 커다란 문제로서 드러났는데 그 시점에서는 벌써 수년내의 인플레의 혹심함에 의해서 1971년에 정한 지 얼마 안 되는 특별 위원회의 결론은 시대에 맞지 않는 것이 되어버렸다.

그렇다고는 하지만, 1971년에 특별 위원회가 낸 왕실비에는, 폭등 추세에 있는 물가를 내다보고 어느 정도의 여유가 계상(計上)되어 있었으나 인플레는 그것마저도 삼켜버렸다. 왕실에는 50만 파운드 정도의 긴급 원조가 없으면, 도저히 해나갈 수 없게 되었다.

그 계산은 복잡했다. 왕실 전체의 경비를 꾸려나가는 자로서는 왕실 요트 경비 등 정부 각성(各省) 의결금이 약 4백 50만 파운드, 왕실비가 대충 백만 파운드나 있었으나 그것이 이제는 약 6백50만 파운드나 필요하게 된 것이다. 정부 각성(各省)의 의결금이나 다른 공공 기금에서 직접 지불되는 것을 긁어모아도 전부 4백93만 5천 파운드밖에 안 되었으며 한편 왕실비에서 당연히 지불되어야 할 봉급이나 경비의 액수는 1백40만 파운드나 들게 되어 있었다.

1975년 2월 12일에 해롤드 윌슨은 왕실로부터의 왕실비의 증액 청구를 의회에 제출했지만 그때 윌슨은 실질적인 의미에서 지출이 느는 것을 의미하지는 않는다고 열심히 강조했다. 윌슨은 왕실의 운영에 있어, 시종 경제적인 배려를 더한 덕분으로 1972년 이래 영국의 소매 물가 지수의 상승과 비교하면 왕실의 지출액 증가는 현저히 낮게 억제해온 것이라고 언명했다.

확실히 왕실의 지출이 늘어난 것은 4백73명의 직원의 봉급을 인상한 액수와 맞춘 것이어서 절대로 필요한 지출증가였다. 다시 새삼스럽게 특별 위원회가 조사에 나설 필요는 없었지만 만약에 진지한 반대 의견이 나온다면 한 시간 반 동안의 토의를 하기로 되어 있었다.

진지한 반대 의견이 나왔다. 많은 노동당 하원 의원들에게는 아무리 직원의 봉급 인상이나 필요 경비의 증가에 맞추기 위한 것이라는 설명이 있다 해도 여왕에게 대폭적인 '인금 인상'을 허용하는 것으로밖에는 생각되지 않는 왕실비 증액 제안을 지금 꺼내는 것은 정말 시의(時誼)에 맞지 않는 것으로 생각되었던 것이다.

BBC 방송이나 많은 신문들은 이 '여왕의 임금 인상'이라는 문구를 즐겨 사용하기 시작했다. 매스컴은 이 문제를 전하면서 여왕이 몹시 돈에 쪼들리고 있다는 식으로 보도했다.

그리고 국민은, 여왕에 대해 품은 국민 스스로의 감정이 내키는 대로 여왕의 굼상에 반응을 보였다. 왕실비 증액 제안의 발표가 있은 뒤의 어느 날 엘리자베스 2세는 코럼 필드의 보육 시설을 방문했다. 그때 4세의 제이시 힐이라는 계집아이가 엘리자베스 2세의 손바닥에 12펜스의 동전 한 닢을 쥐어주었다. 그 어린 아이는 깜찍하게도, "여왕님 나는 어떻게든 여왕님이 버킹엄 궁전에서 계실 수 있게 도와드리고 싶어요.”라고 말했던 것이다. 엘리자베스 2세는 한 순간 눈물이 글썽한 모습을 보였다고 한다. 그러나 곧 정신을 차려, 그 주화를 자기 주머니에 넣었다.

역사적인 배경

그렇지만 매스컴이 이 왕실비의 증액 요구의 문제를 엘리자베스 2세 자신의 궁상이라는 식으로 보도한 것은 반드시 부당하다고만은 할 수가 없었다.

1971년의 경우와 마찬가지로 정부도 버킹엄 궁전도 엘리자베스 2세가 점점 늘어나는 적자(赤字), 즉 1974년에는 6만 파운드, 1975년에는 15만 파운드의 적자를 어떻게든 줄이기 위해 지금까지 일관해서 개인적인 형식으로 메꾸어왔음을 강조했기 때문이다. 이것을 관대한 여왕의 마음의 표현으로 받아들일 것인가, 아니면 스캔들에 얽힌 것으로 받아들일 것인가는, 사람들의 생각하기 나름이다. 언젠가 외상(外相)을 지내던 마이클 스튜어트는 다음과 같이 말했다.

“이 문제를 토의함에 있어서 난점은, 우리가 도대체 얼마만큼의 세금을 손해보고 있는가, 또 왕실에 보조금을 내는 데 있어서, 국민이 얼마만큼의 금액을 손해보고 있는가를 전혀 모르고 있다는 것이다.”

스튜어트는 다시 계속했다. “우리는 지금 하나의 공동 사회 속에서 살고 있다. 그 공동 사회에서는 우리는 항상 서로가 법을 존중하고, 무엇인가 국민적인 단결심을 자각하고 책임을 공정하게 분담하는 것이 요구되고 있다……. 그러므로 우리의 납세 의무를 부르짖고 있는 법의 규정에서, 국가 원수가 면제되고 있는 실례(實例)가 존재하는 것은 불행한 일이다.”

또' 그는 “나는 왕실비 증액 요구의 금액에 대해서 말하고 있는 것은 아니다. 내가 하고 싶은 말은, 왕실 세법(稅法)의 규정에서 면제되고 있다는 것이 불필요한 왕제(王制) 비판을 낳는다는 일이다.

여왕이 소득세를 낼 필요가 없다고 하는데 이런 모양으로 적절하지 못한 왕실비 증액안을 승인해서 왕실에 국민의 돈을 지불한다는 것은 이치가 통하지 않을 뿐만 아니라, 문제를 처리하는 위에서도 옳은 방법이라고는 도저히 말할 수 있는 것은 아니다.”

　1975년 2월 26일에 하원에서 벌어진 토론에서 스튜어트의 견해는 확실히 사람들을 다시 생각케 할 만큼의 영향력을 갖고 있었다. 왕실비 증액안은 하원을 통과했다.

　그러나 90명의 하원 의원이 반대표를 던졌다. 이런 사실은 엘리자베스 2세를 개인적으로 공격하는 것은 아니었으나 요 몇 해 동안 얼마나 영국에서 왕제 비판의 의견을 분명히 주장하는 사람들이 늘어났는가를 새삼스럽게 나타내는 것이었다.

　역대의 정부는, 투기(投機) 관계자의 예측이라든가, 석유 가격의 동요라든가, 물가 상승과 같은 추상적인 형태로 다가오는 힘에 직면하면 무력했으며, 또 그것과 대항할 수가 없다는 자세를 드러내왔다. 이런 정부의 무력함 속에서 영국의 군주제는 정치적인 실패 때문에 생긴 혼란이라든가, 냉소의 강타를 받고 흔들렸던 것이다.

　그러나 왕실에 대한 존경이 잊혀지게 된 것은, 설사 정치적인 성공을 거뒀다 하더라도 무엇인지 제거할 수 없는 것 같은 요인의 탓이기도 했다. 그리고 1970년대 초기의, 저 왕실 재정을 둘러싼 논쟁이 타나내는 본질은 엘리자베스 2세의 통치상 가장 중대한 도전이었다.

　시대의 발전으로 지금까지는 여간해서 교육을 받을 수 없었던 사회 계층의 사람들이 교육을 받은 결과, 그리고 매스컴 —— 특히 텔레비전 —— 에 의해서 자료가 풍성하게 주어지게 됨으로써, 사람들이 모두 의문을 품게 되어 광범한 지식을 얻었지만 이것은 새로운 사태였다.

　그것은 경제적인 측면에서 말하면 사람들은 이제 자기네의 수입을 자기와 동등한 노동자들의 수입과 비교하는 것이 아니라 —— 요컨대 전기공(電氣工)이 연관공(鉛管工)의 그것과 비교한다거나 은행원이 공무원의 그것과 비교한다는 것이 아니라 —— 자기들의 수입을 자기네 직장의 윗 계급 사람들의 수입과 비교하게끔 된 것을 의미하는 것이다.

　어쨌든 텔레비전의 보급에 의해 사람들은 실업가, 고급 관리, 정치가들의 실태를 상세히 알 수 있게 되었다. 그러한 경향은 지배 계급으로는 물론 대단한 충격이었으며, 왕실도 그러한 사태에 초연하게 있을 수는 없게 되었다.

　이러한 가운데 군주의 개인적인 재산이 불어난다는 것은 역사를 배반하는 것이 되며 그 역사의 발전에 의해, 헌법에 입각한 군주에의 조사 기관이 만들어졌다는 사실은 군주의 재산이 점점 줄어져가고 있다는 경향을 반영하고 있었다.

1066년에 윌리엄 1세는 스스로 정복한 국토를 그대로 자기의 것으로 했다. 그러나 세월이 지남에 따라 국왕과 신하 사이의 경제적인 격차가 좁혀지고 국왕의 절대적인 권한도 축소되었다. 그리고 17세에 이르자 국왕은 사실상, 파산 상태가 되었다. 제임스 1세나 찰스 1세는 돈과 교환으로 국왕의 대권을 남용했으며, 그 논리적인 귀결이 마침내 1760년부터 시작된 왕실비 지급 제도였던 것이다.

왕정 복고의 뒤에 영국의 국왕은 경제적으로 본다면 대영주(大領主), 그리고 후년에 와서는 대기업들과 같을 정도의 것이 되었다. 아니 경우에 따라서는 대기업가들은 국왕보다도 훨씬 부유했다. 그리고 이런 사실이 사회의 단결, 서로의 충성심을 낳는 근원이 되었다. 이리하여 국왕은 국가나 사회의 지도적인 인물들로부터, 부자라고 해서 선망을 받은 일이 없어졌다.

돈이 없다는 것은, 대단한 인물이 아니라는 것이었다. 지배 계급의 특권에 대해서 정치적인 비난의 움직임이 야기되었을 때에도 왕실 일가는 단순히 커다란 결합된 사회 계급을 구성하는 하나의 작은 분자(分子)정도로밖에는 간주되지 않았다. 이러한 상황에 꼭 들어맞는 것은 엘리자베스 2세의 아버지 조지 6세의 시대까지였다. 20세기 초에 에드워드 7세는 확실히 자기 친구의 재산이 많은 것을 부러워했다. 그리고 제 2차 대전의 발발까지 조지 6세는 대자산가(大資產家) 그룹의 단순한 일원에 불과했었다.

많은 하인들을 거느리고 시내에 큰 저택을 짓고 시골에 광대한 영지(領地)를 가진 이러한 자산가 계층은 점점 사람들의 선망의 대상으로 되어갔다. 그러나 제 2차 대전까지는 그러한 사람들은 우선은 사회의 구성에서 빼놓을 수 없는 존재로서 존경받고 또 그 가치를 인정받고 있었던 것이다. 그러한 사람들은 몇 해에 걸쳐 일족이 쌓아올린 결정(結晶)을 바탕으로 삼아 생활을 즐기며 나날을 지낼 수 있는 자격이 있는 것으로 여겨졌던 것이다.

국민의 반발을 사지 않도록

그러나 전쟁을 거쳐 노동당 정권이 1945년에 출현하자, 모든 것은 변했다.

세금의 재분배(再分配)라는 사고 방식이 생겨나서 상류 계급으로 공격이 돌려졌다. 유산 상속세에서 부유세(富裕稅)에 이르는 광범한 세금이 뚜렷하게 조상 전래의 부(富)에 대해 부과되게 되었으며 인플레도 거들어서 상류 계급에 대한 캠페인은 무조건의 승리를 거두었다.

이를테면 미스트 앵글리어에서 그래프턴 공작 부처와 함께 점심을 먹으면 폴란드인 하녀 두 명이 시중을 들뿐이다. 그러나 여왕의 여관장(女官長)인 그래프턴 공작 부인이, 엘리자베스 2세의 거처인 샌드링검 궁전에 나가면 거기에는 벌써 시대에 뒤진 듯한 사람들이 많이 있다. 국회가 일관해서 다른 자산가들에게는 듬뿍 매기는 세금도 여왕한테만은 면제하는 의향을 가져왔기 때문이다.

이런 여왕에 대한 특별 대우는 틀림없이 대다수 국민들의 감정을 반영한 것이었다. 그러나 실은 그것은 칼날이 양쪽으로 있는 칼, 즉 유리한 면이 있는 반면에 악용될 수도 있는 요소를 지니고 있는 충성심이기도 했다. 싫든 좋든 왕실은 이제껏 오래도록 상처내지 않고 공석(空席)으로 되어 있던 지위, 즉 온 나라 안에서 제일 부유한 일족이라는 지위로 되돌려지는 것이기 때문이다.

온 나라 안에서 제일 부유한 일족이라는 이 왕족들에게 가져다 주는 지위란 말하자면, 모래땅이 모두 침식되어버린 속에서 그대로 홀로 눈에 띄는 두드러지는 형태로 남겨진 돌산(石山)과도 같은 것이었다.

아무리 계산해보아도 엘리자베스 2세는 세계에서 가장 부유한 여성의 한 사람임에는 틀림없는데도 엘리자베스 2세는 그렇게는 행세하지 않는다. 그뿐만이 아니라 장남인 찰스 황태자도 자기의 뜻대로 물건을 살 힘이 있는데도 그것을 과시하지는 않는다. 찰스 황태자의 돈 쓰는 경향은 스포츠 카를 사는 것보다도 오히려 정밀한 하이파이나 홈텔레비용 비디오 레코드 따위를 사간다는 것이다.

그러나 찰스 황태자의 동생들 또는 찰스 황태자의 자손들이 그만큼 조심성 있는 돈쓰기를 앞으로도 계속해줄 것인가. 그들은 소위 아랍의 석유 왕국의 왕족들과 대항할 수 있을 만큼의 부를 가진 유일한 영국인이다. 그리고 만약에 북해 석유로부터의 부가 만사 예측대로 들어오게만 된다면 문제가 없을지 모르나 긴축 경제의 시대가 되면 그러한 부를 가진 영국 왕족들에 대한 영국인의 분노의 반발은 한층 더 높아질지도 모른다.

왕실의 재정을 둘러싼 1970년대의 논쟁은 저 1950년대에 일어난 올트링남 경을 비롯한 논쟁과 마찬가지로, 본질적으로는 감정적인 동기에서였다. 그리고 1970년대의 논객들도 올트링남 경과 같이 그 비판은 초점이 빗나가고 있었던 것이다.

버킹엄 궁전의 우편물 비용에 대해 미주알고주알 캐면서 엘리자베스 2세의 이름으로 매년 백 살이 된 노인들이나 금혼식(金婚式)을 맞이한 사람들에게 보내지는 6천 5백만 통의 전보에 든 요금까지 조사한 하원 의원들은, 그 금액은 걱정은 했으나 결국은 그것들이 갖는 가치에 대해서는 전혀 관심을 갖지 않았다.

1976년 앤드루 던컨이 용하게 지적했듯이 8백만 파운드라는 금액(1976년에 군주제의 유지를 위해 든 총액이라고 던컨이 추정한 액수)은 영국의 국민 건강 보험에 의한 처방전(處方箋)으로 지급된 정신 안정제의 연간 청구액의 최신 숫자(즉 1974년 현재 8백14만 4천 파운드)보다도 낮았다는 사실이 판명되었던 것이다. 엘리자베스 2세와 그 측근들이 왕제(王制) 비판의 논쟁을 차고 견딘 것을 치세(治世) 25년만에 이전보다 왕실의 자리를 공고히 한 성공이었다고 보는 의견도 있다. 그러나 그것이 과연 금후 치세 50년의 그때에도 똑같은 성공을 보장할 것인지 어떨지도 알 수가 없다.

확실히 입헌 군주제의 시대에 있어서는 정치적으로 완전히 권력을 잃은 군주가 개인적으로는 나라 안에서 제일 부유한 인물이 되어 절대주의 시대와 똑같이 된다는 일종의 역사의 아이러니가 생길지도 모른다. 그러나 이런 모순이 과연 항상 사람들의 지성(知性)에 호소할 수 있는 것으로 존속할 수 있을지 어떨지는 전혀 알 수가 없다.

제 27 장 순 환

스노우든 경의 활동상

1976년 3월에 해롤드 윌슨이 수상 사임을 발표한 같은 주일에 마가렛 공주와 스노우든 백작(伯爵)이 별거(別居)에 합의했다고 발표되었다. 스노우든 경 부처는 결혼 직후부터 갖가지 화젯거리를 뿌리고 있었다. 1970년대의 영국은 앤 공주의 남편 마크 필립스가 육군장교로서 근무하면서 그 대부분의 시간을 크로스 컨트리 승마 경기(乘馬競技)에 보내고 있는 것을 보고도 아무 말이 없었다.

그러나 1960년대에는 토니 암스트롱 존즈(스노우든 경)는 마크 필립스와 똑같이 사람들의 인정을 받으면서도 자기가 좋아하는 활동을 할 수가 없었다. 스노우든 경은 마가렛 공주와 함께 여러 가지 행사의 프로그램을 수행하면서 동시에 보수도 받지 않고 디자인 센터의 상담역을 맡아 런던 동물원의 거대한 신형(新型) 새집의 설계를 했다. 그러나 이런 활동도, 스노우든 경에 대한 비판을 진정시키지는 못했다.

〈데일리 엑스프레스〉 지는 '스노우든 경은 이제야 우리 나라에서 지도덕인 새집(鳥居) 설계가의 한 사람으로서의 지위를 획득했음이 틀림없다. 다만 이 새집 설계란 그다지 사람들이 택하지 않는 직업이다.'라고 심하게 놀렸다.

그러나 스노우든 경이 고급(高級)인 신문 분야의 일을 맡았을 때에 〈데일리 엑스프레스〉 지는 좀더 불쾌감을 드러내었다. 스노우든 경은 오랫동안, 잡지 〈퀸〉 지의 미술부장 마크 버크서와 함께 일을 해왔었다. 그리고 버크서가 로이 톰슨 경영의 〈선데이 타임즈〉 지의 칼러 부록판(附錄版) 발행에 즈음해서 그 편집장으로 스카웃당하자 스노우든 경에게 함께 일을 하자고 권한 것이다. 스노우든 경의 직함은 예술 고문으로 보수는 실제로 든 제경비 외에 연간 5천 파운드였다.

런던의 신문계는 모두 이를 갈았다. 비버블룩 경은 자기가 갖고 있는 신문의 간부들에게 전면적인 반격 체제를 명해서 〈선데이 타임즈〉 지의 주된 경쟁 상대인 〈옵서버〉 지는 분개를 노골적으로 드러내었다. 〈옵서버〉 지의 편집장이며 동시에 경영자이기도 한 데이비드 애스터는,

"여왕의 가까운 친족이 톰슨 제국(帝國)의 확대나 융성을 위해 이용되는 것은 경쟁 상대의 신문이나 잡지에 대한 부당한 행위로 단정하지 않을 수 없다."고 말했다. 톰슨 제국에 곧 흡수될 것으로 알려졌던 〈더 타임즈〉 지는 논평을 삼가했으나, 그래도 〈옵서버〉 지의 논지(論旨)를 완전히 요컨대 단수(段數)로 쳐서 17.5인치분의 지면을 할애(割愛)해서 게재했다.

지기 싫어하는 사람들의 억지를 별도로 하더라도 〈옵서버〉 지의 주장에는 일리가 있었다. 사진가로서의 재능은 어떻든간에 스노우든 경에게는 왕실과의 연관에서 생기는 두드러진 상업적인 가치가 있었기 때문이다. 스노우든 경은 고생해가면서 계약 때에는 자기의 이름을 되도록 작게 인쇄할 것, 그리고 기사(記事)의 필자 이름보다도 절대로 크지 않게 할 것, 또 기사의 필자를 앞에 내고 자기의 이름은 반드시 뒤에 넣을 것 등을 지키도록 부탁했다.

그러나 문제가 크게 되는 것을 피할 수는 없었다. 그리고 이 스노우든 경이 취한 행동은 근본을 캐보면 현실 세계에서 자기들의 생계비를 자기가 벌고 있는 사람들에 대해서 더욱 왕족들을 개방시켜야 한다는 엘리자베스 2세의 기분을 반영한 것이었다. 그렇다면 당시의 스노우든 경이 달리 무엇을 할 수 있었겠는가 ?

자기의 재능이 어떤 것에 맞는가를 알고 게다가 일반 세상에서도 상당한 직업으로 인정받고 있는 일자리에 붙어서 돈벌이를 할 수 있다면 벌써 더 선택할 여지는 거의 없었다.

스노우든 경은 자기가 얻은 〈선데이 타임즈〉 지의 일에 대해서 처형인 엘리자베스 2세와 상의했다. 그리고 엘리자베스 2세는 그 일자리에서 스노우든 경이 일할 것을 권했다.

엘리자베스 2세는 스노우든 경이 찍은 텔레비전 다큐멘터리 영화(이것은 수상 작품이 되었다.)나 스노우든 경의 저서, 게다가 신체 장애자 구제의 캠페인 —— 스노우든 경은 자기의 동료를 대표해서 상원(上院)에서 연설했으며 신체 장애자를 위한 획기적인 신식 의자를 설계했다 —— 을 환영했던 것이다.

엘리자베스 2세는 스노우든 경이 신문계를 휘젓고 다니는 데에 싱글벙글하고 있는 눈치였다.

왜냐하면 엘리자베스 2세의 일가는 여태까지 항상 예술적인 센스가 없는 인물들뿐이라는 비판을 받아왔으며 꽤 게으름뱅이들이란 혹평도 받고 있었기 때문이다.

이제야말로 엘리자베스 2세는 마음에도 들고 더구나 그러한 비판에 대해 잘못이라고 정색을 하고 나설 수 있는 인물을 인척(姻戚) 관계의 친척 중에서 얻은 것이었다.

방자한 마가렛

그렇지만 스노우든 경 부처의 결혼이 실제로 어떻게 되어가고 있는가 하는 점에 이르면 엘리자베스 2세는 즐거워할 수만은 없었다. 마가렛 공주가 소유욕(所有慾)이 강한 아내라는 것은 이미 정평(定評)이 나 있었다. 마가렛 공주는 남편 스노우든 경을 사랑한 나머지 거꾸로 스노우든 경을 눌러버리고 만 것이었다.

마가렛 공주는 감정적으로 탐닉(耽溺)한 나머지, 신경이 이상해지고 말았다. 정신과 의사가 불려왔다. 결혼 생활은 마가렛 공주가 생각하고 있던 과연 자기는 도대체 어떤 존재인가 하는 고민을 해소하기는커녕 거꾸로 그 고민을 심화하는 것이 되고 말았다. 마가렛 공주는 남편이 언제나 자기 곁에 있어 주기를, 또 언제나 자기의 한 걸음 뒤에 있어 주기를 바랐다. 즉 엘리자베스 2세와 에든버러 공과의 관계를 바랐던 것이다.

그리고 마가렛 공주는 어떻게 해서든 자기가 공주라는 것을 사람들에게 잊혀지지 않도록 해야 한다는 생각하고 있었다. 그런 반면에 마가렛 공주는 스노우든 경이 결혼 전에 어울려다니고 있던 인물 — 1969년의 찰스 황태자에 대한 훈장 수여식에 즈음해서 디자인 조수로서 스노우든 경이 천거한 무대 장치가 칼 톰스나 안무가(按舞家)인 존 크랭커 같은 친구들 — 과 노는 데에 지새웠던 것이다.

그리고 또 마가렛 공주는 언제나 왕족에 대해서 사람들은 당연히 고개를 숙여야 한다는 주장을 고집해서 자기가 피로해졌을 때에 파티는 끝내지 않으면 안 된다는 식으로 억지를 부렸다. 이러한 마가렛 공주의 제멋대로 구는 방자함에 몹시 시달려온 스노우든 경은 마가렛 공주의 명령에 대해서 노골적으로 불쾌한 기색을 나타내었다. 이런 불쾌감은 억제된 것이기는 했지만 일종의 불화로 변했고 때로는 심한 싸움까지 초래해서 결국은 별거 생활로까지 치닫게 되었다.

스노우든 경은 사진 일로 자주 외국에 나갔다. 그는 또 서섹스에 자기 혼자만의 집을 구했다. 마가렛 공주는 콜린 테넌트로부터 결혼 축하 선물로 받은 서인도 제도의 무스틱 섬에 집을 짓기로 이야기가 되어 있었다. 스노우든 경의 아저씨인 올리버 메셀이 그 섬에다 마가렛 공주의 별장을 짓는데 설계를 도왔다.

그러나 마가렛 공주와 스노우든 경의 마음은 더욱더 멀어져가기만 했다. 1900년대 말까지에는 두 사람의 별거를 위한 계획이 정해진 거나 다름이 없었다. 유럽의 신문들은 두 사람의 이혼담을 써대기 시작했다.

사실이 널리 퍼져나감에 따라 왕족들은 스노우든 경과 마가렛 공주에 대한 뒷공론을 하기 시작했다. 어떤 왕족은, 스노우든 경이 마가렛 공주와 결혼하기 전에 좀더 왕실의 한 사람이 되는 일의 의미를 생각했어야 옳았을 것이라고 말했다. 다른 한편에서는 마가렛 공주는 손을 댈 수 없을 정도로 방자하게 자라온 것이라는 소리도 나왔다.

그러나 점점 시간이 지남에 따라 그러한 비난과는 전혀 관계없이 이제 두 사람 사이는 어떻게 해볼 도리도 없게 되었다는 인식이 높아졌다. 마가렛 공주와 스노우든 경은 서로가 까다로운 인물이었다. 남달리 색달랐고 또 남들과 다르다는 것을 자랑으로 삼고 있었다. 두 사람이 약혼했을 때에는 서로가 마음이 잘 맞는 것처럼 보였지만 결국은 거꾸로 파멸로 끝난 것이었다. 서로가 상대를 용서할 아량도 없었고 할 수 있는 것이란 단지 상대를 불행하게 하는 일뿐이라는 가혹한 상태에 이르렀다.

엘리자베스 2세는 처음에는 두 사람의 관계는 개선될 것이라고 짐작하고 있었다. 마가렛 공주가 이혼 이야기를 꺼냈을 때에 엘리자베스 2세는 그 이야기를 뒤로 돌리도록 하라고 말했다. 엘리자베스 2세는 두 사람의 화해를 바랐던 것이다. 그러나 둘의 간격은 벌어질 뿐이었다.

1970년에 병원에 입원해 있던 스노우든 경을 레딩 후작의 영양(令嬢), 재클린 루프스 아이잭스가 문병 온 적이 있었는데 신문은 그것을 스노우든 경의 새로운 로맨스의 시작이라고 써댔다. 마가렛 공주가 스노우든 경과 함께 공식 행사에 참석했을 때에 두 사람의 불화는 더 은폐할 수가 없게 되었다.

두 사람의 다툼에 휘말려든 사람들은 민망스러웠고 두 사람의 불화 이야기는 자꾸만 퍼졌다. 여러 가지 파티의 초대장도 두 사람을 피해서 훨씬 먼 친족인 알렉산드라 공주나 켄트 공 부인에게 보내지게 되었다. 엘리자베스 2세가 바랐던 화해는 도저히 이루어질 수 없는 희망임이 명백해졌다.

엘리자베스 2세는 물론, 마가렛 공주나 스노우든 경 자신도 앞으로의 생활 태도에 대해 생각지 않으면 안 되었다. 외관상으로 사이가 좋은 것처럼 겉꾸미기만 할 것인가? 아니면 결혼에서 공공연한 별거로 되어가는 형편에 따를 것인가?

드디어 '별거'로 항의

잘 생각해보면 이혼이란 것도 지난 날과 같이 아니 엘리자베스 2세의 치세(治世) 초기 때와 같이 왕족으로서 도저히 생각할 수 없는 것은 아니게 되어 있었다. 이미 전례(前例)가 있었다.

1967년 1월에 여왕의 사촌뻘이 되는 헤어우드 백작은 부인으로부터 부정(不貞)의 혐의로 제소(提訴)당했다. 영국 왕위의 계승 순위에서 18번째라는 지위에 있던 헤어우드 백작은 당시에 이미 1년 4개월에 걸쳐서 자기의 비서였던 패트리셔 터크웰과 함께 살고 있었다.

패트리셔 터크웰은 이혼 경력이 있는 오스트레일리아 인으로 1964년 7월에 마크라는 사내아이를 낳고 있었다. 헤어우드 백작의 어머니는 국왕의 장녀인데 조지 5세와 메어리 왕비의 왕녀로서는 단 하나의 외동딸로 그 아들, 즉 조지 5세의 첫 손자들은 역시 손자의 한 사람이었던 엘리자베스 2세의 소꿉동무였다.

헤어우드 백작의 이혼은, 정식으로는 여왕에는 아무런 영향도 없는 것이기는 했으나 왕족 결혼법은 만약에 헤어우드 백작이 재혼(再婚)을 바랄 경우에는 여왕의 동의가 필요하다고 규정되어 있었다. 그리고 1967년 7월에 이혼이 정식으로 확정되자 곧, 헤어우드 백작은 재혼에 대한 여왕의 동의를 요청했다.

엘리자베스 2세는 또 새로운 귀찮은 문제를 짊어졌다. 조지 5세 및 조지 6세가 지켜온 기준대로 한다면 헤어우드 백작은 추문(醜聞)을 불러들인 행동만으로도, 이미 나쁜 사람이었다. 조지 5세라면 헤어우드 백작의 재혼에 결코 동의하지는 않았을 것이다. 조지 6세는 좀더 유연(柔軟)했을지도 모르겠으나 설령 재혼에 동의했다손 치더라도, 그것은 왕실과의 절연(絶緣)이라는 커다란 조건부였을 것은 거의 틀림없다.

즉 윈저 공(에드워드 8세) 부처와 같이 외국으로 나간다는 형식을 취하지 않는다 하더라도, 적어도 국내에서 은둔 생활을 하는 꼴이 되었을 것이다. 그러나 시대는 변했다. 헤어우드 백작의 이혼 발표에도, 세상은 전혀 떠들어대지 않았다. 고작 사람들이 퍼뜨리는 말은 엘리자베스 2세가 헤어우드 백작의 재혼에 동의하지 않는다면 한바탕 소동이 있을 것이라는 일이었다.

헤어우드 백작의 행동은 왕위 그 자체를 위협하는 것은 아니었지만 그것을 여왕이 비난했다고 한다면, 왕위를 뒤흔드는 것이 되었을지도 몰랐다. 그것은 섹스가 개방적으로 된 시대에 있어서 왕실의 윤리를 지키지 않으면 안 된다는 역설적인 것이었다.

엘리자베스 2세는 헤어우드 백작에게 비난을 할 생각은 없었다. 그러나 동시에 영국 국교회의 수장(首長)이라는 입장에서 엘리자베스 2세는 헤어우드 백작의 재혼을 허가할 수는 없었다. 그래서 해롤드 윌슨이 이 문제를 각의(閣議)에서 검토하기로 해서 여왕을 딜레마에서 구출했던 것이다.

당시에 해롤드 윌슨은 수상으로서 왕족 결혼법에 입각한 재혼을 헤어우드 백작에게 허락할 것인가 아닌가에 대해서 여왕에게 공식적으로 조언(助言)할 수 있는 입장에 있었다. 이 수상의 조언에 입각해서 내려지는 여왕의 결정은, 이론적으로는 하등 영국 국교의 교리와의 시비도 없이 여왕의 승인을 얻은 극히 보통의 이혼, 및 윤리적인 문제에 관한 법률의 운용으로 다루어지므로 영국 국교회에는 아무런 영향을 끼치지 않아도 처리되게 되었다.

이 헤어우드 백작의 이혼 케이스는 왕족의 이혼을 가능케 하는 것이었다. 다시 1967년에 이혼에 관한 법률이 완화되어 부부의 쌍방이 별거에 합의만 하면, 이혼에의 길이 열리게 되었다.

마가렛 공주와 스노우든 경은 별거에 합의했다. 취할 절차는 뻔했다. 즉 정식으로 별거하고부터 2년이 지나면 그 이후에는 언제든지 결혼이 해소되게 되어 있었다. 그러나 타이밍은 미묘했다. 두 사람 사이에는 아이들이 있었다. 별거하는 것은 아이들이 기숙사 제도가 있는 학교에 들어갈 나이에 달할 때까지 연기하는 편이 좋았다. 또 스노우든 경 경제문제도 있었다. 곁들여서 세상의 여론도 고려에 넣지 않으면 안 되었다.

여왕의 로맨스를 둘러싼 보도

이 점에 관해서, 1970년대의 초부터 영국의 전국지(全國紙)나 풍자 잡지

〈프라이비트 아이〉 등에 나타난 가십 기사의 노조(論調)는 통틀어 이혼에 반대한다는 것은 아니었다. 이러한 기사는 마가렛 공주 부처의 별거에 이르는 경위를 꽤 자세히 알고 씌어진 것이었으며 여성 잡지까지도 마가렛 공주 부처가 제각기 딴 길을 걷기로 결정한 합의를 '현대적인 계약'이라고 평가하는 기사를 싣기 시작했다.

그러나 이러한 가십 기사는 이른바 대중 신문의 발행 부수 경쟁에서 빚어진 것이었다. 그리고 독자 획득 경쟁이 치열해져감에 따라 그 보도하는 양상도 치열해졌다. 〈데일리 메일〉 지는 마가렛 공주의 사생활을 철저하게 폭로하는 보도에 의해서 내리막길이던 부수가 상향하기 시작했다. 그리고 1976년 초에는 30만 부나 부수가 떨어진 〈데일리 엑스프레스〉 지가 마침내 편집장을 바꾸고 본격적으로 부수 경쟁에 나서기로 했다.

즉 마가렛 공주가 27세의 히피, 로디 리웨린과 친한 사이라는 기사를 마구 써대고 있던 〈데일리 메일〉 지의 방식에 동조해서 마가렛 공주의 새로운 로맨스에 관한 보도 경쟁에 끼어든 것이다. 이러한 보도 경쟁을 관망하고 있던 영국 최대의 발행 부수를 자랑하는 일요 신문 〈뉴스 오브 더 월드〉 지는 국민 전반의 공기는 아직도 폭로 기사를 기뻐하고 있다고 판단해서 한층 더 로맨스 보도를 과열시켰다.

마가렛 공주는 리웨린과 무스틱 섬에서 휴가의 나날을 즐기고 있었다. 무수틱 섬의 주인 콜린 테넌트는 섬의 방문객을 마중하는 데에 8인승의 자가용 비행기를 사용했고 손님이 섬에 도착하면 모든 저널리스트들을 쫓아버리는 것이 버릇이었다.

그러나 〈뉴스 오브 더 월드〉 지의 기자는 일반 관광객으로 위장해서 섬에 남았다. 이 기자가 몰래 찍은 마가렛 공주와 리웨린의 화목하고 정다운 사진과 기사가 1976년 2월 중순의 〈뉴스 오브 더 월드〉 지의 1면에 큼직하게 실렸다. 마가렛 공주와 보도진 사이를 막았던 장벽은 무너졌다. 그로부터 매일같이 마가렛 공주와 스노우든 경의 결혼의 파멸을 전하는 기사가 신문의 큰 표제가 되더니 드디어 1976년 3월 19일에 두 사람의 별거가 정식으로 발표되었다.

그때까지 벌써 꽤 오랫동안 두 사람의 변호사는 실제로 서로 연락을 취하고 있었다. 그러나 갖가지 추측이 난무하게 되자 협의는 급속히 이루

어졌다. 스노우든 경은 자기의 사업 근거지로서, 런던 도심지에 한 채의
집을 살 수 있는 자금을 받기로 하고 별거에 따른 금전 문제에 결말을 지었다.

한편 마가렛 공주는 아이들을 맡아 양육하기로 했다. 불과 며칠로 끝난
일이었지만 일단 시끄러움이 수습되자, 이번에는 갑자기 이 마가렛 공주를
둘러싼 위기는 결코 왕실 일족의 입장을 약하게 만든 것이 아니라 오히려
굳게 만든 것이라는 평가가 나왔다.

엘리자베스 2세가 노린 것은 파국에 빠진 마가렛 공주와 스노우든 경의
결혼의 현실을 직시한다는 일이었다. 엘리자베스 2세는 별거 후에도 스노
우든 경을 아이들의 영국 국교 입신 고백식(入信告白式)이나 자기의 50회
생일과 같은 가족이 전부 모이는 행사에 초대해서, 그 자세를 분명히 보였다.
결혼의 파국은 별로 비난받을 일도 아니며, 또 슬그머니 숨겨둘 수 있는
일도 아니었다.

그것은 비극이기는 했지만 많은 사람들로서는 살아가기 위한 다반사(茶
飯事)라고도 할 수 있는 일이었다.

엘리자베스 2세는 개인적으로는 스노우든 경의 친구였다. 그리고 위기의
한창에서 마가렛 공주와 마찬가지로 어떻게든 스노우든 경을 파국에서
구해주고 싶다는 생각이었다. 둘 중의 누군가 한쪽을 암흑의 외계로 내쫓
는다는 것은 두 사람으로는 전혀 도움되는 일도 아니며, 하물며 아이들에게도
좋지 않았다. 게다가 그러한 불행한 상황에서 한 인간이 타인에 대해서
얼마만큼 계발적(啓發的)으로 진심으로 지원을 해줄 수 있는가의 예(例)로
서도 알맞지 않는 것이었다.

이렇게 해서 국민의 대표로서의 군주제의 정신을 흔들어놓은 것 같은
사태는, 이제야 거꾸로 전화위복(轉禍爲福)이 되었다. 1970년대의 초두에
엘리자베스 2세가 어떻게든지 에드워드 8세(윈저 공)의 국왕 퇴위의 후유
증을 누르려고 노력한 것도 이번과 꼭같은 심정에서였다.

후유증은 피할 수 없는 것이기는 했으나 왜 1936년의 저 에드워드 8세의
국왕 퇴위 때의 괴로움이 이제 만년(晩年)을 맞이하는 윈저 공 부처 대신에
엘리자베스 2세를 괴롭히는 것일까. 정말 이유를 알 수 없었다.

윈저 공 부처는 1937년에 결혼한 이래 자기들이 취한 행동이 잘못 되
었다고 느꼈으나 그 잘못을 보상할 방법이 없었다. 당시에 조지 6세는 윈저

공 자신에 대해서는 국외로 나가도 여전히 영국 왕실의 전하(殿下)로서 대접을 하지만, 부인에 대해서만은 그와 같은 권위를 부여하지 않고, 두 사람 사이에서 장차 자식이 생길 경우일지라도 그 자식에게 권위를 부여하지 않는다는 칙령(勅令)을 내리고 있었다.

윈저 공은 이런 조지 6세의 결정을 용서할 수 없는 처사라고 분개했다. 월리스 심프슨을 자기의 완전한 아내, 자기와 동격의 아내로 하기 위해 윈저 공은 왕위를 비롯한 모든 것을 포기했기 때문이다. 윈저 공은 메어리 황태후의 전기 필자(傳記筆者)인 제임스 포프 헤네시에게 "1936년에 나는 패어플레이로 행동했다. 그러나 지독하게 부당한 대접을 받았다."고 말했다. 윈저 공은 부인이 자기와 동격의 경의(敬意)를 받을 때까지는 절대 공식적으로 영국에는 돌아가지 않겠다고 맹세했다.

원저 공 부처와의 재회

조지 5세의 왕비였던 메어리 황태후와 조지 6세의 왕비였던 엘리자베스 황태후의 윈저 공에 대한 증오는 변하지 않았다. 어쨌든 엘리자베스 황태후는 부군 조지 6세가 일찍 죽은 것은 에드워드 8세(윈저 공)이 많은 어려운 일들을 떠맡겼기 때문이라고 원망하고 있었다.

1952년의 조지 6세의 장례식에 윈저 공은 혼자서 참석했다. 그 이듬해 어머니 메어리 황태후의 임종 때에도 윈저 공은 혼자서 찾아왔다. 그러나 엘리자베스 2세는 이런 불화를 해소시키기 위해서 움직였다. 엘리자베스 2세는 윈저 공이 눈의 치료를 위해서, 런던에 부인과 함께 찾아왔을 때 두 사람을 만나러 갔다.

엘리자베스 2세는 윈저 공의 만 70세의 생일에는 축전을 쳤으며 왕실의 젊은 멤버들 즉 글로스터 공가(公家)의 윌리엄 왕자, 켄트 공 부처, 알렉산드라 같은 사람들이 파리에 갈 때에는 반드시 윈저 공 부처를 방문하겠다는 것을 약속받았다. 이런 일은 사소한 개인적인 일이기는 했다.

그러나 1966년이 되어 엘리자베스 2세는 공식적으로 손을 내밀었던 것이다. 엘리자베스 2세는 그 해에 메어리 황태후의 기념비 제막식에 참석하도록 윈저 공뿐만 아니라 부인에게도 초청장을 보냈다. 윈저 공 부처는 런던으로 찾아와 그 제막식의 퍼레이드에도 참가했다. 그 후에 윈저 공 부처는 엘리자베스 2세와 만나 서로 이야기를 나누었다.

여왕뿐만 아니라, 엘리자베스 황태후와도 얘기했다. 엘리자베스 황태후는 윈저 공 부처를 초대한 딸 엘리자베스 2세의 결단에 가슴속의 괴로움을 억누르고, 용감하게도 따랐던 것이다.

영국의 군주가 윌리스 심스픈을 윈저 공 부인으로서 공공연하게 인정한 것은 그때가 처음이었다.

1972년 5월에 엘리자베스 2세는 국빈으로서 프랑스를 공식 방문했다. 엘리자베스 2세는 그때에 백부인 윈저 공이 후두암(喉頭癌)으로 생명이 얼마 남지 않았다는 것을 알고 있었다. 엘리자베스 2세는 불로뉘의 숲에 있는 윈저 공의 저택을 찾았다.

그 저택 내부에는 여러 가지의 깃발과 그리고 왕실의 문장(紋章) 등이 걸려 있고 시중드는 하인들은 모두 영국 왕실의 하인으로서의 제복을 입고 있었다. 에든버러 공과 찰스 황태자가 엘리자베스 2세를 동행하고 있었는데 윈저 공의 방에 들어가기 전에 윈저 공과 인사를 나누고 있는 사진이 남아 있다.

그 8월 후에, 윈저 공은 죽었다. 유해(遺骸)는 런던으로 공수(空輸)되었다. 윈저 공 부인도 런던으로 왔다. 윈저 공 부인은 엘리자베스 2세의 개인적인 빈객(賓客)으로서 버킹엄 궁전에서 묵었다. 윈저 공 부인이 런던에 도착한 바로 그날에 엘리자베스 2세는 윈저 공 부인을 위해서 조촐한 오찬회를 열었다. 그러나 윈저 공 부인은 신병으로 초췌해져 있었다. 윈저 공 부인의 마음은 완전히 침착을 잃고 있었다.

그 다음 날에는 엘리자베스 2세의 간절한 소원을 받아들이고 윈저 공 추모하는 애도의 정도 나타내어 '군기경례 분별식(軍旗敬禮分別式)'이 예정되어 있었다. 윈저 공 부인은 거기에는 도저히 참석할 수 없다고 생각했다. 그러나 그 당일에, 윈저 공 부인은 버킹엄 궁전 앞의 더 몰 대로(大路)에 면한 방의 창문을 살짝 열고 왕실 기병대의 선두에 서서 말을 타고 늠름하게 나아가고 있는 엘리자베스 2세의 모습을 물끄러미 쳐다보았다.

그날 밤에 윈저 공 부인은 찰스 황태자와 마운트배튼 경의 안내로 윈저성의 예배당에 안치된 윈저 공의 유해(遺骸)와 대면했다. 윈저 공은 어릴 적에 동생인 배티(엘리자베스 2세 아버지, 조지 6세)와 함께 놀았던 정원 근처의 플로그모어 왕실 묘지에 묻혀졌다. 그리고 그 곁에는 언젠가 윈저 공 부인이 남편 곁에서 잠들 수 있을 만큼의 스페이스가 확보되어 있었다. 이것도 엘리자베스 2세의 윤허(允許)에 의한 것으로 마침내 윈저 공 부인은 영국 왕실의 유서 깊은 땅에 묻힐 것을 인정받은 것이었다.

수레바퀴는 이제 한 바퀴를 돈 셈이었다. 그러나 한 바퀴라고 해도 엘리자베스 2세로서의 새로운 출발점이, 이제 돌아온 것이었다. 1960년대의 중반에는 스노우든 경과 마가렛 공주의 결혼이 아직도 흔들거리고 있었으며 헤어우드 백작의 이혼 문제가 긴박한 상황으로 되어 있었고 윈저 공 부처의 일은 아직 금구(禁句)로 되어 있었다.

그래서 당시의 엘리자베스 2세는 뭔가 불안정한 안장 위에서 흔들리고 있는 것같이 보일 때도 있었다. 그러나 시간이 지나고, 행운도 거들어서 다시 조용히 자제(自制)를 거듭한 결과 엘리자베스 2세는 이러한 어려운 문제들을 모두 자기에게 유리한 것으로 바꾸어버렸던 것이다.

한때에는 '어쩔 수도 없을 정도의 만성형(晩成型)의 인물'로 평해진 찰스 황태자가 훌륭히 성장했으며 앤 공주도 정말로 활기에 넘치는 성격을 보이기 시작했다. 1972년에 비행기 사고로 사촌인 윌리엄 왕자(글로스터 공가)가 죽었다는 슬픔도 포함에서 모두 엘리자베스 2세 일가의 훌륭함을 상징하는 것이 되었다.

엘리자베스 2세는 이러한 인간적인 체험의 파노라마 무늬를 연구해서 만들어낸 것은 아니었다. 그런 것이 아니라 오히려 한 사람이나 두 사람의 인간보다도 왕실 일족 전체가 하나의 단위가 되어 국민의 마음이 쏠리는 대상이 되는 것이 제일 바람직한 일이라는 것이 엘리자베스 2세가 자각해서 추진한 방침이었다.

그리고 여왕의 주위에서 벌어지는 모든 활동을 하나로 뭉치는 냉정한 중핵(中核)이 엘리자베스 2세의 존재 바로 그 자체인 것이다. 이것은 또 영국의 입헌 군주제의 발전에서 엘리자베스 2세가 이룩한 유달리 커다란 공헌이라고 할 수 있다. 그리고 전통적인 군주의 약점으로 지적되어온 강제력이 없고 활동적인 성격이 결여되어 있다는 개인적인 자질(資質)에서 비약해서 새로운 힘을 낳고 있는 것도 엘리자베스 2세의 커다란 성과인 것이다.

제 28 장 즉위 25년

즉위(即位)의 가능성은

엘리자베스 2세는 사람들을 감격시키는 늙은 여왕이 될 것이다. 회색의 유년 시대로부터 내핍(耐乏) 생활을 강요당한 청춘 시대를 거쳐 엘리자베스 2세는 현명한 노경(老境)으로 —— 빅토리아 여왕의 현대판 같은 —— 나아가고 있는 운명에 있는 것같이 보인다.

여왕 즉위로부터 25년 많은 점에서 엘리자베스 2세의 이제까지의 통치 나날은 20세기의 나머지 4반 세기의 치세를 향한 단순한 전주곡(前奏曲)에 불과하다고 할 수 있다. 이제 엘리자베스 2세는 사람들이 뭐라고 규정하기가 곤란한 중년 —— 수줍은 소녀도, 바가지 긁는 극성스런 여가장(女家長)도 아닌 —— 의 나날을 보내고 있다. 그리고 다른 여성 같으면 잃어버린 나날로 생각할 과거의 세월로부터 적극적으로 지혜를 배우고 있다.

여왕의 한 측근이 말하고 있듯이 엘리자베스 2세는 샴페인이라고 하기보다는 오히려 해묵은 붉은 포도주라 하는 편이 낫겠다. 즉 해가 쌓임에 따라 더욱더 살아서 맛있게 빚어지는 포도주인 셈이다.

그건 그렇고, 엘리자베스 2세는 스스로 여왕을 퇴위할까? 이런 질문은 정기적으로 버킹엄 궁전을 향해 던져졌고 그때마다 어김없이 부정되고 있다. 그러나 이 부정은 거의 의미가 없다. 왜냐하면 엘리자베스 2세가 반드시 보도관에게 본심을 시사한다고만은 볼 수 없기 때문이다.

여왕의 보도관은 여러 가지 이야기를 부정할 수가 있다. 즉 앤 공주의 약혼 이야기, 마가렛 공주의 별거 이야기도 모두 처음에는 부정되었다. 그리고 진상은 알지 못하면서도 보도관은 정말 그럴싸하게 지껄이는 것이다. 그래서 엘리자베스 2세의 퇴위가 만일 현실로 되었어도 발표의 전날까지 보도관들은 여왕의 퇴위설을 계속 부정할 것이다.

보도관들은 여왕의 퇴위 문제를 금기시하고 있으나 실제로는 그렇지만도 아니다. 이를테면 1965년 12월 22일에 엘리자베스 2세는 어떤 회합을 소집해서 황태자인 찰스 왕자의 장래에 대해 협의한 일이 있다.

그 회합은 윈저성에서 열렸는데, 수상 해롤드 윌슨, 켄터베리 대주교, 마이클 램제이, 대학 부총장 위원회 의장 찰스 윌슨 경, 마운트배튼 백작 등으로, 저녁을 함께 들면서 여왕을 둘러싸고 찰스 황태자의 장래에 대해서 의논한 것이다.

만찬 후에 전원이 가벼운 음료나 맥주를 마셨는데 수상인 해롤드 윌슨만은 예외여서 특별한 리큘 브랜드를 즐겼다. 그때에 해롤드 윌슨은 마운트배튼 경의 발언을 재촉했다. 해롤드 윌슨은 여왕에게 "아직 딕키(마운트배튼 경)는 아직 아무런 발언도 하지 않았습니다. 여기서 의견을 들을 수 없겠습니까?" 고 말한 것이다. 그래서 마운튼배튼 경이 하나의 방식을 제창해서 그것이 채택되었다.

그 방식은 "찰스 황태자의 할아버지(그리스 왕가의 앤드루 왕자)와 같이 트리니티 칼리지에 갔다가 이어서 아버지(에든버러 공)나 할아버지(조지 6세) 와 같이 더트머스에서 공부하고 그 뒤에 영국 해군에 들어가 바다로 나가, 사령관의 경험을 쌓아서 완성한다."는 것이었다.

이러한 협의를 하는 가운데, 여왕이 자선에 의해서 여왕 퇴위 문제가 비쳐졌다. 엘리자베스 2세는 "나는 '에드워드 7세와 같은 사태'는 피하고 싶은 생각입니다. 엘리자베스 2세는 다시 찰스가 일을 잘 처리할 수 있게 되는 시점에서 퇴위하는 것이 현명할지 모르겠습니다."고 말했다.

부군인 에든버러 공은 미소를 띠우면서 말했다. "당신이 한 말이 옳을지도 모르겠으나 시의(侍醫)들은 당신을 훨씬 더 장수 시킬 것이오."

퇴위는 사회 민주주의를 내거는 노동당 정권의 꼭대기에 군림하는 여왕으로서, 군주제를 현실에 적응시키기 위해 엘리자베스 2세가 취할 수 있는 최후의 수단이라고도 할 수 있다. '은퇴'는 동시에 1936년의 저 국왕 퇴위극의 망령을 아주 깨끗하게 지워버리는 것이기도 했다. 그러나 1977년의 시점에서 본다면 사태는 역시 여왕 퇴위를 반대하는 것같이 보인다.

살짝 엿본 평소의 모습

메어리 황태후는 지난날에 만 68세로 퇴위한 네덜란드의 여왕 벌헬미너 1세를 냉소하면서 "당신이 일을 포기하지 않으면 안 될 나이 따위는 없을 테지요."라고 말한 적이 있었다. 그때에 엘리자베스 2세는 이 네덜란드 여왕의 퇴위 결단을 비판하지 않았으며 또 대관식에서 성유(聖油)를 바른 신성한 여왕이 마치 노동자가 연금을 지급받는 것같이 다른 직업과 같은 취급을 받는 것은 모욕적이었다고 하는 생각에도 찬성하지 않았다.

엘리자베스 2세는 군주로서의 신비적인 분위기만은 소중히 여겼다. 그래서 엘리자베스 2세는 자전거를 타는 따위는 계속 거부해왔다. 엘리자베스 2세는 생일날의 퍼레이드에는 말을 타고 행렬의 선두에 선다. 만약 나이가 들어 더 이상 말을 탈 수 없게 된다면 엘리자베스 2세는 빅토리아 여왕이 한 것과 같이 마차에 탈 것이다.

그 뒤를 찰스 황태자가 말에 올라타고 행진할 수가 있다. 나이 그 자체는 퇴위의 이유가 되지 않으며 변덕이나 피로의 누적을 이러니저러니 말하기보다도 오히려 침묵으로 시간이 가는 것을 바라는 편이 군주에게 더한층 신성미를 잃지 않게 하기 때문이다.

엘리자베스 2세가 찰스 황태자를 비롯해서 3명의 왕자가 맡아서 잘 해낼 수 있는 일부의 임무를 찰스 황태자에게 맡겨버린다면 그것이 더욱더 엘리자베스 2세의 여왕으로서의 품격을 높이는 것으로도 되는 것이다. 왜냐하면 만약 엘리자베스 2세가 퇴위하면 그것은 단지 매우 특이한 재능을 갖추고 고난을 참고 견뎌낸 엘리자베스 2세와 엘리자베스 2세를 여왕으로 받들어온 여러 나라와의 관계를 끊어버리는 것이 될 뿐만 아니라 매력적인 찰스 황태자와 그러한 나라들과의 관계도 끊어지고 말 것이기 때문이다.

여왕이 퇴위한다면, 찰스 황태자는 이제까지 정열을 기울여온 많은 활동분야, 즉 비행기의 조종이라든가 함선(艦船)의 지휘 같은 것을 더 이상 할 수 없게 되며 젊은 히피들도 포함한 사회 활동의 보호자역을 맡을 수도 없게 된다. 빅토리아 여왕은, 아들(에드워드 7세)을 정말로 책임있는 일에는 일체 접근시키지 않았기 때문에 결국은 아들을 불쌍한 인물로 만들어버렸다.

그래서 지금 엘리자베스 2세가 "에드워드 7세와 같은 사태는 피하고 싶다."고 말하며 실천하고 있는 방법은, 어떤 종류의 책임을 찰스 황태자에게 분담시키는 일이라 할 수 있을 것 같다. 그 '어떤 종류의 책임'이란 아마도 국사 행위(國事行爲) 관계의 문서를 읽게 하는 일이다.

그렇게 하면 엘리자베스 2세는 늙어서 고생하는 여왕을 보기가 딱하다는 외부로부터의 귀찮은 소리를 진정시킬 수가 있을 것이며 또 한편에서 종교, 정치, 군사의 세 가지를 아름답게 조화시키는 저 여왕으로서의 품위 있는 분위기를 죽을 때까지 보전할 수가 있을 것이다.

엘리자베스 2세의 심려는 아무리 강조해도 우습지가 않다. 런던에서의 행사 일정은 꽉 차 있다. 그러나 엘리자베스 2세는 매년 공식 행사에서 떠나 긴 휴식의 시간을 취한다. 크리스마스 때에 6주간, 부활절 때에 4주간, 그리고 여름이 끝날 무렵에서 가을에 걸쳐 10주간. 이때에도 정부로부터의 문서는 여왕의 뒤를 따라 다니는데 그래도 엘리자베스 2세는 상당한 시간을 내어 자기가 좋아하는 일을 실컷 즐길 수가 있다.

샌드링검 궁전에 초대된 사람들은 엘리자베스 2세가 사냥에 끼지 않는 이유를 물어보지만 그때에 엘리자베스 2세는 사냥을 할 필요가 없기 때문이라고 말한다. 어쨌든 엘리자베스 2세가 좋아하는 것은 개들과 함께 들판의 공기를 쐬며 산책하는 일이라고 해도 좋다.

커다랗고 미끌미끌 털의 래브란들 개와 함께 지프차를 타고 밖으로 나가, 또 랜돌버에서 뛰어내려 장화(長靴)차림으로 잘 경작된 농지의 두렁을 가로질러 돌아다닌다. 이쯤 되면 엘리자베스 2세로서는 벌써 최고의 오후가 된다.

궁전에의 초대객

엘리자베스 2세가 영국 각지에 가진 저택은 진정한 의미에서 푸른 전원(田園)에 둘러싸인 시골 저택에서 생활하는 양식을 아직도 간직하고 있는 영국 최후의 저택이라 할 수 있다. 샌드링검 궁전이나 발모럴 성에서는 상당한 수의 하인들이 있는데 모두가 구리 단추가 달린 빨간 상의의 제복을 입고 있다. 점심은 은쟁반으로 날라진다.

그리고 한나절 동안 죽 계속되는 사냥은 마치 군사행동과 같은 양상을 띤다. 사격용의 제동차(制動車), 트랙터에 끌려지는 모리꾼들이 가득 탄 차, 그리고 뒷칸에 개를 태운 랜돌버……. 그리고 그 중 차 한 대를 들여다보면 아마 여왕이 앉아 있는 것을 볼 수 있을 것이다.

사냥하는 날의 오후에는 짐승들을 실컷 쫓아서 잡기 때문에 다리도 아주

무거워지고 돌아다니는 거리도 상당한 것이 된다. 초대된 손님의 한 사람은 '에든버러 공은 영국에서 최고 사수(射手)의 한 사람이다. 즉 그것은 세계에서 최고 사수의 한 사람이라는 말이다."

그러나 찰스 황태자가 지금으로서는 에든버러 공을 앞지를 듯이 보여진다. 이미 물고기잡는 데서는 왕족 가운데 제일의 명수이다. 할머니 엘리자베스 황태후보다도 한 수 위인 것이다.

사냥에서 돌아오면, 샌드링검 궁전의 현관 입구에 있는 구두의 흙털이 앞에는 긴 행렬의 줄이 선다. 살찐 고슴도치처럼 커다란 솔 옆에 구두를 놓고, 핸들을 돌리면 흙이 떨어져 나가도록 된 장치이다.

티 타임이 되면, 갖가지 고기를 넣은 파이, 케익, 비스킷, 오이 샌드위치 따위가 나온다. 엘리자베스 2세는 일일이 들어올릴 필요가 없도록 은주전자로 포트에 뜨거운 물을 부어둔다. "잘 오셨습니다. 여기에 앉으세요."하고 엘리자베스 2세는 자기 곁의 자리를 가리키며 사람을 부른다.

그러나 엘리자베스 2세는 너무 많이 먹지는 않는다. 그래서 만약 자기 접시에 많이 담으려는 것을 보면 엘리자베스 2세는 "나를 뚱뚱보로 만들려는 것입니까?" 하고 나무란다. 여왕은 이제까지 체중 조절에 무척이나 신경을 써왔다.

저녁 식사는 오후 8시 반쯤에 한다. 그리고 초대손님은 자기 방으로 돌아가면, 자기네가 가지고 온 옷이, 모두 깨끗하게 여행 가방에서 꺼내져 있을 뿐만 아니라, 'E·II·R'의 각인(刻印)이 찍힌 옷걸이에 주름 하나 없이 다려져서 걸려 있음을 알게 된다.

방에는 전기난로가 있고 구석구석까지 융단이 깔렸으며 벽면에는 바다의 그림이 걸려 있고, 큰 책장이 있으며, 군대의 연대사(聯隊史)와 같은 자료가 꽂혀져 있다. 그러나 그 속에는 손님용으로 현대 소설류도 들어 있는데 표지를 넘기면 검은 바탕에 흰 글자로 '여왕장서'라는 장서표(藏書票)가 붙어 있다. 왕실의 서고(書庫)에서 책을 빌려갈 경우에는 카드에 이름을 적어 그 책을 뽑아낸 빈 자리에 넣어두게 되어 있다.

한편 샌드링검 궁전의 아래층에서 즐기고 있는 손님들은 에든버러 공이 찍은 여러 사진들을 여기저기 보고 돌아다닐 수 있는 설명이 붙은 게시판이 있다. 이들 사진은 모두 에든버러 공의 저서 '브리타니아의 새[鳥]' 속에

수록된 사진을 확대한 것이다. 한 장 한 장에 모두 에든버러 공 자신의 주석(註釋)이 붙어 있고 그가 자랑하는 어느 한 장에 이르러서는 정점을 이룬다.

그 한 장이란 것은 아무래도 사람들이 보지 않을 수 없게 되어 있는 곳, 즉 변소 안에 붙여져 있는데 그 구도(構圖)가 걸작이다. 한 마리의 새가 아주 긴장한 표정으로 잔뜩 웅크리고 있는 사진인 것이다.

장난기의 센스

샌드링검 궁전에 초대되는 손님 중에는 우선 대개 한 사람 정도는 성직자가 들어 있다. 엘리자베스 2세는 결코 독실한 신자는 아니었지만 좋은 설교를 듣는 것을 좋아했기 때문이다. 엘리자베스 2세가 교회에 가는 것은, 영국 상류 계급의 전통에 따른 것이었다.

즉 개인적인 의무인 동시에 일반 국민에의 모범이 되기 위해서이다. 그 일부분은 일요일 아침 예배가 시작되기 전에 시종이 여왕에게 건네주는 글을 쓴 종이를 접시 위에 놓아두는 행위로서 상징되고 있다.

또 동시에 엘리자베스 2세 자신이 어떤 의미에서는 설교사인 것이다. 엘리자베스 2세는 크리스마스 날 오후의 의례적인 방송 연설을 지극히 중요한 자기의 책임이라고 생각하고 있다.

대체로 군주된 자는 자칫하면 소위 인간의 추악한 성질, 즉 겉치레의 행동, 속물 근성(俗物根性), 아첨, 교태, 계급 의식과 같은 것을 자칫하면 조장하는 일이 있을 수 있지만 그와 동시에 그러한 인간의 결점이라고 할 성질을 상하게 하지 않고 시정시키는 것과 같은 기능까지도 다하고 있는 것이다. 그리고 엘리자베스 2세가 바라고 있는 것은 어떻게든 인간의 고매(高邁)한 특질을 뚜렷하게 내세우는 일이었다.

1970년대의 영국에서는 사람들은 성직자들의 말에 귀를 기울이지 않고 정치가들의 말에도 진지하게 귀를 기울이려 하지 않았다. 그러나 영국의 여왕 엘리자베스 2세는 급격한 과학 기술의 발전과 경제의 동향이 혼란을 시정한다는 사회 기구의 힘을 빼어버린 이 세계에 있어도 영국 국민만은 자기네가 살아가는 지표(指標)를 찾고 있는 것이라고 믿고 있다.

그리고 엘리자베스 2세는 지금 당혹을 느끼고 있는 아주 보통의 영국 국민 하나하나가 의연(毅然)히 자기들의 의무를 생각하면서 인간의 자의식과 동시에 자기가 살고 있는 사회의 긍지를 지키는 싸움에 참가하는 일이 필요하다는 것을 국민에게 상기시키는 실마리라도 되었으면 좋겠다고 생각하고 있다.

엘리자베스 2세가 매년 크리스마스에 낭독하는 메시지는 반드시 엘라자베스 2세와 에든버러 공이 직접 몇 달 이상이나 들여서 생각하고 다듬어서 작성하는 것이다. 이러한 여왕의 공부하는 태도는 분명한 모습으로 사람들에게 주목받고 있지는 않겠지만 엘리자베스 2세로서는 그러한 노력을 아낄 이유는 전혀 없는 것이다.

이렇듯 존엄에 가득 찬 엘리자베스 2세이지만 구원이 되는 것은 여왕이 우스꽝스러운 장난기의 센스를 갖고 있다는 사실이다. 그러나 이런 센스는 그다지 널리 알려져 있지는 않기 때문에 여왕과 친한 사람들은 실제의 여왕과 사람들의 눈에 비친 여왕의 이미지와의 차이에 놀라고 있다. 그러나 그런 것 자체는 엘리자베스 2세가 있는 그대로의 모습보다도 오히려 국민이 여왕은 이러해야만 된다고 생각하고 있는 이유 때문인 경우가 더 많다.

자주 인용되고 있는 이야기이지만 엘리자베스 2세가 여행 중에 보도진을 위해 베푸는 리셉션의 자리에서 한 영국인 카메라맨에게 한 말이 있다. 그 카메라맨은 자기의 술잔을 여왕의 발 밑에 떨어뜨리고 말았다. 그리고 그날 밤에 다른 자리에서 이번에는 결정적인 순간을 노리고 여왕의 눈앞에서 카메라의 셔터를 눌렀지만 그만 플래시가 터져주지 않았다.

이 이야기에 대해 일설에서는 과연 여왕답게 두 가지 실수에도 엘리자베스 2세는 조금도 동요하지 않았다고 한다. 또 다른 일설에 의하면 플래시가 터지지 않던 뒤에 여왕은 그 카메라맨을 보고 “늘은 재수가 좋지 않는 일뿐이군요.”하고 생긋 웃었다고 한다. 그리고 제3설에 의하면 여왕은 그때에 “내 위스키를 엎지르려는 심산인가요 ? ” 말했다 한다.

감정을 억제하고서

문제는 왕실 기사(記事)에 대한 정확성보다도 오히려 여왕 개인에 밀착한 것이었다. 이 말은 엘리자베스 2세의 약점이 소위 왕실의 홍보(弘報)분야임을 의미한다. 엘리자베스 황태후, 찰스 황태자, 에든버러 공이 활약하고 있는 예(例)나 또한 알렉산드라 공주나 켄트 공 부인 등이 대단한 정열로 활약하고 있는 모습을 보면 엘리자베스 2세가 여왕으로서의 일을 진행하는 데에 홍보가 특별히 필요한 것 같지는 않았다.

그런데도 엘리자베스 2세는 본질적으로 그것과는 전혀 상반되는 사고 방식을 갖고 있었다. 어느 정도 설득당한 끝에 엘리자베스 2세는 홍보면에서 가장 근사한 돌파구로 일컬어지는 텔레비전 영화 '영국 왕실 일족'의 제작에 나설 것을 승낙했던 것이다. 그리고 에든버러 공을 비롯한 여러 사람들로부터 자신(自信)을 가지라는 격려를 받기도 했지만 텔레비전 촬영반들의 앞에서는 좀처럼 안정을 갖지 못했다.

엘리자베스 2세는 카메라보다도, 오히려 마이크가 더 마음에 들지 않았다. "이런 마이크로는 나의 목소리는 몹시 빈약하고, 평범한 것으로 들려져요." 라고 엘리자베스 2세는 불평을 터뜨렸다. 엘리자베스 2세가 겨우 그 텔레비전 영화 촬영에 만족한 것은, 그것이 방영되어 대성공을 거두었을 때 즉 촬영으로부터 수개월이 지난 뒤의 일이었다.

일단 일이 끝나버리자 엘리자베스 2세는 무척 기뻐했다. 그 텔레비전 영화가 방영되고 수개월 후에는 국민의 왕실에 대한 태도가 달라진 것이 뚜렷이 눈에 보였기 때문이다. 엘리자베스 2세는 국민의 태도에서 변화가 생긴 것은 영화 때문이라고 생각했다. 여기서 엘리자베스 2세는 자신을 얻었다.

그래서 앞으로도 생각나는 대로 일반 국민 속에 들어가 아주 보통의 사람들과 대화를 나누겠다는 지금까지 영국 연방 제국에의 여행 때 이외에는 별로 하지 않았던 '사람들과의 만남'이라는 활동을 더 많이 벌이기로 했다.

그러나 여왕 측근들에 의하면, 엘리자베스 2세는 아무리 일반 사람들 속에 들어간다손 치더라도 선거 유세 스타일이 되어서는 안 된다, 즉 자기의 감정을 노출시켜서는 안 된다고 경계시켰다 한다. 엘리자베스 2세는 병원의 병동을 순회할 때가 있다. 그럴 때에는 여러 해의 경험에서 자기를 안내하고 있는 인물이 지금 자기에게 뭔가 특별한 것을 보여주고 싶어하는 것을 알면 망설임이 마음에 일어난다.

엘리자베스 2세는 어김없이 자기가 안내되는 곳에는 붕대로 둘둘 감긴 한 천사와 같은 어린이가 있는 것을 알고 있다. 그 어린이의 눈은 여왕이

찾아왔다고 해서 흥분으로 빛나고 있다. 그와 동시에 엘리자베스 2세의
얼굴에는 갑자기 미소가 사라지고 생기가 없는 창백한 표정이 된다. 그리고
사나운 눈초리로 그 어린이를 노려보지만 실제로는 거의 그 어린이는 보지도
않고 허공을 노려보다가 갑자기 획 돌아서서 병동을 떠난다. 어린이의 병상에
남겨지는 것은 메어리 황태후라든가 빅토리아 여왕과 아주 비슷한 엄숙한
공기만이 남게 된다.

　엘리자베스 2세는 마음속으로 그 어린이를 보고 끓어오르는 연민의 정
으로 꼭 껴안아주고 싶은 충동을 억누르기 위해 이렇게 하는 것일까?
아니면 뭔가 이상한 일이라도 있었을까? 그리고 또다시 자기의 마음을
드러내도록 요구되자 갑자기 노여움을 느낀 것일까?

　엘리자베스 2세의 친구들도, 이런 여왕의 수수께끼 같은 행동에 만족할
만한 대답을 끌어내지는 못한다. 엘리자베스 2세의 얼굴에 떠 있는 미소에
모두 마음 포근해지는 기분이 되며 엘리자베스 2세가 장난기를 내어 재치
있고 기발한 이야기로 정말 그 성격을 다 드러내는가 싶으면 이것이 정말로
전혀 아무도 예상조차 못 했을 때에 느닷없이 여왕의 얼굴에서 웃음이 가셔질
때가 있으므로 모두 섬찟해지는 것이다.

　그것은 마치 사람들 앞에서 본성을 드러내어가며 즐거운 시간을 보내고
있으면, 여왕의 지위에 걸맞지 않는 경솔한 태도임을 엘리자베스 2세가
상기해서 그렇게 행동하는 것이라고밖에는 생각되지 않는 것이었다.

신비성을 보존하기 위해서

　엘리자베스 2세는 충성심과 존경을 모으고는 있었으나 사람들에게 친
밀감을 느끼게 하는 인물은 아니다. 엘리자베스 2세는 어머니 엘리자베스
황태후처럼 애착을 느끼게 하는 인물도 아니다. 사람들이 엘리자베스 2세를
칭찬하는 것도 일정한 거리를 두고서의 일이다. 그렇다고 해서 여왕은 그것을
불만으로 여기지는 않는다. 그것이 바로 엘리자베스 2세가 국민에게 바라고
있던 바였다.

　언젠가 한 자메이카 인이 기분에 들떠 엘리자베스 2세의 눈앞에서 진흙탕
위에다 자기의 레인코트를 깐 적이 있었다. 그때에 그것을 주의 깊게 보고
있던 엘리자베스 2세는 의식적으로 그 진흙탕 위를 건너가지 않고 그 주위를

빙 돌아서 걸어갔다.

또 언젠가는 젖먹이들이 체중계(體重計) 위에 죽 올려 놓여진 것을 돌아본 적이 있다. 그때에 여왕과 많은 유아(乳兒)라는 구도(構圖)로, 그 해 최고의 보도 사진을 찍으려고 노리고 있던 카메라맨이 분명히 여왕에게 들리도록 큰소리로 "부탁합니다. 갓난아기 하나를 안아올려주십시오!"라고 외쳤다. 찰스 황태자라면 그런 소리를 들었다면 틀림없이 젖먹이를 안아올렸을 것이다.

에든버러 공이라도 그렇게 했을 것이다. 그곳의 분위기로는 그렇게 하는 것이 어울렸다. 그러나 엘리자베스 2세는 그냥 지나쳐버리고 말았다. 기분이 나빴던 것이다.

엘리자베스 2세는 여왕으로서의 위엄을 간직하기 위해서 감정을 꾹 죽이고 있다. 여왕의 신비성을 지키는 일은, 실로 까다로운 일이다. 그리고 왕실의 다른 직원이 꽤 느긋하게 행동하고 있을 때에도 여왕만이 감정을 억제하고 긴장해서 몸이 굳어진 자세를 견지하는 것이 엘리자베스 2세에게는 잘 어울리는 것으로 보였다. 여왕과 국민과의 친밀감의 간격은 에든버러 공, 엘리자베스 황태후, 그리고 찰스 황태자가 풍기는 온화한 태도만큼은 가깝지 않았다.

그때 저 자메이카 인의 레인코트를 보았을 때에 여왕의 마음속에서 작용한 본능은 자기가 어떻게 느꼈는가를 자문(自問)하는 일이 아니라 영국 및 다른 10개국의 입헌 군주로서, 그때에 자기가 어떻게 행동해야 될 것인가를 자문해보는 일이었다. 즉 엘리자베스 2세는 자기의 감정을 자기의 지위에 종속시키지 않으면 안 되는 것이다.

그래서 엘리자베스 2세의 측근들은 여왕이 자기를 억제하고 있는 마음은 이제 대단한 것이라고 변호한다. 어떤 측근는 "우리의 재산이라면 숨막힐 것 같은 보수성뿐입니다. 우리는 사람들의 심심풀이나 기분 전환을 위해 존재하고 있는 것은 아닙니다."고 말하고 있다. 조지 5세가 아마도 자랑으로 여겼을 것임에 틀림없는 대사(臺詞)이다.

그리고 그 조지 5세가 충실한 국민의 대표로서 군주제의 초석(礎石)을 놓은 지 50년 이상이 지난 지금 그 조지 5세와 똑같은 스타일의 치세(治世)가 엘리자베스 2세와 그 일가에 의해 추진되고 있다. 엘리자베스 2세는 조지

5세가 했듯이 헌정사(憲政史)의 공부를 철저히 했다.

영국을 비롯해서 엘리자베스 2세를 여왕으로 받들고 있는 나라들이 여왕을 대단히 편리한 존재로 보고 있는 것을 그녀는 조금도 부끄러운 일로는 생각지 않는다. 엘리자베스 2세는 그들 나라에 많은 기여를 하고 있다. 윈스턴 처칠이 언젠가 이렇게 말했다.

"영국은 전쟁에 이기면 여왕의 덕분이라고 외치고 전쟁에서 지면 수상을 선거에서 끌어내린다."고.

이렇게 영국 국민들처럼 애국심과 정치와의 미묘한 분별을 할 수 있는 기술을 갖지 못한 미국인은 스트레스가 쌓이면 끝내 대통령 암살이란 극단적인 행동으로밖에 나타내지 못하는 것이 아닐까?

조상들이 경험한 전통적인 군주제의 사고 방식과는 전혀 정반대의 윤리를 갖는 복지 국가, 민주주의의 국가의, 말하자면 장식물임을 엘리자베스 2세는 조금도 수치스럽게 여기지는 않는다. 아니 도리어 그것을 자랑으로 삼고 있다. 1953년에 날카로운 필봉으로 유명한 프랑스의 어느 잡지는 "공화국 만세!" 하고, 먼저 왕제(王制)의 장래를 비웃고 그 뒤에 "여왕 만세!"라고 쓴 적이 있었다.

그러나 런던의 화이트홀의 거리를 근위(近衛) 기병대를 뒤에 거느리고 말 위에서 늠름하게 엘리자베스 2세가 행진할 때에 정치가는 한 사람도 보이지 않는다. 엘리자베스 2세는 국민 대다수가 기꺼이 받아들이는 애정, 자랑, 충성심을 한몸에 모으는 마술적(魔術的)인 존재이다. 그리고 만약 국민이 엘리자베스 2세와 함께 있는 것을 불행으로 여기고, 또 엘리자베스 2세가 대표하는 체제는 자기들로서는 바람직하지 않다고 여기는 사태가 온다면 그때에는 엘리자베스 2세는 자기의 의무가 무엇인가를 분명히 표명할 것임에 틀림없다.

"우리는 조용히 나가겠어요."라고 말하는 것은, 엘리자베스 2세가 즐겨 입에 담는 농담의 하나지만 그 유머도 실은 자기가 성실한 한은, 그러한 왕제(王制) 폐지의 시련에 맞닥뜨리지는 않을 것이라는 엘리자베스 2세의 당연한 자신(自信)에서 나온 것이다.

그러나 만약 만의 하나라도 영국이 어느 날 군주제는 이제는 필요없다고 하는 일이 있다고 한다면 그때에 엘리자베스 2세가 취해야 할 반응은,

이제까지 엘리자베스 2세가 일관해서 계속 취해온 논리를 그대로 계속하는 일밖에는 없을 것이다. 즉 국민의 총의를 받아들이는 일이 엘리자베스 2세로서의 최후의 임무가 될 것이다.

▨ 역자 후기

이 책은 Robert Lacey : Majesty Elizabeth Ⅱ and the House of Windsor (1977, London) —— 이하 《왕조(Majesty)》라 부른다 —— 를 완역한 것이다. 원저(原著)는 1977년 1월 말, 발매와 동시에 폭발적으로 팔려 영국, 미국, 캐나다, 오스트레일리아를 시작으로 영어권 각국에서 베스트 셀러 톱의 자리를 1년 가까이 독점했다.

∞

1977년은 엘리자베스 2세가 여왕에 즉위한 지 만 20년이 되었던 해이다. 결혼 25주년을 맞은 부부가 은혼식을 축하하듯 이 해는 영국을 비롯해 엘리자베스 2세를 국가원수로 모시는 나라들에 있어서는 'Silver Jubilee'를 축하하는 해였다.

∞

로버트 레이시의 《왕조》도 당연히 이 'Silver Jubilee' 축전을 겨냥해 출판되었다. 엘리자베스 2세와 왕실 일족의 이야기, 사진집 등을 다룬 30종류의 책들이 런던 서점가에 넘쳐흘렀다. 하지만 축제기분에 들떠 출판된 수많은 출판물 중에서 후세까지 소개될 만한 훌륭한 책은 오직 이 한 권의 책뿐이라는 평가가 지배적이다.

그 이유는 간단하다. 흥미와 정확도를 조화시킨 책이기 때문이다. 또한 철저히 자료를 조사한 노력의 소산이기도 하다.

∞

저자 로버트 레이시는 결코 이름난 역사학자도 아니고 전기작가도 아니다. 그리고 그의 저서 4권이 모두 영국 왕실과 관련된 것이지만 런던에 있는 작가 인명록에는 그의 이름을 찾아볼 수 없었다. 사실 이 책이 나오기 전까지 그는 무명에 가까운 인물이었다.

그 당시 그는 34세의 저널리스트였다. 더구나 처음부터 저널리스트도 아니었다. 케임브리지 대학에서 공부하고 있을 때 주임교수로부터 "어차피 자네는 이류 교수로 머무를 테니 대학에 남아 있어도 소용없다."는 말을 듣고 대학을 그만둔 뒤 외무부의 정보를 수집하거나 멀리 남아프리카 신문사 기자를 하는 등 일정한 직업 없이 20대 전반을 보낸 인물이다.

그런 그가 남아프리카 여성과의 사랑에 실패하고 상심한 채 귀국하여 만난 사람이 바로 지금 로버트 레이시의 부인인 샌디이다. 샌디는 엄청난 베스트 셀러가 된 《왕조》의 집필에 큰 도움을 주게 된다.

샌디 부인은 그래픽 디자이너였는데 영국 왕실이나 상류계급의 사진, 뉴스 보도를 주로 하던 〈일러스트레이테터 런던 뉴스〉지(誌)를 무대로 하여 활약하던 사람이었다. 그녀는 로버트 레이시를 유력한 일요신문 〈선데이 타임즈〉에 기자직으로 추천한다. 〈선데이 타임즈〉는 '조사하는 보도'를 표방하여 영국 신문계에 새로운 바람을 불어넣었던 신문사이다. 로버트 레이시는 동료 기자들이 점점 터부로 여기던 문제들에 도전하는 것을 보고 자기도 최대의 터부인 왕실의 문제로 눈을 돌렸다고 한다.

∞

《왕조》는 경이적이라고도 할 수 있는 조사와 공부에 의해 탄생되었다. 원저의 권말에는 125권의 참고 서적이 열거되어 있고 본문에 있는 인용부문에서도 모두 원전의 페이지를 들어 상세히 설명하고 있다. 로버트 레이시는 《왕조》를 삼 년 동안 몰두하여 완성했다.

그는 물론 〈선데이 타임즈〉의 기자를 하면서 이 책을 쓸 여유가 없었기 때문에 이 책을 쓰기 위해 결국 〈선데이 타임즈〉를 그만두었다. 샌디 부인의 혼자 벌이로는 네 식구가 살아갈 수 없었다. 더구나 《왕조》 집필에 필요한 참고문헌 입수에서부터 조사를 위한 교통비, 통신비가 막대하게 들어갔기 때문에 그는 출판사에 가불을 해서 이 비용을 썼다.

1년간 로버트 레이시는 매일 런던의 대영박물관에 다니면서 영국 왕실 관련 문헌을 읽었다. 2년째는 그 문헌을 기초로, 생존하는 인물과의 인터뷰를 했고, 엘리자베스 2세와의 인터뷰에는 실패했지만 에든버러 공과는 수차례에 걸쳐 만나면서 이야기를 들었다. 입이 무거운 왕실 관계자들로부터 무언가 새로운 이야기, 미공표된 자료를 구하기 위해 매일 헤매다녔으며 녹음기와 카메라를 안고 영국뿐만 아니라 외국에도 발길을 옮겼다. 그리고 3년째 되는 해에 수집한 많은 자료를 기초로 집필하기 시작했다. 1장을 쓸 때마다 그것을 등장인물과 취재했던 곳에 보내 틀린 것이 있으면 지적을 받곤 했다.

드디어 《왕조》는 작가의 명성에 구애됨이 없이 진정으로 노력한 것에 뜨거운 찬사를 보내는 영국의 아름다운 전통을 지키려는 독자들에게 받아들여졌다.

∞

영국에서는 이미 왕실을 주제로 한 많은 책이 나와 있었다. 이 책의 중간에도 종종 나오는 월터 바솟(Walter Bagehot)과 해롤드 니콜슨(Harold Nicolson) 등의 저작은 이미 고전이 되었고, 최근에는 역시 앤드류 던컨의 《영국 군주제의 현실》(Andrew Duncan: The Reality of Monarchy, 1970, London)과 윌리 해밀턴의 《여왕과 나》(Willie Hamilton: My Queen and I, 1975, London) 등의 왕실 내막으로 파고들거나 왕제 그 자체를 비판하는 저작들에서 눈을 돌릴 수 없게 되었다.

《왕조》보다 7년 앞서 나온 《영국 군주제의 현실》에서 앤드류 던컨은 '군주제는 종종 노쇠기 사회의 최면제, 국제적인 구경거리, 자기만족의 지주에 지나지 않는 것처럼 보인다.'라는 대담한 필치로 사람들을 놀라게 했다. 또 그는 자신 이상으로 열성을 가지고 영국 왕실의 내막을 파헤치려는 로버트 레이시에게 협력을 아끼지 않고, 왕실 관계자들과 만났을 때의 메모 방법, 상류계급 사람들에게 편지쓰는 방법, 비밀 정보를 입수하는 방법 등 심리적인 면에까지 조언을 아끼지 않았다.

따라서 이 《왕조》는 로버트 레이시 개인 작품 이상의 것이라 할 수 있다. 이 책은 이전의 업적을 토대로 발전시킨 것이라 평가되고 있고 또 그것을 당연하게 생각하면서도 영국 이외에서는 실현시키기 어려운 작품이란 점에서 가치가 있다.

∞

특히 이 《왕조》가 밝히려 한 것은 영국 왕실의 정점인 군주가 현실 정치에서 얼마나 영향력을 가지고 있는가, 그리고 시대 흐름과 함께 군주가 얼마나 국민과의 관계를 진척시켜 나가고 있는가 하는, 정치와 왕실과의 관계이다.

빅토리아 여왕 시대의 독재형 군주에서 조지 5세 같은 국민대표형 군주로의 변천 경위, 즉 에드워드 8세(윈저 공)의 국왕즉위는 '왕위를 건 사랑'이라는 정서적 측면뿐만 아니라 국왕의 히틀러 예찬, 나치즘 동조라는 정치적·사상적 측면이 있다는 것, 또 보수당의 후임 수상 선택에 있어 엘리자베스 2세가 폭넓게 타진하지 않고 결단을 내린 것. 이전의 영연방 제국에서도 여왕을 이용한 정치적 행동이 계속 일어난다는 것 등이 그 예이다.

영국인은 정치를 내 것처럼 받아들이고 있다. 정치 방식 하나로 자신들의 생활의 질이 위협받고 있다는 것을 잘 알지 못하고 있다. 그런 까닭에 영국인들이 가장 의지하는 '역사의 교훈'을 구체적인 사실에 의해 제시하고 정치와 왕실과의 관계를 놀랄 만한 수법으로 부각시킨 이 책은 이제 영국 왕실의 영역을 뛰어넘어, 훌륭한 정치, 역사의 책이 되었다.

로버트 레이시는 이 책을 쓴 뒤에 이렇게 말했다. "독자 중에는 이 책이 너무 저널리스틱하다고 하는 사람도 있을 것이다. 그것은 주지의 사실이다. 하지만 나는 이렇게 말하고 싶다. 훌륭한 역사책은 저널리즘 작품처럼 읽히기 쉽다. 또 동시에 훌륭한 저널리즘 작품은 역사책처럼 정확하다"라고. 내외의 서평은 빠짐없이 로버트 레이시의 발언이 정확함을 증명했다. 베스트 셀러가 된 것에 저자는 놀랐다고 하지만 그것을 당연한 것으로 여기는 자부심은 이미 집필하기 전에 저자에게 갖추어져 있었음에 틀림없다.

∞

지금 하나 지적하고 싶은 것은 영국인의 왕제에 대한 태도이다. 《왕조》의 여러 부분에 기술되어 있듯 영국 정부는 '국왕(여왕) 폐하의 정부(His

(Her) Majesty's Government)'라 불린다. 수상도 관리도 '폐하의 수상, 관리'이다. 국가권력의 최고기관도 '의회의 국왕(여왕), 즉 King(Queen) in Parliament'이다. 헌법상 '크라운(Crown)'이라 불리는 국왕(여왕)은 ① 의회소집과 개폐회, 해산권과 법률의 인정 ② 정의의 원천으로서의 재판권의 근원(사법대권) ③ 서훈, 수작(授爵)(영전대권) ④ 행정, 사법, 교회 요직자의 임명(임명대권) ⑤ 개전, 종전의 선언 및 조약의 체결(외교대권) 등을 가진다.

그러나 중요한 것은 실제의 운용에 있다. 성문헌법이 아닌, 전통과 관습에 기초를 둔 현실 정치를 추구하는 영국의 모습은 생각보다 유연하다. 국왕이나 여왕의 사고방식에 대해서 수상이나 각료들이 비판하는 것도 이 《왕조》의 여러 곳에 나타나 있다. 에드워드 8세가 나치즘에 빠진 것이나 마가렛 공주가 타운젠트 공군 대위와 결혼한다고 했을 때도 관습이 왕실에게 일종의 제동을 걸었던 것을 보아도 알 수 있다.

∞

군주도 인간이다. 결코 신이 아니다. 이 단순한 전제로 영국 왕실을 철저하게 조사한 로버트 레이시의 《왕조》는 인간의 기록이기도 하다.

하지만 인간이기 때문에 지능의 우열이 문제가 되고 희노애락과 사리사욕이 생겨난다. 그 한 인간이 왕의 자리에 있을 때 국민에게 어떻게 영향을 미치는가. 로버트 레이시는 왕실의 삶을 집요하게 추적했고 그것을 독자들 스스로 판단하도록 했다.

《왕조》가 베스트 셀러가 된 1977년에 영국의 펭귄 북스가 발행한 특별판 《The Queen》에 보면 다음과 같은 국민학생의 기고문이 있다. '나는 해밀턴 하원의원 외에 여왕이 제일 싫다. 이유는 간단하다. 그저 평범한 인물이기 때문이다. 돈을 많이 가지고 있으면서도 가난한 사람들에게는 나눠줄 생각도 하지 않는다.' 이것을 보면 왕정 지지파와의 균형을 지키려는 출판사의 배려가 엿보인다.

어쨌든 영국의 큰 여론조사 기관인 내셔널 오피니온 폴(National Opinion Poll)사는 매월의 여론조사 항목에 '당신은 왕정을 찬성하는가, 반대하는가'라는 질문을 집어넣어 국민의 동향을 계속적으로 조사하고 있다. 물론 대세는 왕정 유지파가 압도적으로 많다. 그러나 현재의 왕정에 대한 불만도 무시할 수는 없다.

∞

엘리자베스 2세를 정점으로 하는 영국 왕실은 원래부터 이러한 국민동향을 가지고 있다. 이제는 버킹검 궁전의 일부분을 일반에게 공개하고 있는데 특히 버킹검 궁전은 런던 관광의 일대 명소로 특히 위병교대 시에는 인산인해를 이룰 만큼 인기가 있다. 하지만 궁전 구석구석까지는 볼 수가 없다. 런던 교외에 있는 윈저 성은 이미 공개되어 있기 때문에 영국 왕실이 폐쇄적이라고는 단정할 수 없지만 미국의 화이트 하우스가 일반에게 공개되고 있는 것처럼 사람들이 마음 편하게 궁전을 방문할 수 있도록 완전히 개방해야 한다는 의견이 높아지고 있다.

이러한 보도에도 버킹검 궁전의 참관료는 국고로 들어가는 것인가, 왕실비로 들어가는 것인가 하는 논의가 반드시 나온다. 왕실을 유지하는 경비문제는 빈궁한 상태라는 영국경제와 관련되어——실제로는 영국인의 생활의 질이 저하되어서는 절대로 안 된다는 기분에서——한층 더 큰 문제가 되고 있다. 《왕조》가 왕실재정의 문제를 특히 1장에 놓고 다루고 있는 것 외에 왕족들의 주거와 삶을 특히 미묘하게 기술하고 있는 것도 그러한 영국인의 감정에 입각한 것이다.

∞

끝으로 로버트 레이시가 이 《왕조》를 쓴 후의 영국 왕실의 동정을 살펴보기로 한다.

우선 엘리자베스 2세와 에든버러 공에게 첫 손자탄생이라는 뉴스가 있었다. 앤 공주는 1977년 11월 15일 아침, 런던의 세인트 메리 병원에서 남자아이를 출산했다. 12월 22일에 수여받은 그 아이의 세례명은 피터 마크 앤드류였고 왕위계승 순위는 앤 공주 다음의 제5위였다. 왕손이면서도 '왕자'란 호칭을 붙이지 않고 부친인 마크 필립스 대위의 성을 붙여 '마크 피터 필립스'란 호칭으로 불리게 되었다. '필립스'란 호칭이 있는 왕손이